海外中国研究丛书

刘东 主编

[美] T·克里斯托弗·杰斯普森 著

姜智芹 译

美国的中国形象
(1931—1949)

AMERICAN IMAGES OF CHINA, 1931-1949

江苏人民出版社

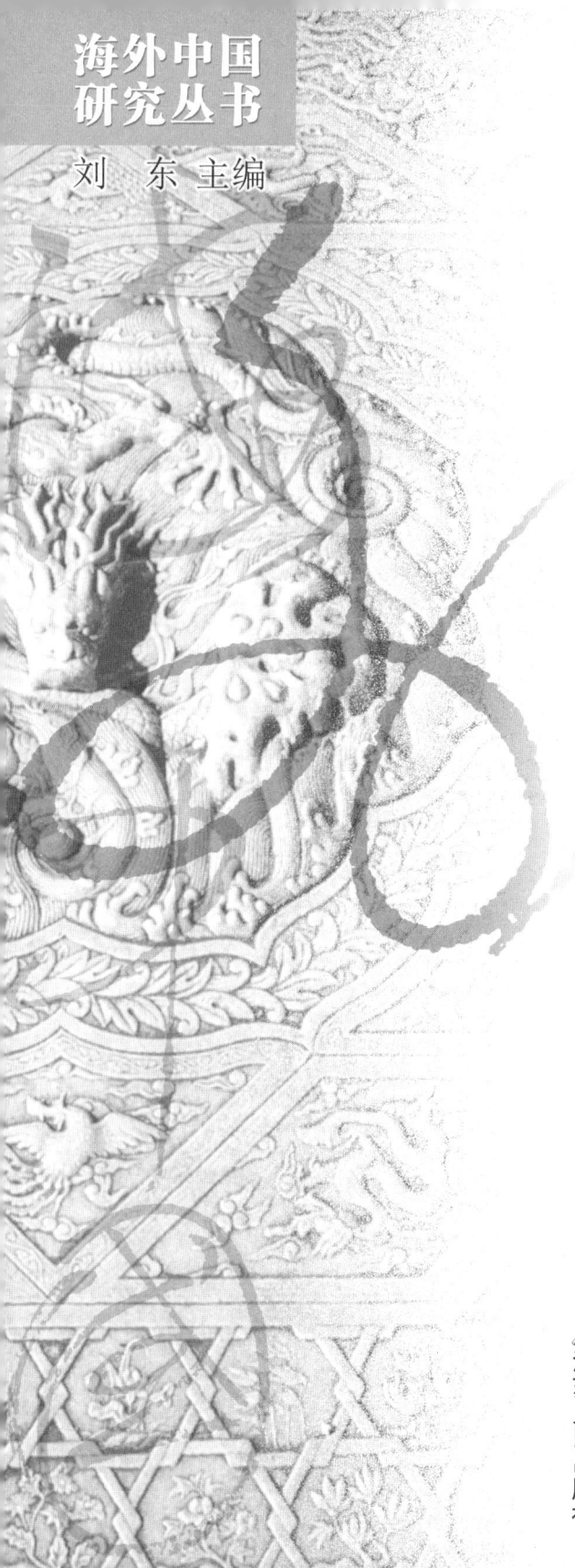

图书在版编目(CIP)数据

美国的中国形象:1931～1949/(美)杰斯普森
(Jespersen,T.C.)著;姜智芹译.--南京:江苏人民
出版社,2010.6(2022.2重印)
(海外中国研究丛书/刘东主编)
ISBN 978-7-214-06202-4

Ⅰ.①美… Ⅱ.①杰… ②姜… Ⅲ.①国家-形象-研究-中国-1931～1949 Ⅳ.①D693.094

中国版本图书馆 CIP 数据核字(2010)第 068169 号

American Images of China , 1931—1949 by T. Christopher Jespersen was originally published in English by Stanford University Press.
Copyright ⓒ 1996 by the Board of Trustees of the Leland Stanford Junior University. All rights reserved. This translation is published by arrangement with Stanford University Press, www. sup. org.
Chinese simplified translation rights ⓒ 2010 by Jiangsu People's Publishing House All right reserved.
江苏省版权局著作权合同登记:图字 10-2008-383

书　　名	美国的中国形象(1931—1949)
著　　者	[美]T. 克里斯托弗·杰斯普森
译　　者	姜智芹
责任编辑	戴宁宁　洪　扬
装帧设计	陈　婕
责任监制	王　娟
出版发行	江苏人民出版社
地　　址	南京市湖南路 1 号 A 楼,邮编:210009
照　　排	江苏凤凰制版有限公司
印　　刷	南京新洲印刷有限公司
开　　本	652 毫米×960 毫米　1/16
印　　张	22.25　插页 8
字　　数	259 千字
版　　次	2010 年 6 月第 1 版
印　　次	2022 年 2 月第 3 次印刷
标准书号	ISBN 978-7-214-06202-4
定　　价	58.00 元

(江苏人民出版社图书凡印装错误可向承印厂调换)

《时代》、《生活》和《财富》三大杂志的创始人卢斯

曾在中国生活过多年,因《大地》一书获诺贝尔文学奖的著名女作家赛珍珠。

《时代》周刊封面人物蒋介石

《时代》周刊封面人物宋美龄

1943年开罗会议上蒋介石、宋美龄与美国总统罗斯福、英国首相丘吉尔的合影

美国总统罗斯福力邀蒋介石参加开罗会议

宋美龄和丘吉尔在开罗会议期间交谈

1943年宋美龄在美国国会演讲

众议员们聆听宋美龄的演讲

宋美龄在美国巡回演讲

宋美龄与罗斯福总统夫人合影

美国特使马歇尔抵华,受到蒋介石和宋美龄的欢迎。

率领"飞虎队"与中国人民并肩抗日的陈纳德将军

宋美龄亲自参加劳动

1948年,蒋介石和李宗仁就任正、副总统后到中山陵谒陵,宋美龄相伴一侧。

受外来文化的影响,中国人的婚礼开始西化。

1948年金陵女子大学的体育舞会

20世纪40年代身着西装的男士比比皆是

1946年南京新街口的西式风貌

20世纪三四十年代中国人的食堂里也吃起了自助餐

序"海外中国研究丛书"

中国曾经遗忘过世界,但世界却并未因此而遗忘中国。令人嗟讶的是,20世纪60年代以后,就在中国越来越闭锁的同时,世界各国的中国研究却得到了越来越富于成果的发展。而到了中国门户重开的今天,这种发展就把国内学界逼到了如此的窘境:我们不仅必须放眼海外去认识世界,还必须放眼海外来重新认识中国;不仅必须向国内读者迻译海外的西学,还必须向他们系统地介绍海外的中学。

这个系列不可避免地会加深我们150年以来一直怀有的危机感和失落感,因为单是它的学术水准也足以提醒我们,中国文明在现时代所面对的绝不再是某个粗蛮不文的、很快就将被自己同化的、马背上的战胜者,而是一个高度发展了的、必将对自己的根本价值取向大大触动的文明。可正因为这样,借别人的眼光去获得自知之明,又正是摆在我们面前的紧迫历史使命,因为只要不跳出自家的文化圈子去透过强烈的反差反观自身,中华文明就找不到进入其现代形态的入口。

当然,既是本着这样的目的,我们就不能只从各家学说中筛选那些我们可以或者乐于接受的东西,否则我们的"筛子"本身就可能使读者失去选择、挑剔和批判的广阔天地。我们的译介毕竟还只是初步的尝试,而我们所努力去做的,毕竟也只是和读者一起去反复思索这些奉献给大家的东西。

刘 东

目 录

译者的话 1

致　谢 1

前　言 1

绪　论　美国传教士及其创造的中国观：1890—1931 1

第一章　亨利·卢斯和时代公司的崛起 16

第二章　时代公司和它的中国赌注 36

第三章　美国联合援华会及其塑造的中国形象 64

第四章　中美同舟共济：光荣的战争年代 84

第五章　宋美龄和中美关系的人格化 119

第六章　二战时期中美关系的内幕 159

第七章　"美国世纪"的曙光 184

第八章　"美国世纪"的倾塌 217

第九章　与浪漫化中国观的悲情告别　248

参考文献　275

索　引　305

译后记　319

译者的话

摆在读者面前的这本《美国的中国形象(1931—1949)》是一部深受学界关注、广为征引的著作。该书作者 T. 克里斯托弗·杰斯普森(T. Christopher Jespersen)是研究美国对外关系的专家,现为美国北佐治亚学院与州立大学艺术与文学学院院长、历史系教授。杰斯普森学养深厚,1991 年获罗格斯大学博士学位,先后在亚利桑那大学、克拉克-亚特兰大大学任教,2001 年到北佐治亚学院与州立大学任教至今。

T. 克里斯托弗·杰斯普森学术成就斐然,除了这本《美国的中国形象:1931—1949》外,他还出版了《乔治·凯南访谈》,与大卫·舒密兹(David F. Schmitz)合编了《美国世纪的设计师:20 世纪美国对外政策中的个人作用、外交理念和机制》等;发表了大量有关西方的中国形象、美国对外关系方面的论文,如《西方影响与中国形象:关注中国改变中国的不懈努力》《中国和越战:1950—1975》。杰斯普森曾多次参加萨尔茨堡研讨会(Salzburg Seminar),是东西方中心(East-West Center)的研究员,不断在美国各地发表学术演讲,就中美关系发表自己独特的看法。

杰斯普森上大学时就对美国的外交关系感兴趣,工作后也一直将其作为学术研究的重点。他的这本书选择了中美关系史上一个特殊而又重要的历史时期——1931—1949年作为研究重点。这一时期美国旨在扩大对中国的影响,不仅中美贸易日益增多,传教士传来的消息也让美国人相信中国正向20世纪的美国靠拢。另外,这一时期也是美国对中国的热情和责任感因日本侵华而被更显著地激发起来的时期。出于共同抗击法西斯的需要,中美之间结成战略联盟,同舟共济,共同度过了光荣的战争年代,美国的中国形象达到前所未有的光明巅峰。该书1996年出版后受到好评,《美国历史评论》《美国历史》等杂志刊登书评,认为"杰斯普森令人佩服地证明了我们为什么必须正视那些曾经支配美国人认知中国的形象",赞赏"这本书资料丰富、翔实,论述透彻、明晰,是对文学作品中贫瘠、概念化的中国形象的生动补充"。时至今日,该书已成为海内外探索美国的中国形象的重要参考书,不时见诸论文和著作的参考文献当中。

《美国的中国形象(1931—1949)》除前言和绪论外,共有九章。前言从乔治·布什总统对中国的好感引出本书探讨的核心人物亨利·卢斯,并道出作者写作此书的目的:"为了解开中美之间长期对抗的深层动因,为了了解中美邦交正常化的途径,同时也为了认识中美关系目前的发展,我们有必要首先看一看美国对中国曾经有过怎样正面的看法。"绪论追溯了1890—1931年美国传教士所创造的中国形象,指出从19世纪最后十年到1931年间,美国对中国的态度建立在"经济与宗教合作"这两种强大而又互相矛盾的冲动上。

本书正文部分以时间为序,大致阐述了以下七个方面的内容:亨利·卢斯的《时代》、《财富》和《生活》三大杂志对蒋介石政府及抗日战争初期战况的报道;美国联合援华会的成立及1941年为中国抗日战争筹款的情况;美国参加二战前联合援华会和时代公司对中国的宣传;蒋介石夫人宋美龄1943年轰动美国朝野的访问;1944年史迪威被召回后美国媒体对蒋介石政府内幕的揭露;二战临近尾声、盟军胜局已定时美国对国民党的乐观看法;共产党在国共内战中占上风后美国的悲观论调,以及中华人民共和国成立后美国媒体对"丢失中国"谁之罪的问责。

本书的中心论点是:1931—1949年美国的中国形象是一种不顾中国实际、由传教士激情和卢斯媒体误导的幻象,而美国的对华政策很大程度上建立在这一幻象之上。卢斯媒体和联合援华会对蒋介石及其政府的美化,导致美国政府制定了支持、援助蒋介石的对华政策。而在二战后,当美国人看到中国的实际情形同媒体宣传的大相径庭时,又引起美国人激烈的情绪反弹,导致麦卡锡主义盛行、美国的冷战政策以及对越战争。

杰斯普森认为,这一时期美国人的中国形象不是基于他们对中国实际的了解,而是由于他们只希望接受一个按照自己的意愿塑造的中国形象。20世纪初期,强盛起来的美国形成一种自由国际主义的理念,认为美国成功的经验值得世界上其他国家仿效,这导致美国对外关系中的"恩抚主义",即美国应像慈父那样帮助、指导其他孩子般未成熟的国家,使它们成为像美国一样具有基督道德、政治民主、工业现代化的国家。20世纪初的中国正是一个理想的"孩子":它有亿万不信基督教的人民等待救赎;它正处在一场文化变革之中,给美国人实现自己的文化理想提供了绝好的机会。因此,从20世纪一开始,美国人就把中国作为实现自己民族抱负的试验场,用"恩抚主义"的原则,在传教士收获灵魂同时也收获财富的观念支配下,建立起浪漫化的中国形象。

杰斯普森指出,美国这种浪漫化的中国形象和媒体大王亨利·卢斯、诺贝尔文学奖获得者赛珍珠有着不可分割的联系。卢斯是生于青岛的传教士之子,对中国和美国都怀有深厚的感情,将中国美国化是他的"美国世纪"理想的重要组成部分。他在自己影响巨大的新闻媒体中,按照自己的愿望报道中国,用精心挑选的中国事件向美国公众传达一种带有倾向性的中国形象,同时影响他付出巨大心血和财力的联合援华会塑造正面的中国形象。蒋介石作为中国名义上领袖的政治背景和他与宋美龄结婚后加入卫理公会的宗教背景,让卢斯选定他和他的国民党政府作为正面宣传和倾力支持的对象,在宣传中国时坚持以下三点:强调中美的相似性和中美两国息息相关、情同手足的关系;给蒋介石以异乎寻常的友好对待,多次让他登上《时代》周刊的封面;对国民党政府和国民党军队采取同情和为之辩护的态度。

美国作家赛珍珠在其《大地》三部曲中塑造了中国农民王龙与阿兰夫妇顽强地与天灾人祸作斗争、最终勤劳致富的故事,这在大萧条时代的美国农民心中引起了强烈的共鸣。这一洋溢着美国精神的中国故事极大地改变了美国乃至整个西方的中国形象,使之向着积极的方向发展。

随后,蒋介石夫人宋美龄把中美关系人格化了。她的中国面孔和美国心体现了美国教育的巨大价值和美国传教士的文化理想。杰斯普森说美国人认为她把美国的价值观带到中国,推动中国走上现代化的道路。她还使蒋介石皈依耶稣基督,为亿万迷途的中国羔羊引来上帝之光。因此,她1942—1943年访美时受到极高的礼遇,被邀请在参众两院发表演说,轰动了从华盛顿到洛杉矶的数万名美国民众,将卢斯和赛珍珠营造的中国形象推向光明的顶点。

但正如杰斯普森正确指出的,20世纪上半期美国基于传教士激情、由鲁斯媒体误导、赛珍珠小说强化、再由宋美龄推向高潮的中国形象是一个不符合实际的形象。在很大程度上影响着美国人信息接受和对华态度的卢斯媒体帝国,从不报道国民党的专制和腐败。它赞扬蒋介石的基督教信仰和他倡导的新生活运动,却只字不提蒋介石内部的法西斯组织"蓝衣社";它把蒋介石和国民党人标榜成中国现代化的推动者,而对赢得中国广大农民支持的毛泽东和共产党人却横加歪曲;它使中国离卢斯的理想和信念越来越近,而离中国的现实越来越远。

这种打着新闻真实的幌子创造的中国形象实际上反映了美国人的希望和梦想。异国形象有言说"他者"和言说"自我"的双重功能。法国形象学专家巴柔指出:"'我'注视他者,而他者形象也传递了'我'这个注视者、言说者、书写者的某种形象。"卢斯媒体打造的追求民主、信仰基督、乐意步美国后尘的中国形象,是其"美国世纪"理想的反映,而这一理想又契合了美国领袖和民众内心深处的美国"例外论"思想。卢斯认为在美国人发挥巨大作用的"美国世纪"里,美国是新的中央帝国,是自由的灯塔、平等的旗帜;美国人是上帝特殊的选民,有着给予比接受更荣耀的美德。因此,美国要作为一个仁慈的霸权,以强烈的责任感,将自己政治、文化遗产中的精华,与其他国家分享。而"美国世纪"的实现,有赖于中国走美国化的道路。对卢斯和众多美国人来说,他们不需要一个实际的中国,而需要一个能够满足他们需要、实现他们理想和抱负的中国。因而,中国形象的背后其实是美国人对自身文化的认同。美国人在中国这个巨大的屏幕上,放映的是他们的希望和梦想。

不过,20世纪上半期美国的这种不顾中国实际的中国形象在当时对中国却起到了积极的作用。来自卢斯媒体和赛珍珠小说里的中国形象使美国人日渐痛恨日本人,相反越来越同情甚至敬佩中国人,以至于到了抗日战争后期,美国舆论强烈呼吁援助中国。罗斯福政府由中日战争初期对日本采取姑息政策,到明确表示制裁日本,帮助中国,最终在珍珠港事件后和中国结成战略联盟,向中国提供武器装备,派出志愿航空队,有力地支援了中国的抗日战争。另外,宋美龄访美所激起的同情中国的浪潮使得美国朝野一致决定要平等地对待中国人,废除了实施60年之久的污辱性《排华法案》。

本书的一个重要特点是利用民意测验数据来展现美国媒体制造的中国形象在美国公众中所凝聚起的舆论力量,提供了一个从文化阐释的角度研究美国对外关系史的优秀范例。本书提供了许多新颖的材料,既有已公开出版、发表的书籍、论文,也有大量珍贵的档案史料。比如对卢斯的三大杂志、联合援华会、宋美龄、传教士弗兰克·普里斯的史料挖掘和论述,都令人耳目一新。

最后需要提及的是,尽管本书有诸多优点,但它毕竟出自美国人之手,是以美国人的视角来探讨中美关系和中美之间的问题的,因而不可避免地带有某些倾向性,这是阅读时需要注意的。

致　谢

　　这本书是一个人中途从大学退学能发生什么的一个例子。在北卡罗来纳大学教堂山分校读书时,由于不知道自己想干什么,我在三年级上学期结束后退了学。幸运的是,退学之前我选修了米歇尔·亨特教授的"美国对外关系"课程。虽然亨特教授和我的这本书没有直接关系,但他确实间接地影响了我的思考,我发现自己一次又一次地参阅他的著作。当然,我丝毫没有让他对这本书承担任何责任的意思。

　　退学之后,我很快就发现我并不想一辈子在餐馆里打工或在酒吧里当侍应生,因此便很容易做出重新回到大学读书的决定。我来自新泽西州,所以顺理成章地选择了本州的罗格斯大学,这主要是因为我是该州居民,享受一定的学费优惠,能负担得起这儿的学费。就在罗格斯大学,我的人生开始转变。1985年春季学期,我注册选修了"美国和越南"这门课,它从两方面对我的人生产生了积极的影响。一是教授同意下一学年指导我做毕业论文,并且后来让我跟他读硕士。第二个方面的影响是1986年秋在历史系的一次见面会上发生的。当时,一位研究生走进我,试探性地问:"你不是林顿·约翰逊吗?"是的,我是,或者更确切地说,我在"美国和越南"这门课的课堂练习中扮演过约翰逊。这位同学的简单问话开启了我真正奇妙的学术生涯。

在做这项研究的十年当中,我得到了很多人、很多机构的大力帮助。罗格斯大学的理查德·史莱特基金会以及乔治·马歇尔基金会为我外出查找资料提供了经费资助,我查找资料的档案馆工作人员始终鼎力相助,特别值得一提的是现已从普林斯顿大学希利·G.穆德手稿图书馆退休的吉恩·霍利迪,她的满腔热情和渊博学识让我在那儿的资料查找工作充满了乐趣。我还要特别感谢耶鲁大学神学院图书馆的玛莎·伦德·斯马雷和琼·达菲,她们给我提供了珍贵的视频资料,克拉克-亚特兰大大学提供经费让我复制了这些影像资料。这本书中第二章和第三章的部分内容在《美国与东亚关系》杂志上发表过(1992年秋季刊)。

在本书成书过程中,罗格斯大学和其他地方的朋友、同事阅读了部分手稿,并提出了宝贵的修改意见,他们是:乔纳森·纳舍尔、托伦·威利斯、罗伊·多明尼哥以及乔治·萨乔万尼。约翰·罗西古道热肠,不管是当时还是后来,他都是出力最多的。马克·怀特才华横溢,不仅通读了书稿,提出了富有建设性的意见,还在研究中给予我很多帮助。罗格斯大学纽瓦克分校的沃伦·金博尔是本书的编辑,他不仅个性豪爽直率,而且见解犀利独到。当我把部分章节的初稿在两次大会上宣读时,戴维逊学院的拉尔夫·莱弗林和科罗拉多大学波尔得分校的鲍勃·舒尔茨辛格提出了宝贵的建议。

我在亚利桑那大学历史系做了三年兼职助理教授,从许多方面来讲,我很不愿意离开那儿,因为在那儿我结识了众多可爱的朋友。我的同事凯西·莫里西、帕特里克·米勒对书稿提出了建议,吉姆·密尔沃德在中国历史和中文名字方面出了很多有用的主意。艾立森·富特雷尔不仅弹得一手好吉他,而且还有歌唱天赋,在他的帮助下,我在历史系的才艺表演中首选了吉他弹唱。约翰·克鲁克伯格对戴尔·卡耐基的深入研究对我帮助很大,他的评论同样富有见地。然而,更重要的是,我从和迈克尔·沙勒的相识相伴中受益良多,他通读了整个初稿以及部分修改稿,不仅在专业上提出指导性意见,还在生活中给以细心照顾,更不用说我们在亚利桑那州的山间、沙漠做徒步旅行时,他总是背着装满孩子东西的沉重背包。我的儿子亚历山大无疑非常喜欢这类旅行,他骑在我的脖子上,抓着我的头发欣赏沿途的风景。

除了以上这些在本书写作过程中给予我直接帮助的人,我还要感谢以下三个人:一个是我的妈妈琼,琼善良、随和,是亚历山大的好祖母。另外两个要感谢的是汤姆和伊娃·福克斯,我们之间结下了深厚的友谊,在我遇到困难的关键时刻,他们都会给予及时的帮助,特别是在我刚刚搬到亚利桑那州的那段时间里,他们给了我很大帮助,令我感激不尽。

我还要特别感谢斯科特·卡姆普梅尔,他本人是卓有成就的历史学家,很关心我的研究,经常在百忙中抽出时间,阅读我的书稿,提出富有洞见的评论,有时还亲自下厨,让我一起分享他烹制的佳肴。

斯坦福大学出版社的穆里尔·贝尔、芭芭拉·詹姆斯以及约翰·费奈隆积极帮助我了解有关出版的一些程序,谨致谢忱。我要特别感谢雪莉·泰勒,她不仅挑出了我语言表述的不当,还指出了几处史料方面的错误。

关于汉语名字需要说明的是,我以史景迁的《追寻现代中国》

为范例,也就是说,除了个别地方以外,我都是用的汉语拼音。蒋介石的汉语拼音我用的是广东话中的"Chiang Kai-shek",而非"Jiang Jieshi",主要是因为我引用的很多资料中用的都是"Chiang Kai-shek"。广州在20世纪30年代是"Canton",到了20世纪80年代才变成"Guangzhou",显示出对这个城市称谓的变化。与此相仿,谈论现代的北京时用的是"Beijing",而涉及历史上的北京时则使用"Peking"或"Peiping"。引文中使用原文中的拼音形式,其他地方用汉语拼音。

最后,我要特别感谢三个人,没有他们我的这项研究工作就不可能完成,至少不能像现在这个样子。他们是米歇尔·艾达斯、劳埃德·C.加德纳和特丽莎。米歇尔·艾达斯不论作为研究者还是教师,都是一个典范,当然更是一个要好的朋友。我在罗格斯大学读硕士学位时,他在很多关键的地方指导了我的研究,并一直对我的研究成果进行评价,提出建议。

如果我退学后一直在餐馆打工,没有在1985年春天选修劳埃德·C.加德纳的"美国和越南"这门课的话,我真不知道我现在的人生航船会驶向何方。加德纳现在是查尔斯和玛丽·比尔德历史讲座教授①,作为导师、学者和教师,他都是无与伦比的。他爱护学生,尊重学生,放手让他们选择感兴趣的历史问题作为研究对象。他的风范、指点和友谊对我来说都是弥足珍贵的。

本书是一个特定时期在两个地方——新泽西与亚利桑那写成的。在写作过程中,从一开始我就和一个非比寻常、非同一般的人同甘共苦。这本书缘起于一个简单的问题,然后朝着我们两

---

① 在英美,十分杰出的教授可升为冠以人名的讲座教授。此处是以查尔斯和玛丽·比尔德命名的讲座教授,他们在历史方面取得了非凡的成就。——译者注

个谁都无法预料的方向发展,最终形成现在的样子。言不能尽,本书献给特丽莎,纪念我们曾经拥有的快乐时光和未来的美好日子。

  书中错误在所难免,均由作者负责,如蒙指出,我会重新表达我的谢意。

T.C.J

前　言

1989年，乔治·布什就任美国总统，他深信自己了解中国，对中国人民、中国社会有着不同凡俗的见解，认为中美关系里程碑式的变革就要到来。事实上，乔治·布什就职一个多月后，就以总统的身份首先访问了中国，并在中央电视台发表讲话，告诉中国记者中国是最先经历新的"改革之风"的国家之一，而这股"改革之风"将在21世纪吹遍全球。这阵阵改革之风"有时温润柔和，有时狂暴强劲"，使得中国"就像冬日呼啸北风中的树木……随风摇动，改变其方法，转变其观念，走上了变革之路"。这股清新的希望之风对中美关系也是一个良好的预兆，美国人民和中国人民在基本价值观念上存在共识，即双方都重视家庭。若干年来，中美关系虽然有过令人不愉快的时刻，但重视家庭的观念让这两个国家紧紧地连在一起，"中美两国人民有很多共同的东西"，乔治·布什说，"而最重要的是牢固的家庭观念"。[①]

[①]《乔治·布什总统大事记》，1989年第1卷，第143页。

访问中国一个月之后,布什在宾夕法尼亚的兰开斯特会见安曼教派和孟诺教派的领袖时,突然动情地回忆起他和夫人芭芭拉20世纪70年代中期在中国度过的岁月,当时他是美国驻北京联络处的主任。那时他们夫妇二人还忧虑中国人的家庭生活状况,担心在共产党的领导下,中国人的家庭生活会被"腐蚀变坏"。令他们欣慰甚至深为感动的是,家庭生活的要义保持了下来:"中国的家庭生活丝毫没有受到破坏。"在布什夫妇最近①的一次中国之行中,一个令人动情的时刻是:当布什发表演讲时,下面的中国听众突然问道:"我们的姊妹多萝西好吗?"多萝西曾随布什夫妇来到中国,16岁时在北京接受了宗教洗礼。中国人还牵挂着他的女儿,这的确令总统大为感动,"我当时惊讶得说不出话来,"布什说,"每个家庭都经历过铭刻在心底的美好时刻。"对乔治·布什来说,这个美好的时刻便是他在中国度过的岁月。②

实际上,中美关系的历史从美国方面来讲,一直包含着变化不拘并长期存在的文化因素,从种族主义、仇外心理,到轻信、恩抚和敬畏。布什认为中美关系是后三种因素的融合,但要理解他为何持这样的看法,则涉及美国人认为他们在世界事务中的地位问题。

由于中国形象问题主要源于美国人对他们自己的设想,而不是基于同中国在语言、历史、文化上的相似性,因而详细考察中国的历史并不能解释这一现象本身。相反,中国的历史最多只是这

---

① 本书出版于1996年。——译者注
② 《乔治·布什总统大事记》,1989年第1卷,第290页。布什夫妇想借给女儿洗礼的机会,让全家人团聚在一起。多萝西1975年8月18日在北京使馆区教堂由三位中国牧师施以洗礼,这三位牧师分别是来自圣公会、长老会和浸礼会的。参见布什与戈尔德的《展望未来》,第144页。

个故事的背景。但就像任何一幅画一样,背景对于衬托、突出画面的中心事件、中心人物起着十分重要的作用。与此相似,就美国的中国形象来说,以前的外交史并不能回答所有的问题,尽管它能说明其中的一些主要问题。历史学家艾米·卡普兰(Amy Kaplan)对此作出了精辟的阐释:"一个国家在国外的政治、经济影响,和该国自身的社会关系以及种族、性别、阶级这些文化话语密不可分。"①通过综合考察文化史和外交史,特别是集中考察美国的大众传媒和大众文化,同时考虑美国的一些援华机构的作用,我们会清楚地看到文化和政治背景在某些时期是如何同政府的特定决策相一致,而在某些情况下又如何限制了对外政策制定者的决策。但这两种情况下的外交政策都不令人满意,而希望制定更好的政策。②

几乎早在布什总统表达他对中国好感的50年前,另外一个卓有影响的美国人也表达了同样的看法,他就是大名鼎鼎的亨利·R.卢斯(Henry R. Lucy)——《时代》、《生活》和《财富》三大杂志的创始人兼主编,他也由于在20世纪30—40年代对中国表现出极大的好感,而留在美国人的记忆里。布什探讨"改革之风",卢斯看到西方的基督教、政治民主、资本主义经济浪潮将要涌向中国;布什在冷战结束后呼吁建立一种"新的世界秩序",卢斯1941年在《生活》画报上发表文章,期

---

① 卡普兰:《远去的帝国》,收入卡普兰和皮斯合编:《美国的帝国主义文化》,第16页。
② 除了上述引用的著作外,参见入江昭的《历史的国际化》以及亨特的《美国外交史的国际化》。亨特认为(第10页),"作为政策制定之本的观察和认识,很大程度上受文化价值观的影响"。我在这儿引用这句话的目的是从美国的角度,把中美关系置放到文化价值观的框架内。美国人总的来说对中国所知甚少,他们对中国的观察和认识远远不是基于对中国历史文化的深入理解,而是由他们想象中美国的理想在亚洲的实现程度决定的。

望一个美国人能发挥巨大作用的"美国世纪"的到来。卢斯为国际事务勾画出一个总体蓝图,其中美国是新的中央帝国:"美国作为不断发展的世界事务的动力中心,作为人类优秀成员的培训中心,作为上帝特殊的选民,应该更加相信给予比接受更荣耀,应该更加确信美国是自由的灯塔、平等的旗帜"①。在卢斯眼里,美国将要作为一个仁慈的霸权,或者父权权威,来行使它的权力,似乎只有美国知道其他国家该怎样做才对自己有好处。

电视时代到来之前,卢斯以其手中强大的媒体力量,对20世纪的美国社会产生了关键性的影响。尽管卢斯在新闻和大众传媒领域备受关注,但在美国的对外政策研究中却常被忽略。② 到了1939年,卢斯出版的多种杂志每星期有几百万的美国读者。

---

① 亨利·R.卢斯:《美国世纪》,《生活》,1941年2月17日,后收入杰赛普主编:《亨利·卢斯的思想》,第120页。
② 甚至连专门研究中美关系的论著也常常忽视卢斯在影响美国人对中国看法方面的重要性。下面的著作中提到过卢斯(或他的一种杂志):博格和海因里希斯合编的《不确定的年代》;沙勒的《20世纪美国和中国》,特别是第一章;小汤姆森、斯坦利和佩利的《感伤的帝国主义者》;邹谠的《美国在中国的失败:1941—1950》;塔奇曼的《史迪威与美国在华经验》。详细探讨卢斯和他的三大杂志的有:普里弗伊的《杜鲁门的对华政策》以及塔克的《尘埃中的格局》。塔克还在一些章节中对国民党、中国游说团和传教士做了论述,这些章节某种程度上都涉及卢斯。值得注意的是,有三本著作对卢斯进行了详细探讨。第一本是尼尔斯的《亨利·卢斯〈生活〉与〈时代〉上的中国形象》(1990)。尼尔斯的本意是要提升卢斯的形象,但斯旺伯格的《卢斯及其媒体帝国》(1972)让卢斯黯然失色。尼尔斯认为卢斯对中国、对蒋介石和毛泽东的看法是正确的,也是他超越时代的地方。她说:"从20世纪90年代来看,亨利·卢斯对中国的评价似乎不像有些人认为的那样是错误的,卢斯比白修德、W.A.斯旺伯格以及其他很多谴责卢斯的中国观及其编辑政策的批评家,都更了解中国……(第292页)。"尼尔斯的这种看法反映出今天的美国人并不比50年前更了解中国,实际上,这种看法是美国长期以来惯于以美国的政治和文化道德,而不是以对中国的正确了解为基准,来看待中国的思维方式的一部分。尼尔斯的结论只是进一步证明了美国在认识中国过程中的顽固盲点。罗伯特·E.赫斯坦最近出版的《亨利·R.卢斯》(1994)是一部极好的卢斯1945年之前政治活动的传记。我关注的是从二战之前一直到1949年中华人民共和国成立这段时间,而且我不仅仅把视线集中在卢斯身上,还把他的事业放在美国的中国观这个大框架内来加以研究,这一研究涉及其他很多人,也涉及卢斯生前身后的许多事。

后来，时代公司开拓了《时代》周刊和《生活》画报的海外版，他在国外又拥有了成千上万的读者。随着三大杂志的成功和随后涉足无线电广播和新闻纪录片产业，卢斯在很大程度上决定着人们的信息接受，《生活》画报尤其如此。它采取新颖的形式，用图片来传达印象，讲述故事，对复杂事件提供简要的分析，这与卢斯的意图极为吻合。结果，他的新闻观常常影响着人们对事件的看法和态度，而这些事件也正是他的杂志提供的。像许多政治家一样，卢斯也有一个政治议程表，但在他这儿更重要的是，他有各种各样的方法来推动其目标的实现。

卢斯并不是唯一一个对中国的未来持乐观看法的人，传教士、作家、政治家，还有许多普通美国民众，都被反映出美国理想的同一中国形象迷住了。在众多杰出的文学家、政治家、军事家和企业家当中，赛珍珠（Pearl Buck）、富兰克林·D. 罗斯福（Franklin D. Roosevelt）、温德尔·威尔基（Wendell Willkie）、沃尔特·贾德（Walter Judd）①、约瑟夫·史迪威（Joseph Stilwell）、克莱尔·陈纳德（Claire Chennault）、阿尔伯特·魏德迈（Albert Wedemeyer），以及成千上万为各种慈善组织、政治组织、教育组织、文化组织工作的美国人，都致力于构建同一个美好的中国形象。

从中国角度来讲，"美国世纪"的雏形是由两种发展方向交织促成的。一种是美国国务卿约翰·海伊（John Hay）在20世纪初的"门户开放"政策中阐明的自由国际主义。历史学家埃米莉·罗森堡（Emily Rosenberg）在总结美国1890年至第二次世界大战结束这段时间美国的扩张时，使用"自由发展主义"一词来描述

---

① 其中文名字为周以德，以下都用"周以德"。——译者注

美国经济和文化的对外扩张,这一术语一定程度上带有"相信其他国家能够而且应该以美国的发展为榜样"的含义,即美国的经济道路和社会历史是世界上其他国家普遍适用的范例。美国的大众文化、政治意识形态亦是如此,其他国家应该一切以美国为榜样,步美国的后尘。甚至威廉·阿普曼·威廉斯(Walliam Appleman Williams)在充实其对美国外交政策的研究时,也认为这种现象是美国处理国际关系的指导性原则,也就是这样"一种思想……其他民族没有能力真正解决自身的问题,没有能力提高自己的生活水平,除非学习美国,像美国那样去做"①。

另一个发展方向正像詹姆士·吉蒙德(James Guimond)在研究美国摄影时观察到的,是20世纪30—40年代的保守民粹主义。当时,美国对中国旧有的好感通过"以积极乐观的态度看待普通美国人和他们的中产阶级制度及文化规范"的方式表现出来。吉蒙德在阅读《生活》画报上一篇描述印第安纳州富兰克林镇上一个典型的星期六夜晚的文章时指出:"《生活》的读者想要看到的似乎是古老的村庄,他们怀恋过去小村小镇的时代,那时人们没有厌倦感,没有贫穷,也没有孤独。"②《生活》画报不仅在报道美国国内事务时反映出这样的情绪,在报道国际事务特别是有关中国的报道时,也是如此。

美国作家葛拉姆·派克(Graham Peck)曾剖析美国将自己的思想投射于其他民族的本质。他警告说:"美国的神人同形同性论……是我们对外关系的最大障碍之一。作为一个国家,我们似乎太过热衷于把自己的意志强加到其他民族身上。"③葛拉姆所

---

① 罗森堡:《传播美国梦》,第7页;威廉斯:《美国外交的悲剧》,第11页。
② 吉蒙德:《美国摄影与美国梦》,第160—161页。
③ 派克:《两种时间观》,第181页。

说的可以概括为"美国投射论",这种投射论追根溯源是从美国根深蒂固的家长制观点衍生出来的。恩抚主义及其所隐含的将成人视为孩子的做法,不只是针对中国,对其他许多国家特别是对亚洲国家,也同样适用。将别的国家视为没有能力治理自己的实体,将其他民族视为孩童,通常为美国制定插手、干涉其他国家内政的外交政策,提供了方便的借口。这些做法打着慈善的幌子,口口声声说是为了接受者国家好。① 令人联想到家庭关系的恩抚主义,一般来讲出现在父亲和孩子之间,但用它来描述20世纪初期的中美关系却非常贴切。当时,美国极力扮演父亲角色,或含蓄或明确地将中国视为孩子。虽然美国对待其他亚洲国家很多时候都持这种态度,但以这种态度对待中国的时间更长,渗入程度更高。②

美国对中国的恩抚主义与20世纪30—40年代中国复杂的时局有关,它带来宗教的基督教皈化思想和世俗的国家仁爱观念。美国人对中国充满信心,认为中国正沿着美国指引的道路前进;认为中国人民乐于并渴望信仰新教,奉行民主政治,特别是在他们名义上的领袖蒋介石的领导下。1931年之后,蒋介石被美国人普遍视为勇敢、英勇的基督徒,时刻准备着带领他的人民沿着美国指引的方向前行。从经济角度看,中美的这种关系也预示着巨大的前景,中国庞大的人口保证了美国产品的销售。这些理念进一步强化了美国人对自己的设想,因此,他们耐心地等待。

---

① 芬伯格:《伤害自我》,第3—8页。
② 美国对待日本和越南在不同时期也有类似的情况,特别是美国从自己的思维方式出发,将这些地区视为孩子。关于日本,参见道尔的《无情的战争》,第303页;关于越南,参见威廉·C.韦斯特摩兰对电影《心灵与智慧》的评论,该片1974年由试金石影片公司和华纳兄弟影片公司拍摄。

中国能够被改变的思想让美国人相信中国应该被改变（反之亦然）。①

美国并不是以操纵媒体的方式和在既得利益的推动下，将这些观念简单地强加于毫不怀疑的公众，而是通过一方主动提供帮助，另一方通常愿意接受的方式，来帮助后者解决现实中存在的问题。在改变中国、让中国采取美国的社会制度和政治制度的过程中，美国人重新确立了他们的独特性和他们在历史中的特殊地位，这些观念曾在经济大萧条和二战时期受到质疑。以恩抚的眼光看待中国就是将美国视为更发达、更先进的国家，美国以完全利他的精神将自己的知识、经验送给一个心怀感激的接受者。

将中国人民视为富有热情的可塑造者，从几个重要方面强化了美国国内保守的民粹主义。其中，种族等级划分和性别角色建构起着重要作用，二者都强调维持现状，而不是推动社会变革。艾米·卡普兰指出，将帝国主义作为美国文化中的主导因素"显示出国内矛盾并没有仅仅局限在国内，而是纠结到国际冲突当中，并导致重新划定、挑战或改变原有的国家边境线"②。美国将自己的理念推广到中国文化中的做法正是卡普兰所说的这个过程的一部分，美国人通过将自己的特征、品性、习惯投射到中国人身上，以优越的眼光来看待自身，把中国当做一面镜子，正像一位评论家后来所说的，"这面镜子照出了美国典型的自恋形象"③。

这里的形象、观念和文化建构涉及中美关系的大众话语，包括信念、情感、定型化形象、看法、主观影像，也许还包括更重要的

---

① 对另一个与此类似的现象的评价，参见肖梅克的《美国人与中国共产党人》，它们在时间上相当，只是后者涉及美国人与中国共产党的接触问题。
② 卡普兰：《远去的帝国》，收入卡普兰和皮斯合编：《美国的帝国主义文化》，第16页。
③ 约瑟夫·克拉夫特：《美国的中国神话》，1972年2月22日，周以德文献，第196卷。

希望,这一切都是美国公众在自己的文化视野内,不断地建构中国形象的一部分。这种现象很容易使美国人采用比较的方法,用美国的榜样和经验之镜来观照中国、中国人民和中国历史。为了鼓励这种做法,美国媒体在描述外国事件时喜欢使用简单的类比和扭曲的意象,这种情形一直延续至今,并对美国的政策制定者产生了一定影响。一位社会学家指出:"美国公众的看法推动了某些对外政策的出台,这些政策反过来又使这些看法广为人知,但这一切都是在不利于其他国家的基础上做出来的。"①

许多文化史家都认为,有意识地推动建构的公共形象和其所带来的影响之间的关系,是不好把握的。比如,罗兰·马钱德(Roland Marchand)在对20世纪20—40年代的广告和美国社会之间的关系进行深入研究时指出:"我不能确定地说美国人吸收了广告里面的价值观和理念,也不能确定地说消费者使用自己的权利保证广告反映了他们的生活。"他强调说,广告并没有反映出真实的情况,而是对现实的扭曲。② 罗兰·马钱德的说法同样适用于美国的中国形象。一种特定的形象传播出去不一定会产生预期的结果,生活中不存在这种一一对应的关系,文化和政策制定之间的关系不是那么简单。但任何有关中美关系的研究都要考虑新闻媒体的作用,因为新闻媒体承载着公众对有关问题的论争。两位社会学家甚至提出这样的看法:"媒体话语决定着大的文化问题,媒体既反映文化问题,也参与文化建构。"③

从这方面来看,我们完全有理由说亨利·卢斯不仅通过自己的媒体帝国影响了美国人对中国的看法,而且通过自己坚持不懈

---

① 斯维德勒:《行动中的文化》,第283页。
② 马钱德:《推销美国梦》,第 xvi - xvii 页。
③ 盖姆森和莫迪里亚尼:《媒体话语与公众舆论:构建主义方法》,第3页。

的努力,再加上其他许多人的工作,反映出了美国对中国的许多看法,且不管这些看法正确与否。谈到公众话语问题,一位历史学家曾指出:"利益、权力和价值观各自平面地反映着现实,即从语言的概念层面上反映着现实。"①公众话语,不管是书面的还是口头的,不管是出自政府官员、传教士、企业执行官、新闻记者之口还是普通民众之口,都在很大程度上影响着美国对中国的看法。历史学家米歇尔·亨特(Michael Hunt)对此做出了十分巧妙的回答,他说公众话语"必须是些大家普遍关心的、容易理解的价值观和利害关系问题"。②

亨利·卢斯和其他人一样深知这一点,但他的目标更远大,他要努力营造一个按照美国的脚印往前发展的、友好的中国形象。他的这一想法赢得了美国人普遍的共鸣,因为他说出了美国人对中国的设想和他们对自己的信心。这种全民一致的对中国的美好印象仅仅持续了18年,从1931年发生的三个重大事件——蒋介石皈依基督教、赛珍珠出版她的小说《大地》、日本侵略东北开始,到1949年共产党统一全中国戛然而止。尽管如此,我们还是可以将这一时期看做某种"美国世纪",因为这个时期美国对中国、对亚洲有着不同于历史上任何时期的独特看法,而全世界也因此让美国充当他们全球性的、父性的保护人。当这种投射性的形象被美国无力控制的中国内战颠覆时,美国的反应是极其强烈的,这从国家和个人两个层面严重损害了那些不幸卷入美国民族神话和中国历史现实潮流中的人。1949年以后,美国花了将近30年的时间才重新建立起与中国的外交关系。为了解开中美之间长期对抗的深层动因,为了了解中美邦交正常化的途

---

① 宁科维奇:《外交史中的利益和辞令》,第159页。
② 亨特:《意识形态与美国外交政策》,第15页。

径,同时也为了认识中美关系目前的发展,我们有必要首先看一看美国对中国曾经有过怎样正面的看法,那种看法现在似乎又在成为中美关系的主流。

绪论　美国传教士及其创造的中国观：1890—1931

> 传教士是贸易和商业的先导，文明、知识和教化不断产生出新的需要，而商业能满足这一切需求。
>
> ——查尔斯·登比致国务卿葛礼山信函，1895
>
> 宗教是文明之根本。
>
> ——约翰·R.莫特："远东的当务之急和危机"，1908
>
> 显然，中国是为传教士存在，而不是传教士为中国存在。认识到这一点的人可谓明智之士。
>
> ——周以德致威廉·斯特朗信函，1927

从19世纪最后十年到1931年间，美国对中国的态度建立在两种强大而又互相矛盾的冲动上。第一种冲动集中在J.A.贺伯逊(J. A. Hobson)所说的上帝与玛门①，也即"经济与宗教的合作"上。中国引发了美国的宗教热忱，它要启蒙、重塑这个国家。这是一种"神圣的暴力"，正如清教徒托马斯·胡克在阐释完美的上帝救赎明显不完美的世人时所说的，在这个过程中，上帝把人类从堕落状态提升到让神悦纳的程度。与这一现象类似但又在现实生活中发生了变化的，是美国人对待中国人的态度。美

---

① Mammon，指财富。——译者注

国人要用他们无边的善良和美德——他们基督徒般的献身精神和民族使命感——去救赎数以万计的中国人。一位长老会传教士这样写道:"基督文明将会让中国人真正认识到人的本质,更好地理解他与别人的关系和他自己的责任,更加明白自己的尊严和命运。"①驻北京的美国外交官查尔斯·登比1895年表达了同样的见解,不过他的方式更加直白:"受过教育、讲英语的中国人,变成了一个新人,他开始思考了"②。不管以何种方式表达出来,这种情感是一样的,那就是美国将会让中国按照美国的精神、政治和文化形象来重塑自我。清教的这种既定观念,也就是贺伯逊所说的上帝,打动了很多美国传教士,让他们远渡重洋来到中国。

这种宗教观念也让美国人看到了中国市场的巨大前景。中国是一片遥远、神秘而又具有吸引力的国土,它在亚洲的财富潜力,即贺伯逊所说的二元对立中的玛门部分,令美国人怦然心动。实业家、制造商、投资商在中国看到了巨大的商机,美国19世纪末因生产能力迅速提高而制造出来的大量产品有了销售市场。美国政府官员一直担心1890年金融危机的余波会在国内引起革命,他们在中国看到了解决本国经济、政治问题的希望。③ 在这里,玛门的威力在美国国务卿约翰·海伊的"门户开放"政策中表现得非常鲜明,海伊担心欧洲列强瓜分中国时美国无暇顾及,失去分享利益的机会,于是在1899—1900年提出了有利于美国的

---

① D. Z. 舍菲尔德的话,转引自麦克莱伦:《异教的中国人》,第223页。
②《美国对外关系》,1895年,第197页。
③ 要了解更多美国对中国和世界其他地区的商业兴趣,参照罗森堡的《传播美国梦》,第15—28页,以及韦伯的《寻求秩序,1877—1920》,第249—255页。要了解美国对中国特殊的商业兴趣,参照麦科密克的《中国市场》以及拉菲伯的《新帝国》,第300—311页、352—362页。

"门户开放"政策。美国并没有使用武力威胁来推动其外交,因为海伊清楚,只要有机会,美国强大的经济基础足以让它和欧洲列强抗衡。①

美国对中国的第二种冲动与第一种冲动完全不同,但其重要性并不亚于第一种冲动。第一种冲动集中在宗教和经济方面,第二种冲动则主要体现在恶毒的种族主义上,最终导致1882年设立《排华法案》,此后,中国人很长一段时间被禁止入美。很多美国人鄙视中国人,特别是华工阶层,将他们视为威胁美国人生活方式的低等种族。"黄祸"恐慌虽然对美国人来说并不是切近的威胁,但仍然强有力地攫住了他们的心理,惧怕亚洲的扩张会让他们难以控制。那些倾向于同中国进行贸易的美国企业主,被指控为让中国移民大量涌入美国,与美国人争夺工作的机会。② 美国西部诸州,特别是加利福尼亚政府迫于压力,最终不得不出台一系列的排华法案,这些法案直到1943年才从法律上废除。③

---

① 除了罗森堡和麦科密克的著作外,有关"门户开放"的更多论述,还可参照亨特的《一种特殊关系的形成》第六章,小汤姆森、斯坦利和佩利的《感伤的帝国主义者》第九章,扬的《帝国外交术》第六章,威廉斯的《美国外交的悲剧》第50—57页,以及威廉斯的《美国历史剪影》第414—420页。
② 比如,塞缪尔·冈珀斯1902年就坚持继续实行《排华法案》,并证明美国工会的其他领袖也支持这样做。参见麦克莱伦的《异教的中国人》,第199页。
③ 排华法案提到议事日程上来最早是在19世纪60年代,当时华人劳工开始参与修建美国铁路。美国总统拉塞福德·B.海斯否决了两个提案,但切斯特·艾伦·阿瑟最终在1882年签署了十年之内禁止华人移民美国的法案。1894年,美国又与中国签订了新的协议,把禁止华工入境的期限又延长十年,但美国单方面地将期限一直延续到1924年。关于排华的更多内容,参照孔华润的《美国对中国的反应》第30—32页。孔华润也对美国对中国的经济兴趣作出过评价,见第37页的图表分析。另外一部探讨排华法案的著作是麦克莱伦的《异教的中国人》,参见第112—113页、198—200页。从中美两个视角讨论排华问题的,是亨特的《一种特殊关系的形成》第三章和第七章,另外还可参见亨特的《意识形态与美国外交政策》,第71页,他认为美国对华人的仇视和中国经济机会诱惑之间的张力,在1910年之后减弱了,因为此时排华法案已经将华人作为一个政治问题根除了。

因此，美国的中国观从基督教恩抚主义、经济开发热情，再到种族主义的偏见，简而言之，融合了不同的态度、期待和希望，彼此之间甚至完全相反。美国一方面对中国有所图谋，另一方面又驱逐中国人，体现了殖民扩张和国内种族主义、仇外主义之间的明显冲突。有一点需要说明的是，这两种极端的行为不是互相排斥，而是彼此促进的。

这两种明显不同的观点主要来自美国在国家治理和文化上的家长制作风，这种作风简单而又固执地认为中国人渴望（或至少希望）变得像美国人那样。美国人以宗教为突破口，寻求让亚洲的异教徒感受到上帝之光，然后民主就会自然而然地到来。一位历史学家这样评论道："传教运动旨在实现民主。"①美国人认为中国人一旦在宗教上皈依了基督，就会理解、喜欢民主的生活方式。那样的话，就会需要美国的农产品、工业用品和加工产品，直至中国人彻底变成美国式的人民。查尔斯·田贝（Charles Denby）1895年向美国国务卿葛礼山（Gresham）致信说，传教士在美国的对外贸易中起着十分重要的作用，但上帝的博爱还没有"找到很好的方法教化那些野蛮的民族，让他们信仰基督教"②。并非只有田贝一个人持这样的看法，充满宗教热情的美国传教士将中国视为有着庞大人口、等待基督救赎、追寻西方思想理念的一片国土。由于这种看法意味着中国人将成为美国产品的积极消费者，美国的政客和商界首脑也和传教士一样，以充满希望的眼光来看待亚洲人民。

最初去中国传播福音的热情一定程度上和德怀特·L.慕迪

---

① 瓦格：《传教士、中国人与外交官》，第153页。
② 《美国对外关系》，1895年，第198页。

(Dwight L. Moody)19世纪80年代后期发起的宗教复兴运动有关,这期间在马萨诸塞北田市的一次集会催生了历史上闻名的传教运动——学生海外宣教志愿运动(SVM)。学生海外宣教志愿团是基督教青年会的一个分支,致力于向世界上不那么幸运的民族传播基督福音。志愿团的学生满怀信心地奔赴世界各地传播福音,他们乐观地认为他们这一代人可以将福音传遍世界,中国当然包括其中,正如一个传教士所说的,由于没有耶稣基督的庇护,中国每个月都有一百万人不幸死去。学生海外宣教志愿团的一个重要成员毕得经(Horace Pitkin)这样说:"那时中国是我们的目标,是北斗星,像巨大的磁石一样吸引着我们。"①志愿者中有很多是女传教士,她们感到自己有责任、有义务献身于传教事业。② 这种传教热情让毕得经和他的教友舍伍德·艾迪(Sherwood Eddy)、卢思义(Henry W. Luce)③深受鼓舞,他们更加自觉地献身于传教事业,心中响彻着"这会推进我们在中国的传教活动"的圣歌。这三位美国清教徒传教士成了那些满怀激情地要用西方的基督教模式,来创造一个崭新中国的传教士的杰出代表,尽管毕得经、艾迪和卢思义没有完成他们要教化全世界的宏伟目标,但他们和其他传教士一起创造的中国形象在美国很长一段时间内都有影响。

　　毕得经、艾迪和卢思义三人当中,卢思义作为基督教长老会的成员,尤其有一种民族自豪感和宗教热情。他对自己祖国的热爱和对宗教的热忱这两股力量交织在一起,形成他世界观的核

---

① 艾迪:《世界传教十字军的寻路者》,第50页。
② 亨特:《高雅的福音:19世纪末20世纪初在中国的美国女传教士》,第49—51页。
　　亨特指出这些女性"以自我牺牲的形式,表现出一种自我解放的愿望"(第51页)。
③ 美国报业巨人亨利·卢斯的父亲。——译者注

心。1895年在得克萨斯巡游时,他写信给朋友大声疾呼:"中国是一个遥远而伟大的国家,每隔五分钟你就会感到想要重新接受上帝的抚慰。"①

卢思义将自己的宗教理念灌输给儿子亨利·鲁宾逊·卢斯(Henry Robinson Luce),甚至在卢斯14岁时离开中国,返回美国到霍奇基斯中学(Hotchkiss School)读书后依然如此。卢思义在1914年11月写给儿子的信中说,欧洲刚刚爆发的世界大战并不说明基督教在欧洲失败了,"只能说明欧洲不是基督的信徒了"。后来他又指出,耶稣不仅"超越了他自己的时代……也超越了我们的时代"。耶稣的教义之所以最受人尊崇,不是由于其历史悠久,而是因为它真正具有"永久性、根本性和可实现性"②。

像卢思义这样的传教士内心有很多先入之见和期望,这些先入之见和期望不仅影响了他们看待中国的方式,也影响了他们看待自身使命的方式。美国史学家特纳(Frederick Jackson Turner)认为1893年由于美国的边疆停止了拓展,美国笼罩着一种不断增长的民族主义伤感,但许多美国传教士自然而然地把自己视为美国继续西进,甚至要跨过太平洋的拓荒者,中国是他们新边疆的一部分。③ 有一位到中国来的美国传教士试图将自己国家的拓疆传统传递给下一代,为了让下一代更好地感受到美国边疆的不断拓展,他用竹子建造了一间小屋,尽管孩子们是在远

---

① 卢思义1895年2月2日致威拉德信函,"学生海外宣教志愿运动"文件,第362卷。
② 卢思义1914年11月4日和14日写给儿子亨利·R.卢斯的信,加塞德文献,第2卷。
③ 麦克莱伦:《异教的中国人》,第176页。

离美国成千上万英里的中国长大的。①

与此同时,许多来中国的美国传教士看到了中国悠久的历史和灿烂的文明,其庞大的人口预示着中国有巨大的传教潜力。一位女传教士在宣传册中表达了她对中国的热切渴望,她说在世界上所有的异教国家中,中国排在第一位,这一方面是因为中国有着庞大的异教人口等待皈化,另一方面是由于它"在异教国家中是面积最大的"。作家杰拉尔丁·吉尼斯(Geraldine Guiness)进一步强调说,1890年传教事业的新发展,是在近六个月的时间内分发了50多万份《旧约》、《新约》和宗教小册子,这预示着一个基督教狂潮将会席卷中国。②

18年之后,约翰·R.莫特(John R. Mott)——当初学生海外宣教志愿团的一位领袖,后来成为基督教青年会(YMCA)的高层领导人,在英国利物浦遇到他的传教士同行时说,中国正处于"思想变革的浪潮之中",这场深刻的变革为基督教传教士提供了空前绝后的大好机会。他认为中国的这种革新状态能够让基督教设计中国未来几个世纪的蓝图:"愿上帝护佑我们,让基督思想、基督精神和基督影响遍布中国的每一个角落。"这种可能性已经存在,接受神学教育就意味着多了一把实现他们梦想的

---

① 《北卡罗来纳的"中国联结"纪实:1840—1949》,第95页。北卡罗来纳中国协会的路易莎·基尔戈给我带来这幅照片,许多到中国来的美国传教士除了保持他们的边疆传统外,还设法尽可能地重现他们以前的居住环境。亨特在《高雅的福音:19世纪末20世纪初在中国的美国女传教士》中指出,那些来中国的美国女传教士,特别是已婚的女传教士,喜欢在自己的居所附近建一个花园,以此来保持她们和美国的某种联系,参见该书第五章。
② 杰拉尔丁·吉尼斯,1890年5月2日,"学生海外宣教志愿运动"文件,第554卷,第4—5页。

钥匙。①

到中国来的美国传教士,除了怀抱改变中国的理想外,他们在中国的经历还对下一代产生了重要影响。他们的孩子被称为"传教士儿童",其中很多人依然记得他们在中国度过的快乐童年。赛珍珠满怀温情和爱意地回忆起她在中国的成长岁月,她的小说对于促进美国20世纪30年代对中国的浪漫化认识起到了重要作用。②亨利·R.卢斯从小在青岛长大,他印象中的青岛"夏天凉爽舒适,有一个百货商店,美国西尔斯-罗巴克百货公司的许多商品都可以在这里买到,且不时有新货上市"。卢斯写道:"青岛是一个非常迷人的城市","没有其他城市能和它媲美,温柔的细浪轻拂着金色的海滩,这就是1914年之前的青岛"。③另一位传教士的女儿不无怀旧地回忆起她在中国乡村度过的童年时光:"再没有什么比中国夏夜的山谷更静谧的了……每一座山峦都像一个身披长毛的动物,将头伸出来躺在另一个的身旁。当落日最柔和的余晖照在浅绿色的谷底时,人完全沉浸在大自然的宁静当中了。"④

但对卢斯和赛珍珠来说,他们从小对美国的认识也是非常重要的。赛珍珠回忆她的父母是如何给她讲述理想化的美国故事的,说美国是"梦幻般的美好国家,那里人丁兴旺,美丽富饶……是播撒天惠的源地":

---

① 约翰·R.莫特:《远东的当务之急和危机》,1908年1月2日至7日,"学生海外宣教志愿运动"文件,第557卷,第12—13页。
② 赛珍珠:《我的中国世界》。
③ 亨利·R.卢斯1945年11月12日致约翰·肖·比林斯信函,第5页,斯旺伯格文献,第17卷。因为斯旺伯格的话是用速记记录下来的,在我文中做了拼写修正,没加特别说明。
④ 艾丽丝·贝里-哈特,出自其传记手稿第60页《上海和我们认识的中国》,收入"中国档案"项目,第24卷。

绪论　美国传教士及其创造的中国观:1890—1931

在我还是个孩子时,父母就告诉我美国有着宁静的乡村街巷,有绿树掩映的大房子,房前有大片的草坪。体面的绅士、守法的男男女女和他们那些在学堂里乖巧听话的孩子们,在礼拜天到古老而美丽的教堂去祷告。医生尽职尽责为病人看病,自己医治不了的就送到干净卫生的大医院去。当然没有人患霍乱、痢疾、斑疹伤寒或是死于淋巴腺鼠疫,也没有麻风病人在街上游逛,吓唬行人和店家,更见不到乞丐。①

亨利·R.卢斯的母亲给他读《圣经》,给他从孩子的角度讲述美国的历史。父亲给他讲自己钟爱、崇拜的美国人,特别是西奥多·罗斯福。② 实际上,卢斯后来主张阳刚的基督教的思想,同受西奥多·罗斯福的影响不无关系。一位历史学家指出,卢斯对美国的热爱"带有父亲影响的明显痕迹"③。而卢斯像赛珍珠一样,从小心目中就有一个理想化的、完美的美国:"关于美国我没有任何不愉快的经历……美国在我心目中是一个天堂般的国度,机会遍地,自由、公正,你对美国的认识不仅是理想化的,而且带有浪漫色彩——一种影响深远的浪漫幻象。"④这种对美国的基督教化的、理想化的认识,很明显影响了传教士和其他以这种方式思维的人,人口众多且时常处于非常时期的中国,在他们眼里充满了无穷的机会,即便中国的社会现实在发生急剧的变化,他们仍然认为中国比世界上其他任何地方更能让他们实现自己的成功之梦。

1890—1920年,中国社会发生了剧烈的动荡,其中最重要的

---

① 赛珍珠:《我的中国世界》,第5页。
② 埃尔森:《时代公司:一个新闻出版企业的秘史》,第23页。
③ 鲍曼:《亨利·R.卢斯与美国新闻媒体的兴起》,第11页。
④ 卢斯的话,转引埃尔森:《时代公司:一个新闻出版企业的秘史》,第27页。

事件是清朝在1911年被推翻。20世纪20年代中国历史上上演的是军阀混战,国民党和共产党分别异军突起,在接下来的30年时间里争夺中国的统治权。对美国传教士来说,20世纪20年代中国民族主义的兴起是以反基督教的基调出现的,基督教是和西方通过不平等条约、强迫割地赔款等方式控制中国联系在一起的。美国的传教运动不仅受到国外局势的影响,也受到国内因素的制约,响应福音传播号召的美国人越来越少。1920年,约有1 731名新的传教士肩负着将基督教传播到异教国家的使命,登上了驶往外国的航船,另有2 783名学生宣誓成为海外宣教志愿团的成员。到了1927年,去往外国的传教士数量降至558人,而1928年仅有252人宣誓加入学生海外宣教志愿团。此外,到了1927年,当初要在一代人的时间里将福音传遍世界的理想,已经蜕变成从事传教士职业的三个最不重要的动力之一了。①

社会进步的召唤仍是吸引传教士的一个因素。这一时期如果说将中国变成基督教国家的愿望不像原来那样强烈了,至少传播先进的农业生产方式、医疗技术和推动教育的发展仍然能激发起传教士的热忱。② 但这种从传播福音到改善生活状况的转换是要付出代价的。作为海外宣教的一个主要组织,基督教青年会发现转换之路上布满了荆棘,这正如一位历史学家指出的:"只要基督教青年会坚持以美国的方式传教,就会募集到大笔资金。"而

---

① 瓦格:《传教士、中国人与外交官》,第148页、151页。政治动荡和排外运动使得相当一部分美国传教士在1927年3月以后离开中国。海宁格在其文章《私人地位与公共政策》的第290—291页引用的数据显示,从1927年初到1928年中期,美国的清教传教士人数下降了40%。亨特在《高雅的福音:19世纪末20世纪初在中国的美国女传教士》第5页中也提到1922年中国成立了反基督教学生联合会。
② 瓦格:《传教士、中国人与外交官》,第215页。也可参见罗森堡的《传播美国梦》,第79页。

一旦变换了传教方式,基督教青年会就发现美国人不愿意再资助这个新的项目了。① 20 世纪 20 年代末对美国的传教士来说是一个两难时期,传教方式的转换不论在美国国内,还是在中国,都阻力重重。

尽管有这些显而易见的挫折,许多传教士仍然非常乐观。中国民族主义的高涨和对传教士居住区越来越多的袭击,导致传教环境越来越不利,但这一切并没有让诸如威廉·R.约翰逊(William R. Johnson)这样资深的传教士气馁。约翰逊是卫理公会传教士,1906—1942 年一直在中国传教,他在中国的民族主义者身上看到了希望。1927 年底他在给朋友的一封信中坚持认为新教和"中国民族主义者的核心思想是一致的,即都追求心灵自由,爱国家,向统治者要民主"。他甚至充满信心地说:"中国比以往任何时候都更加清楚谁是她的朋友。"他说中国的民族主义者比新闻报道中宣传的更能给人以希望,而且,中国比历史上任何时期都要万众一心。他预言由于新教传教士是支持独立的积极力量,他们过去的努力会给他们带来丰厚的回报。②

但不是所有的传教士都赞同约翰逊的观点,尽管他们的理由并没有将中国人考虑进去。这些唱反调的传教士批评约翰逊过于乐观,说传教士不致力于改善中国人的生活状况,也不履行上帝赋予他们的崇高使命,而是只关心自己是否生活得舒适、安全。周以德说他是怀着帮助中国走向"合作、发展"③的愿望来到中国

---

① 罗森堡:《传播美国梦》,第 111 页。
② 约翰逊 1927 年 11 月 19 日致乔伊医生信函,约翰逊文献,第 13 卷。
③ 周以德访谈,保存在"哥伦比亚口述历史资料库"里面。有关周以德在游说蒋介石按照美国的模式建设中国的过程中所起的重要作用,参照瓦格的《传教士、中国人与外交官》,第 294 页。

的。周以德是一位医学传教士,曾做过学生海外宣教志愿团的学生自治会主席,后来有位历史学家说他是对中国"最有责任心"的人,利用自己国会议员的身份,支持蒋介石。但在 1927 年,他给波士顿的威廉·斯特朗(William Strong)牧师写了一封密密麻麻、长达 19 页的信,对美国新教的传教方式提出了严厉批评。

周以德说他对弥漫在传教士当中的"自满自足"感到非常失望,他列举了过去几十年里传教士们犯下的严重错误,尤其是传教士喜欢住在砖结构的房子里,周以德认为这不仅与传教使命不相符,而且导致同中国普通百姓的居住区分割开来。他指出,大多数传教士仅仅满足于在"上班时间"传播基督福音,而不是住在那些要拯救的人群当中。传教士在中国建造了"一个微型家园",一个"小小的美国"。在这里他们只关心、忠诚于自己和那些与他们"有着同样血统、讲同一语言、挂同样国旗、属于同一文化的人"。①

周以德相信当时中国人对传教士的骚扰是精心谋划的,目的是尽可能地吓跑美国人,让他们离开中国。他谴责美国人大批离开中国的胆小怯懦和所谓合理的辩解。有些传教士认为虽然他们毫无私心地为中国人服务了那么长时间,中国人却背叛了他们。对此说法周以德不能容忍。他诘问道,你怎能期待中国人对这样一群外国人保持忠诚:他们在过去 35 年的时间里,"充满优越感、享有特权、居高临下地恩赐、强迫割地赔款、用炮舰打开中国的大门、将外国的国旗插在中国的教堂等不一而足",这是不合

---

① 周以德 1927 年 3 月 24 日致斯特朗信函,第 6 页,收入"中国档案"项目,第 107 卷。这封信之所以打动人,除了篇幅长之外,还有其他的原因。周以德详细地分析了中国的情况,虽然他对美国传教士在中国的做法很不满意,但希望他的批评能使美国传教士自律,从而往好的方向改进。

情理的。① 周以德总结说:新教传教士虽然一再强调他们去中国传教、待在中国的理由,但在他看来,这些统统都站不住脚。他们满足于过自己舒适的生活,只要有一丁点儿的不舒适出现,不管是心理上的还是物质上的,就匆匆忙忙地打起铺盖卷,到外国租界里寻求庇护。

即使有些传教士继续留在中国,周以德说他们这样做更多地是出于自身的考虑,而不是为了向中国人传教。由于躲在他们砖砌的房子里,对中国信徒不尽职尽责,一心要过他们在美国过的那种生活,美国的新教传教士在中国的传教事业失败了。周以德指出,相比之下,新教的对手——天主教传教士则取得了很大成功,这部分是因为天主教传教士宣誓过独身生活,这让他们适应了中国乡村严酷的生活,免除了他们对安全的担忧,也不去幻想家庭生活的舒适。周以德清楚供养家庭的牵引力能够和传教事业相妥协,他坦率地承认他自己就有这样的经历,但他认为如果新教传教士没有天主教传教士那样的责任感,仍然不会取得很大成就。周以德后来评价国民党 20 世纪 40 年代的失败时,同样认为美国人缺乏责任感是原因之一,美国人缺乏责任感是他一以贯之的重要观点,他说只有美国人,尤其是新教传教士,将自己全身心地投入到中国的事业中去,情况才有可能发生逆转。

从根本上来说,让周以德感到失望的是美国人没有最大限度地利用自己的机会:新教传教士的目标和他们实际上在中国的所作所为相差太远。具有讽刺意味的是,传教士在美国国内的影响却十分显著,事实上,有两任国务卿持证据证明,传教士的在华活动滋养了美国对中国的感伤情绪和浪漫认识。

---

① 周以德 1927 年 3 月 24 日致斯特朗信函,第 3 页。

迪恩·艾奇逊（Dean Acheson）是哈里·杜鲁门（Harry Truman）总统时代的国务卿，他描述了 20 世纪初美国帮助中国的热情："我们国家几乎没有一个城镇不成立协会为中国捐款捐物，没有人不忧虑那些在遥远、恶劣的环境中，在上帝赐予的充满异域情调的葡萄园中辛勤劳作的中国下层人，没有人不去听传教士鼓舞人心的演讲"。艾奇逊明确指出了美国对中国的商业兴趣与传教士意图之间的关联，在传教士"启迪中国人的心智、医治中国人的疾病、拯救异教徒中国人的灵魂"的背后，是美国的"飞剪船""争先恐后地驶向东方……目的是同中国做生意赚取利润"。① 艾奇逊的继任者约翰·福斯特·杜勒斯（John Foster Dulles）1951 年在纪念"华美协进社"成立 25 周年的招待会上致辞，指出同情"而不是物质主义……是中美关系的本质"，中美之间的接触更多是"文化和精神上的，其中传教士是不可忽视的联结者"。②

于是，上帝和玛门作为自由发展主义意识的一部分，在恩抚的辞令下，制造了美国对中国态度的基本前提。美国能帮助中国进入现代世界，当然，这个现代世界是一个"美国世纪"。不管艾奇逊和杜勒斯是真心赞同传教士"启迪中国人心智"的目的，还是更看重隐藏在其背后的同中国进行商业贸易的意图，他们都意识到了上帝和玛门这两者的强大力量。作为公众关注的人物，他们似乎佐证了美国长期以来对待中国的态度，即将中国作为一个需要美国帮助的国家。

但如果说艾奇逊和杜勒斯都不相信中美关系就这么简单的

---

① 艾奇逊：《创世亲历记：我在国务院的年代》，第 8 页。
② 约翰·福斯特·杜勒斯 1951 年 5 月 18 日发表的讲话，收入史密斯文献，第 105 卷。该讲话在美国国家广播公司全文广播。

话,那么,有许多人,不光是传教士,愿意相信这一点,他们把向下一代美国人宣传自己的思想作为既定的任务。在这方面做得最成功的是卢思义的儿子亨利·R.卢斯。卢思义最初成为一个成功的传教士是因为他有着出色的资金募集能力,亨利·R.卢斯像父亲一样,发现自己同样有经商的才能,但与父亲不同的是,他在俗世取得了更大的成就:是新闻而不是宗教成了他的使命。[①]他在传教方面对中国的重要性,是由于他在新闻界作为一名商人,获得了赫赫声名。而且卢斯不仅仅做生意赚钱,正如他的一位雇员所说:他是20世纪"杰出的编辑天才",尽管这一评价值得商榷,但并非完全没有根据。[②]

新教传教士呼吁美国人援助中国,他们一次又一次地利用周日集会,鼓动美国人为美国在中国的事业募捐,这是一个漫长的过程。但在20世纪40年代,亨利·R.卢斯通过一期《生活》杂志,就能比前辈传教士半个多世纪的宣传更能打动美国人的心。正是因为亨利·R.卢斯坚定不移地相信中国最终会成为一个基督教的、民主的国家,他才将自己的经商智慧和对新闻的理解结合起来,制造了一种美国关于中国的最重要的、最影响深远的幻象。

[①] 爱泼斯坦:《亨利·卢斯和他的〈时代〉》,第38页。
[②] 埃里克·霍金斯访谈,第40页,"艾森豪威尔研究"项目,收入"哥伦比亚口述历史资料库"。

第一章　亨利·卢斯和时代公司的崛起

> 我读过很多报刊，也听过很多新闻广播，但都不如卢斯先生的杂志给我的帮助大。
> ——艾伦·奥尔德逊1941年2月致富兰克林·罗斯福信函

作为记者和出版人，亨利·卢斯是严肃认真、尽职尽责的。此外，他还造就了具有决定性影响的美国至上的观点。在他看来，一切以有利于美国为重，传统意义上的新闻公正也要让位于此。关于卢斯，一种经久流传的说法是：他信奉上帝、美利坚合众国和共和党，尽管不一定非是这个顺序。更为重要的是，卢斯相信在世界上所有的国家中，上帝挑选美国来承担特殊的使命，因为美国是一个笃信上帝、品德高尚的民族，最有资格代上帝完成在现世的工作。卢斯认为作为出版人，他有责任推动实现这些目标，美国因其独特的美德和虔诚的信仰，注定要承担重任。卢斯是共和党人，因而上帝自然会偏爱资本主义、自由企业制度，他甚至拐弯抹角地指出，在亚历山大·汉密尔顿（Alexander Hamilton）的回忆录中就有富豪政治的思想。既然美国没有欧洲社会中那种自然形成的阶级划分，它就应该寻求经济领头羊的位置来加入欧洲的行列。卢斯的这种想法由于是在1929年经济大萧条后提出来的，因此没有引起美国人的关注和支持。

同时，卢斯知道大多数美国人想阅读、了解些什么。他对一切事物一以贯之的好奇心正契合了他出版人的职业。除了敏锐地感受到公众的阅读趣味外，卢斯还有一种福音布道的使命感，他不是简单地报道事件，而是想影响公众舆论。像布道者要拯救冥顽不化的灵魂一样，卢斯试图让美国人按照他的思路来理解美国，其中一点就是戴上美国"例外论"的眼镜来看待美国的对外关系。美国承担着重大使命，亨利·卢斯决心用自己的能力去推动实现美国人民的目标。

在其使命中与中国有关的部分，卢斯继承父辈的遗志，在别人止步的地方肩负起自己的使命。卢斯继承了前人的思想，然后大力宣传，以便让更多的人了解，其宣传的持续性和长久性是毕得经、艾迪和约翰·莫特望尘莫及的，也是他们不敢想象的。作为打造美国化中国的强劲鼓吹者，亨利·卢斯在20世纪30—40年代扮演着极为重要的角色。同时，美国人民在这种中国形象建构过程中也乐于以同情者和家长的身份来对待中国。正如两位社会学家指出的："这一切通过文化上的共鸣、经济上的援助以及它们与媒体在行业规范和实践上的完美结合，在媒体领域获得了巨大成功。"作为打造浪漫化中国的主要践行者，卢斯努力将文化、历史这些长久性的象征符号运用于中国，然后再去影响成千上万的美国人。媒体和读者之间的关系是相辅相成的，而且由于许多"媒体人跨越了意义生产者和意义解读者之间的界限"①，它们之间的关系变得更加复杂了。卢斯在积极反映公众意见、构建中国形象的过程中，跨越了这一界限和其他许多藩篱。由于卢斯

---

① 盖姆森和莫迪里亚尼：《媒体话语与公众舆论》，第9页。

在强调合作的新闻领域取得了令人瞩目的成就,这种跨越界限所带来的影响也变得日趋明显。

时代公司在报道中国方面取得的巨大成功,和该公司在20世纪30年代后期的迅速发展是分不开的。1937年,尽管美国经济仍然不景气,卢斯在新闻领域的大胆尝试——杂志、广播和新闻纪录片,却继续扩展并获得了丰厚的利润。1923年创办的《时代》周刊,其发行量从1935年的450 000份,增长到1937年的600 000份。旨在为特定读者群量身定做的《财富》杂志,1937年的发行量也突破了100 000份。但缔造卢斯媒体帝国的,还要数1936年底创刊、图文并茂的《生活》画报。到了1941年,三大杂志的订户数量惊人,达到了380万份。《生活》画报的声名鹊起将卢斯推向了此后20年美国新闻界老大的地位,这份杂志的成功如此巨大,如此出人意料,以至于时代公司最初损失了相当一笔钱。①

亨利·卢斯,熟悉他的人称他哈里(Harry),曾说既然是他创办的新闻杂志,就有权力决定杂志的形式。对《时代》周刊来说,他的想法是使这份杂志看起来像是一个人撰写的。卢斯在1934年写给《财富》编辑德怀特·麦克唐纳(Dwight Macdonald)

---

① 时代公司保证头12个月向广告商提供25万份《生活》画报,并谈妥了相应的价钱。然而,由于卢斯坚持使用高质量的相纸,导致《生活》画报的成本很高。当《生活》画报声名鹊起、需求量超过时代公司的预计时,亏损问题开始出现。第一期《生活》画报卖出了435 000册,到了1937年1月,销售量已达到760 000册,其造价成本远远超出了广告商付给的收益。不过,卢斯的赌注后来获得了相当可观的利润。更多关于这方面的研究,参见鲍曼的《亨利·R. 卢斯与美国新闻媒体的兴起》,第92—94页,也可参见埃尔森的《时代公司:一个新闻出版企业的秘史》,第274—277页、281—282页、297—303页、309页、328—331页。德怀特·麦克唐纳指出:早期对《生活》画报的宣传费用保守地讲也有700万美元,但仅收回250万美元。参见麦克唐纳的文章《〈时代〉、〈财富〉、〈生活〉》,载《国家》,1937年5月22日,第585页。

的信中说,"不是某一个具体的人","而是超人——为数不多的超人……真正地'在说话'"。① 资深编辑托马斯·马修斯(Thomas Matthews)说:"每一种新闻形式都有自己的特征。"②在时代公司,卢斯的个性决定一切,他指挥着他的新闻帝国,每一篇报道都口吻统一。卢斯自己曾说:"我所知道的……我心里所想的,大部分都在《时代》、《生活》和《财富》浩如烟海的报道中体现出来了。"③并不是说个性、独立和想象力对于一个代表众人思想的超人不重要,恰恰相反,卢斯认为所有这些特征是《时代》周刊成功的关键,当然一定程度上也是《财富》成功的重要因素。虽然有团队新闻报道的压力和要求,强大的、独立的思考能力仍是在时代公司工作所必不可少的。I. 范·密特(I. Van Meter)是时代公司的编辑助理,他在 1937 年回答《时代》周刊的读者来信时赞成这种指导思想:"我们认为《时代》周刊和《财富》杂志所做的是一个集体新闻团队所能达到的最高水平,集体新闻团队的审查和平衡无一不在我们这儿实行。"他进一步指出,采取集体新闻作业方式使《时代》周刊和《财富》杂志"将我们生活的世界尽可能客观地"呈现出来。④ 时代公司一再强调它在报道新闻时的准确、公正和客观,说公司的初衷就是让每一期《时代》周刊、《财富》杂志(和后来的《生活》画报)带给读者国内外新闻事件的准确、可靠的信息。在致订户的一封信中有这样的话,在 90 分钟的时间里,

---

① 卢斯 1934 年 7 月 31 日致麦克唐纳信函,麦克唐纳文献,第 29 卷。
② 托马斯·S. 马修斯访谈,第 93 页,"艾森豪威尔研究"项目,藏于"哥伦比亚口述历史资料库"。
③ 转引自杰瑟普主编:《亨利·卢斯的思想》,第 3 页。
④ 范·密特 1937 年 7 月 20 日致 R. D. 米勒信函,麦克唐纳文献,第 52 卷。

《时代》周刊"让你浏览所有的新闻,而且报道简洁、清晰、完整"。①

1938年,在创刊15周年庆典中,《时代》周刊发出致订户的一封信,介绍了其最近在扩大新闻覆盖面、对新闻报道更加精益求精方面做出的努力:"《时代》周刊目前正致力于提高新闻杂志服务的质量,我们的工作做得非常精心细致,**《时代》的每一个部门都能经得起专业显微镜的检查**。"②信中还说,除了在新闻采写上高标准、严要求外,《时代》周刊还拥有当今世界上最先进的"新闻审查制度"。③ 时代公司以一套严格的新标准,继续致力于追求前所未有的精确性。

20世纪30年代,时代公司将业务拓展到广播和新闻纪录片领域,其目标也更远大了:"**我们希望让你亲历历史上的一些重大时刻**"④,广播节目《时代在前进》1941年开播,提出"**让新闻成为你生活中难忘的经历**"⑤。广播节目让美国人感到"这些重大事件就像发生在他们身边,是他们个人生活中值得记住的事情"。时代公司的广播节目保证让它的听众有身临其境之感,比如说,让每一位听众在纳粹入侵时对于克里特岛上发生的一切都有一种"**切身的**⑥感受",听到"炮弹爆炸的骇人巨响和划弧线时的咔

---

① 《时代》周刊1935年3月2日致订户的一封信,藏于富兰克林·D.罗斯福图书馆,"政府文件"第2442卷。时代公司的编辑埃里克·霍丁斯评论说,《时代》周刊旨在满足"忙碌者不断增长的需要,将新闻事件以压缩的形式呈现出来"。《埃里克·霍丁斯访谈》,第96页,见"艾森豪威尔研究"项目,藏于"哥伦比亚口述历史资料库"。
② 原文是斜体,目的是强调。译成中文采用黑体。——译者注
③ 《时代》周刊致订户的一封信,未注明日期,但很可能是在1938年的1月或2月,藏于富兰克林·D.罗斯福图书馆,总统私人活动档案,第3338卷。
④⑤⑥ 原文是斜体,目的是强调。译成中文采用黑体。——译者注

嗒声"①。

由于一再强调精确性、公正性,而对其虚构性闭口不提,时代公司给人的印象是它的杂志、广播节目和新闻纪录片提供了一幅关于美国和世界上重大事件全面的、毫无偏见的图画。人们怎么会对这样一个将准确、公正视为自己至尊目标的媒体公司产生怀疑呢?

尽管时代公司强调客观、公正、真实,卢斯本人却坦率地承认他的杂志有倾向性,很明显要反映他的想法。但他认为他的倾向性是以读者的利益为基准的,他曾这样说:"绝对的公正常常会妨碍真理"。因此,《时代》周刊的责任不在于收集整理事件,而在于传达"(《时代》认为)是真理的东西"②。卢斯认为仅仅对采集到的事件进行编辑发表,而不用合适的道德框架对之作出评判,是没有意义的。换句话说,重要的是要"作出正确的价值判断"③。但卢斯所说的基于合适的道德训练所带有的倾向性,在他杂志的宣传广告中并没有反映出来。恰恰相反,《时代》周刊、《生活》画报、《财富》杂志继续坚持认为它们是在客观地报道事实。

卢斯对新闻的看法并非所有的人都认可,甚至他的员工也持不同意见,更不用说那些成为《时代》周刊、《生活》画报、《财富》杂志新闻话题的人。这些人抱怨时代公司的报道充满了偏见,尤其是他们作为新闻主角而报道又与他们的利益不一致,或者以不利

---

① 时代公司1941年9月29日致订户的一封信,藏于富兰克林·D. 罗斯福图书馆,"政府文件"第2442卷。《时代在前进》广播节目1931年开播,到1939年停播。1941年重又开播,一直持续到1945年。
② 卢斯1939年5月27日对广告部员工发表的题为《事业,目标!》的讲话,转引自杰瑟普主编:《亨利·卢斯的思想》,第56—57页。
③ 这些思想和引文来自卢斯1952年11月14日在《时代》周刊编辑聚会晚宴上的讲话,转引自杰瑟普主编:《亨利·卢斯的思想》,第70—71页。

于他们的口吻来报道事件时,更是怨声载道。《时代》周刊的一些员工一方面提出公正和准确的问题,一方面仍在时代公司工作,或是等他们离开之后再发表自己的看法。曾任《财富》杂志编辑的德怀特·麦克唐纳1937年在《国家》(Nation)杂志上连续发表了三篇关于时代公司新闻报道的文章,详细说明了在他看来卢斯杂志明显的偏见和卢斯是如何误导读者的。

麦克唐纳说,1936年他曾试图让卢斯注意《时代》周刊的新闻报道倾向性太明显,那时他还在《财富》杂志做编辑,也是时代公司受人尊敬的资深雇员。他在1936年写给卢斯的信中说:"有一段时间,《时代》周刊并不完全践行新闻公正,而是倾向于右翼势力。"麦克唐纳承认他本人倾向于左翼势力,但他并没有建议《时代》周刊转向自己所属的党派,他只想让《时代》周刊成为"一份真正客观、公正的杂志"。如果倾向性成为一种定势,《时代》的声誉,它要公正、全面地报道事件的强大新闻声誉,就会受到很大影响。有这种担忧的不止麦克唐纳一个人,时代公司的另外三位编辑埃里克·霍丁斯(Eric Hodgins)、怀尔德·霍布森(Wilder Hobson)和阿奇博尔德·麦克利什(Archibald MacLeish)也写信支持麦克唐纳。①

为了证明自己的观点,麦克唐纳从当时的《时代》周刊上选了三篇文章,逐字逐句地进行分析,指出他认为存在偏见的地方。他说:"《时代》周刊通过精心选择形容词和简洁而带有转折意义的词组,形成了一套暗示的技巧。"麦克唐纳在《时代》工作过一段时间,他清楚那儿的编辑、记者都受过这样一种训练:"在文章中

---

① 麦克唐纳致卢斯信函,未注明日期,但很可能是在1936年1月底或2月。麦克唐纳文献,第29卷,也可参见埃尔森:《时代公司:一个新闻出版企业的秘史》,第250—252页。

加进自己的倾向性而不去用材料证明"。①《时代》用这种方式微妙地将一种政治倾向贯彻下来,特别是当文章作者持有偏见时更是如此。这样,《时代》就出现了不是基于材料的倾向性,而且表面上看来还是以"客观"的态度来报道事实。卢斯对麦克唐纳的回答只是简单的一句话:"这是'引导'舆论批评的一种方式,这样做在《时代》发展时期是极为必要的。"②

由于对时代公司日益明显的政治倾斜不满,特别是《财富》在系列报道美国钢铁公司时采取的明显倾向性态度,麦克唐纳辞职了。辞职后不久他就在《国家》杂志上连续发表了三篇文章。第一篇发表在1937年5月1日的《国家》杂志上,将卢斯描述为一个"充满激情的理想主义者,不完全尊重新闻事实,总是要求他的同僚有一种'使命感'",说卢斯是一个有着"突出('强有力')个性的人"。尽管《时代》喜欢使用封面人物,但麦克唐纳指出卢斯甚至会让"极为激进的人"登上封面,"只要他们掌权就尊敬他们"。约瑟夫·斯大林比苏联作为一个国家更受卢斯的青睐,因为斯大林是从穷孩子变成国家领导人的,他身上有很多可挖掘的东西。同样,《时代》可以将贝尼托·墨索里尼作为一位成功者大加渲染,而完全不提意大利法西斯统治下工人们的生活状况、意大利的政治局势、墨索里尼政策的经济和社会代价以及意大利的对外政策。麦克唐纳说,卢斯杂志所显示出来的客观性,特别是通过一再强调事实而体现出来的客观性,实际上隐含着一种非常圆滑的态度,这种圆滑的态度将《时代》、《生活》和《财富》的观点,悄悄

---

① 麦克唐纳致卢斯信函,未注明日期,但很可能是在1936年1月或2月。麦克唐纳文献,第29卷。
② 卢斯1936年2月24日致麦克唐纳信函,麦克唐纳文献,第29卷。也可参见埃尔森:《时代公司:一个新闻出版企业的秘史》,第252页。

地传递给了读者。"意见不会直接表达出来",麦克唐纳这样写道,时代公司的编辑、记者都"学会了一套编辑技巧,这套技巧如此管用,以至于读者甚至作者都常常被蒙蔽"。虽然表面上看来,时代公司出版的杂志以事实为本,实际上那些事实都是经过选择的,建构出来的是带有倾向性的故事:"很明显,起决定作用的是选择什么样的事实来讲述故事。"①

《时代》和《国家》的许多读者对这些指控十分吃惊,但也觉得发人深省。麦克唐纳的文章发表后不久,一位名叫 R. D. 米勒(R. D. Miller)的读者在给朋友的信中写道:"我**不会再为**(《时代》、《财富》的)编辑们和出版人辩护了,尽管他们是一群风趣、聪明的骗子。"②米勒之所以重新考虑自己以前对《时代》和《财富》的态度,不仅仅是基于麦克唐纳的文章,他本人曾给《时代》写信,询问麦克唐纳系列文章中的批评一事。编辑助理 I. 范·密特在回信中重申卢斯最初的办刊思想:时代公司的杂志是由一个代表全体员工共同想法的超人来写的,"《财富》上的任何一篇文章都没有一个特定的'作者'",范·密特如是说。但麦克唐纳在信中没有提是谁写的有关美国钢铁公司的文章,相反,他详细探讨了时代公司的集体新闻报道过程,道出了《财富》上的文章是怎样调查、撰写、编辑出来的,以及在这一过程中有关人员的分工。关于美国钢铁公司的报道,麦克唐纳持有异议的地方在于:编辑人员给出的结论与调查者了解到的实际情况不相符。麦克唐纳不仅仅是时代公司的员工,他做过多年的编辑,令他恼火的并不像

---

① 麦克唐纳:《〈时代〉周刊和亨利·卢斯》,载《国家》,1937 年 5 月 1 日,第 501 页、502 页。
② 米勒 1937 年 10 月 16 日致罗兰·汤姆斯信函,麦克唐纳文献,第 52 卷。强调系笔者所加。

范·密特所说的是时代公司的"集体新闻制度"。即使卢斯也认为麦克唐纳是时代公司举足轻重的重要人物,几年前卢斯曾写信给麦克唐纳,称赞他"毫无疑问是时代公司最有才华的人士之一"①。范·密特没有考虑这些因素,为维护《时代》的尊严就给读者米勒写了这样一封信,而卢斯在必要的时候也会采取这样的策略。范·密特在信中说,麦克唐纳发表在《国家》上的文章有"很多不确切之处",而如果逐字逐句反驳的话,会使《时代》卷入"它本不应该卷入的漩涡"②。米勒的一位朋友——正是他引起米勒关注《时代》的偏见,这样评价范·密特的说辞:"任何一个被指控但为了维护尊严而想体面退出的人,都是有罪过的,除非法官和陪审员完全神志失常",并说"他那种驾轻就熟的欺骗能力甚至连马基雅维里也会嫉妒"。③

麦克唐纳的文章由于他曾是时代公司的雇员而具有很大的可信度,但这些文章并不是卢斯时代公司面对的唯一挑战。卢斯的自以为是和要他的杂志表达自己思想的一意孤行,使得不仅他的雇员对他有意见,就连商界和政界的领袖也对他有看法,富兰克林·D. 罗斯福就是其中的一位。

尽管罗斯福和卢斯在外交事务上不乏共识,两人在国内的意识形态问题上却分歧很大,谁都不愿向对方让步。卢斯不赞同"新政",因此,他执行起罗斯福的方针政策来就不像执行自己提出的决策那样痛快。同样,罗斯福总统不喜欢时代公司对其政策

---

① 卢斯 1936 年 7 月 31 日致麦克唐纳信函,麦克唐纳文献,第 29 卷。
② 范·密特 1937 年 7 月 20 日致 R. D. 米勒信函,麦克唐纳文献,第 52 卷。
③ 汤姆斯 1937 年 8 月 30 日致米勒信函,麦克唐纳文献,第 52 卷。

的批评，讨厌卢斯不把他的个人魅力和声望放在眼里。① 一个颇能说明两人冲突的例子是1940年底《时代》对总统大选的报道。

　　罗斯福坚持认为《时代》周刊严重欺骗了读者，他说周刊将那些不便公开、不便合法地说出来的东西进行了暗示，尽管暗示的手法很巧妙，仍然带有杂志本身的倾向性痕迹，这一点显而易见。《时代》上刊登的一篇文章说，最近在公布总统竞选结果时，一种忧郁、令人窒息的气氛笼罩在海德公园的会议室里。面对这样的影射，罗斯福不能当做什么都没有发生，因为他清楚这完全是不符合事实的。在给他的新闻发言人斯蒂芬·厄尔利（Stephen Early）的备忘录中，罗斯福提到《时代》对大选的报道："我们要做点什么，不能让某些人侥幸获得成功。"②他觉得这样的报道太有失真实了，就以个人的名义给卢斯写了一封信，表达他的不同意见，陈述他对《时代》上那篇文章的看法。然后罗斯福将信交给了厄尔利，要他或者将信修改后转给卢斯，或者重写一封。但不管厄尔利怎么做，罗斯福都要看一看最终的底稿。

　　厄尔利将罗斯福的信和要求转给总统的行政助理洛威尔·密勒特（Lowell Mellet），密勒特对总统的信进行了加工，用他自己的话将总统的信从三大页扩充到几乎四整页。密勒特一开始就对《时代》周刊上那篇文章的前14句话进行逐句分析，详细剖析了每一句话给人的印象。然后他说作为一个长期的新闻工作者，他感到这些话给人造成的是一种错误印象或者说误导。他还

---

① 要想更多地了解罗斯福和卢斯的关系，参照温菲尔德的《富兰克林·D.罗斯福和新闻媒体》。也可参照鲍曼的《亨利·R.卢斯与美国新闻媒体的兴起》、埃尔森的《时代公司：一个新闻出版企业的秘史》。
② 罗斯福1940年12月3日给厄尔利的"备忘录"，藏于富兰克林·D.罗斯福图书馆，总统私人活动档案，第3338卷。

指出那篇文章中有诸多错误的想法,也存在许多不实报道。比如,密勒特说海德公园的会议室晚上通常是百叶窗紧闭,而《时代》周刊上的文章猜想紧闭窗帘的室内有不同寻常的事情发生,这是带有欺骗性的。他说《时代》上的那篇文章描写的参加会议的人数和他们的穿着都有错讹之处。"其中的一句话单独出现可能不会对一个人构成伤害",密勒特说,但"发表在你的周刊上就会产生巨大的负面影响,因为大量的读者从这上面了解信息,而你的杂志却打着报道事实的幌子,用虚构的故事来迷惑读者"。密勒特的这些话击中了事情的要害:卢斯有在事实和虚构之间游走的非凡能力,《时代》周刊在这个地方加一个形容词,在那个地方加一个动词,尽管单个看来它们都没有什么不对,但放在一起就传达出一种明显错误的信息,对大选之夜在海德公园会议室里发生的一切进行歪曲,造成一种反罗斯福的效果。①

在逐一摆出他认为《时代》周刊上那篇文章的错误事实和倾向性的影射之后,密勒特指出《时代》惯用的手法这个大问题。他说卢斯希望"对那些不能控制其杂志的人,表现出一定程度的神圣歧视"。密勒特指出,当事件仅仅因为被印制出来而成为事实后,更大的麻烦还在后头。他警告说:"我认为《时代》周刊正在走向一条危险的道路","我们中的一些人,你也是其中之一,正为保护民主而奋斗。而一份不负责任的期刊用虚构的故事支撑起来的民主,是不可能经受住散布在世界各地的反对力量的冲击的。"在信的最后,密勒特建议卢斯的《时代》周刊要追求真理,虽然追求真理的道路上布满荆棘,但和"记者或重写者的想象"一样充满

---

① 密勒特 1940 年 12 月 7 日致卢斯信函,第 3 页,藏于富兰克林·D. 罗斯福图书馆,总统私人活动档案,第 3338 卷。

着乐趣。在最后的反戈一击中,密勒特说,按事实真相来报道事件这一广泛采用的做法,"会让出版者睡个好觉,因为他不再做上帝很早之前就反对的事情"。①

卢斯给密勒特的回信是卢斯所擅长的委婉和搪塞的绝好例证,他说自己全然不记得密勒特所说的《时代》周刊上的那篇文章,坦率地承认他不知道该怎样处理密勒特的指控。卢斯这样写道:"仅仅反驳你对一篇文章的指控是不够的,因为你真正关心的是《时代》周刊的总体理念和实践。"他说他希望"从根本上来讨论这个事情",但他又回避这样做,说:"显然,你不喜欢《时代》周刊。"似乎这样一句话使得任何讨论都没有必要了。由于将矛头转向密勒特对《时代》没有好感,卢斯转移了论辩的重心,从而捍卫了自己的尊严不受丝毫伤害。卢斯宣称:密勒特不喜欢《时代》,但"许多人不仅喜欢它,而且认为《时代》是我们这个时代新闻事业的巨大进步"。②

罗斯福针对卢斯的回信给密勒特写了一个便笺,说卢斯的信的确是"一个圆滑的回答":"我星期天晚上说过你不可能和一枚燃烧弹讲和","《时代》周刊添油加醋的报道非常吸引读者",罗斯福说这一点确定无疑,当然也是一个问题。卢斯越是以吸引人的方式改编事实真相,人们越愿意相信,而根本不管这是对事实的歪曲。罗斯福辛辣地说:"乔治·华盛顿有勇气承认自己的过错,

---

① 密勒特1940年12月7日致卢斯信函,第4页,藏于富兰克林·D. 罗斯福图书馆,总统私人活动档案,第3338卷。
② 卢斯1940年12月24日致密勒特信函,藏于富兰克林·D. 罗斯福图书馆,总统私人活动档案,第3338卷。也可参照温菲尔德的《富兰克林·D. 罗斯福与新闻媒体》,第145—146页。

亨利·卢斯却没有。"①

如果说卢斯没有勇气承认自己的过错,那么他的杂志也是如此。《时代》、《生活》和《财富》被视为是由一个"超人"写出来的,而且反映了卢斯的偏好,我们不能指望这些杂志承认其创立者和设计者都不能承认的问题。因此,三大杂志形成了这样的习惯:不直接回答读者来信中提出的问题,也不接受对不实报道的指控。

出版杂志并不是卢斯向美国人民传播自己思想的唯一方式。1931年,时代公司进军无线电领域,每周五晚上播出《时代在前进》节目。这个节目的初衷是为《时代》周刊做宣传,旨在扩大《时代》的发行量,无偿在全美广播电台播出。其形式很简单,即把《时代》上刊登的新闻转换成电波这种生动活泼的形式,每一期节目和《时代》这一周的文章紧密关联。《时代在前进》节目代表"一种全新的新闻方式,将每周新闻中的重要场景,以广播这种媒体形式所特有的清晰和生动重现出来"。②

实践证明《时代在前进》节目非常成功,制作很专业,聘请了一些非常有能力的演员来模仿各国政要和知名人士的声音。在不同时期,阿特·卡尼(Art Carney)、比尔·亚当斯(Bill Adams)、斯塔茨·考茨沃斯(Stats Cotsworth)都模拟过罗斯福总统的声音。③ 当很多听众都以为是总统自己在讲话时,白宫出面干预了。由于认识到罗斯福声音的力量,同时也由于害怕电波

---

① 罗斯福1940年12月31日给密勒特的"备忘录",藏于富兰克林·D. 罗斯福图书馆,总统私人活动档案,第3 338卷。罗斯福在原稿上将"谎言"(lie)划掉,改为"过错"(sin)。
② 埃尔森:《时代公司:一个新闻出版企业的秘史》,第178页。要了解对《时代在前进》广播节目的全面讨论,参照菲尔丁的《时代在前进》,第3—20页。
③ 菲尔丁:《时代在前进》,第12页。

中到处都是总统的声音,白宫新闻发言人斯蒂芬·厄尔利要求广播节目中停止模仿总统的声音。① 厄尔利声称,政府部门不能有所偏向,如果白宫允许《时代在前进》节目模仿总统的声音,那么其他的电台和节目也有同样的权力。而如果使用过度,总统圆润的嗓音和鼓舞人心的演讲就会很快失去影响力。

《时代在前进》节目同意了厄尔利的请求,但许多听众反对这项禁令,他们给新闻发言人和总统写信,表达他们的不满。一个共和党人(哈蒙·巴特勒[Harmon Butler])在信中说,一开始他对罗斯福的新政还有疑虑,但每周在《时代在前进》节目中听到总统的声音,尽管是模仿的,让他对总统产生了信心,认识到美国终于有了一个能领导美国前进的领袖。他说自己总是听不够总统的声音:"每周五的晚上,我都急切盼望着听到电波中充满希望和鼓励的新闻。"②另一位听众在给白宫的信中表达了同样的看法:"我之所以转而支持罗斯福政府,很大程度上是由于我欣赏我们总统的领导能力和高尚的人格,而这一切都是《时代在前进》用出色的广播传达给我的。"③

虽然给白宫写信的许多人都清楚禁止模仿总统声音的原因,但他们觉得《时代在前进》应该例外。他们中的很多人争辩说应该特殊对待这档节目,因为它一直坚持以高标准和忠于事实的责任感来报道新闻。"我理解所有的广播公司都应该一视同仁这一说法",巴特勒说道,"但并不是所有的广播公司都有高尚的趣味

---

① 埃尔森:《时代公司:一个新闻出版企业的秘史》,第184—185页;菲尔丁:《时代在前进》,第15页。
② 巴特勒1934年1月16日致厄尔利信函,藏于富兰克林·D.罗斯福图书馆,总统私人活动档案,第2442卷。
③ 沃尔特·沃克霍森1934年1月23日致厄尔利信函,藏于富兰克林·D.罗斯福图书馆,总统私人活动档案,第2442卷。

和《时代》编辑们的能力",而他觉得由于《时代在前进》广播节目非常非常之出色,应该对它实行例外。① 另一位听众写道,"《时代在前进》报道的新闻和模仿的总统声音是可信的",他认为《时代在前进》提供了"一种真正的公共服务",应该允许它继续模仿总统的声音。② 其他的听众也表达了同样的意见。一位听众写信说《时代在前进》这个节目"独具匠心,制作精巧",因此他"对总统的人格和精神都有了深入的了解"③,他相信别人也是如此。一位女听众称《时代在前进》是"最棒的新闻广播节目",说禁止模仿罗斯福的声音"就等于突出墨索里尼和希特勒的声音"④。

《时代在前进》这一广播节目短时间内赢得了很高的知名度,以至于当卢斯鉴于制作费用过高,决定取消这个节目时,有22 000多名听众写信抗议。⑤ 在得到哥伦比亚广播公司的赞助,经费有了保障后,卢斯同意保留这个节目。这个节目一直持续到1939年,1941年秋又重新开播,二战结束后才最终停播。

时代公司除了进军广播界以外,还涉足电影界。1935年,时代公司每个月都拍摄一期《时代在前进》新闻纪录片。与广播节目旨在扩大卢斯杂志的影响不同,新闻纪录片的目的是赚钱。仅一年的时间里,卢斯的新闻纪录片就在美国5 000多家、英国700

---

① 巴特勒1934年1月16日致厄尔利信函,藏于富兰克林·D.罗斯福图书馆,总统私人活动档案,第2442卷。
② 小W. T. 鲍德温1934年1月15日致白宫信函,藏于富兰克林·D.罗斯福图书馆,总统私人活动档案,第2442卷。
③ 沃克霍森1934年1月23日致厄尔利信函,藏于富兰克林·D.罗斯福图书馆,总统私人活动档案,第2442卷。
④ 杜里埃·克鲁克斯1934年1月26日致罗斯福信函,藏于富兰克林·D.罗斯福图书馆,总统私人活动档案,第2442卷。
⑤ 埃尔森:《时代公司:一个新闻出版企业的秘史》,第183页;菲尔丁:《时代在前进》,第19页。

多家影院上映。1936年,即新闻纪录片开播一周年之后,有1 200万美国人成为该节目的忠实观众。① 《时代在前进》将新闻片、纪录片和一定的虚构场景结合起来,在事件原貌的基础上加上旁白解说,用时代公司管理人员、历史学家罗伯特·T. 埃尔森(Robert T. Elson)的话说,创造出了"一种引人注目的崭新的新闻形式"。② 尽管对许多人来说,这种新的新闻形式的确令人耳目一新,但《时代在前进》新闻纪录片从来没有达到其最初赚钱的设想。高额的制作成本和相对有限的播出渠道使其规模难以扩大,也难望《时代》杂志巨额利润的项背。③ 但不管怎么说,《时代在前进》新闻纪录片还是产生了很大的影响,更为重要的是,它成为时代公司一个非常有力的宣传工具。《时代在前进》新闻纪录片一直在电影院上演,到1951年才告一段落。

广播节目和新闻纪录片试图从各自的角度讲述《时代》周刊用印刷形式呈现的内容,二者都覆盖到《时代》周刊新闻中同样重要的人物、事件和焦点问题。卢斯本人对电影兴趣不大,他把主要精力放在杂志上,很少去关心新闻纪录片的制作。实际上他也没必要这样做,因为纪录片的材料都出自《时代》和《财富》的最新报道,不需要再对它指手画脚。《时代》周刊的编辑托马斯·马修斯说,对于一些问题,特别是和中国有关的问题,卢斯会提出指导性的意见。马修斯还说,每一份报纸和杂志都有自己的特色,或者至少要形成自己的特色,因为这是建立读者群、吸引读者的因素之一。马修斯感到卢斯极大地影响了《时代》、《生活》和《财富》

---

① 菲尔丁:《时代在前进》,第139页、154页。
② 埃尔森:《时代公司:一个新闻出版企业的秘史》,第237页。
③ 菲尔丁:《时代在前进》,第154—155页、209—209页;埃尔森:《时代公司:一个新闻出版企业的秘史》,第235页。

的本质特征。但卢斯尽可能减少明显的外在控制,因为一份杂志一旦形成自己的特色,"每一位工作人员都要服从这个特色"。到了最后,由于要保持杂志的个性特点,某些类型的故事总是显得不合时宜,因而不能刊载。①

卢斯杂志的特色还不只是由其所刊登的文章决定的。实际上,卢斯杂志上的文章仅仅是时代公司作为一个整体,影响美国大众思想和塑造美国人认识中国的一种方式。安德鲁·科普坎德(Andrew Kopkind)有一次说,时代公司真正代表的是新闻团体的兴起,不仅是美国而且是世界新闻团体的兴起。他认为这一发展所隐含的重要性是绝对不容忽视的,由于时代公司背后有一个强大的集体存在,它就能"从意识形态上控制大众,制造出并不是真正需要的需求,将一整套价值观强加于人,这些价值观对时代公司的利益来说是不可或缺的,但对个人来说却具有很大的破坏性"②。科普坎德尤其将矛头指向广告宣传性的小册子,说这些小册子比文章更能制造出一种虚假需求。他指出:"一周周,一年年,是这些广告告诉读者该穿什么样的衣服,该买什么样的东西,在生活中什么是有价值的。"总而言之,"《时代》的整个**品位**……它的设计、它的读者,它的营销策略,它的口语-书面语相结合的风格,让其拥有了一种文化地位,甚至扩展为 种政治地位,而仅仅发表在杂志上的文章是很难做到这一切的"③。

虽然科普坎德将矛头指向卢斯的整个新闻帝国,特别是广告

---

① 托马斯·S. 马修斯访谈,第 89 页、93 页,保存在"哥伦比亚口述历史资料库"。应该注意这一点:马修斯认为卢斯比其他任何美国人都更了解中国,尽管他对中国的感情可能偏离了方向。因此,总的来看,马修斯在这里并不是真心要批评卢斯。
② 科普坎德:《效力〈时代〉》,第 28 页。
③ 同上书,第 26 页。

性的小册子,但他对卢斯杂志内容的质疑也是不容忽视的,对时代公司在20世纪30—40年代对中国报道的评价尤其切中要害。科普坎德说,关于中国,卢斯制造出了一种"虚假需求",认为美国人希望把自己的一切投射到其他民族身上。在卢斯的努力下,美国人民形成了一种关于中国的危险和有害的幻象,最后得到的是事与愿违的结果。

在经营自己的新闻帝国的过程中,卢斯极大地影响了美国人的阅读兴趣。但他的影响不能仅仅用杂志的发行量来衡量。虽然研究者在探讨美国的对外关系时常常忽视了卢斯,但他和罗斯福、杜鲁门政府的任何官员一样,影响了美国的公众舆论。卢斯的思想在美国产生的共鸣,可以从他的杂志发行量逐年递增看出来,由于每周都有几百万美国人在阅读他的杂志,这些杂志能够而且确实影响了人们对各种事件、思想和人物的看法。卢斯的三大杂志在1931年大约有34万读者,在其后不到20年的时间里则发展到730万,卢斯在美国社会生活中的地位举足轻重。

卢斯在演讲中称赞美国是一个充满活力的国家,在国际事务中慷慨、无私。他说美国以其他民族的利益最大化为前提,致力于解决一些根本性的问题,他自己则献身于保证他的祖国在上天赋予其重大使命的历史时刻,勇往直前不退缩。他对美国的未来永不动摇的信心,影响了他看待世界上其他国家的方式。

美国和中国是卢斯情感上的两个孪生兄弟,同样令他魂牵梦绕,美国是他的祖国,中国是他度过童年的地方。他坚定地认为美国和中国是一个完美的结合:美国有强大的政治、道德和经济实力,而中国独特的历史时期允许美国主宰其命运,中国对美国和卢斯本人来说都是一个巨大的机会。这种明显的恩抚主义思想一直笼罩着卢斯对中美关系的认识,他像一位关切的父亲一样,始终摆脱不了中国有朝一日会按照美国的模式发展的想法。他相信美国的成功有赖于中国采取美国的发展方式,当后来的发展和他的想法不一致时,他试图对美国的政策施加影响。卢斯采取的主要方式是把一幅中国幻象呈现给美国人民,把中国和中国的一切,与美国人的理想和美国人熟悉的东西密切联系起来,造成一种中美和谐的幻象,让美国人觉得弥足珍贵,而他的这种努力需要大家的支持和帮助。

第二章 时代公司和它的中国赌注

> 你我都知道美国拥有掀起理想主义运动的能力,其主要动机是无私地推动人类的发展。
>
> ——小詹姆士·里尼1941年3月致亨利·卢斯信函
>
> 你知道,关于中国最令人兴奋的是:每一个到这儿来的人都被在这儿能实现他们的梦想这一点迷住了。
>
> ——亨利·卢斯援引一位瑞典年轻妇女的话

中国对卢斯的召唤就像对他父亲那一代传教士的召唤一样,舍伍德·艾迪曾说中国是"北斗星,是人生的目标",对年轻的卢斯来说亦是如此。中国代表着美国在世界事务中扮演慈善家的机会,并且能影响世界大环境,这些都在他的文章《美国世纪》中提纲挈领地勾勒了出来。中国是美国成功的标志,在某种意义上,中国是美国在亚洲的一个年轻的模仿者。启迪卢斯产生这一思想的美国"例外论"中有这样一个宗旨:美国有义务扩大自己的影响,中国当时的状况和发生的许多事情,使她成为美国实现自己梦想的最富有吸引力的地方。

在卢斯开始系统宣传他的美国化中国的思想之前,1927—1931年发生了三个重要的事件,这大大增加了他成功的机会。第一个事件是蒋介石在名义上统一了中国,并且加入了基督教;

第二个事件是一个在中国长大的美国人出版的一部小说；第三个事件是日本决定采取军事行动，将中国东北三省作为自己的势力范围。

蒋介石的政治地位是1925年孙中山去世后，他成功地借助军事力量获得的。1926年7月，蒋介石开始北伐。在广州建立据点之后，他领导国民党军队北上，在一年的时间里就控制了长江以南的地区，包括大城市上海、武汉和南京，并在南京建立了国民党政府。从1927年春天开始，他向共产党发起了多次围剿，集中兵力消灭共产党和国民党中的左翼力量，在上海和武汉制造了一系列惨案，这对他的美国支持者来说同样十分重要。蒋介石破坏了国共两党自1923年开始的政治统一战线，同时也拉开了此后20多年蒋介石一次又一次地要用军事力量消灭共产党的序幕。①

美国后来接纳蒋介石的另一个重要原因是他接受了基督教信仰。这个过程始于1927年，在他的新家庭，特别是他岳母的要求下，他同意学习《圣经》。② 他的新娘宋美龄和她父母一样，是虔诚的基督徒。宋美龄陪蒋介石一起散步，坚持不懈地给蒋介石读了四年的《圣经》，最后蒋介石终于决定加入宋美龄所属的卫理公会。蒋介石入教不管对天主教还是新教来说，都是一个良好的兆头。蒋介石和宋美龄联姻对他个人的前途来说也很有好处，和

---

① 关于这方面的更多内容，参照史景迁的《追寻现代中国》第341—370页；谢里丹的《分裂的中国》第156—182页；范·斯莱克的《敌人与朋友》第14—30页；盖斯特的《中国的现代化之路》第43—46页。
② 蒋介石1930年10月接受基督教洗礼，《时代》周刊1930年11月3日的一期（第25页）报道了蒋介石对基督教的皈依："蒋介石就像君士坦丁大帝(288—337)一样，君士坦丁大帝曾是罗马大将军，在认识到十字架会让他赢得胜利之后，皈依了基督教。之后，他果然攻克了罗马，做了皇帝。"（原文如此）

宋氏三姐妹中排行老三的宋美龄结婚让他跻身于中国最富有、最有权势的家族之一。

这两件事极大地增强了卢斯认为美国能够在中国完成其历史使命的信心,一种要改变异教徒信仰的热情被激发出来。对卢斯来说,他的个人热情更是高涨,蒋介石实力的不断增强以及他新近的基督教信仰,使卢斯对中美关系未来良好的发展满怀信心。这些势头再加上原先已经存在的对中国的同情,使卢斯看好蒋介石夫妇,将他们视为中国要变成一个美国式国家的确凿证据。

蒋介石表面上统一了中国,并且皈依了基督教,再加上发生的另外两个事件,奠定了此后十年美国关注中国的基调。这两个事件一是赛珍珠在 1931 年发表了小说《大地》(The Good Earth),这部小说被译成 30 种不同的文字,荣获普利策小说奖,1933 年被百老汇改编成戏剧,1937 年好莱坞斥资近 300 万美元,将之打造成电影,荣膺奥斯卡奖。不同艺术形式的《大地》将王龙和他的妻子阿兰(在获奥斯卡奖的电影中由路易斯·蕾娜[Luise Rainer]扮演)遭受的磨难和苦难、他们的家庭以及他们生活中遇到的形形色色的人物,呈现在数百万美国人面前,让他们认识了中国。

赛珍珠的小说是历史学家史景迁(Jonathan Spence)所说的西方"最出色的关于中国或由中国激发出来的作品"①,亚洲的异国情调通过一个主要人物进入到美国人的意识里,这个人物对土地的热爱与杰斐逊所说的善良正直的美国农民极为相似。赛珍珠不是以她对美国历史的了解,而是根据自身的生活经验写作

---

① 史景迁:《追寻现代中国》,第 387 页。

的,但小说的闻名却和美国人从文化与历史角度对自我的认识,对其祖先曾是边疆开拓者、移民和农夫的共鸣,有着显而易见的联系,因为这一切在某些方面都和土地密切相关。一位电影评论员评论说王龙的故事是"热爱土地,而一旦离开土地灾难就会漫卷袭来"①的故事。《大地》发表的时候正值许多美国人看到由于多年来忽视土地、过度耕牧,导致自然灾害毁坏了他们土地的时刻,这些对大自然的破坏使得某些地区沙尘暴不断。王龙的坚韧和他后来在家庭面临灾难时回归土地从而克服了困难的做法,至少给醒悟过来的美国人带来了希望。因此,史景迁说,在20世纪20—30年代所有描写中国的作品中,"赛珍珠笔下的中国农民以他们的坚韧、尊严,以他们的吃苦耐劳、天性务实以及同无情自然的不懈斗争,走进了美国人的内心深处"②。

促使美国关注中国的另一件事是1931年日本入侵中国东北。胡佛政府被美国的经济危机搞得焦头烂额,不打算采取行动,只从外交辞令上予以谴责。胡佛政府没有认识到日本侵略中国的深层含义,政府包括美国人民都不想把道义上的谴责化为实际的行动。日本占领中国东北初期,美国没有马上作出义愤的反应,也没有采取任何行动。但《大地》中塑造的中国形象和蒋介石皈依基督教,为美国后来重新致力于他们的中国梦奠定了基础。

当美国想方设法解决1929年突然爆发并引起巨大震荡的经济危机时,中国也面临着一系列的问题,其中很多比美国的经济

---

① 《纽约时报》,1937年2月3日,第27版。
② 史景迁:《追寻现代中国》,第387页。史景迁指出,赛珍珠的小说《大地》销售了150万册之多,而据估计有2 300万美国人观看了《大地》改拍的电影。这不仅是由于小说和电影展现了异域的中国风情:"也许是因为当时的美国人正遭受着经济大萧条的冲击,看到中国人比他们生活得更艰难会给他们一丝安慰"(第388页)。

危机还要严重。蒋介石以武力控制了中国南方以后,继续党同伐异。他将中国共产党视为大敌,1927年和共产党决裂后,掀起了一系列的反共活动,其中系统的反共活动始于1931年,一直持续了五年之久。

　　蒋介石的很多军事行动都依赖德国军事顾问,特别是汉斯·冯·塞克特(Hans Von Seeckt)将军,塞克特1933年、1934—1935年两度来到中国,他的军事理念、军事建议和蒋介石的想法有很多共鸣之处,因而深得蒋介石的欢心。塞克特推崇普鲁士的军事理念——国家需要一个有"领导才能的人"来掌舵,他的顾问团一致认为蒋介石最适合这个位置。另外,塞克特将军关于国家和军队之间关系的理论见解也正中蒋介石的下怀。塞克特主张应该建立一支自己掌控的精锐部队,必要时可以用来维护国家的统一。①

　　在依赖德国军事建议的同时,蒋介石政府内部兴起了一个法西斯组织"蓝衣社",其头目是黄埔军校毕业、后来任军统(一个内部安全组织)局长的戴笠,他以法西斯手段来维护社会秩序。用历史学家威廉·科比(William Kirby)的话说,"蓝衣社"的成员"反对资本主义、唯物主义、个人主义,反对民主和共产主义,他们寻求国家信仰和行动的高度一致,从头到脚都符合'领导原则',实现教育'军事化'、工业国有化、(更有趣的是)农业集体化"②。蒋介石进一步控制中国的举动是实行"新生活运动",试图把传统的儒家思想同基督教理想有机地结合起来。"新生活运动"是1934年发起的,最后由蒋介石夫人宋美龄倡导,并制定出一系列

---

① 关于这一时期中德关系的更多内容,参照柯伟林的《德国与中华民国》,特别是第113—126页;也可参照史景迁的《追寻现代中国》,第396—402页。
② 柯伟林:《德国与中华民国》,第159页。

规范人们行为的措施,致力于向民众灌输团结意识和有目标地生活的思想。①

1931年9月日军在奉天同中国军队产生摩擦之后,民族独立成为压倒一切的使命。日军以此为借口入侵东北,到1931年底,整个东北成了日军的天下。1932年3月,日军宣布成立一个傀儡政府"满洲国",让退位的溥仪称帝。此后两年的时间里,日军将其势力扩张到长城以南。

蒋介石不是去抗击日军,而是继续集中兵力对付共产党。蒋介石数次试图将共产党从苏区赶到福建-江西边区,均告失败。最后,他决定在1934年发起一个歼灭共产党的运动,在军事上步步为营围剿共产党军队,在政治上向苏区群众进行反共宣传。身陷困境的共产党军队8万余人,是年10月为了突破蒋介石的包围,开始了历史上著名的长征,用了长达一年的时间,徒步约6 000英里,最后到达陕北。

有十年的时间,时代公司一直支持蒋介石消灭共产党。1931年蒋介石首次出现在《时代》周刊封面上,该期的封面故事强调蒋介石决心抵抗日军入侵东北,但当他1933年第二次出现在《时代》上时,则突出他要统一中国,也就是说,要消灭唯一"威胁他权力"的中国共产党。② 到1936年底,卢斯的所有杂志明确表示支持蒋介石和蒋介石的各项政策。1936年,蒋介石两度登上《时

---

① 更多关于新生活运动以及美国传教士参与新生活运动的内容,参见小汤姆森的《当中国与西方相遇》第七章。关于德国对中国"新生活运动"的影响,参见柯伟林的《德国与中华民国》,第176—185页。
② 蒋介石有好几次出现在《时代》周刊封面上,第一次是1931年10月26日,照片上是他和他的妻子宋美龄。下面的小字写着:"中国总统和夫人,他是黄埔日军的威胁",这是一个文字游戏,蒋介石曾是黄埔军校的校长。时代公司,特别是《时代》周刊在其初期以命不凡为人所知。文中的引文出自1933年12月11日的《时代》周刊(第20—22页),这是蒋介石第二次登上《时代》周刊封面。

代》封面,该年11月,他第二次出现在《时代》封面上。这是美国总统大选后的一期周刊,封面上的蒋介石正襟危坐,一身戎装,精干潇洒,若有所思,眼睛凝视着右前方,左手恰到好处地扶着佩剑。① 肖像下面的介绍文字抓住了封面故事的精髓:"修好道路,鼓足士气,准备好炸弹是他对日本侵略军的回答。"卢斯的政治同情非常鲜明:罗斯福刚刚赢得他的第二个任期,以压倒性的优势击败了共和党候选人阿尔夫·兰登(Alf Landon),但《时代》却以中国名义领袖的潇洒肖像作为封面,摆满了美国的各个报摊,而对轰动美国朝野的总统连任却不去过问。

封面故事也为蒋介石大唱颂歌,说他"无疑是远东最伟大的领袖"。中国的时局不断变化,《时代》把蒋介石吹捧为一个崭新中国的指路星辰,说他已经开始制定、实施全面、周密的计划来抗击日军。他要通过一系列政策,包括逐步统一中国、制定抵抗日军入侵战略、有效消灭共产党,慢慢地从思想道德上改造中国士兵和中国百姓,让中国重新回到世界伟大民族之列。卢斯的《时代》周刊通过报道蒋介石的这种变革,给美国人民提供了极有价值的信息,因为在当时,亚洲以外的国家很少知道中国的这些变化。这一点正如《时代》所说的,蒋介石的"智慧和愿望必将带领中国人民取得非凡的成就,但世界上其他国家对此却知之甚少"②。

《时代》周刊认为蒋介石最近的表现和决心与过去相比是一个重要的转变,《时代》不仅没有批评他以前的不作为,还为他的消极抗日寻找理由,说他对日军的侮辱和侵犯采取的是基督教

---

① 此前在1936年2月,蒋介石和约瑟夫·斯大林、日本天皇、溥仪一同出现在《时代》周刊封面上。
②《时代》周刊,1936年11月9日,第18—19页。

"打你的左脸,把右脸转给他打"的做法。但现在蒋介石不再那样做了,被称为"宁波的拿破仑"的蒋介石,虽然"身材并不魁梧",但最近开始视察他的前沿阵地,检查战壕和其他防御工事。① 更令人欣喜的是,蒋介石这位"南方的卫理公会教徒",已开始慢慢向他的225万军队灌输、践行"基督教的基本教义"。《时代》周刊评论说,蒋介石这样做的效果很明显,全中国同仇敌忾,一致抗日。

为了向美国人民展现蒋介石的全貌,《时代》特别关注蒋介石对共产党的清剿,这几乎成了提蒋介石时必谈的话题。《时代》周刊刊文说,蒋介石旨在消灭共产党的战役不应当视为他在挑起内战,而应看做国民党军队在进行军事演练,以便更好地在实战中打击日本侵略者。《时代》说蒋介石"已经在共产党军队身上进行了无数次的实战演练"②。为了按照自己的愿望来描述中国,《时代》声称国民党军队不久就会利用他们同共产党军队作战锻炼出来的战斗能力,对日军发起大规模的、全面的进攻。

尽管一开始蒋介石并没有在国际上引起足够的关注,但他的行动在中国国内却是关注的焦点。据报道,为了回报他为国家付出的"努力",中国人民把50架美国制造的军用飞机作为生日礼物送给他。③《时代》上这样写道:"基督教式的生日蛋糕上……不是点着50支蜡烛,而是雕刻着50架外国造的轰炸机模型。"④《时代在前进》在一期节目中报道了蒋介石的生日礼物,美联社

---

① 从上海到南京的军事防线被称为"兴登堡防线",参见柯伟林的《德国与中华民国》,第123页。
②《时代》周刊,1936年11月9日,第19页。
③ 飞机是用广大订户募集的钱买的,很多省市都超额完成了募资任务。参照小汤姆森的《当中国与西方相遇》,第33页;以及《美国对外关系》,1936年第4卷,第455页。
④ 小汤姆森:《当中国与西方相遇》,第20页。

1941年在介绍蒋介石时也援引这个事例,评论说这些飞机是"中国走向现代化的重要标志"①。生日蛋糕是蒋介石接受基督教洗礼的标志,不仅蛋糕是基督徒式的,而且蒋介石信仰基督教的主要原因是他"需要耶稣基督这样一位上帝"。《时代》称蒋介石夫人宋美龄为"基督徒宋女士",赞美她是促进中国精神转变的基督教发动机。

《时代》周刊1936年11月9日的封面故事,是卢斯漫长而持续地制造一个深受中国人民爱戴的蒋介石形象的开端,他把蒋介石塑造成努力将中国建设成一个具有基督道德、政治民主、工业现代化的国家的领袖。时代公司本身不足以把蒋介石捧成一个突然之间在国际上具有巨大知名度的人物,但它的确让美国对中国的热情一点一点升温,为以后大量介绍中国铺平了道路。1936年12月,在蒋介石成为《时代》周刊封面人物仅一个月之后,张学良少帅在蒋介石去陕西西安布置他下一步要"最后"消灭共产党的任务时,扣押了蒋介石。张学良是蒋介石忠诚的部下,一直执行蒋介石的命令,在南京以西的华中地区——河北、河南、安徽等地"剿共"。但张学良对蒋介石不去抗日救国,而是向共产党发起内战的做法不满②,便和他的军队兵谏蒋介石,把蒋介石扣押了13天。在那段时间里,蒋介石是死是活,再加上扣押本身的戏剧性,不仅成为中国国内舆论的中心,也轰动了国际社会,时代公司不遗余力地大加渲染。

《时代》周刊1936年12月21日对这件事的报道从一开始就

---

① "美联社传记部",第2889号人物传略,1941年5月1日,第2页,美国联合援华会-联合援华服务会文件,第91卷。
② 关于蒋介石被扣押的更多细节,参照史景迁的《追寻现代中国》,第420—424页;以及范·斯莱克的《敌人与朋友》,第75—91页。

明确以下两点：蒋介石是"东亚最强大的人物"，而扣押他的是一个以前吸鸦片、现在被共产党利用或受共产主义思想蛊惑的人。显而易见，张学良希望蒋介石停止和共产党的内战，集中兵力积极抗日。《时代》刊文说蒋介石一直想抗日，但它又强调国民党军队需要在和共产党的战斗中得到锻炼，指出张学良的鲁莽行动不仅无助于中国的团结与和谐，他扣押中国伟大领袖的决定只能证明以前关于他吸毒成瘾、同情共产党的说法不是子虚乌有。①《时代》周刊在下一期继续强调这两个问题：蒋介石依然是亚洲最伟大的人物，他的死会让"中国过去十年来取得的巨大进步"荡然无存；张学良有吸毒的恶习，他曾戒过毒，但没有完全戒掉："张学良之所以在北平没有戒掉鸦片，是因为他的姨太太偷偷往医院给他送鸦片"②。《时代》周刊1936年12月28日的报道承认张学良扣押蒋介石的原因——逼迫蒋介石积极抗日，是深得民心的，即便这是"那个有吸毒前科的瘾君子不太高明的主意"。但文章表现出《时代》周刊一贯坚持的为蒋介石辩护的态度，说蒋介石在同日军开战之前，需要和共产党作战来磨炼其部队的战斗力。《时代》毫不避讳地说，蒋介石打共产党会促进中国的统一，因为共产党"从很多重要的方面来讲是反中国的"。《时代》认为如果共产党抓住蒋介石的话，会马上把他处死。

　　《时代》周刊对当时中国情况的描述并非完全真实。蒋介石在被扣押时，作为中国的领袖，他并没有得到一致的拥戴。实际上，他对共产党发动战争以"锻炼战斗力"的做法，引起了越来越

---

① "东亚最强大的人物"这句话在1937年1月4日出版的《时代》周刊上又一次出现（第18页）。
②《时代》周刊1936年12月28日，第14页，史景迁的《追寻现代中国》一书第420页说张学良已经戒掉了鸦片。

多中国人的不满。① 蒋介石抵达西安两天后,几千名学生游行,要求蒋介石抗日。学生们还发起请愿,口号是:在国家面临日本侵略的时候,不应该出现中国人打中国人的局面。请愿的学生遭到武装镇压,在蒋介石私人卫队的教唆下,西安地方警察开枪打伤了两名学生。张学良去平息这场冲突,向蒋介石汇报学生的要求,受到蒋介石的训斥,说他"想要两面讨好"。②

蒋介石对学生的要求漠不关心。与日军比起来,共产党更是他的心腹大患,在抵御外辱之前,他下决定要稳固自己在中国的统治地位。蒋介石在日记中写道,他已命令陕西几支部队的指挥官,"消灭共匪的战役已经到了关键时刻,只需坚持最后的五分钟就能取得最终的胜利"。③

蒋介石刚愎自用的做法,在不同派系之间引起了很大摩擦,特别是东北军。东北军自1931年家乡失守后就一直驻扎在陕西,他们想抗日而不是打中国人。现在,他们拒绝与共产党作战,呼吁建立统一战线,共同抗日。在这种情况下,蒋介石飞往陕西,试图安抚东北军。在下达进攻共产党的命令后,1936年12月12日早晨,他发现自己陷入了被软禁的困境。很快八项救国主张送到他的面前,要求重组国民政府,立即结束内战,联合一切党派共同抗日。军中很多人要求处死蒋介石,而且还要经过公判大会,让蒋受到应有的惩罚。④ 共产党的从中斡旋救了蒋介石一

---

① 除了史景迁以中立的态度对"西安事变"的描述外,其他对蒋介石被关押始末记述最详细的,依然是斯诺的《红星照耀中国》,参照该书第395—422页。无疑,斯诺带有强烈的倾向性,但他的叙述极为详细。关于莫斯科对此事件的批评,参照施克拉姆的《毛泽东》,第199页。关于对蒋介石政策越来越多的不满,参照谢里丹的《分裂的中国》,第254页。
②③ 转引自斯诺的《红星照耀中国》,第403页。
④ 同上书,第414—415页。

命,正如《时代》周刊报道的,共产党不愿看到流血事件发生,及时赶去平息事端。以周恩来为首的中共代表团在莫斯科约瑟夫·斯大林的支持下,向蒋介石递交了和平解决西安事变的倡议书。斯大林担心一旦中国内部发生政治分裂,日军的力量无形中就会增强。中共同意由蒋介石担任联合抗日的总司令[①],因为共产党认识到抗日统一战线需要蒋介石活着,需要借助他的地位和影响力。因此,共产党不仅不支持处死蒋介石,还说服东北军放了他。由此,所有党派达成一种脆弱的理解,圣诞节那天,蒋介石获释离开了西安。

时代公司很少去报道西安事变的细节或结果,在卢斯浪漫化的中国观驱使下,《时代》把蒋介石同共产党打内战的事实委婉地说成是蒋介石要从中"获得战斗经验"以便更好地抗日,这种报道口径掩盖了蒋介石在外敌当前的情况下,仍然坚持发动内战而引起的中国民众的不满,因此,蒋介石被扣押一事反而为他增添了光环,大多数美国人在《时代》周刊这种不准确、不全面的报道误导下,对中国的政治和社会状况继续做出几乎是完全错误的认识。

《时代在前进》新闻片的主要制作人员理查德·德·罗切蒙特(Richard de Rochemont)对这个时期做出了这样的评价:"我们认为很多时候我们站在天使一边,但蒋介石是个例外,我们把卢斯先生视为他的保护人,我们不得不承认他是唯一不可侵犯的人。"[②]卢斯不可抑制地要去干预有关中国的报道,以保证从正面来塑造他挚爱的中国。《时代在前进》特别制作了一期新闻片取

[①] 转引自斯诺的《红星照耀中国》,第415—417页;史景迁:《追寻现代中国》第423—424页;谢里丹:《分裂的中国》,第254—255页。
[②] 转引自菲尔丁:《时代在前进》,第134页。

名为《远东!》，主要内容是讲述蒋介石被"一度是鸦片烟鬼"的张学良扣押的始末，说张学良不负责任的行为让中国前进的步伐猝然停止。显而易见，这期新闻片像《时代》周刊一样，明显不同情张学良联合抗日的主张。相反，蒋介石的要等到"强大和统一以后"再抗日的政策被说成是最好的方针。新闻片的主体是说明蒋介石的政策如何推动了中国的进步，用几个主要城市的现代化来反映中国正以西方国家的模式，朝工业化国家的方向发展。"中国正冲破世界经济的不景气，飞速地向前发展"，《时代在前进》如是说道，"上海是蒋介石为中国所有城市制定的蓝图"。难怪上海被视为进步发展的标志，成了"大工业的集聚地"，而按照卢斯的说法，大工业是进步的发动机。①

"今天，上海的高塔和摩天大楼在美国之外的地界上拔地而起"，《时代在前进》新闻片拍摄的上海摩天大楼像极了纽约的高楼大厦——事实上这些摩天大楼恍惚让人以为是美国年轻女性希望在里面工作的纽约办公大楼，《时代在前进》新闻片早些时候曾在纽约拍过这样的镜头。此外，工业的发展在中国不仅像在美国那样，带来高楼大厦的涌现，还使中国迈向现代化时代，摒弃了祖先崇拜的陈规陋习。随着中国告别过去，在新的民族发展之路上飞奔向前，《时代在前进》新闻片预言了一个对中国大多数人来说充满诱惑力的未来："随着货币在中国的自由流通，大多数工人会涌进新的、中国人开的百货店里，购买现代化的商品。"与解说词相配的图片不断闪现出像"梅西百货"（Macy）、"金贝尔百货"（Gimbel）那样一家一家的百货店，里面拥挤着中国顾客。将中国

---

① 《远东!》为《时代在前进》（新闻片）第 3 卷第 5 期的片名，雷电华影片公司 1936 年出版发行。

美国化甚至还包括"为中国消费者"制作巧克力雪糕。更多的解说词和电影画面显示出摩天大楼和流水生产线仅仅是现代化中国的一部分,还有的镜头反映了上海的生活,"快乐的中国年轻人在新成立的俱乐部里享受着欧式的消遣娱乐"。古老的茶楼近来变成了苏打水饮水处,"豪华电影院里放映的表现世故人情的电影"越来越流行,这也是中国正在发生的变化之一。

总而言之,《时代在前进》新闻片所要表现的是:"中国要想成功地赶走日军,就需要有一个像蒋介石这样的领袖。""德高望重的孙中山的妹夫尽管瘦小、年轻",却是推动民族统一、将中国继续引向现代化的唯一人选,他领导中国人民在这么短的时间内取得了如此大的成就,中国未来的发展可谓不可估量。从这个角度来看待中美关系,将这两个国家分割开来的遥远地理距离,阻挡不了它们在宗教、政治、商业和文化上的融合趋势。

对支持蒋介石的美国基督徒来说,张学良在圣诞节那天释放蒋介石有着异乎寻常的重要意义。《时代》对这件事的报道重复以前的主题:"东亚最有权威的人"从破衣烂衫、"一度吸鸦片成瘾"的张学良手中获得了自由。① 报道还特别突出基督教的力量,说蒋介石在被扣押期间"一直坚持阅读圣经"。后来,蒋介石也在公共场合说他的宗教信仰如何帮助他捱过了扣押期,并把自己的磨难同耶稣经受的种种考验相提并论。显而易见,蒋介石在圣诞节那天获释,对基督徒来说是一个不容忽视的重要巧合。从实际效果上来讲,它是蒋介石和中国的精神新生。

蒋介石本人也极力在公共场合夸大他性格中的基督教因

---

① 整个 20 世纪 30—40 年代,《时代》周刊对中国的报道喜欢指出中国人在着装方面的不同。蒋介石总是以得体的戎装出现,而他的对手则邋遢、不修边幅。

素,在演讲中一再强调这一点。1937年,他在耶稣受难日的演讲就是一个典型例子。蒋介石的这次演讲是在南京的东亚卫理公会教堂大厅发表的,题目是《我对耶稣受难日精神的理解》。① 蒋介石这样开始他的演讲:"没有宗教信仰,就不能对生活有真正的理解。"然后他详细描述他在去年12月被张学良扣押的情形,他说自己十年来一直"坚持阅读《圣经》",在扣押期间,他只要一样东西:给他一本《圣经》。虽然他所受的苦难和救世主耶稣相比微不足道,但他感到自己在西安两周的扣押生涯,赋予了他更宏大的使命和目标。就像耶稣进入耶路撒冷时知道什么样的危险在等着他一样。蒋介石说自己去西安时完全是抱着报效祖国的愿望去的,"丝毫没有考虑个人的安危"。在被扣押期间,他心中所想的是"耶稣在旷野里经受诱惑的四十个日日夜夜",说想到耶稣经受的种种苦难,他更加坚定了信心,要和邪恶势力斗争到底。"我要以十字架上的耶稣的精神为鼓舞,时刻做好在所谓的'人民联合阵线'审判下,最后牺牲自己的准备。"就像耶稣为世人而死一样,他愿意为中国人民牺牲自己。就像他后来所说的,他已把自己变成了耶稣"实现自己拯救世界宏愿"的工具。②

　　西安事变一年后,蒋介石说犹太人两千年前陷入的困境和中国人目前的处境何其相似。像耶稣一样,他也"发起了一场社会革命",这就是他的"新生活运动"。就像耶稣领导了一场困难重重的宗教革命一样,蒋介石要把基督教带给中国的努力也可作如

---

① 所有引文均来自"记录中国"项目中对这次演讲的记录,参见第201卷。
② 蒋介石:《耶稣受难之于我的意义》,《基督世纪》,1937年5月12日,第612页。这篇两页长的演讲稿和蒋介石在复活节的演讲几乎是一样的。

是观。① 蒋介石还把自己和他的基督教慈善同著名的中华民国之父孙中山联系起来,说孙中山教给了他很多东西,尽管他最初追随孙中山时没有宗教上的因素,"但和宗教信仰有类似的地方"。他谈到孙中山的信仰,说孙中山身上有很多基督徒的特征,其中最重要的一点就是"爱——为弱小民族谋求解放,为被压迫的人民谋取幸福"。蒋介石说当他接近这些理想时,他开始感受到基督思想的光芒。②

这一类的演讲为蒋介石赢得了众多国内外的支持者,用一位美国崇拜者的话说,蒋介石是"自省、耐心、富有忍耐力、充满智慧、苦修苦行的一个人,几乎像圣徒一般"③。对卢斯来说,他不再需要这种公众的认可了。自 1937 年初,他就下定决心全力支持蒋介石和他的国民党政府。蒋介石的基督教信仰为赢得卢斯的支持奠定了基础,蒋介石夸下海口的政治、经济进步坚定了卢斯的信心,蒋介石说他要让中国沿着基督救赎、政治民主、经济现代化的道路前进。

对许多到中国来的传教士来说,民主既是"一种政治体制,也是一种生活方式,而且是一种基督徒式的生活方式"④。这些话同样道出了卢斯的思想。根据卢斯对宗教和政治的总体看法,耶稣基督就是民主。就像他父亲那辈的新教传教士一样,卢斯相信中国最终会成为信仰基督教的国家,民主自然会随之而至,在此

---

① 蒋介石:《我为什么相信耶稣》,全文刊登于《基督世纪》,1938 年 6 月 8 日,第 723—724 页。这篇演讲在美国的《时代在前进》节目中播出,参见雷金纳德·惠勒致蒋介石、蒋夫人信函,1938 年 4 月 25 日,"亚洲基督教高等教育联合董事会"文件,第 4 卷。
② "记录中国"项目,第 201 卷。
③ 兰斯洛特·福斯特:《蒋介石和蒋夫人》,《希伯特杂志》,1937 年 10 月,第 100 页。
④ 瓦格:《传教士、中国人与外交官》,第 153 页。

基础上，贸易也会很快发展起来。传教士是贸易和经济发展的先导，尽管这句话是19世纪到中国来的一位美国牧师说的，但卢斯试图在20世纪将这种思想变成现实。

卢斯认为美国会主导世界秩序的思想核心，来源于他坚定不移地相信一个理想化的美国会用自己的权力慷慨地将自由播撒到世界上每一个国家。接下来，卢斯顺理成章地认为美国是上帝特别挑选出来解决世界上的问题的。"我们时代的挑战首先是对美国的挑战"，卢斯在斯坦福大学一个毕业班上演讲时如此说道。世界上急需解决的各种道德问题对美国来说尤其重要，因为美国人有着独特的道德感——"一种美国式的敏感"，即"美国人最大的特点是，知道该怎样做而且有能力这样做，美国有能力做的都是应该做的"。①

卢斯认为美国二战之前、二战期间，甚至二战之后"应该做的"事情之一是全力支持中国国民党政府。1944年在盟军登陆诺曼底之前，卢斯给美国战争基金会会长写信，特别强调他认为"美国的慷慨应该用到什么地方"，也就是说应该加大对中国的财政援助力度。② 他写道："很简单的一个事实"是：中国人民是美国最大的盟友，而美国在帮助他们方面做得太少。且不说中国对二战作出的重要贡献，光是中国辽阔的面积，就应该得到更多的援助。

中国辽阔的疆域、众多的人口，同卢斯认为美国总体上有一种历史使命的信念结合起来，从更重要的意义上创造出中国独特

---

① 《人类生存状况》，卢斯在斯坦福大学第53届毕业典礼上的讲话，1944年7月2日，联合援华会-联合援华服务会文件，第48卷。
② 卢斯1944年5月6日致温思洛普·奥尔德里奇信函，联合援华会-联合援华服务会文件，第48卷。

的地位。中美两国注定要结成一个完美的联盟,其中,美国是施予者,中国是接受者。中国有几亿人口,是一个充满希望的、令人满意的接受者,或说是最慷慨的儿子。但首先,卢斯要向他的美国同胞介绍中国,在充分了解的基础上,美国人才能帮助他们的亚洲同伴走向世界和谐的旅程。

　　日本偷袭珍珠港一年之后,卢斯在纽约圣托马斯教堂做了一次呼吁援华的重要演讲,作为主要发言人,他着重强调中美之间的相似性以及中美合作的重要意义:中美的互相理解会在"相当程度上"很快帮助美国摆脱精神、经济和政治困扰,中国人已经准备接受基督教,因为它和中国人的传统观念极为接近:"当基督教传教士第一次来到中国时,连最卑微的农民也立刻就理解了基督教,他们是如此地喜欢耶稣基督,以至于满口称颂'我的天主'"。的确,中国的宗教也崇尚人类之间存在一种兄弟般的友爱。中国强调帮助世界上其他的国家,中国人通过坚持不懈地、无私地抵抗日本侵略者,对美国人引以为豪的要向别国提供军事和精神援助的思想提出了挑战。中国希望美国能践行它的精神和道德理想,"中国对我们的基督教信仰提出了挑战……如果我们在这方面失败了,那么我们就彻底失败了"①。

　　卢斯强调说中国对美国的这种挑战尤其重要,因为中国已经"开始了巨大的变革,这种变革部分是基督教教义引起的"。美国要想跟上中国的变革步伐,美国人就需要注入"新的献身精神,坚守我们的信念"。虽然这样做要付出巨大的努力,但收获会远远大于付出:"当美国必胜的信念和中国历史上非凡的胜利汇聚在

---

① 卢斯在一次联合国特别为中国举办的捐献会上的讲话,1942年12月13日,联合援华会-联合援华服务会文件,第48卷。接下来有关卢斯演讲的引文皆出自该文献。

一起时,我们不用再担忧文明会衰落"。美国需要做的仅仅是做到一个基督教国家应该做的,"在这种情况下,美国除非像一个基督教国家应该做的那样,真心祈祷'你的责任来了,你就要在这个世界上履行你的承诺',否则,美国无法应对这个挑战"。

在这次演讲中,卢斯十分鲜明地表现出要全面支持蒋介石的立场,他认为中国所进行的革命不是对过去的否定,而是一种变革,是重新估价中国传统价值的力量。这一认识使卢斯可以游刃有余地援引中国历史来支持自己的观点。在卢斯看来,最能代表美国实现其中国梦想的人就是蒋介石,他被视为"这场伟大变革的利剑和象征"。不管是听信蒋介石的个人之辞,还是确实相信那一切都是真实的,卢斯明显地把蒋介石和耶稣基督联系起来。正像基督教所有的教义都是围绕耶稣一个人的言行一样,中国也有一个代表一切的人物。卢斯说,中国人尚不知道有一个人在代表着他们所有的人,"但在巨大的危机面前,他们找到了他们需要的人":"他是亚洲最伟大的战士、最杰出的政治家,他就美国人民的朋友蒋介石"。

卢斯的演讲越来越充满着赞誉之辞,对中国、对蒋介石、对中国与美国的联盟,他都充满了一种福音布道般的狂热。蒋介石是中国的救星:"一百年来,中国人就一直在等待他的出现。"中国人从19世纪中期"旧中国分崩离析"以来就在等待有魄力的人出现,正像摩西拯救犹太人一样,蒋介石拯救他的人民来了。实际上,自19世纪中期太平天国运动以来,"中国人就知道每当出现大动荡或人民揭竿而起的征兆时,就会出现一位领袖人物。现在蒋介石出现了。"卢斯宣称,蒋介石走到哪儿,中国政府就在哪儿。无论他有多高的军衔,无论日本入侵的问题有多严重,蒋介石"都怀有圣杯一样不能动摇的信念,那就是中国终将获得统一,中国终将获得自由"。

卢斯对中美关系所持的宗教观点,不可避免地会在他对中美关系施加影响时表现出来。1941年,卢斯发表了《美国世纪》一文,文中卢斯为他心目中的美国国际主义开了一个综合药方,这个药方是他在美国正式参战之前开出的。但在这个宏大的计划里面,中美关系占有很重要的位置。他在文章开头就告诫他的美国同胞,不要只把目光盯在国家的分界线上,而要观察各种世界性事件之间的相互联系,考虑美国的安全。他说,美国已经置身于战争漩涡之中,即便美国人没有认识到这一点或者不承认这一点都不能改变这一事实。美国已经在1919年错失了建构一个健康的、没有侵略和被侵略的国际社会的机会,由于那一次的失败,美国现在面临着一个新的危机,但既是危机也是机会。通过追溯历史,卢斯说目前美国人与其说面临着一个机会,不如说要承担起他们对全球的责任。美国是"世界上最强大、最有生命力的国家",美国的这一地位使它要承担起巨大的责任,卢斯呼吁他的同胞要"全心全意地担负起我们的责任,抓住我们的机会……从而为了我们认为合适的目标,通过我们认为合适的方法,对世界施加我们全面的影响"。

美国是否选择承担这一责任,不仅对美国来说至关重要,对整个世界秩序来说也影响深远。卢斯说,孤立主义不论从道德上还是实践上,都会导致一种破产政策,他强烈反对再采用共和党陈旧而又无力的外交政策。而罗斯福总统也有做得不够的地方,他没有带领美国人信心百倍地承担起美国在国际事务中明显应该承担的责任。卢斯宣称,美国的新政策一定要是"一种来自于人民、服务于人民、归人民所有"的国际主义。为了确保建立一种由美国引导的世界秩序,美国的商业经济、科学技术和文学艺术、利他主义和思想观念,都要输出到其他国家。对于中国,《财富》杂志说美国所要承担的义务"是长期的,是从基督教新教的根本原则上派生出来的",是在中国处境艰难的时候决不能放弃的。①

考虑到在中国有很多潜在的经济机会,将美国的精神传播到亚洲看起来是有百利而无一害的事情。如果美国拒绝承担自己的责任,中国这片土地对美国来说就一文不值;而如果美国承担起自己的责任,中国对美国来说则"每年意味着四亿、五亿、十亿美元"的收入。《美国世纪》发表三个月之后,《财富》发表了同样的看法,指出中国市场的巨大潜力,也采用了几亿美元这样的数字。②"新中国"展现在美国面前的是一个历史性的机会,美国应该毫不迟疑地抓住这个机会。卢斯通过时代公司,敦促美国人认识到中国发生的一切对他们的生活有直接的影响,基于两国未来的紧密联系,美国对待亚洲的外交政策应该鼓励建设一个强大的中国。"中国正在改换容颜",《财富》声称,"考虑到对外贸易问题",美国应该支持、帮助中国的发展,因为中国作为"地球上最富有潜力的市场",非常希望美国能对其施加影响。《财富》早就注意到,不去帮助中国"不仅伤害了中国,还会挫伤美国的自豪感,打击我们作为一个伟大的基督教民主国家,无论在什么情况下都要一如既往地支持别国的自信心。"③

为了让《时代》、《财富》和1936年11月创刊的《生活》加强对中国潜力的报道,三大杂志在随后几年时间里,有意识地从积极的方面宣传"中华帝国"。它们经常从三个方面强化对中国的报道。一是强调中美之间在地理上以及某种程度上历史上的相似

---

①③《美国的对外政策》,《财富》,1940年12月,第153页。
②《中国市场》,《财富》,1942年5月,第69—120页。

性。从地理位置上讲,中美两国简直相似得近乎难以区分。《时代》周刊有一期用这样的词句报道中国:日本在占领"中国的波士顿(北京)、纽约(上海)和华盛顿(南京)"之后,正向"中国的芝加哥(汉口)进发"①,广东被描述为"中国富饶、闷热的新奥尔良"。②中国在区域划分上也和美国的州、特区有相似之处。如陕西省被称为"中国潜在的宾夕法尼亚州"③。(不过,中国的匹兹堡不在陕西省,因为《财富》上有一篇文章说中国的匹兹堡是战时的首都重庆。④)在提到中国西部地区时,《时代》周刊评价说:"东部沿海的中国人……对中国西部的了解,要比乔治·华盛顿对(美国)荒凉西部的了解多得多。"当日军在中国东部地区不断获胜,中国人被迫往西撤退时,《时代》将中国人带着装备浩浩荡荡向西部内陆转移的情景和美国的历史进行对比:中国的政府官员、士兵、学生"坐在牛车上,向蛮荒的西部转移"⑤。

与此相关的第二个报道策略是从正面展示中国政府官员和国民党军队。时代公司几乎毫不犹豫地称赞国民党军官的能力和他们取得的成绩。《时代》周刊称两个国民党官员是亚洲"最伟大、最温文尔雅的外交官"。蒋介石的连襟和大舅哥在时代公司的报道中一直很受推崇,"耶鲁大学毕业的孔祥熙博士(H. H. Kong)意志刚强、充满欲望,哈佛大学毕业的宋子文(T. V.

---

① 《时代》周刊,1938年6月13日。类似的报道参照《时代》周刊以下几期:1938年1月3日,第14页;1938年2月21日,第23页;1938年11月7日,第12—13页;以及《生活》画报1938年5月16日,第12页。
② 《时代》周刊,1937年10月4日,第19页。
③ 关于《中国潜在的宾夕法尼亚州》,参见《时代》周刊,1939年12月18日,第23页。
④ 参见《新中国》一文,《财富》,1941年4月,第121页。这篇文章说:"看到国民党,你就会想到民主党;看到重庆的工业,你就会想到匹兹堡。"这段话实际上反对进行简单的类比,但事实上却正是这样做的。
⑤ 《时代》周刊,1938年11月7日,第13页。

Soong)为人处世周密圆通,能力超群"①。《财富》上的一篇文章也用同样恭维的词句来描述他们。②

1941年6月《时代》周刊的一期封面故事称赞蒋介石的宠将陈诚,说他非常"出色地"率部保护战时首都重庆。文章说尽管中国军队还不太为世人所知,而且缺乏重要的现代武器装备,但它以"人数、士气和作战技巧"弥补了装备的不足。称国民党的军队很能吃苦,而且经过这么多年的实战训练,已经变得非常富有"作战经验"。《时代》周刊说,与美国对中国军队的一贯误解不同的是,"中国最精良的部队与以前美国人认为的中国人胆小、毫无战斗力完全相反"。为了证明中国军队的战斗士气,《时代》在文章中将之描述为"强壮结实、收拾得干净利索的中国农民的儿子……他们尤其擅长和日军短兵相接"。近来他们又具备了一种新的勇气,那就是在艰苦的环境中,在供给不足的情况下,打持久战。《时代》周刊还说,那些年轻有为的中国军官带领他们的部队一次次地击退日军。陈诚年仅41岁,他的整个部队可以说是"世界上最年轻的官兵",但他们又坚韧顽强,精通战略战术。与一般中国人相比,他们的身材要高大一些,"休息时全身心地放松,而一旦打起仗来则杀气冲天"。这些年轻的军官热衷于献身孙中山的民主理想,而孙中山是"中国的华盛顿"③。《财富》也将中国的高层军官描述为年轻、强壮、富有激情、充满智慧:"他们可以说是最有趣的一群人……自拿破仑建立其大军团以来最有趣

---

① 《时代》周刊,1939年6月26日,第30页。
② 《新中国》,《财富》,1941年4月,第120页。该文说孔祥熙精通人情世故:"虽然他是中国最具西方思想的大人物之一,但他善于掩盖自己欧柏林大学和耶鲁大学的教育背景,表现出来的是一副令人愉悦的老派处世方式";宋子文则被称为"最杰出的人才"。
③ 《时代》周刊,1941年6月16日,第23—25页。

的一群人。"①更重要的是,他们热爱美国,因为他们知道美国会给他们提供最急需的武器装备去打日本。《时代》周刊预言:"一旦有人给中国士兵提供武器装备,他们就会完成这项使命。"②

这之前,《时代》周刊已经将它对中国军队的赞扬扩展到共产党方面,就是在蒋介石千方百计地要统一全中国时也有对共产党军队的赞赏。《时代》周刊在1938年12月的一期上刊文说,"蒋介石的一些最精良的部队是中国共产党的军队"③,游击队破坏铁路线,偷袭日军,护送军需品,消灭小股日军。共产党的军队抓住一切有利的机会,给日军以沉重的打击。《时代》周刊的报道还特别提到共产党军队的总司令朱德,说他是"中国第一号的游击队战士","谦逊、笑眯眯的"朱德和他的游击队是《时代》所称的"新中国"的一部分。《财富》也加入了赞扬中国共产党军队的行列,刊文说:"共产党的游击队"是"一群难以想象的高效率的人"。④ 更令人惊讶的是,1939年6月份的一期《时代》周刊甚至宣称毛泽东、朱德领导的共产主义运动"和美国的民粹主义不无相似之处,热衷于把土地交还给深受地主盘剥的中国农民"。⑤

然而,时代公司对中国共产党的赞扬并没有继续下去。毛泽东的游击战诚然牵制了日军很大的兵力,但共产党毕竟是蒋介石最大的政治威胁。《时代》周刊告诫蒋介石不要放弃太多的军事权力,也不要为共产党的军队提供太多的军需品,他需要对共产

---

① 《中国的军队》,《财富》,1941年9月,第50页。
② 《时代》周刊,1941年6月16日。
③ 《时代》周刊,1938年12月5日,第17页;以及《时代》周刊,1938年11月28日,第15—16页。
④ 《中国的军队》,《财富》,1941年9月,第49页。
⑤ 《时代》周刊,1939年6月26日,第29页。要详细了解美国对中国共产党的看法,参照肖梅克的《美国人与中国共产党人》。

党实行《时代》周刊称之为"灵活性"的政策。1941年,《时代》周刊提到蒋介石面临的诸多困难,完全站在蒋介石一边,并说国民党对共产党新四军的局部胜利,是防止内乱的必要行动,即"解除共产党的武装,解散共产党,从而避免被其吞吃掉"①。

卢斯杂志报道中国的第三个策略当然就是继续对蒋介石进行正面报道,其实从1930年就已经开始了。《时代》在封面故事中为蒋介石大唱颂歌,甚至把蒋介石和宋美龄作为1937年的年度夫妇。同样,《财富》杂志也对蒋介石表现出明显的偏袒,特别是在1941年秋季的一期报道中。《时代》周刊1938年1月3日的封面故事盛赞蒋介石,因为他给中国人民带来了统一。② 为了振兴经济,培养、训练、装备一支精干的部队,给恢复国民精神注入动力,蒋介石团结了"传统上一盘散沙的中国人",让他们初步具有了"国民意识"。中国在蒋介石领导下取得的进步是"有目共睹的",硬通货币、基础设施建设、水灾控制、饥荒救济制度的建立,所有这些都给中国带来了"革命性"的根本变化。蒋介石高效、现代化的军队,正以"足球教练使用陪练球队的方式,与共产党军队作战,训练新中国的正规军。"《时代》周刊上的文章还为蒋介石迟迟不抗日辩解:"新中国的战争机器还没有装备好"。认为1937年夏天日本侵略中国时,蒋介石的政策对中国来说是最好的,只是在"中国公众舆论"的压力下,蒋介石才不得不重新考虑

---

① 参见1941年2月3日的《时代》周刊,第23页,以及1941年2月10日的《时代》周刊,第14页。也可参见《新中国》,《财富》,1941年4月,第116页。第二次国共合作期间国民党制造了震惊中外的皖南事变。更多关于这方面的论述,参照史景迁的《追寻现代中国》第463—466页,以及约翰逊的《农民民族主义与共产主义政权》第136—140页。另外,也可参照邹谠的《美国在中国的失败:1941—1950》,第138—141页,白修德和雅各比的《中国响惊雷》,见第75—76页、211—212页,白修德的《探索历史》,第110—116页。
②《时代》周刊,1938年1月3日,第13—16页。

通过与共产党军队作战来"练兵"的想法。《时代》周刊上后来发表的一篇文章重复了同样的主题：蒋介石"决心要反击日本侵略者"，但首先他必须"整理内务，强化军队，修建公路，为不可避免地往内地撤退做准备"①。如此说来，蒋介石1937年没有立刻反击日军是出于全局考虑的。

不仅如此，《时代》周刊还在1938年1月的封面故事中说蒋介石提高了整个民族的士气，指出蒋介石的"新生活运动"是"清教带来的火种"，夸大其词地把蒋介石提倡的社会节俭运动，放在美国宗教历史背景中加以看待。而且蒋介石的"新生活"运动比约翰·温斯罗普（John Winthrop）、托马斯·胡克（Thomas Hooker）、约翰·科顿（John Cotton）所想象的要严格得多，特别是"新生活运动"呼吁中国全民生活都要军事化。②

时代公司对蒋介石的其他重要赞辞是《财富》在1941年9月的一期上刊登的文章，这一期是"中国同盟者"专号，刊登了四篇有关中国的长文，其内容、主要基调和1938年1月《时代》周刊将蒋介石夫妇作为1937年的年度人物相唱和。《财富》说蒋介石"充满男子汉气概……是一名严肃、坚韧的战士"。③ 他虽然是以"人文关怀、政治智慧而非战争手段"征服了其他军阀，但这丝毫不影响他统一中国的殊荣。蒋介石面对日军侵略的节节后退也被说成是"伟大的"撤退，就像他后来的进攻一样，毫无疑问都是"伟大的"。中国的未来在蒋介石一边："他已经出色地履行了自己的职责。"在《财富》的描述中，蒋介石具有美国人期望中外国领

---

① 《时代》周刊，1939年6月26日，第30页。
② 《时代》周刊，1938年1月3日，第15页。其他认为"新生活运动"是"一种中国式清教"的评论，参见《时代》周刊，1937年3月1日，第21页。
③ 《中国的军队》，《财富》，1941年9月，第47页。

导人所应具备的所有美德：政治敏锐、军事精明、道德正直，他正带领中国成为一个基督教式的民主国家。更令《财富》满意的是，他还最终帮助美国认识到美国对中国市场的坚定信心。以此为基点，中美两国就能够向共同的目标迈进：去创造一个基督教化的资本主义世界秩序。

美国在宣布参加二战之前的一段时间里，对中国的报道无论在数量上还是类型上都发生了巨大的变化。时代公司对中国的报道以前所未有的速度增长，并进一步拓展到无线电广播和新闻纪录片当中。在这一过程中，时代公司成为世界上第一个多元化的新闻帝国。随着它的发展壮大，它对中国的认识也以更强的力度得到报道，因而传播得更深、更广。中国的民主、中国作为美国潜在市场的重要性，国民党军队的内部团结，尤其是蒋介石的力量、智慧和基督教信仰，都成为时代公司关注的中心，而在亚洲真正发生的一切，某种程度上被排斥在外了。与卢斯的思想不相一致的信息，要么被忽略，要么被合理地过滤掉，美国人心目中的总体中国印象是积极的。美国记者葛拉姆·派克在描述自己在中国部分省市的生活时写道，他1940年从美国来到中国时，满脑子里都是"从美国新闻媒体上得到的信息：虽然战败但表现出了英勇的气概，勇敢机智的游击队，成千上万的中国人被迫向西部转移……一个正在建设中的新国家……在美国大地上流传的是蒋介石的高大形象，他美丽迷人的妻子只是在幕后默默地奉献"①。在美国的媒体中，没有哪一家能与时代公司相抗衡，在报道中国方面也没有哪一家像时代公司那样持久。

20世纪30年代后期，卢斯媒体对中国事件的报道与其说反

---

① 派克：《两种时间观》，第35页。

映了中国的真实情况,不如说反映了卢斯的个人偏好。而对卢斯来说,这正是他想要的。对于卢斯的新闻理念,一位评论员这样说道,他"是一个传教士,一个信徒,他的信念、眼界和对真理的认识彼此有矛盾之处,因此,他的通讯员看到的真实情形在他那里并不是最重要的"①。卢斯认为自己的责任不仅是报道世界大事,而且要教导美国人承担起他们的责任,他不是一个报道者,而是一个布道者,站在中国一边布道。

美国宣布参加二战前的五年,是美国认识蒋介石的关键时期,时代公司在塑造、宣传蒋介石方面作出了独一无二的贡献。1936—1941年,蒋介石被描绘成中国的政治和精神领袖。在这一时期,卢斯个人对中国的认识不断加深,他的新闻帝国也以惊人的速度发展,二者结合起来加速了美国人对中国的认识,这从一个方面说明卢斯和他的媒体帝国对美国人理解"美国世纪"的基本精神,是十分重要的。

---

① 哈伯斯塔姆:《无冕之王》,第49页。

第三章　美国联合援华会及其塑造的中国形象

> 东方的命运和东方民主的未来都取决于中国目前发生的一切。
>
> ——亨利·H.迈尔夫人1941年5月在美国联合援华会广播节目中的讲话

日本偷袭珍珠港之前四年半的时间里，卢斯致力于诠释中美关系，中国发生的一切越来越引起美国人的关注，20世纪30年代早期那种对待中国模棱两可的态度发生了变化，正如历史学家入江昭（Akira Iriye）所说的，"放弃了牺牲中国以谋求与日本相安无事的立场"①。最终，美国从阅读日本对中国的入侵，观看中国对日军的抗击，到自己置身于对日战争之中。美国新闻媒体对日本的报道越来越负面，而对中国的报道越来越正面，这样做的实际效果是增强了美国人对中国的兴趣，支持了美国国内的那些中国同情者，他们早就提出中美之间要建立友好发展的关系。

从1937年7月7日开始，日本不断地蚕食中国，采取惨无人道的军事政策，从东北三省长驱直入中国腹地。虽然蒋介石的军队在上海进行了英勇的抵抗，伤亡惨重，但并没有有效地抵挡住

---

① 入江昭：《跨越太平洋》，第220页。

日军的进攻。到了1937年底,日军已经把国民党的军队赶到南京以西。1937年12月占领南京之后,日军开始实施骇人听闻的暴行,包括强暴数以万计的中国妇女。1938年,日军继续向西侵犯,蒋介石不得不把国民党政府所在地搬到四川重庆。

日军在中国的暴行被报道到美国,中国人的英勇抵抗成了1937年美国新闻的焦点。该年底就本年度影响美国人最大的事件进行盖洛普民意调查,结果显示俄亥俄水灾排在第一,紧随其后的就是中日战争,排在罗斯福与最高法院的论争和美国女飞行员爱米丽亚·埃尔哈特(Amelia Earhart)在太平洋上空神秘失踪事件之前。① 此外,美国的同情明显是在中国一边,从1937年8月43%的同情率到1939年5月的74%。②《财富》1938年的一份调查显示,与1938年德国对奥地利的入侵相比,更多的美国人对日本侵华感到震惊。③ 但关注和同情并不见得会付诸实际的行动,正如历史学家迈克尔·沙勒(Michael Schaller)所观察到的,"中国在大多数美国人心目中依然是一个抽象的概念,一个动乱、不重要的异域国家"。④ 但正是从这种抽象的认识出发,产生了中国是可锻造的、愿意采取美国的发展模式这一意识。亚洲的地区冲突,法西斯在非洲和欧洲的侵略,再加上美国国内持续的经济停滞,创造了一种使中国走美国之路看起来更加真切的氛围。亨利·卢斯毫无疑问早就坚持这一观点,现在他要寻找有这

---

① 盖洛普:《盖洛普民意测验:公众舆论,1935—1971》,第1卷第72页。要进一步了解这一时期美国人对中国的同情,还可参照斯蒂比的《美国人民与中国》,第20—22页。俄亥俄水灾的公众关注率是28.3%,中国局势的关注率是27.8%。
② 盖洛普:《盖洛普民意测验:公众舆论,1935—1971》,第1卷第69页、159页。
③《财富》,1938年7月,第80页。调查的具体结果是:29.4%的人对日本侵华感到震惊,22.8%的人对德国入侵奥地利感到震惊。
④ 沙勒:《美国十字军在中国:1938—1945》,第14页。

种思想倾向的志同道合者。

在卢斯新闻公司的推动下,另一股影响美国对中国看法的重要力量,在美国宣布参加二战之前加入进来。同时代公司对中国的大量报道一样,这股力量对美国人看待中国的态度产生了很大影响。一些援华组织以前一直处于各自为政的状态,独立地搞募捐活动,独立地支配募集来的资金,但它们有一个共同的目标,那就是为中日战争中的中国受害者提供人道主义援助,这一共同目标让它们联合起来,成立了"美国联合援华会"(UCR)。由于卢斯对中国的巨大热情和他提供的高额现金援助,他在这个组织的成立和运行当中起到了主导作用。他不仅帮助建立起这个机构,而且由于他从时代公司和其他企业抽调、招募去一些工作人员,他在该机构对待蒋介石的态度上起到了关键作用。

联合援华会的目的是让美国人了解中国抗日战争时期的情况,并募集资金帮助那些不幸的中国人。联合援华会在公开场合和宣传材料上宣传的中国形象,与时代公司塑造、推动的中国形象极为相似,尽管前者不像后者那样有公开的政治目的,但它同样传达了一种错误的印象,说中国是一个和美国极为相似的国家,也就是说,中国人民和美国人有同样的理想,他们正努力以美国为榜样,用一个新的未来来代替他们古老、过时的过去。联合援华会致力于将日本侵华在美国引起的同情,转化成帮助中国人民的实实在在的行动。

自20世纪30年代后期以来,一些美国人已在进行一些援华工作,想唤起美国人潜在的对中国的同情。早在1941年创建联合援华会之前,美国的一些人道主义举动已在以下八个机构中体现出来,这八个机构分别是:美国医药援华会(American Bureau of Medical Aid to China)、中国战争孤儿委员会(American

Committee for Chinese War Orphans)、华美工业联合会（American Committee in Aid of Chinese Industrial Cooperatives,简称"工合"）、美国友好服务委员会（American Friends Service Committee）、中国教会大学联合会（Associated Boards for Christian Colleges in China）、美国援华会（China Aid Council）、紧急救济中国委员会（China Emergency Relief Committee）和教会援华委员会（Church Committee for China Relief）。每一个机构都有自己的关注重心，比如美国医药援华会主要筹集资金，用现代医疗手段救治战争中伤病的战士和受战争残害的百姓；中国战争孤儿委员会重点为不断增多的战争孤儿提供食宿和照顾。这些机构各自为政，虽然一定程度上为穷苦的中国提供了人道主义援助，但由于中国的需求太大，再加上这些机构之间彼此竞争出现的诸多问题，所以发挥的作用受到了限制。

一群具有献身精神的美国人决定将这些力量联合起来，帮助身陷战火的中国人民，于是就开始了创建美国联合援华会的努力。① 由于种种原因，将各机构筹集到的资金统一管理、统一分配的工作一开始并不顺利。这八个机构彼此嫉妒，害怕隐没了自己独立的身份，不愿意放弃自己的自主权。它们之间不仅有竞争，还偶尔互相拆台，更重要的是，缺乏一个强有力的领导者来具体负责这个事。1940年底，坚持不懈的努力终于有了回报，各援华机构暂时达成协议，到了1941年2月，八个援华机构合并成"美国联合援华会"，开始时只将它视为一个临时性的组织。联合援华会的最终成立很大程度上要归功于卢斯的努力。

---

① 要全面了解美国联合援华会（二战后更名为"美国联合援华服务会"）的情况，参照联合援华会-联合援华服务会文件、美国医药援华会文件以及"工合"文件。

从协商成立联合援华会之始,卢斯就承诺利用他的影响力为美国联合援华会组建一个由"最杰出的美国人"组成的董事会,最终,他出色地践行了自己的诺言。除了卢斯本人以外,美国联合援华会还包括一些声名显赫的人士,比如赛珍珠、洛克菲勒三世(John D. Rockefeller III)、好莱坞制片人大卫·O. 塞兹内克(David O. Selznick)、共和党总统候选人温德尔·威尔基(Wendell Willkie)、前任驻苏联大使蒲立德(William C. Bullitt)、海丰信托公司总裁詹姆斯·G. 布莱恩(James C. Blaine)、摩根金融集团银行家托马斯·W. 拉蒙特(Thomas W. Lamont)以及史都德贝克公司总裁、战后马歇尔计划负责人保罗·G. 霍夫曼(Paul G. Hoffman)。① 此外,卢斯认识到如果每一个独立的援华机构都抛开歧见、放弃自己的一部分权力,组成一个联合组织,那么,这个新的超级联合机构需要"充足的开办经费"。合并计划 1940 年底有了眉目,1941 年 1 月达成最后的协议,一个月后美国联合援华会诞生了。②

联合援华会的计划并不复杂,董事会制定了一个四点计划。首先,联合援华会的任务显然是联合各方力量筹款,通过散发筹款传单和其他大规模的募捐宣传筹集资金。其次,联合援华会将筹款所得全部用于人道主义援助和中国的重建。总体规划资助五个方面:医药卫生资助、以宋美龄的战时儿童保育会为重点的

---

① 《美国联合援华会董事会章程》,第 1 页,工合文件第 167 卷。
② 所有这些信息均来自《美国联合援华会基本情况介绍》,联合援华会-联合援华服务会文件,第 68 卷。也可参照《美国联合援华会五年》,特别是第 2 页,联合援华会-联合援华服务会文件,第 48 卷。联合援华会董事会 1941 年的章程可在工合文件第 167 卷里面看到。其他关于卢斯在帮助创建美国联合援华会中的作用,参见斯旺伯格的《卢斯及其媒体帝国》,第 183—184 页,以及赫茨斯坦的《亨利·R. 卢斯:美国世纪创始人的政治肖像》,第 207—216 页。

儿童福利资助、以重建学校培训教师为中心任务的教育资助、救灾资助以及经济重建资助。再次，联合援华会想实施一些帮助美国人了解中国情况的计划，尽管在募集资金宣传时一定程度上已经这样做了，但联合援华会想特别针对美国的在校学生进行宣传，印发、播放中国社会、历史、地理和文化方面的宣传册、书籍和电影。最后，联合援华会通过自己的行动向中国人民保证，美国人民将一如既往地保持与中国的传统友谊。①

联合援华会1941年的计划是筹集善款500万美元，最先筹集到的117.5万美元用作各分支机构的活动经费，以便它们能够顺利地实行各自的计划，这个数字相当于1940年八个机构没有联合时一年的筹资总额。尽管联合援华会共同筹集资金，但八个分会独立分配资金用途。接下来筹集到的117.5万美元也是分给各个分会，除非联合援华会在资金使用上有特殊的说法，其他的捐款由联合援华会统筹分配。1941年，联合援华会筹集到的资金约有325万美元，虽然没有达到预定的目标，但毫无疑问比八个机构在前一年没有联合时筹集到的要多。更重要的是，联合援华会的一位工作人员在1941年的年度总结报告中说，联合援华会已经"引起美国人民对中国的关注，他们认识到中国的抗日战争对世界其他国家具有重要的意义"。②

卢斯不仅帮助联合援华会组建董事会，还从时代公司抽调员工去做重要的工作。比如，他指派时代公司的公关人员奥蒂斯·P. 斯威夫特(Otis P. Swift)去担任联合援华会宣传部主任。时

---

① 《美国联合援华会基本情况介绍》，第1—6页。
② 筹款数字来自《美国联合援华会五年》，第3—4页，引文出自第3页，联合援华会-联合援华服务会文件，第48卷。

代公司的驻中国记者西奥多·怀特(Theodore White)①也被抽调到联合援华会担任职务,《生活》画报举世闻名的摄影师玛格丽特·布克-怀特(Margaret Bourke-White)从中国发来图片,以帮助联合援华会扩大影响。卢斯本人还慷慨解囊,1939—1941年,他捐赠了近6万美元,其中许多是以时代公司股份的形式捐赠的。他还游说其他大财阀为联合援华会提供赞助,其中有烟草公司的女继承人多丽丝·杜克(Doris Duke),有在一战期间担任战时工业董事会董事长的千万富翁伯纳德·巴鲁克(Bernard Baruch),到1941年底,巴鲁克已向联合援华会捐资6万美元,1942年他又捐资102 340美元,这是联合援华会接受的数额最大的个人单笔捐款。② 有了卢斯的倾力相助,联合援华会顺利地展开工作,组建董事会,开始举行筹集资金的活动。③

卢斯给予联合援华会的帮助还不止这些。为了得到联邦政府对联合援华会的支持,他请求罗斯福政府认可联合援华会。他给国务卿康德尔·赫尔(Cordell Hull)写信,说来自华盛顿官方的鼓励会消除所有对联合援华会工作心存疑虑的赞助人的顾虑。卢斯甚至要求赫尔一定要给予答复,并为赫尔起草了给联合援华会财务经理詹姆斯·布莱恩的回执,里面有这样的话:"中国人民竭力摆脱目前的战乱局面、力图成为进步民主国家的事业,是受

---

① 亦译为白修德,下文通用白修德。——译者注
② 联合援华会-联合援华服务会文件,第48卷。1939—1949年十年间,卢斯个人向联合援华会捐款总额达9.3万多美元。此外,1937—1938年,他向中国教会大学紧急救助委员会捐款2.5万美元,同时又以纪念其父亲的名义,向燕京大学卢斯奖学金基金会捐款5万美元。后两笔捐款记录在两封信里面,一封是艾伦·格罗弗1937年12月20日写给B. A. 加塞德的,另一封是加塞德1937年12月30日写给格罗弗的,亚洲基督教高等教育联合董事会文件,第14卷。
③ 1941年9月15日纽约的捐助者名单显示,联合援华会董事会成员捐助了近15万美元。工合文件,第168卷。

到我国人民极大同情的。"①赫尔在回信中写道,出于政策考虑,国务院无法公开认可私人基金组织的援外工作,但他说美国政府"赞赏所有通过正当手段进行的符合基本经济政策、志在减轻人类痛苦的救济工作"。意味深长的是,尽管赫尔回绝了卢斯的请求,他认可卢斯起草的回执中的想法,在回信时引用了卢斯自己的一些话。②

国务卿的回信尽管不太热情,对联合援华会仍然是一个鼓舞。但联合援华会依然面临着艰巨的任务:如何让美国人相信他们捐助的钱确实将用于帮助中国人民。此时排华法案依旧存在,许多美国人对中国人仍抱有成见,或者对中国根本没有兴趣。联合援华会最要紧的工作就是说服美国人中国所发生的一切和他们息息相关。为此,联合援华会的一份备忘录指出,在机构建设上,首先需要设立专职部门"负责宣传中国的情况,影响公众舆论"。其次,联合援华会需要一个独立的部门负责"将公众舆论转化为对中国的物质援助"③。最后,联合援华会必须竭力将中国的利益和美国的利益密切关联起来。为了达到这一目标,联合援华会的三管齐下最终集中到反复强调中国和美国的相似性上。

由于联合援华会的很多机构都带有浓重的宗教色彩,它在某种意义上可以说是个宗教组织,这就意味着联合援华会的宣传资料中要反复强调中国人接受基督教信仰。而且,由于联合援华会

---

① 卢斯1941年8月5日致国务卿赫尔信函。卢斯信函中草拟了赫尔给联合援华会财务经理詹姆斯·G.布莱恩的回执,美国国家档案馆,档案号:893.48/2138。
② 赫尔1941年9月5日致卢斯信函,美国国家档案馆,档案号:893.48/2138。赫尔回信的最后一段直接采用了卢斯来信中起草好的话,在信的结尾,赫尔这样写道:"我非常赞同你来信中最后说的那段话。"
③ 《詹姆斯·G.布莱恩总裁的非正式报告》。1941年5月16日,第8页,加塞德文献,第3卷。

是由追求人道主义这一共同目标的数个团体组成的联合体,它迫不及待地想使美国人相信,美国人的贡献能实实在在地改善中国人的生活状况。为了做到这一点,联合援华会需要利用最新的通讯手段,以最快的速度向广大美国公众做宣传。

这样,联合援华会就不仅仅局限在慈善意义上,还带有明显的政治色彩。联合援华会的一份备忘录中明确指出该组织的目的就是"将中国推销给美国人民"①。这要求联合援华会必须把中国描述成一个民主国家,即便不是政治上的民主国家,至少也要是社会生活上的民主国家。联合援华会通过广播、宣传性的小册子以及其成员在全美发表的公众演讲、布道会和学校报告会等一系列的宣传活动,以多种形式展现中国美好的一面。

整个1941年,广播电台以两种途径协助联合援华会宣传中国。联合援华会的电台设在中国,主要向美国听众和其他西方听众进行广播。同时,联合援华会还将广播稿做成传单在美国广泛散发。例如,为中国基督教女青年会工作的莫德·罗素(Maud Russell)在中国发表了题为《鼓励中国民主》的演讲,描述中国民主意识如何在中国妇女和中国工合("中国工业合作社"的简称)的努力下重生。她断言:"如果妇女受到良好的教育,将成为推动民主发展的主要动力之一。"随着越来越多的妇女接受教育,她们正积极参与到"建设一个民主中国"的事业中来,加入到劳动大军当中,为"救国救民"的伟大事业贡献着她们的力量。②

罗素还报告说,中国工合也为传播民主作出了贡献。为了保证国民党政府的战时生产,中国工合在各地就地取材,生产鞋子、

---

① 《美国联合援华会五年》,第6页,联合援华会-联合援华服务会文件,第48卷。
② 莫德·罗素:《鼓励中国民主》,收入《文化的发展》,第15号宣传册,莫德·罗素演讲广播稿记录,1941年6月,传教宣传册档案,第401卷。

被褥、布匹等"普通百姓的生活必需品,并以他们能够承受的价格出售"①。这样,中国工合把最基本、最迫切需要的物资送到人们手中。华纳公司的电影明星约翰·加菲尔德(John Garfield)在美国为联合援华会募集资金时,称赞中国工合作出了有益的贡献:"中国工合代表着进步的民主意识,虽然机构设在中国……这一伟大运动背后的精神和我国早期的民族进程极为相似。"②

由于中国工合也起着积极的军事作用,因此成了日军想方设法轰炸的目标,可以说它既是一个旨在推动中国西部轻工业发展的爱国机构,同时也为许多中国农民提供了赚钱养家的机会。③如此,中国工合将战时所需与战后的民主基础融合了在一起。《时代》周刊也随声附和,称中国工合是民主机制的催化剂,说中国民主的胜利要依靠中国工合这样的"民主自动发电机,取代落后的曲柄摇杆"。④

中国工合最大的宣传者是新西兰人路易·艾黎(Rewi Alley),他自第一次世界大战后一直生活在中国,此时他将所有的时间、精力和财产都倾注到中国工合上。尽管他相信中国工合能够帮助人们掌握政治民主国家所需的个人生活和集体生活技能,但他对这样做越来越没有信心,只不过在公开场合不表现出来罢了。由于农民没有机会或者不愿意参加进来,再加上一些腐败者企图为自己谋福利,中国工合并没有带来其热情的支持者所期望的经济和政治变化。国民党政府对中国工合不感兴趣,因为

---

① 派克:《两种时间观》,第 166 页。
② 1941 年 5 月 1 日,约翰·加菲尔德代表工合发言的新闻稿,工合文件,第 174 卷。
③ 关于工合成立的目的和实施结果的更多讨论,参照派克的《两种时间观》第七章和第八章,也可参照伊斯特曼的《毁灭的种子》,第 220 页。关于同一时期美国对中国工合的正面简要评价,参照威尔基的《天下一家》,第 120 页。
④ 《时代》周刊,1940 年 4 月 22 日,第 32 页。

让中国农民明白独立思考、独立行动的好处,会威胁蒋介石独裁政府的统治。通过控制重庆中国工合的要害部门,国民党政府不仅在1940年通货膨胀严重影响经济时拒绝增拨资金,还严格限制该组织的发展。①

尽管中国工合的活动受到了种种限制,但富有同情心的美国人继续报道中国取得的可喜变化。一位认同罗素和《时代》周刊关于中国民主迅速发展说法的传教士说:"中国是一个地地道道的民主国家,其民主传统可以追溯到两千年前。"显然,他的意思是说,中国的民主传统扎根于普通中国人的日常生活之中,似乎中国人生活的每一个方面都有助于形成这种悠久的传统。基于这样的论据,最终得出的结论是:中国的学校教育,尤其是由传教士建立和支持发展起来的中国基督教教会大学,会加入到敦促民主发展的洪流中来,并将促使民主从地方扩展到整个国家。而且,基督教大学培养起来的民主意识为"抵挡共产主义"提供了最坚实的堡垒。美国人民会全力帮助民主由地方向国家范围拓展,同时通过为这项事业提供经费,协助阻止共产主义的扩散,以使基督教大学继续其传播民主观念的工作。②《财富》杂志在1941年4月刊出一篇题为《新中国》的文章,认为"西方传教士的贡献和西方大学培养的杰出中国人",在过去的20年里终于开始发生影响了。③

其他支持中国工合的人中有金陵大学社会学系教授史迈士(Lewis S. C. Smythe)博士,他主持的广播节目中说中国工合传

---

① 派克:《两种时间观》第163—170页、176—183页。
② 作者不详,《战火中的中国之教育》,第11—15页,《文化的发展》,传教宣传册档案,第401卷。
③ 《新中国》,《财富》,1941年4月,第122页。

播了民主的种子,其作用不仅是生产了被褥,而且在于锻造了"好人"。最重要的是美国的筹款,共计500万美元。这笔资金会"让中国工合站稳脚跟,帮助赢得抗日战争的胜利,并在胜利后在中国广大农村建立起民主的堡垒"①。

还有更多关于民主进步的报道。在一期题为《缩微版民主》的广播节目中,主持人谈到重庆职业学校的童子军,说学校给了他们很好的民主氛围。② 另一期节目中说"中国人生活中许多方面"都隐含着"民主的种子",主持人说,美国最需要做的是向中国展示"美国民主制度的种种好处",让中国人"完全了解美国的梦想是什么"。③ 还有的广播节目中称中国民主力量的存在,意味着美国有义务帮助中国人,使中国拥有一种"合理的民主形式"。④

联合援华会的许多成就,尤其是资金募集上的成就,和亨利·卢斯及其时代公司有直接的关系,其中最值得一提的是克莱尔·布斯·卢斯(Clare Boothe Luce)1941年6月在纽约沃尔多夫·阿斯托里亚酒店(Waldorf Astoria Hotel)募捐晚宴上的讲话。克莱尔是卢斯的第二任妻子,一位出色的剧作家,后来成为康涅狄格州众议员,发表讲话时她和卢斯刚从中国访问归来。这次晚宴旨在公开展示美国对中国人民及其领导人的崇高敬意。此前,《生活》已经刊登了有关卢斯夫妇访华的报道,而且由卢斯

---

① 史迈士:《建设未来》,1941年5月,传教宣传册档案,第401卷。
② 赫伯特·弗雷恩:《缩微版民主:重庆上海童子军职业学校》,传教宣传册档案,第401卷。
③ 芳威廉博士:《援助战争中的中国》,1941年5月,第5页、7页,传教宣传册档案,第401卷。
④ J. A. 埃迪柯特:《战时中国的社会状况》,1941年5月,第4页,传教宣传册档案,第401卷。

亲自撰文,并附有克莱尔拍摄的照片。晚宴特意安排卢斯夫妇讲话,让美国的知名人士与他们一道分享访华的体验。参加晚宴的主要客人有:赛珍珠、专栏作家沃尔特·李普曼(Walter Lippmann)、哥伦比亚广播公司(CBS)总裁威廉·帕雷(William Paley)、洛克菲勒三世夫妇、好莱坞著名制片商塞兹内克、扬·罗必凯广告公司执行总裁雷蒙德·罗必凯(Raymond Rubicam)和这次晚会的主持人威尔基。① 此外,晚会还安排美国国家广播公司全文广播了克莱尔整整25分钟的讲话。

克莱尔向听众介绍了近期发生的、导致欧洲和亚洲局势紧张的一些事件。她认为,1937年日本大举侵华时,中国在蒋介石的领导下已经走上了"通向健康的现代化国家的大道",日军入侵只是暂时中断了蒋介石领导下的中国的进步势头。她几次提到"自由的、战斗的中国",暗示中美就像驾驶着世界飞机的主驾驶和副驾驶,共同飞向光明的未来。② 但是,1941年的局势非常动荡,"我们精神上的同盟军和我们的基督教兄弟"中国人民反抗日军蹂躏的事业,迫切需要美国人民的支持和指导。她宣称,中国人确实是美国人的"基督教兄弟","50%以上的中国军界、政界和经济领域的领袖,都和蒋介石及其夫人一样是基督徒,是从中国的13所基督教大学毕业的"。由于有这么多的基督教领袖,中国像西方一样具有基督精神。传教士多年之前播下的基督教种子,现在通过"福音主义者和基督徒有活力的生活",获得了丰硕的成果。她说,纵观中国领导层,"在践踏着中国的战争中……基督使

---

① 嘉宾名单来自沃尔特·李普曼的请柬,李普曼文献,第106卷。
② 克莱尔·布斯·卢斯1941年6月18日在联合援华会晚宴上的讲话,第4页,联合援华会-联合援华服务会文件,第95卷。

命的英雄传奇是当今世界上最英勇、最壮丽的乐章"。①

最后,克莱尔高度赞扬了中国的第一家庭,说蒋介石和他"可爱的妻子"由于他们的基督教信仰和身为中国领袖的身份,站在中国政治启蒙和精神启蒙的最前沿。她还称他们是"除了热爱美国的罗斯福总统和他美丽动人、慷慨大方、无以媲美的第一夫人埃莉诺以外世界上最完美的一对",说他们按照传统的性别角色分工,配合默契。蒋介石负责"军事和政治方面"的事务,宋美龄则负责"鼓舞士气、净化心灵和社会福利工作"。蒋介石是具有"美国大古力水坝"能量的"中国发动机",宋美龄则是一个更微妙的组合:"蒋夫人部分是梦幻的白莲,部分是喷怒的百合,部分是美国的玫瑰……她手里没有枪,但如果她真的手握钢枪,就会像所有美国西部姑娘一样百发百中"。② 克莱尔最后还提到宋美龄讲一口"地道、流利而率直"的美式英语。

克莱尔·布斯的演讲中有很多形象的比喻和暗示,也多次提到美国过去和现在的政治、历史和文化力量。但她的主题之一——基督教在引领中国走上现代化道路中所扮演的角色,引起了许多支持国民党政府的美国人的共鸣。很多中国人信仰基督教这一点,似乎为中国正在变成一个像美国一样的国家提供了最显而易见的证据,这也是联合援华会在宣传材料中一再强调的。

---

① 克莱尔·布斯·卢斯 1941 年 6 月 18 日在联合援华会晚宴上的讲话,第 6 页,联合援华会-联合援华服务会文件,第 95 卷。
② "部分是美国的玫瑰"和"美国西部姑娘"很明显让人联想到比拉斯科的戏剧和普契尼的歌剧《西方女郎》。"梦幻的白莲"、"喷怒的百合"会让人联想到普契尼的另外两个女主人公蝴蝶夫人和图兰朵公主,这两个女主人公像《西方女郎》中的咪妮一样,都是卢斯的读者耳熟能详的。当时,《蝴蝶夫人》刚在纽约大都会歌剧院上演(1940 年 12 月 5 日);《西方女郎》也在 1931 年上演过;《图兰朵》则在 1929 年上演过。参照《大都会歌剧院年鉴:1883—1985》(纽约:1985 年版)。感谢雪莉·泰勒、简·艾达斯、林恩·贝利托尼和罗伊·多明尼各帮助我找到这些有趣的材料。

每次组织、协办像麦迪逊广场那样的宴会、集会时,联合援华会都精心策划,迎合那些热情的、从政治上支持蒋介石及其政府的美国民众的想法。从根本上来说,联合援华会是基于它要把中国推销给美国人民的想法来开展各种活动的,中国需要推销给美国人民,而且要反映出美国的理想和价值观。借助于美国历史上的事件和对中国的认识,同时将这一切同中国的现实联系起来,联合援华会希望能说服美国人民:他们对中国的命运具有举足轻重的影响。

联合援华会宣传部主任奥蒂斯·P.斯威夫特在一份备忘录中描述了1941年募集资金的紧迫任务,提出了拍卖名著手稿这样独特的建议,而作为回应,好莱坞制片人大卫·塞兹内克捐出了《飘》的手稿。① 其他的募集活动包括出售以中国为主题的商品。联合援华会散发小册子,在全美各地租零售柜台,义卖多种商品,从茶叶、烹饪书,到内衣、珠宝、玩具熊猫、香水、圣诞卡等。联合援华会设计、生产、义卖的各种产品中,最能引起美国人关注中美关系的是圣诞卡,当然是将基督教和资本主义这两个主题关联起来的圣诞卡。这些卡片通常出自中国艺术家之手,画面上虽是传统的圣诞场景,但圣诞老人不是西方白种人,而是中国人。有的圣诞卡上甚至画着"圣母子",圣母马利亚怀抱着亚洲模样的孩子耶稣。还有一张题为"耶稣山洞降生"的圣诞卡,上面画着亚洲风格的"圣母家庭,可爱的小天使手提灯笼立在一旁"②。

联合援华会出售的所有卡片都不同程度地以中国为背景。其中一张明信片上是1937年震惊中外的南京大屠杀之后,一个

---

① 斯威夫特致卢斯信函,1941年4月14日,第1页,联合援华会-联合援华服务会文件,第48卷。
② 传教宣传册档案,第231卷。

中国小孩坐在废墟上的情形,明信片的背面写着:"这是梅平①——一个中国孩子……他是中国五千万难民中的一个,他们急需食物、衣服、栖身之所和医疗救助"②。小梅平的这张具有震撼力、打动人心的照片,多次出现在美国的报纸杂志上,也被用到新闻纪录片里面③,这是图像具有巨大威力的一个例证。1942年11月,也就是南京大屠杀五年之后,当蒋介石夫人宋美龄访美时,白宫里有一封来自新泽西州东方橘园的信,凯瑟琳·奎恩和她的女儿随信附上3美元,说是想帮助"那位坐在铁路旁的中国男孩"④。

尽管奎恩夫人被南京大屠杀后小梅平独自一人坐在废墟上的画面深深打动了,但联合援华会解释说使用这张图片和使用其他许多图片一样,不仅仅是从人道主义出发,募集资金援助中国,除战争引起的悲惨处境和可怕痛苦外,中国还是美国未来的希望。梅平是"四亿五千万友好、民主、热爱美国的中国人中的一员,过去他们曾帮助过美国,现在他们面临着生存危机,需要我们的帮助,他们将来会获得自由,赢得独立,成为我们友善的邻邦"。换句话说,梅平的遭遇尽管令人揪心,但明显不是美国提供帮助的最充分的理由,中国的民主传统和对美国美好未来潜在的作用,是这张照片吸引美国人的更为重要的因素。

联合援华会的其他努力和鼓舞人心的活动包括给联合援华会的官员和支持者安排演讲。联合援华会的执行会长、曾到中国传教后来出版卢斯父亲传记的 B. A. 加塞德(B. A. Garside),

---

① 音译。——译者注
② 传教宣传册档案,第231卷。
③ 据统计超过13 600万美国人观看了梅平的电影短片或他的照片。参照菲尔丁的《美国新闻纪录片,1911—1967》,第260页。
④ 转引自塔奇曼的《史迪威与美国在华经验》,第349页。

1941年秋在弗吉尼亚的里士满发表演讲。他在演讲中谈到中国人民正在勇敢地抗击日本侵略军,美国有责任帮助中国。他说,美国实际上有负于中国,因为长期以来,美国一直向日本出售重要的战略物资,这让日本的战争机器有条件轰炸中国的乡村。加塞德说:"中国的友谊是一个民族所能给予的最大回报之一",特别是"我们一向做得太少,受之有愧"。他还指出,美国不光有负于中国的友谊,更重要的是要认识到"帮助中国意味着它能赢得一场对我们来说同样重要的战争"。中国正在为美国人民所珍视的理想和价值观而战:"中国人民正在帮助我们巩固西方的阵线,正在为世界的民主生活方式而战。"①

同样,援华基督教会的执行官查尔斯·科贝特(Charles Corbett)强调基督教在培养民主理念、灌输民主体制方面的重要作用。他说中国已经成为"远东民主的主导力量":对亚洲民族来说,是中国而不是英国、美国,是民主希望的新灯塔。科贝特提到蒋介石时说:"认识到中国……在一位每天都阅读《圣经》的基督徒领袖的领导下实现了民主是非常重要的",他继续说道,美国传教士长久以来致力于带给中国人的"天国",是"一个比民主更重要的概念",之所以说天国比民主更重要,是因为天国"带来了民主这个副产品"。这样的结果意味着在亚洲,有两股力量——帝国主义(日本)与民主(中国)在进行斗争。②

加塞德在列举美国给中国人道主义援助的原因时,提到中美关系所隐含的经济潜力。他预言道:"在不久的将来,获得了自

---

① 加塞德:《中国现在急需我们的援助》,1941年秋天,联合援华会-联合援华服务会文件,第41卷。
② 查尔斯·H.科贝特:《一个重要的因素》,1941年10月,联合援华会-联合援华服务会文件,第52卷。

由、独立的中国,会依赖美国工业和机械化生产的一切产品。"1941年的援助中国和未来大规模经济贸易之间的关系显而易见:"美国和中国都将迈入新的繁荣。"①

1941年底,加塞德在送给卢斯的备忘录中总结了联合援华会的成绩,他发现所取得的成就是令人振奋的。尽管联合援华会没有达到自己预定的资金筹集目标,但在过去七八个月的时间里,联合援华会已经"广泛、切实地引起了美国人对中国的关注"②。令他尤为高兴的是,多数捐款来自美国民众的小额捐赠。从某些方面来说,捐赠者的数量比捐款总额具有更重要的意义,向联合援华会捐款的人数越多,说明这项宣传中国的活动在美国越深入人心。事实上,1941年向联合援华会捐款的人数如此之多,以至于它无法及时公布捐款人名单。人们竞相捐助的原因部分是由于卢斯向《时代》周刊的订户们发出呼吁,恳请他们每人捐出5美元,他在呼吁信中列举了中美两国人民共同的利益和目标。他让《时代》的读者相信中国人和美国人一样,有对自由和人性的执著追求,他们渴望能像美国人那样建设自己的国家,将"希望和抱负"注入自己的民族之魂。③

联合援华会1941年的成功让它在年底进行全面的总结,筹资总额达300多万美元,其中大部分是在4月和12月初筹集的。经过认真的总结,联合援华会认为它的未来取决于更团结的组织

---

① 加塞德:《中国现在急需我们的援助》,1941年秋天,联合援华会-联合援华服务会文件,第41卷。
② 加塞德1941年11月6日给卢斯的备忘录,联合援华会-联合援华服务会文件,第48卷。
③ 卢斯致《时代》周刊订户的一封信,落款为1941年11月8日,有关无法及时公布捐款人名单的细节来自1942年1月17日道格拉斯·奥金克劳给加塞德的备忘录,联合援华会-联合援华服务会文件,第45卷。斯旺伯格的《卢斯及其媒体帝国》第184页说,卢斯的呼吁信募集到约24万美元。

和更多地放权给各个分支机构。联合援华会希望加强以下几个方面的工作:建立一个更大、更强有力的董事会;增设一个管理委员会,决定资金的分配和去向;设立一个活动委员会,协助宣传,组织募集资金活动。① 尽管一些部门之间在责任和权力问题上尚有分歧,联合援华会还是完成了重组,并为下一年度制定了新的目标,宣称1942年的资金募集目标是超过700万美元。保罗·G.霍夫曼被选为新的董事会主席,另一位杰出的企业执行官、国际通用电气公司总裁W. R.海洛德(W. R. Herod),被选为会长。另外,志愿者队伍补充了新鲜血液,一些企业的执行官也加入进来,不要任何报酬,他们的目的是要把"中国推销给美国人民,在全美范围内建立中国委员会"。②

在不到一年的时间里,联合援华会从一种想法变成了现实,变成了一个有能力为中国筹集几百万美元的援助组织。不像早些时候的1931—1937年,那时媒体人赫斯特(Hearst)的系列出版物认为中国的困境"与我们无关……我们同情他们,但并不为他们操心。"珍珠港事件爆发前的四年半时间里,美国人在关注亚洲发展方面有了惊人的变化,正如入江昭所说的:"就像美国人看到的,这里面有一个道义上的问题"③。非常巧合的是,联合援华会的活动和那种不断增长的对中国的同情相一致,并把它往前推进了一步。这些情感不管多么难以捕捉,对二战初期中国引起美国人的关注来说,都是十分重要的。

联合援华会要让美国人了解,一个美国化的中国对美国有很多好处,这项工作自1941年起步,此后十年一直坚持不懈。作为

---

① 《联合援华会五年》,第4页,联合援华会-联合援华服务会文件,第48卷。
② 《联合援华会五年》,第6页。国际通用电气公司1941年捐赠了2 500美元。
③ 入江昭:《跨越太平洋》,第185页、220页。

早期传教活动的发展延续,联合援华会无疑借鉴了传教士的许多思想观念,而它尝试用图像来传达理念的做法,很快得到美国人的认可。中国对美国来说依旧是美国成功的象征,联合援华会富有奉献精神的全体员工,以时间上的投入和金钱方面的资助,营造出一种令人鼓舞的奉献氛围,促进把美国化中国的理想变成现实。

到珍珠港事件爆发时,很多美国人对中国已十分同情,对日本则充满了憎恨。联合援华会这样的组织致力于将美国对中国不断增长的欣赏和理解,变成实实在在的支持行动。它举办的一些活动强调中国的战斗就是美国的战斗,这一思想不久就切切实实地变成了现实。

第四章　中美同舟共济：光荣的战争年代

> 珍珠港事件之后，中国和美国结成了联盟，这就像是漫长订婚之后的结婚——你可以说这是枪炮式的联盟，但仍然是一种愉快的合作。
>
> ——A. T. 斯蒂尔：《美国人民与中国》

1931—1949年期间，日本偷袭珍珠港比中美关系中的任何其他事件，都更能激起美国人对国民党政府的支持，一夜之间，中国成了美国的联盟。支持国民党的美国人欣喜异常，因为正像他们一直宣称的那样，中国的战斗就是美国的战斗。当亨利·卢斯的父亲卢思义去世时，《时代》周刊驻中国记者白修德向他的老板卢斯表示哀悼，但亨利·卢斯并不过分悲伤。至少，他这样评价他的父亲："他终于活到了这一天，看到中国和美国站在一条战线上了。"①

对于日本偷袭珍珠港，大多数美国人表现出的无疑是震惊、愤怒，甚至勃然大怒。正如约翰·道尔（John Dower）详细阐述的，太平洋战争瞬间极大地改变了美国人对日本的看法。20世

---

① 白修德：《探索历史》，第130页，亦可参照斯旺伯格的《卢斯及其媒体帝国》，第189页。

纪 30 年代,很多美国人,不管是士兵还是普通民众,对日军的战斗能力不断产生怀疑,因为他们一直没能让中国屈服,而中国在美国人眼里是军事上的弱国。① 珍珠港事件改变了这种认识。之前美国人一直把日本人视为野蛮人、低等灵长类,现在日本人成了返祖的超人。这两种明显矛盾的认识并不是种族主义歧视导致的不一致,正如约翰·道尔所说的:"野蛮人和超人不是互相排斥的,而是互相补充的,这一点也许和我们的想象不一样。"② 珍珠港事件、英国"威尔士亲王号战舰"(Prince of Wales)和巡洋战舰(Repulse)在南中国海上的沉没、新加坡英军的投降、菲律宾美军的战败,这一系列的军事行动都证明日军受过很好的军事训练,是士气高昂的斗士。二战初期日本闪电般地取得的决定性胜利,使美国人需要重新看待亚洲和亚洲人,也在一定程度上解释了美国参战初期的挫败。

美国人对日军的重新评价也让他们重新认识中国人。支持国民党的美国人做出了这样的分析:如果日军是如此强大的敌人,那么自 1937 年以来就一直遭受日军最疯狂攻击的中国人,一定比他们先前认为的要坚强得多。

因而,战争成了美国人修正他们对亚洲的总体看法,特别是对中国的看法的一个重要因素。将中国视为新的军事联盟也和传教士半个世纪以来的传教成就联系起来,把中国变成一个基督教国家的设想,为美国 1941 年 12 月 7 日之后转变对中国的看法奠定了良好的基础。简而言之,战时的特殊处境极大地影响了美国对待中国的态度。所幸的是,现在所有的美国人,不光是传教

---

① 道尔:《无情的战争》,第 94—117 页,特别是 98 页。
② 同上书,第 116 页。

士,在他们需要的时候都把希望寄托于一个美国化的中国。经历了一系列灾难性的事件之后,中美两国终于基于共同的军事目标而走到了一起,而且,两个国家在政治和社会生活中的联盟越密切,对整个战争局势越有利。

虽然美国参战的消息肯定了时代公司和联合援华会此前的努力,但为了适应新形势,还需要做大量的工作。联合援华会1942年的首要任务是筹办4月份美国全国范围内的"中国周"活动。联合援华会宣传部主任奥蒂斯·斯威夫特列出了首先必须要做的几件事:联合援华会必须协调美国全国各地的活动,最重要的是做好新闻广播局、商品促销团和演讲事务处的工作。斯威夫特确定了宣传部的工作重点,即加强宣传,将邮政局、新闻纪录片、实地宣传活动、摄影人员、宣传册印制调动起来,彼此之间密切合作。① 而且不仅要搞好地方范围内的合作,还要搞好全国范围内的合作。斯威夫特让时代公司通过新闻纪录片、广播节目、杂志发行做好宣传工作,除此之外,他还希望蒋介石夫人宋美龄能够访美,以扩大宣传,激发起更多美国人的热情。为了争取让美国人欢迎宋美龄,他为联合援华会的董事会成员制定了宣传计划,各地的董事会成员可以各显神通,利用教育和其他多种途径进行宣传。②

"中国周"(1942年4月12日至19日)期间,每天都安排一个主题。③ "中国周"从4月12日星期日的救助中国活动开始,联

---

① 备忘录,1942年1月26日,联合援华会-联合援华服务会文件,第45卷。
② 斯威夫特1942年1月22日致W. R. 海洛德信函,联合援华会-联合援华服务会文件,第45卷。
③ 参阅"中国周"备忘录,未注明日期,但很可能是1942年春天,联合援华会-联合援华服务会文件,第52卷。

合援华会委员会将在纽约地区散发 1 600 份宣传册。周一是文化关系日,教育工作者和大学校长赠送纪念品,纽约公共图书馆和现代艺术博物馆推出中国文化艺术展。星期四是中国贸易日,一百多名商界知名人士应邀参加由联合援华会 1942 年度主席温德尔·威尔基和保罗·G. 霍夫曼、亨利·卢斯主办的午餐会,重点突出"未来自由中国对战后美国的重要性"。星期六定为联欢日,在中央公园举办大型野餐会。"中国周"期间的所有活动,尤其是风筝比赛、人力车比赛和乔·迪马古奥(Joe DiMaggio)给中国孩子表演的棒球,都被拍摄下来。

"中国周"在 4 月 19 日的周日"答谢日"达到高潮。在纽约举办的最后一项活动是从"中国城"出发的大游行,参加者有两千之众。为了使游行"富有新意"而又吸引人,组织者独具匠心,游行队伍中有"清秀的中国少女身着护士服",象征着中国急需医药援助。游行队伍中还有四头大象(赛珍珠的第一任丈夫提供的),驮载着礼物,象征着 1942 年中国如何通过"丛林之路"获得西方的援助。

由于举办"中国周"是联合援华会计划在一年内唤醒每一个美国人关注中国的第一步,因而在全美范围内对其进行宣传报道十分必要。该活动的宣传计划包括与国际扶轮社(Rotary International)①合作,让这次活动的最新报道传播到美国各地。联合援华会会长 W. R. 海洛德为争取国际扶轮社总裁汤姆·J. 戴维斯(Tom J. Davis)的支持,从商业的角度来游说他,说作为还没有经历工业化的主要地区之一,战后的中国"会给美国的贸

---

① 1905 年,芝加哥律师保罗·P. 哈里斯(Paul P. Harris)创建了国际扶轮社,它是由商界、外交界及各行业成功人士组成的一个非宗教、非政府和非政治的公益性机构。其成员结成团体,每周集会,商讨实施各项捐助活动。——译者注

易发展提供最难得的机会"。海洛德在给戴维斯的信中指出,中国有四亿五千万人,却还"只有几千英里的铁路和远未发展起来的公路",中国的自然资源可以帮助积累购买美国货的资本。①

其实早在海洛德求助之前,戴维斯已经给国际扶轮社的美国各地方分社社长及秘书长写信,敦促他们邀请专家,就中国问题发表演讲,以努力强化"中美人民团结一心"的观念。② 为了配合联合援华会尽可能扩大宣传的愿望,戴维斯建议,每次举办这样的演讲会时,都要通知当地报社,以便更有效地宣传中国。他给海洛德的信中写道,宣传活动非常有效,许多计划已付诸实施,还有许多正在筹划当中。他还特别提到,以蒙大拿七八家大报社的经理埃德温·G. 雷费摩尔(Edwin G. Leipheimer)为例,该君已保证在大量报道中国之余,还和其他两家主要通讯社——美联社和美国合众国际新闻社通力合作,大力宣传中国。戴维斯欣慰地说:"海洛德先生,我可以这样对你说,国际扶轮社的工作非常有成效,在美国和加拿大将近 3 400 个社区内,我们已把中国和我们连在了一起,也把中美友谊连在了一起。"③

国际扶轮社 1942 年初的活动为联合援华会打下了扎实的基础,联合援华会因此制定了更宏大的计划,即在 4 月份举办"中国周",首先是 4 月 11 日星期六晚上,在全美范围内连续播出一个小时的筹款广播节目。联合援华会得到极专业的媒体人和电影人的帮助,好莱坞胜利委员会主任大卫·O. 塞兹内克致电援华

---

① 参见海洛德 1942 年 3 月 9 日和 25 日致戴维斯信函,联合援华会-联合援华服务会文件,第63卷。
② 戴维斯 1942 年 2 月 2 日致国际扶轮社美国各地分社社长及秘书长信函,联合援华会-联合援华服务会文件,第 63 卷。
③ 戴维斯 1942 年 2 月 21 日致海洛德信函,联合援华会-联合援华服务会文件,第 63 卷。

会在纽约的办公室,说他已得到卡里·格兰特(Cary Grant)、金格尔·罗杰斯(Ginger Rogers)、洛丽塔·扬(Loretta Young)等著名电影演员的许诺,将他们在一些广播节目中的商业广告捐赠给联合援华会,再由联合援华会以正常价格向其他公司拍卖,所得的广告收入作为全国性募捐活动的启动资金。这种做法吸引电影明星们的一个地方无疑在于,他们可以不用交所得税而直接将这笔钱捐赠给联合援华会。①

好莱坞明星们的加盟对联合援华会筹款广播节目的成功至关重要。联合援华会希望一些大牌明星,包括弗瑞德·艾伦(Fred Allen)、杰克·本尼(Jack Benny)、查理·卓别林(Charlie Chaplin)、宾·克罗斯比(Bing Crosby)、贝蒂·戴维斯(Bette Davis)、沃尔特·迪斯尼(Walt Disney)、琼·芳登(Joan Fontaine)、卡里·格兰特(Cary Grant)、鲍勃·霍普(Bob Hope)、保罗·罗伯逊(Paul Robeson)、贝比·罗斯(Babe Ruth)、凯特·史密斯(Kate Smith),来做长达一个小时的筹款广播节目。② 好莱坞胜利委员会还寄希望于有才华的年轻演员,像米基·鲁尼(Mickey Rooney)、朱迪·嘉兰(Judy Garland),她们在沃尔特·迪斯尼的引导下,加入了"为新中国募捐"活动。③ 联

---

① 塞兹内克 1942 年 2 月 28 日致贝雷的电报,联合援华会-联合援华服务会文件,第 64 卷。
② 这个名单是根据两份备忘录列出来的,这两份备忘录的日期都是 1942 年 3 月 12 日,联合援华会-联合援华服务会文件,第 45 卷。拉塞尔·惠兰给斯威夫特、弗莱彻、贝雷、罗米利的便笺中提到查理·卓别林时说,这是他"第一次(或者说几乎是第一次)出现在广播节目里"。另一份备忘录是 O. P. 斯威夫特写给 W. R. 海洛德的,讨论这次筹款广播节目如何通过覆盖全美 100 家电台的美国国家广播公司的蓝色广播网播出。
③ 惠兰 1942 年 4 月 7 日致海洛德、斯威夫特、加塞德、贝雷、弗莱彻和罗米利的备忘录中提到米基·鲁尼,见联合援华会-联合援华服务会文件,第 62 卷。惠兰说米基·鲁尼是"最受欢迎的好莱坞明星"。

合援华会要求每位明星发挥其各自的特长,如沃尔特·迪斯尼可以通过米老鼠与唐老鸭之间的对话,更好地宣传援华事业。又如,拥有亿万球迷的贝比·罗斯可以谈论中国儿童问题。联合援华会希望通过此类由明星加盟、听众喜闻乐见的节目,来吸引听众,让更多的美国人了解中国。

纽约分区的筹款广播节目制作人是来自比奥(Biow)广告公司的查尔斯·马丁(Charles Martin),好莱坞分区20分钟的筹款节目是扬·罗必凯(Young & Rubicam)广告公司的汤姆·刘易斯(Tom Lewis)负责制作的。筹款节目计划安排保罗·G.霍夫曼朗读罗斯福总统的信、麦克斯韦尔·安德森(Maxwell Anderson)和赛珍珠表演广播剧,关于联合援华会举办活动的知识问答,由"菲尔·贝克找茬大师节目"(Phil Baker Master Quiz Program)的原班人马表演。① 一名来自怀俄明州的妇女就援助中国的重要性发言,她的儿子在东南亚的战场上牺牲了。

联合援华会宣传部主任奥蒂斯·P.斯威夫特声明,所有的节目在播出之前,都要经过中国顾问和联合援华会高层领导人的审核。他特别关心那些娱乐性的东西,担心中国国民党的要员,比如说驻美大使胡适发表庄重的讲话前面会插入令人尴尬的讽刺性内容:"好莱坞每晚的找茬节目时段一定不要放在中国驻美大使讲话之前"。他举前一年发生的一个例子,说那是非常不合适的,他绝对不允许这样的事情再次发生。

在给联合援华会宣传部主任的信中,卢斯表达了他对这一活动的极大兴趣,称联合援华会与好莱坞合作取得了令人欣慰的成

---

① 斯威夫特1942年3月27日写的备忘录,见联合援华会-联合援华服务会文件,第62卷。

果。他写道:"达利·扎努克(Daryl Zanuck)非常想拍摄一部有关中国的电影",并说有 50 位好莱坞导演有意援助中国,萨姆·戈尔德温(Sam Goldwyn)排在首位,准备捐助 1 000 美元。但他要斯威夫特注意这里面存在的问题,因为塞兹内克和扬·罗必凯广告公司在宣传方法上不同。扬·罗必凯广告公司想在每一个节目中都找名人参加,而塞兹内克想打动美国人的心弦:"大卫想在节目结束后,让 4 000 万美国人为中国人的遭遇泣不成声,难以入眠,继而倾囊相助。"塞兹内克需要 30 天的时间"挖掘真正能煽情的中国资料"。卢斯从不放弃任何突出自己企业的机会,他说好莱坞和联合援华会的联手应该放到时代公司的大背景之中,因为"这意味着好莱坞与时代公司以及与联合援华会的联手"。①

筹款广播节目播出前四天,主要制作人拉塞尔·惠兰(Russell Whelan)指出这档节目的宗旨,他说启用米基·鲁尼、鲍勃·霍普这样的好莱坞明星,目的是"为了吸引尽可能多的听众"。他估计全美有四五百家电台同时转播,会有 2 000 万听众收听。他解释了联合援华会的宣传计划,其方法是"给联合援华会的宣传披上一层糖衣,塞到娱乐节目当中,就如同广播上每周推销大量的果冻、肥皂、牙膏一样"。② 也就是说,中国可以像其他东西一样推销给美国人。

这宗筹款广播节目得到了广泛宣传,《综艺》周刊(Variety)、《广播》周刊(Broadcasting)、《无线电日报》(Radio Daily)上面都有整版的节目广告。正式播出前四周,菲利浦·莫里斯(Philip

---

① 卢斯致斯威夫特信函,未注明日期,但可能写于 1942 年初,联合援华会-联合援华服务会文件,第 48 卷。
② 这里所有的引文都出自惠兰 1942 年 4 月 7 日给联合援华会各位官员的备忘录,联合援华会-联合援华服务会文件,第 62 卷。

Morris)烟草广告节目、覆盖全美 500 多家广播电台的布洛瓦(Bulova)钟表广告节目,都提醒观众收听该筹款节目。① 联合援华会还在报纸杂志上大做宣传,同意刊登关于联合援华会和中国文章的杂志有:《名利场》(Vanity Fair)、《时装》半月刊(Vogue)、《星期六晚邮报》(Saturday Evening Post)、《新娘杂志》(Brides Magazine)、《纽约客》(New Yorker)、《美国人杂志》(American Magazine)、《柯里尔》(Colliers)双周刊,后来又有 32 家加入进来。② 此外,全国许多零售商,包括博威特·泰勒(Bonwit Teller)、波道夫·古德曼(Bergdorf-Goodman)、J. D. 哈得逊(J. D. Hudson),同意"中国周"期间在橱窗里张贴联合援华会活动的宣传画。后来,费城的伊丽莎白·雅顿化妆品公司(Elizabeth Arden)、F. A. O. 施瓦兹玩具店(F. A. O. Schwartz)、"主人与裁缝"百货公司(Lord & Taylor)和斯特劳布里吉-克劳瑟尔百货公司(Strawbridge & Clothier)也加入进来。③

时代公司临时借调过来负责联合援华会宣传工作的韦斯利·贝雷(Wesley Bailey)在分析当时的形势时说,整个事态仿佛成了"大批大批的标着'中国'标签的大集装箱"。他预言这次活动将以"《生活》封面报道的形式,在集装箱上打上斗大的红印"为标志达到高潮。④ 但是,《生活》画报并没有让韦斯利·贝雷如愿

---

① 惠兰 1942 年 3 月 12 日致联合援华会各位官员备忘录,联合援华会-联合援华服务会文件,第 45 卷。贝雷还提到克莱斯勒汽车公司同意在其"鲍斯少校业余者时段"的广告中为联合援华会做宣传。
② 贝雷 1942 年 3 月 12 日致斯威夫特信函,联合援华会-联合援华服务会文件,第 66 卷。1941 年,《星期六晚邮报》的发行量略大于《生活》画报,前者为 320 万份,后者是 290 万份,《读者文摘》的发行量最大。
③ 美国医药援华会文件,第 86 卷。
④ 贝雷 1942 年 3 月 12 日致斯威夫特信函,联合援华会-联合援华服务会文件,第 66 卷。

以偿,因为当年3月2日出版的《生活》刚刚刊登了对蒋介石充满溢美之词的报道,卢斯的新闻出版物竭力避免过多的赞美倒了读者的胃口。

尽管如此,贝雷和联合援华会的其他领导还是很满意他们取得的成绩。除了大规模地宣传这次活动外,联合援华会还说服许多主要报社在"中国周"期间连续刊登编者按。《纽约时报》在报道联合援华会的各项活动时,称中国是"我们的姊妹共和国",号召美国人特别是纽约人民为其捐款,它断言"联合援华会将保证把源源不断的美元用到最正义的事业上"。①《华盛顿邮报》也图文并茂地报道了联合援华会的一次活动,照片上是一位来自马里兰州森林峡谷国家公园学院姐妹联谊会的妇女,她通过举办捐赠晚会筹集资金,晚会省去了沙拉和甜点,把节省下来的钱捐给联合援华会。② 通过这些形式各异的小型集资活动和零售所得,联合援华会在二战期间筹集到了数目可观的资金。仅二战最后三年销售圣诞卡这类小物品的净销售额就有近35万美元。③

从某些方面来说,传播中国信息比筹集资金更为重要。为了帮助各地的筹款活动,联合援华会使用了一个很有利的宣传手段:大力宣传中美两国的相似性。一份宣传品上这样说:"中国的战斗就是我们的战斗。"另一份传单说:"中国前线的每一寸土地也是属于我们的,中国面临的危急关头同样也是我们所面临的。"

---

① 《纽约时报》1942年4月12日,第8E版和第34版。
② 《华盛顿邮报》,1942年4月17日,第3版,也可参见4月14日的第9版和4月16日的第16X版。
③ 零售所得的净销售额和纯利润还是相当可观的,其数额如下:1943年的净销售额是117 285美元,纯利润是36 335美元;1944年,净销售额112 029美元,纯利润43 441美元;1945年,净销售额116 482美元,纯利润40 043美元。所有这些数字均来自联合援华会-联合援华服务会文件,第38卷。

尽管日军给中国造成了深重的灾难,但中国人的精神依然高昂。不仅如此,联合援华会还强调中美两国的共同之处,指出中国"对自由的热爱就如同我们对自由的热爱",应该继续激励中国人民抵御外侮。教育界人士给出了特别具有说服力的理由:"也许世界上再没有比中国人更痛恨士兵这个概念的了"。他们进一步说道,"对中国人来说,学者、教师、哲学家都排在士兵的前面,将来也会是如此。"①

教育美国下一代进一步加强中美人民之间的友谊,一直是联合援华会计划中的一项重要内容。"除非全美国从中小学开始就在了解中国、尊重中国方面打下坚实的基础"②,否则这个目标很难实现。为此目的,联合援华会经常免费为不同层次的学生,从小学生到高中生,提供中国方面的文章、宣传册、电影及其他教育材料。其中一份题为《中国入门》的宣传册充分说明了文化因素对于造就二战时期美国人的中国观的影响。③ 这份宣传册是美国军事委员会专门为赴华士兵编写的《简明中国指南》的简易读本。宣传册的开篇就要求读者摒弃过去对中国抱有的偏见,接下来一节的题目是《中国人民就像美国人》,实际上,"凡是了解中美两国人民的人,都必言其共同性",有无数例证可以证明,最直观的是两国的地理条件极为相似,但最相近的是中美两国人民都同

---

① 所有引文均来自联合援华会致各分委会主席信函,联合援华会-联合援华服务会文件,第64卷。
② 出自一册名为《美国小学里的中国认知》的宣传册,它是埃德娜·安布罗斯和凯·格里姆肖为哈佛社会研究系举办的研讨会准备的。见联合援华会-联合援华服务会文件,第93卷。该宣传册是美国教育理事会亚洲研究委员会分发的,该委员会里面有多萝西·博格、费正清等知名的历史学家,联合援华会"为了鼓励美国小学更多地关注中国",重印了该宣传册。
③ "主要为美国青年人准备的"《中国入门》,由联合援华会重印、分发,联合援华会-联合援华服务会文件,第93卷。

样地"热爱独立和个人自由",都怀有同样的政治抱负。诚然,中国政府和美国政府不同,但是这本小册子解释道,"我们仍然十分相像,因为我们天生对民主抱有同样的向往"。

幽默是连结中美两国的又一条纽带,因为喜欢开玩笑反映出两国人民在思维方式上的相似性。中国人喜欢幽默剧,因而美国的幽默电影大师如查尔斯·卓别林、哈罗德·劳埃德(Harold Lloyd)、劳雷尔(Laurel)和哈代(Hardy),在中国和美国一样受欢迎。联合援华会的一位发言人从心理学角度解释这种现象,指出美国人喜爱幽默,并说在这一点上中国人和美国人是多么相像,中国人是"一个达观乐天的民族",他们和美国人一样,"其玩笑有高雅的,有低俗的,还有尴尬型的"。①

联合援华会的教育工作还包括向读者推荐读物,其主要推荐的是时代公司各杂志上的文章。其次是联合援华会自己制作、发行的有关中国的电影。1942—1946年期间,联合援华会制作了四部影片:讲述"中国英勇抗日"的《西线》(1942)、《中国——率先抗击日军》(1943)、《这里是中国》(1944)和《报道中国》(1945—1946),最后一部是曾为《时代在前进》新闻纪录片工作过的肯尼思·考夫德(Kenneth Cofod)剪辑的。这几部电影所反映的主题与联合援华会的宣传册、电视节目、演讲大同小异。影片《西线》一开始是自由女神像的特写,旁白道:"有美国作为其范式和先锋",新中国已在美国的模式上建立起来。中国人的生活方式可能就是"辛辛那提、底特律或南本德的翻版",在中国"和在俄亥俄州的奇利科西没有什么两样",如此,美国的生活方式得到了凸

---

① 《美国人对待中国的态度》,未注明日期,联合援华会-联合援华服务会文件,第65卷。

显。该片还为蒋介石唱赞歌,说他给中国带来了民族统一的意识,并已成为"四亿中国人爱戴的无可争议的领袖"。他英明的抗日战略及其仿效"美国政府和在自由企业里自由劳动的思想",已将新中国的建设打上了"亦步亦趋'美国制造'"的烙印。① 通过这类影片,联合援华会用和时代公司类似的方式传播中国观念。这两个机构在重点突出文字材料宣传的同时,还注意利用广播、电影等其他宣传媒介,强化中美极其相似的观念。

1942年,在联合援华会积极开展活动的同时,时代公司也在实施自己的宣传计划,将中-缅-印战区的抗日战况以有利于中国的口径,报道给美国人民。这些来自前线的最新报道和30年代后期《时代》周刊的调子一致,即赞扬蒋介石的军队在巨大的困难面前无所畏惧,赞颂他本人虔诚的基督教信仰,进而采取各种形式渲染蒋介石的人格魅力,但最终目的是全面地、毫无保留地支持蒋介石。总的来说,《时代》周刊称蒋介石是"世界上最重要的六个人物之一"。②

中美两国现在面对共同的敌人,这为美化蒋介石提供了最好的理由。《时代》周刊的另一个封面故事中称蒋介石是"伟大的蒋",在士兵的心目中是"坐如磐石、行如威龙、走起路来虎虎生风"的人,是深受士兵爱戴的军事领袖,很多士兵敬畏他非凡的能力,而且作为中国开明的政治领袖,他把西方思想的精髓带给了他的国家。"蒋介石就是中国",《时代》周刊如是说。③ 几乎同时,《财富》上又出现了一篇着意刻画蒋介石的文章,说"蒋介石工

---

① 电影《西线》中的字幕,联合援华会-联合援华服务会文件,第50卷,特别是第10页,12页、13页。
② 《时代》周刊,1942年2月23日,第19页。
③ 《时代》周刊,1942年6月1日,第18—21页。

作起来具有十足的男人气概,而且带着非凡的献身精神"。这篇文章的作者除了称赞蒋介石"令人难以置信的威信"外,还说他之所以能赢得众人的尊敬和爱戴,是因为"他以身作则,是一个罕见的付诸行动的人,能够从哲学的高度看待自己要做的一切"。①

为了说明蒋介石的确就是中国的代言人,《时代》周刊还列举了他能担当此重任的许多优秀品质。毫无疑问,首先就是蒋介石的基督教信仰,说他是一个"虔诚的基督徒",每天早晨5点半就起来朗读《圣经》。《生活》画报刊登了记者白修德采写的文章,强调蒋介石的信仰转变:"像蒋介石这样意志坚定的人"是不会轻易改变宗教信仰的,但他改变了,而且他改变信仰不是"做表面文章"。文章暗示,正如一些传教士所解释的,以基督教的眼光来看,蒋介石刀光剑影的军事生涯和他"划着十字信仰的温和的宗教"并不矛盾,因为他是"《旧约全书》式的基督徒"。②

蒋介石不仅自己有坚定的宗教信仰,还竭力给他的军队灌输基本的政治民主思想和基督教伦理,至少有一位《时代》周刊的读者对此深信不疑。这位读者给《时代》周刊写信,说她认为蒋介石对基督教的信仰是真诚的。她讲述这样一个故事:有一次祈祷时,蒋介石请求上帝首先赐福于美国人民,其次才为自己的人民祈祷,最后还请求上帝宽恕日本人。这说明蒋介石有一颗真正的基督之心,因此他愿意饶恕那些踩蹋了他的祖国的人。③ 另一位读者写信说,蒋介石"内心的宁静和坚忍不拔的精神"使他完全具备了成为《时代》周刊1942年年度新闻人物的资格。④

---

① 威廉·E.霍金:《新世界里的新东方》,《财富》,1942年8月,第124页。
② 白修德:《蒋介石》,《生活》,1942年3月2日,第80页。
③ 《时代》周刊,1942年6月22日,第4页。
④ 《时代》周刊,1942年12月28日,第2页。

《时代》周刊不只把目光放在中国的现状上,它还常常有意识地从历史中寻找中美两国的相似之处,目的是廓清美国对中国臆测驳杂的认识。《时代》周刊1942年年初就说,尽管不断遭受日军猛烈的进攻,蒋介石仍然尽力将人民团结在他的周围,"从一个福吉谷(Valley Forge)①到另一个福吉谷",他始终坚持与敌人战斗。②《时代》周刊还牵强地把中国同独立战争时期的美国相提并论,将国民党立法院院长孙科(Sun Fo)视为"中国的乔治·华盛顿——孙中山"之子。③

所有这些历史类比都是时代公司旨在让美国人学会以对待自身的方式对待中国人。1942年3月2日的《生活》画报是中国专刊,重磅推出蒋介石的三幅看上去俨然就是美国政客的照片:第一幅是蒋介石坐在写字台旁,一种普通的企业执行官形象;第二幅是蒋介石夫妇一同出席午宴,座位后面的墙上挂着蒋总司令的相框,这张照片曾出现在1936年11月9日的《时代》周刊封面上;最后一幅美国味十足,委员长夫妇并肩坐在花格呢的美式沙发中,一边笑眯眯地看着一本书,一边爱抚着他们的爱尔兰塞特犬哈咪。最后一副照片的背景有一个重要的细节:他们身后的书架上放着罗斯福总统的照片。④ 与此非常相似的另一张照片出

---

① 福吉谷:美国的革命圣地。1777年冬,费城陷落,华盛顿率领残兵败将在这里修整,冻死、开小差的士兵不计其数,是整个独立战争里最艰难的时光。但同时华盛顿也利用这段时间重新训练了军队,过冬之后,又杀出谷来,重新和英军较量,最终赢得了独立战争的胜利。——译者注
② 《时代》周刊,1943年1月5日,第13页。
③ 《时代》周刊,1942年1月26日,第18页。当然,《时代》周刊的许多读者一定都知道,乔治·华盛顿没有孩子。白修德的"蒋介石"(载《生活》,1942年3月2日,第72页)也称孙中山是"中国的乔治·华盛顿"。《时代》周刊在1942年12月7日的一期中用"伟大"一词来描述孙中山。
④ 《生活》,1942年3月2日,第72页。最后一幅照片底下的小字特别提到罗斯福的照片。

现在美国传教士印制的一个小册子上,题目为《李文所看到的》,画面上爱尔兰塞特犬哈咪趴在蒋介石脚边的地板上,罗斯福同样出现在背景当中。① 照片上的这条爱尔兰塞特犬至少还在《星期六晚邮报》的中国战况报告中出现过。②

《时代》周刊在反复报道中国将士决心战斗到底的同时,也开始批评美国军方拒绝中国代表团参加讨论作战计划。说过去十年里,中国一直在和日军奋战,积累了丰富的作战经验,没有中国人做顾问,不借鉴这些宝贵的经验,对美军无疑是极大的损失。《时代》周刊称蒋介石是"盟军中两位最伟大的军事领袖之一",并说中国仍是未来军事行动极有潜力的军事基地。③《时代》周刊还俨然以国民党政府的口吻含蓄地威胁罗斯福政府,说有关专家认为,中国"是美国忽视的绝好战机,如果美国不赶快抓住这个机会,那么它就会稍纵即逝"④。

《财富》杂志在报道太平洋战场时也特别关注这个问题。在1942年8月一期的编者按中,《财富》杂志总结说,美国参战初期接连受挫的原因与四个部门有关:罗斯福政府、美国军方、美国国务院和美国新闻媒体。⑤ 罗斯福政府没有及时提供事先许诺的军需物资,特别是没有提供飞机,因此难逃罪责。美国军方没有及时将武器装备运送到位,而且拒绝中国人参与制定作战计划。《财富》杂志声称,事实证明中国的确给日军造成了极大的伤亡。《财富》在后来一期的文章中补充道:"在战略战术特别是防御性

---

① 《李文所看到的》,第18页,传教宣传册档案,第231卷。
② 欧内斯特·O. 豪塞:《老蒋是中国的强人》,《星期六晚邮报》,1943年8月28日,第20版。
③ 《时代》周刊,1942年3月2日,第24页。
④ 《时代》周刊,1942年6月1日,第20页。
⑤ 《我们依旧陷入"被动的局面"》,《财富》,1942年8月,第112—116页。

的战略战术方面,中国做得非常出色。"①)美国国务院的责任在于:中日战争初期对日本采取绥靖政策,鼓励日本,而没有给予中国应有的支持。《财富》杂志说,实际上,美国国务院的政策缺乏指导性和连续性,不管在治外法权还是中国移民政策上都是如此。美国新闻媒体也难逃其咎,在过去15年中没有对中国局势的发展给予足够的重视,没有真实报道日军对中国人民令人发指的残暴行径。媒体只报道美国政府的援助承诺,而不去关注实际上兑现了多少——远远低于承诺的数量,这样,中国究竟得到美国多少援助,美国人得到的仅是一个虚假的印象。

在分析了各方的缺点与不足之后,《财富》将目光转向美国人民,它推论说美国整个国家都要为军事局势恶化到如此地步负责。它说:"中国人应该受到肯定、赞扬,甚至爱戴,但遗憾的是我们并没有把他们当回事,也没有真正关心过他们。"因此,目前拯救美国的唯一途径是救助中国。为此,罗斯福政府必须为中国提供大量军需物资;美国军方要注意吸取中国抗日的丰富经验;美国的外交政策要打造一个"强大、自由的中国和美国平等、亲密地结成联盟"的形象。②

随着战局的发展和美国公众对最终会赢得太平洋战场胜利的信心,时代公司开始将注意力转向战后太平洋地区的发展规划上。《财富》自然重点关注战后中国的贸易环境。它指出,中国显然为美国提供了许多极好的投资机会,尤其是如果没有美国的援助,中国的建设计划是很难付诸实施的。另一方面,美国的经济也迫切需要中国这样的国外市场来保持满负荷生产。中国有梦

---

① 《东方的战争》,《财富》,1942年12月,第100页。
② 《财富》,1942年8月,第114页。

想和人口,美国则有技术和工业生产力。两国在精神、政治和经济方面截然不同,但却可以互济互补。战后的中国能消费大量的美国产品,特别是重工业产品,这为美国经济发展提供了直接的动力。《财富》还援引孙中山的话来说明中国的潜力。孙中山曾说,中国迫切需要铺设10万英里的铁路,将会需要2 000万吨的钢铁、25 000个火车头、30万节货运车皮、3万节客运车厢。而中国在当时的情况下,每年仅有能力生产200万吨左右的钢铁,其余的要靠进口。《财富》相信美国在中国的商业前景十分看好,因为中国人认为"美国的铁路和重工业产品、美国的公用设施及通讯设备是世界一流的"。况且,国民党政府正考虑对海外公司实行宽松的政策,少一些限制。这一切会带来这样一种局面:"美国在亚洲有着广阔的发展空间和诱人的前景,会开辟一个新纪元。"①

在卢斯的刊物预言中美经济合作会有一个光明未来的同时,美国联合援华会也努力将中国市场的神话变成现实。1944年,为纪念推翻清政府33周年,B. A. 加塞德发表广播讲话,讲话中他勾画了战后等待美国的贸易机会。他说,中国是美国"潜在的最大、最容易建立贸易关系的伙伴",鉴于国民党政府不久要实行"民主政体",中美贸易前景灿烂。由于中国有足够的原材料来保证中美双边贸易,为维持这个巨大市场的安全运行,美国唯一需

---

① 参见《中国的战后发展计划》,《财富》,1943年10月,第151—164页。中国在其他方面的工业需求同样令人振奋:2 000万千瓦的电,其中一半是水力发电,另一半是火力发电;8 000万台电话,1 200万英里长的电话电缆,这些电缆将会消耗150万吨铜;100万户新家庭以及相应的生产工具,将会从西方需求9万件工具。所有这些数据均来自《财富》1943年10月第154页。

要做的是"高效、公正、友好"。①

中美两国未来的经济发展合作是很多关心中美关系的美国人关注的重心,但这并不是他们试图说服美国人中国是实现美国梦的核心要素的唯一途径。以前的主题宣传依然在起作用,中国在很大程度上是一个民主国家,中国人追求自由独立,他们和美国人有很多相似之处,这一切随着战局的发展不断得到重复。赛珍珠为了扩大宣传范围,改变美国人对中国的态度,建立了一个非盈利性机构——"东西方联合会"(East and West Association),目的是推动双边的和谐与相互理解。东西方联合会和援华联合会在某些方面有相似之处,都致力于推进中美两国和两国人民的关系。在这个过程中,赛珍珠进一步发展了联合援华会的许多主张,尤其是她一再强调中国是一个十分民主的国家。她在给时任战争部长亨利·L.史汀生(Henry L. Stimson)的夫人梅布尔·怀特·史汀生(Mabel White Stimson)的信中,请她捐助1 000美元,一起做东西方联合会的发起人。虽然该联合会主要关注美国和亚洲的关系,但赛珍珠特别指出中国值得帮助,这不仅仅因为太平洋战场的军事局势,还因为中国是"世界上最古老的民主国家"。②

像援华联合会一样,东西方联合会也发行一些宣传册,用美国人能理解的方式向他们介绍中国。有一期宣传册上讨论中国历史上的各种人物,包括"中国的贞德"、"中国的罗宾汉",当然,还有"中国的乔治·华盛顿"。在这里,历史联想又一次发挥了作

---

① 加塞德:《中国的革命对美国意味着什么》,1944年10月10日的广播讲话稿,第1—4页,联合援华会-联合援华服务会文件,第65卷。
② 赛珍珠1941年6月23日致史汀生夫人信函备忘录,附有信函原件,史汀生文献,微缩胶卷第104盘,第147—149个镜头。

用。宣传册上说,"中国的乔治·华盛顿"在创立自己的政治哲学时,受到了亚伯拉罕·林肯(Abraham Lincoln)的"葛底斯堡演讲"的启发。① 宣传册称蒋介石和宋美龄是他们国家的富兰克林和埃莉诺·罗斯福(Eleanor Roosevelt),赞美宋美龄是"中西合璧的典范"。

为了印证自己对中国的看法,东西方联合会还追溯其他关于中国的神话,包括中国人日常生活中民主行为的历史渊源。它说中国不划分阶级,因为绝大多数中国人熟知他们家族史上的盛衰,因而没有建立起一种永久的贵族统治。而且,中国的科举制也反对严格的社会等级划分。中国的分级考试制度留下了"两千年来客观、竞争"的选拔考试遗产,避免优秀人才被埋没,保证了东西方联合会所谓的"机会均等"。这种说法纯粹是幻想。中国的考试制度不仅不是为了促进社会平等或政治民主,而且明显地是要提高士大夫阶层的特权地位。这种考试本身不考查实际能力,而集中在背诵四书五经上,需要很多年的努力,通常有一位私塾先生辅导,下层子弟是负担不起的。此外,女性被排除在这种考试之外。② 像东西方联合会一样,联合援华会对中国同样有种种误解。它试图在中国的考试制度中寻找一个类似于霍雷肖·

---

① 《中国人民》,东西方联合会 1943 年 3 月印制、散发,联合援华会-联合援华服务会文件,第 69 卷。也可参见林谋盛的《中国革命的意义》,1943 年 10 月 10 日,联合援华会-联合援华服务会文件,第 61 卷。
② 有关中国科举制的简介,参见史景迁的《追寻现代中国》,第 10—11 页。要了解更多科举制在中国和越南的社会影响,参见伍赛德的《越南及其中国榜样》和韩书瑞、罗友枝的《18 世纪中国社会》(第 123 页)。这两部书中认为,中国的科举制尽管表面上唯才是举,但"很多考中的人都有科考及第的亲戚"。非常感谢吉姆·密尔沃德给我提供了最后这条引文资料。

阿尔杰(Horatio Alger)①的故事,宣传说早在美国年轻人开始阅读破衣狄克(Ragged Dick)通过奋斗获得成功的故事之前,中国人中就有数不胜数的年轻人凭借自己出色的才华,在这种考试中脱颖而出,最后得出这样一个结论:大多数的"中国伟人都出身贫寒,但有着天赋才华"。② 这些有关中国的误释广为流传,并在联合援华会、时代公司出版物和东西方联合会的印刷品中一再强化,表面上起到了推动美国支持蒋介石的作用。由于坚信这些说法是真实的,它们也就获得了生命,不断地得到更多美国人的认可。

1944年,联合援华会的新一届主席查尔斯·爱迪生(Charles Edison)——大发明家爱迪生的儿子,也是新泽西州上一任州长,对建立中美关系的主题非常感兴趣,建议联合援华会接下来的活动应强调中美两国已经建立起来的"宗教情谊"。他敦促要继续宣传"中美两国在福音信仰上结下的友谊"。一次,为了给美国国家战争基金会(National War Fund)争取支持,他通过美国国家广播公司发表演说,称中国是美国"太平洋那边的姊妹民主政体"。他重申一个广为征引的幻象,即认为中国人1911年选择民主政体是受到了1776年以来美国政治榜样的深刻影响。③

---

① 霍雷肖·阿尔杰成名于19世纪中期,主要创作青少年励志小说,定义了当今世界津津乐道的"美国精神":勤奋、诚实、善良终将得到回报。——译者注
②《中国为民主而战》,在印度战争基金会和美国印第安纳波里斯联合战争基金会上的讲话,未注明日期,但从时代背景上来看,大概是在1944年夏天,联合援华会-联合援华服务会文件,第65卷。发表讲话的人可能是查尔斯·爱迪生或B. A. 加塞德,但资料中没有说明。也可参见题为《中国人民》的广播讲话,未注明日期,联合援华会-联合援华服务会文件,第65卷。
③ 爱迪生1944年5月4日致各地分会会长信函,第2页,联合援华会-联合援华服务会文件,第34卷。另外也可参照爱迪生代表美国国家战争基金会和联合援华会的发言,插入底特律交响乐团节目当中,底特律WWJ广播电台,1944年10月8日,联合援华会-联合援华服务会文件,第65卷,第1页。

在联合援华会其他促进中美关系的宣传活动中,中美之间的界线更加趋于模糊。其策略大同小异,即中国人民和美国人民非常相像。但联合援华会将这种相似性扩大到志向、理想及其他无形的东西之外,甚至强调身体体征上的相似性。《中国入门》的小册子上有一个非常典型的例子,说美国人和中国人在身材长相上有相似之处,美国对中国的这种种族恩抚主义态度经常与对日本的种族主义态度相提并论(反之亦然)。美国军人手册上有一则《怎样辨认日本人》的说明,把日本人和中国人的身体特征进行了对比,指出中国人在身材、眼睛、脚和体格上与欧洲人或美国人有相似之处,说中国人的"身材与中等个头的美国人相当",而日本人的个子要矮,"看起来眼睛直接长在了胸部!"中国人的眼睛和"欧美人的差不多"。联合援华会的宣传册进一步发展了这种观点,说中国人和其他亚洲人与美国人相似,日本人则是一个迥异、低等的民族。① 这种想当然的指导性滑稽说法也出现在1943年3月的《生活》画报上。②

"怎样辨认日本人"清楚地说明了种族主义和恩抚主义这两股相辅相成的力量是如何联合起来发挥作用的。将美国白人男性的身体特征与中国男性的相比较,说中国人和美国人在体貌、

---

① 《怎样辨认日本人》,收入《中国入门》,第16页,联合援华会-联合援华服务会文件,第93卷。以"特里和海盗"闻名的美国漫画家弥尔顿·卡尼夫用漫画的方式解释怎样区分中国人和日本人,这些漫画刊登在美军的《中国指南》上。卡尼夫后来应联合援华会的请求,画了一组蕾丝小姐的漫画。
② 《生活》,1943年3月1日,第12页(《时代》周刊同一周让蒋介石夫人宋美龄登上了封面)。甚至在珍珠港事件爆发前,《时代》周刊就以贬抑的口吻评述日本士兵的长相,该刊1938年11月28日一期第15页中说:"中国人说很容易辨认穿中国军服的日本兵,因为日本人由于从小穿木屐拖鞋,走路时拖着脚。"《时代》周刊1942年1月5日第22页的插图回顾了日军侵入婆罗洲岛的情形,用一只猴子挂在字母B和N上来形容。

种族上与美国人更相像,而与日本人较不同,暗示出从达尔文进化论的某种怪异形态来看,中国人明显进化更快,更接近美国人。从这个角度看,种族主义和种族恩抚主义是同一枚硬币的两面。整个二战期间,美国长期以来形成的对亚洲人的丑化都被赋予了日本人,而出于战时的恩抚主义,对中国人则持正面、积极的看法。不管他们的最终目的如何,美国的中国同情派通过宣扬亚洲人乐于采用美国的方式,进一步加强了此前认为中国人是低等民族的思维方式。①

当然,致力于援助中国的美国人则不这样认为。"中国人和美国人十分相似",一位美国人这样说道,因为两国人民生活的地理条件相似:"事实上,在大陆上发展起来的民族彼此相似,就如同在岛屿上发展起来的民族有相似之处一样。"②即便承认中美两国人民之间有差别,也将这些差别放在与整体比起来相对不重要的位置上。尽管中美两国人民"在地理位置、种族和语言上彼此不同",但他们的"思维方式、行为方式相似,信念相仿"。③ 一位评论员在评价二战后的中美关系时指出,尽管美国人和中国人不完全一样,但他们的思想是一致的,即他们"思想相近,行为方

---

① 关于种族主义和恩抚主义相辅相成有两点说明。首先,道尔在研究种族主义和太平洋战争时指出,1945 年以后,美国二战时期的日本形象迅速转向恩抚式的孩子或宠物,参见《无情的战争》,第 302—302 页。日本形象从种族主义者转向恩抚性的形象,说明这两个概念之间有密切的联系。其次,霍斯曼在研究种族和 19 世纪美国社会时,探讨了美国白人对印第安人的两种看法。第一种是把印第安人视为高尚的野蛮人,认为这部分印第安人可以通过同化继续生存下来。第二种是把印第安人简单地视为野蛮人,认为消灭他们是唯一可行的办法。这种同化主义-歼灭主义的二元对立,一定程度上也适用于二战期间美国对中国人和日本人的看法。参见霍斯曼的《种族和天定命运》。
②《中国人民》,出自东西方联合会宣传册,第 1 页,联合援华会-联合援华服务会文件,第 69 卷。
③《中国为民主而战》,第 1 页,未注明日期,联合援华会-联合援华服务会文件,第 65 卷。

式相同"①。

联合援华会和东西方联合会的宣传册、演讲以及时代公司的宣传,显示出二战后两个国家会最终走向联合的坚定信心,这种中美之间和谐一致的幻象同传教士们的理想极为相像。但不管是这种幻象,还是支持国民党的美国人坚持认为中美两国有许多相似之处,都不能说明美国人对中国国内发生的一切有准确的了解。随着二战局势的发展,联合援华会的成员尽管仍然相信他们的宣传,但其中有些人开始怀疑他们对中国的宣传是否过度了。他们担心他们是否绘制了一幅过于美好的中国图画,万一中国的真相和他们描绘的不一致时,美国人不可避免地会有一种激烈的反应。

引发这场争论的导火索是1943年11月发表在《纽约时报杂志》上一篇题为《我们对中国的扭曲认识》的文章,作者是哥伦比亚大学教授裴斐(Nathaniel Peffer)。他的观点是:美国对中国形成的这种带有很多幻想的认识,对中美关系的影响最终会是弊大于利。他说珍珠港事件之后,美国人心里有一种他称为"忏悔"的思想,因为他们在20世纪30年代后期一直支持日本。但突然之间,美国又和中国结成联盟,共同对付日本,这让美国人发现或者毋宁说重新发现了他们对中国的同情,这种同情是建立在内疚和希望建立统一战线以抗击共同的敌人基础上的。在探讨美国人对中国的这种扭曲认识的源头时,裴斐指出传教士和其他居住在中国的美国人负有不可推卸的责任,他们对中国的一切都充满了同情,裴斐说他们的观点"有时非常愚蠢"。这些人的观点导致建

---

① 《中美关系的未来》,没有具体日期,但可能是在1945年8月以后,第2页,联合援华会-联合援华服务会文件,第65卷。

构出一种理想化的中国形象,认为中国"是一个纯粹的、杰斐逊式的民主国家,中国的领袖大公无私,是致力于传播自由的政治家,每一个游击队员都是炮火中的英雄"①。

B. A. 加塞德在联合援华会的内部备忘录中回应了裴斐的文章。他承认联合援华会"至少应该承担一部分责任",但他反对过度报道的说法,声称联合援华会总的来说依赖的是"二手材料",由于没有自己的驻中国记者,联合援华会无从验证有关中国的材料真实与否。②

即便承认中国存在着某些问题,联合援华会的官员也想方设法将其合理化,不管这些问题多么严重,都丝毫不埋怨国民党政府。1944年,联合援华会会长詹姆斯·L. 麦康纳(James L. McConaughy)访问中国后,写了一封致联合援华会全体人员的信,信中他探讨了美国人初期是如何将中国人理想化的,他不得不承认很多国民党士兵吃不饱,缺乏军事训练,被强拉来当兵,甚至连武器也没有。但他不仅不指责蒋介石和国民党政府,反而暗示受谴责的应该是美国人,美国人为苏联军队提供装备,而没有为中国军队提供任何东西。他赞赏蒋介石"举止沉着,热情周到",他试图用亲眼所见来反对美国当时对蒋介石私人生活的批评。他说:"我相信蒋介石和他的夫人都是积极践行的、有着高尚人格的基督徒。"他最后呼吁美国人一如既往地支持中国,鼓舞中国人的士气,因为"当中国人从收音机里或报纸上得知"远在美国

---

① 裴斐:《我们对中国的扭曲认识》,《纽约时报杂志》,1943年11月7日。原文后来收入传教宣册档案,第230卷。
② 加塞德撰写的备忘录《我们"过度推销"中国了吗》,1943年11月8日,联合援华会-联合援华服务会文件,第41卷。

的捐助、游行和其他活动时,他们"受到了极大的鼓舞"。①

和会长詹姆斯·L.麦康纳一样,联合援华会的执行官们很快也抹去了裴斐文章的阴影。一年之后,加塞德给联合援华会主席查尔斯·爱迪生写信,谈到过去两年来美国对中国态度的"根本变化"。他提到以前曾对"把中国的一切过于理想化,把中国领袖和中国人民视为具有非凡勇气、坚毅顽强、充满英雄气概的超人"的认识有过悔意,但这次与以前对这个问题的认识不同,他在备忘录里否认联合援华会有任何过错。他宣称:"在联合援华会里面,我们一直竭力保持恰当的平衡";联合援华会极力超越党派之争,致力于提供建设性的建议。他还指出,不仅如此,联合援华会还避免"过分的赞扬和恭维",特别是考虑到美国人民不会接受此类东西。②

一个更能说明联合援华会或多或少否认过度美化中国的例子是1943年12月发生的一件事,当时蒋廷黻(T. F. Tsiang)作为联合国善后救济总署(United Nations Relief and Rehabilitation Administration)的中方代表,在联合援华会为他举行的宴会上发表讲话。讲话中蒋廷黻谈到蒋介石在困境面前表现出来的"钢铁般的决心"。他说,认识到蒋介石在中国历史的关键时刻,义无反顾地"承担起命运赋予他的重担",这对世界人民了解中国十分重要,在中国最多灾多难的时刻,"上帝指派这样一个人来带领中国人民走出困境"。③

---

① 麦康纳1944年10月致联合援华会全体人员的一封信,传教宣传册档案,第230卷。不过,令人感到疑惑的是,有多少中国人能读到、从收音机里听到美国的捐助、游行等多种活动的情况,并从中"受到极大的鼓舞"?
② 加塞德1944年10月26日致爱迪生信函,联合援华会-联合援华服务会文件,第34卷。
③ 蒋廷黻:《中国在战斗》,1943年12月13日,传教宣传册档案,第231卷。

当然,联合援华会不仅想让美国人,还想让中国人了解它的主张,它继续强调中美之间的互利互惠。在一张用中文制作、面向中国发行的唱片中,联合援华会主席爱迪生谈到美国对中国的援助不仅出于同情,更重要的是为了美国人民的利益。"我们需要中国",他这样说,最迫切地是需要和中国人联合起来,共同打击日本。他称赞中国人的能力、勇敢和为自由、和平献身的精神,说中国人"是和我们一样的人"(1944年米高梅电影《东京30秒》中的一个角色说过同样的话)。爱迪生总结道,就像中国需要美国一样,美国也需要中国。①

美国联合援华会的活动究竟在多大程度上影响了美国人对中国的看法很难精确地计算出来,但一些统计数字,像发放材料、发表演讲、播放电影、举行会议的次数,显示出联合援华会的宣传覆盖面很广。1942—1944年,美国联合援华会各地分会由2 600个发展到将近3 500多个。② 1944年,援华会成员在各地演讲558次,其对象包括147所学校,108个妇女俱乐部和62个教会团体。③ 截至1945年3月,发送教育宣传材料超过27 000批,包括100多万件物品。全美约2 900所小学索要宣传资料,2 750所高中收到联合援华会邮寄的资料,765所大学院校得到联合援华会的服务。④ 从1945年起,联合援华会根据需要,印制了10万

---

① 联合援华会录制的4分钟长的唱片英译文,未注明日期,但很明显是在1944年之后和二战结束之间,联合援华会-联合援华服务会文件,第34卷。
② 第一个数据来自联合援华会的一份备忘录,是海德里克先生1943年10月16日写给麦康纳的,联合援华会-联合援华服务会文件,第66卷。第二个数据来自爱迪生1944年5月31日致美国各州州长的一封信,温斯洛文献,第28卷。
③ 对联合援华会演讲委员会活动的报道,1944年12月29日,1944年联合援华会-联合援华服务会文件,第45卷。
④ 所有的数据均来自玛丽·弗格森1945年3月12日致加塞德的备忘录,第1—6页,联合援华会-联合援华服务会文件,第45卷。

份新的宣传册——《中国报告》。最不同凡响的是援华会筹集到的援助金额和其发放情况,从珍珠港事件到1945年底的四年时间里,美国联合援华会共为中国筹到3 700多万美元①,其中3 100万美元已于1945年10月前分发出去②。

这些数字证明联合援华会和它对中美关系未来的看法在美国广为传播,用援华会成员的话说,中美关系的和谐前景正像圣杯一样向他们招手。这种说法在美国对亚洲的认识史上并不新鲜,几乎在一个世纪之前,美国国会议员托马斯·哈特·本顿(Thomas Hart Benton)就大讲文明一开始在西方是怎样传播的,他说文明从欧洲起源,传播到美洲,现在要跨过太平洋传播到亚洲。美国处于亚洲和旧大陆之间的优势位置,保证了它会从中获得巨大的利益。本顿宣称:"亚洲丰富的商品会从我们的心脏流过",从中国注入的商品不仅会增加美国的财富,还会带来"文学、艺术和科学的高度繁荣"。③ 1945年,联合援华会对中美关系未来的预言与"命定说"遥相呼应。在过去,欧洲以其"文化、艺术和各种机会",为美国的发展提供了重要条件;联合援华会预言,下一个世纪亚洲将会取代欧洲,甚至会起到比欧洲更加重要的作

---

① 筹款总数来自联合援华会-联合援华服务会的财政报告文献,第36卷、37卷、52卷。此数据涵盖1942年、1943年、1944年和1945年的。1941年筹集到的325万美元没有包括到筹款总数里面,因为大部分是珍珠港爆发之前筹集的。所有的捐款都是以美元计算的,1942—1945年各年的筹款数额分别是:1942年930万美元,1943年660万美元,1944年990万美元,1945年1 180万美元。
② 这个数据来自联合援华会的月刊《中国报道》第4卷第12期(1945年12月),第6页。为了保证下一年的活动能顺利开展,联合援华会没有把筹集到的资金全都分发出去。另外,这个分发数额没有将1945年最后三个月的包括进去。
③ 引自托马斯·哈特·本顿的演讲,收入威廉斯等编:《越战中的美国》,第11页。威尔基在他的《天下一家》中也提到亚洲对美国来说蕴含着无穷的机会,见该书第128页、130页、133页、145页。

用。① 一旦世界和平了,中国这个巨大的市场就会发挥其作用。

随着二战的即将结束,中国在未来意味着各种机会的说法,开始在美国的报刊上频繁出现。这里仅举两个例子。一个是美国商会会长埃里克·约翰斯顿(Eric Johnston)为《读者文摘》写的一篇短文,展望战后中美两国的互利互惠。他的想法和亨利·卢斯不谋而合:"未来是我们的",但为了保证这个美好的预言得以实现,他呼吁制定一个向其他国家积极、直接投资的计划。他说,1929年,美国对中国的出口总额是12 400万美元,如果在中国工业化的过程中积极主动地提供援助,那么,这个数字会远远超过80亿美元。② 另一个例子是美国战时生产委员会前任会长唐纳德·M.尼尔森(Donald M. Nelson),1944年他曾和帕特里克·赫尔利(Patrick Hurley)一同被派往中国解决外交和军事难题。1945年,他同样为《柯里尔》杂志写了一篇文章,文中他充满信心地说美国在中国的投资将会给美国带来可观的利润。③

同时,美国陆军部也夸张地勾画中国蓝图,其中比较粗重的一笔是二战时美国作战新闻处电影部绘制出来的,旨在推进罗斯福政府支持国民党、试图把蒋介石和中国提升到四巨头④之一的热切愿望。美国政府出台的电影产业指南中建议,描写中国二战时期的电影应考虑到"中国是一个伟大、文明、**追求自由**的国家,在即将到来的世界新秩序中,美国必将和中国紧紧地绑在一

---

① 《中美关系的未来》,第1页,联合援华会-联合援华服务会文件,第65卷。
② 埃里克·约翰斯顿:《美国在世界上的机会》,《读者文摘》,1945年6月,第5—9页。
③ 唐纳德·M.尼尔森:《中国也能帮助我们》,《柯里尔》杂志,1945年5月12日,第13页、47页。
④ 指丘吉尔、罗斯福和斯大林,外加蒋介石。——译者注

起"①。为了全面地推进这一想法,美国陆军部下令拍摄关于美国二战时期联盟的系列电影,名字就叫《我们为何而战》。这套纪录片包括七部电影,要在全美电影院放映。该系列片的导演是弗兰克·卡普拉(Frank Capra),他导演的电影像《一夜风流》(It Happened One Night)、《史密斯先生到华盛顿》(Mr. Smith Goes to Washington)、《浮生若梦》(You Can't Take It with You)等多次获得奥斯卡奖。这套纪录片中表现中国人民英勇抗击日军的是《中国战役》(The Battle of China),这是一部观众耳熟能详的电影,旨在支持中国和美国十分相像的观点。电影中有一组画面的镜头聚焦在一本翻动的书上,第一页是孙中山的肖像,周围环绕着中文解说;第二页是乔治·华盛顿的肖像,周围也是中文解说。卡普拉还用其他传统的手法来表现中国。为了突出基督教在中国的传播,他将孔子的箴言和耶稣的教义并列排放在一起。电影中还有中国基督教教堂的镜头,阳台上飘动着一幅画在布上的耶稣画像。为了表现中国的现代化,卡普拉借用《时代在前进》纪录片中反映上海的镜头,突出这是一个"真正的东西方交汇的地方"。②

卡普拉在这部中国纪录片中显示出来的态度是他的电影为人所熟知的强烈同情态度,从这方面来讲,《中国战役》反映出来的情感、态度,不仅同时代公司、联合援华会的宣传相一致,而且

---

① 引自科佩斯和布莱克:《好莱坞走向战争》,第68页、236页,强调系笔者所加。
② 这七部系列电影总名为《我们为何而战》,《中国战役》是其中的第六部,由美国战争部通讯处军纪服务部制作,导演是弗兰克·卡普拉。要了解更多卡普拉如何受早期纪录片,特别是《时代在前进》系列纪录片影响的,参照卡尔伯特的《我们为何而战:战时民主社会的社会功能》,收入肖特主编《二战期间的电影广播宣传》,第173—191页;以及伯恩的《对"我们为何而战"系列电影的历史分析与阐释》,第239页。

也和美国政府的态度相一致。但这部电影对中国的赞誉终有过度之嫌,1944年秋公映之后不久,蒋介石就要求美国召回中-缅-印战区的美军统帅约瑟夫·沃伦·史迪威(Joseph W. Stilwell)将军,美国陆军部暂停放映该电影。在当时的情况下,"歌颂中国人民抗击日军的史诗性赞歌"①和中美关系的严重问题之间冲突太明显。但这部电影很快又重新上映,到了1945年中期,有将近四百万美国人观看了该影片。②

为促进中美之间的相互理解,美国作战新闻处也制作了新闻短片。其中一个短片追溯到二战初期美国和中国联合起来抗击日军的事情,影片主要讲述美籍华人在福特汽车公司、美国通用汽车公司、美国航空公司工作的情形,以此来反映中美之间互相支持、彼此合作的总主题。影片中还有中国的童子军同时打两面旗帜,一面是中国国民党党旗,一面是美国的星条旗。还有的画面赞美蒋介石、孙中山,表现中国孩子在早晨上课之前向美国国旗敬礼。③ 美国作战新闻处后来制作的一个新闻短片还将中国的皮山④和美国康涅狄格的丹伯里市(Danbury)相比较,称城市"像人一样,尽管处在地球的两极,仍有许多相似之处"。⑤

不仅弗兰克·卡普拉和美国作战新闻处在向美国民众宣传中国,美国国会里面也有蒋介石的有力支持者,其中鼓吹得最起

---

① 道尔:《无情的战争》,第17页。
② 卡尔伯特,第184页。他1945年7月1日引用了一个数据,说"至少375万人"观看了该影片。
③《中国人在美国》,新闻短片序号10,未注明日期,但可能是在1942年,哈金森文献,第1卷。在总共121个画面中,有20多个里面有孩子或和孩子有关。
④ 在新疆,原称固玛镇。——译者注
⑤《两个城市的故事》,新闻短片序号135,1945年6月26日,第7页,第124个镜头。哈金森文献,第1卷。为了让更多的美国人了解中国,这些新闻短片散发到美国各地。

劲、最有影响力的就是国会议员周以德。周以德以前是从医的传教士,多年来一直献身于后来联合援华会、时代公司致力的事业,即让地球上的其他民族信仰基督教,按西方的设想建立社会秩序。周以德是来自明尼苏达州的共和党议员,在外交上极力主张无条件地支持国民党政府。周以德的热情具体表现为他多次发表演讲支持蒋介石政府,并主张美国制定大型援助计划,从军事和经济上支援中国。为了密切中美两国之间的关系,周以德使用与时代公司、美国联合援华会相同的策略,从中美历史上寻找两国的相似性,强调蒋介石的宗教信仰。

二战临近结束时,德国和日本败局已定,周以德在众议院就中国问题发表演讲,演讲的题目是《中国的事实真相是怎样的》,演讲中他列举了他认为在中国起主导作用的一些力量。① 他这样做的目的是为了让美国人更好地了解中国的情况,以便制定有针对性的对华政策。他说,美国人不应该以20世纪美国的现状来看待中国的状况,而应该联系美国的过去来认识中国,因为中国还在为独立而战,以1945年的美国来对比中国是不公正的。他提醒他的幕僚们,美国花了将近90年的时间,"包括南北战争",才完全彻底地完成了自身的革命。沿着这个思路,周以德援引美国历史上的事件来解释国民党和共产党之间的内战:"你们还记得我们的革命进行得比中国还要长,美国的情形……也非常糟糕,政府中腐败盛行,派系林立……以至于新英格兰的代表们……投票要求分离出去。"他提到1814年的哈特福德②会议(Hartford Convention),但并没有和中国的哪个具体事件类比,

---

① 周以德:《中国的事实真相是怎样的》,1945年3月15日,第1—20页,联合援华会-联合援华服务会文件,第91卷。
② 哈特福特是美国康涅狄格州首府。——译者注

不过这对他引用的目的来说并不重要。周以德把当时的中国放在美国历史上类似的语境下,显然是在为国民党的现行政策辩护。此外,他尽自己所能向罗斯福政府建议支持美国的盟国,特别是支持像中国这样同美国极为相似的国家,两国甚至在爆发内战上都有相似之处。演讲的最后他说"中国目前的情形"也是以往美国历史上"轻易出现的情形"。周以德不只局限于一种类比,他还援引美国历史上的其他时期,来解释当时国民党政府的各种弊端。他从美国历史上寻找例子来类比蒋介石的军队不受中国农民的欢迎:"乔治·华盛顿的军队不时被种植园主赶出来,遭到殖民者的嫉恨和反抗"。他还把日军对中国的封锁比做美国南北战争中北方对南方的封锁,说如果把中国的通货膨胀放在1861—1865年间美国南北方分界线梅森-迪克森线(Mason Dixon)的相似背景下,就很好理解了。

周以德在1945年2月就中国如何获得统一问题举行的论坛上发表了相似的看法,他和中国作家林语堂先生同哈里森·福尔曼(Harrison Forman)、阿格尼斯·史沫特莱(Agnes Smedley)争论这个问题,声称自己站在自由主义者一边。在争论中,他把蒋介石同共产党的对抗说成蒋介石不能满足共产党的政治和军事要求,就像亚伯拉罕·林肯不能和"美国南方的分裂主义者妥协一样,因为他们建立了一个独立的南方政权,有自己的流通货币,有独立的军队和指挥官,纳税单列"①。

周以德在谈论中国问题时非常善于运用类比。比如,针对美国人对蒋介石政府的谴责,他说"这种事发生在别的国家我们称

---

① 《中国怎样才能获得统一?》,1945年2月22日,在美国国家广播公司蓝色广播网的会议报道中播出,由《读者文摘》资助,周以德文献,第34卷。周以德是东西方联合会会长,只要安排的论辩会涉及中国,周以德总会被邀请参加。

之为盖世太保,而发生在我们自己国家则叫做联邦调查局。"①他用这种聪明的论辩方法来推论、解释、自圆其说,为蒋介石政府犯下的错误辩护。周以德的这种做法很有趣,因为当要证明自己的论点时,他第一个站出来说不应该用美国的标准来评价中国,而应放在亚洲发展中国家的语境中来评判它。如果有人批评蒋介石和蒋介石政府,他就说"这不是与中国的过去相比较,而以西方的标准作出的评价"。他还说,"我们不能用美国的状况来对照中国,而应该和 20 年前的中国或 200 年前的中国进行比较"。② 他曾以这样的思路给亨利·卢斯写信,表现出对美国人误解中国现状的担忧,说自己一直想改变中国的状况:"令我非常害怕的是这种无知的做法到处盛行,即用西方的标准而不是以其过去或未来的发展为依据,来评价一个东方国家"③。周以德想曲意为我所用:当有助于说明他的观点时,他就信手拈来,拿美国作类比;而当类比对中国不利时,他又回避这种类比。

通观周以德的精心辩护,可以看出他坚决支持蒋介石的国民党政府,尽管有来自各方面的对蒋介石的批评,尽管通货膨胀和腐败继续在中国大行其道,尽管蒋介石的军队在战斗中一再溃败,周以德仍然说:"蒋介石不是一个异教徒、野蛮人、军阀,而是一个基督徒"。他的话说出了很多支持国民党政府的美国人的心声:不管中国存在什么问题,不管中国的情形如何糟糕,蒋介石起码还是一个基督徒。对像周以德和亨利·卢斯这样的人来说,这

---

① 《中国的事实真相是怎样的》,1945 年 3 月 15 日,联合援华会-联合援华服务会文件,第 91 卷。
② 《中国发生了什么》,周以德 1945 年 2 月 12 日在底特律经济俱乐部发表的演讲,周以德文献,第 34 卷。
③ 周以德 1944 年 5 月 22 日致卢斯信函,周以德文献,第 31 卷。

一点足以让蒋介石赢得美国人大张旗鼓的支持。①

在战时情形下,许多美国人接受中国是一个和美国十分相像的国家的说法,这一点儿都不奇怪。上千个像扶轮社这样的地方组织举办各种活动,再加上美国国家广播节目的努力,共同建构出一个正面的中国形象,但这其实是一幅幻象,幻想美国勇敢、坚毅的亚洲同盟,正和美国肩并肩地建造一种自由、民主、充满基督教信仰的世界秩序。

从这样一种总体印象出发,自然会得出战后中国会和美国密切合作的结论。二战期间结盟的两国在政治、社会和宗教信仰方面的相似性,也令人相信战后两国会建立起互利互惠的关系,并认为随着中美两国的发展和扩张,它们会建立良好的合作关系,会一起推动一次前所未有的全球复兴运动。

尽管时代公司和联合援华会不遗余力地正面宣传中国和中国人民,但还缺一样东西,这就是缺一个能代表美国化中国梦想的所有神秘、奇妙、美好的具体面孔、人物或人格。最终,蒋介石夫人宋美龄成为推动中美关系的核心人物,实际上,她充分利用了二战期间美国人民对中国的同情。在她身上,支持国民党政府的美国人看到了一个沿着美国的道路建设新中国的鲜活例子,他们诚心诚意地欢迎她。

---

① 周以德:《中国的事实真相是怎样的》,1945 年 3 月 15 日,联合援华会-联合援华服务会文件,第 91 卷。

第五章 宋美龄和中美关系的人格化

> 有一种看法说蒋夫人比蒋介石的十个师还要重要,从她对美国公众舆论的影响来看,这么说并不是夸大其词。
>
> ——A. T. 斯蒂尔:《美国人民和中国》
>
> 那个说[蒋夫人]胜过中国十个师的人,还太谨慎保守。
>
> ——爱德华·T. 福利尔德,《华盛顿邮报》
>
> 蒋夫人身上汇聚了女性的所有魅力——美丽、优雅、甜美、仪态迷人、服饰得体,她还有一流的、令很多身居高位的男人都嫉妒的男性头脑。
>
> ——阿尔玛·惠特克,《洛杉矶时报》

虽然二战期间,特别是1931—1949年间,中美两国基于抗击日军的共同目标,形成了关系和谐的幻象,但有一个短暂的时期,一位女性以她自身的魅力产生了相当于战争本身的巨大影响。蒋介石夫人宋美龄一度尽其所能,竭力推动中美关系,她对美国公众的影响甚至不亚于亨利·卢斯。她进一步发展了中美之间有许多共性的观点,强调两国有相似的历史、共同的利益,有将两国维系在一起的共同政治理想和思想意识。

宋美龄曾说她身上唯一中国化的东西是她的面孔。① 一位美国作家则这样说:"蒋夫人出生在中国,却有着一颗美国心。"②虽然这两种说法都在不同程度地强调宋美龄的美国化,但她确实是推进美国人认为中国在各方面正以美国为榜样发展自身的最佳人选。

二战期间,蒋介石夫人宋美龄在很大程度上赢得了美国人对中国的好感。宋美龄1943年的访美活动,牢固地确立了她是美国的亚洲同盟的主要象征这样一个地位。她在美国公共场合的频频亮相,感动了从纽约到洛杉矶大批充满激情的美国人,因为她给美国人提供了一个他们心目中的中国的活生生的例子。宋美龄一定程度上代表着广大中国民众拥护的中国基督教新政权,她在那些二战前几乎从不关心亚洲的美国人中间激起了同情伤感和浪漫幻想的情绪。

美国人对宋美龄的欢迎部分源于当时对性别的"文化建构"。历史学家琼·斯科特(Joan Scott)指出这些想法从根本上来讲源自"整个社会对男女合适角色的定位"。③ 二战期间,美国人对宋美龄的接受在于她符合了美国社会对妇女社会地位的建构与定位。另外,宋美龄受到异乎寻常的欢迎还和美国把中国视为一个自由发展的国家有关。美国人将她放在和她丈夫的关系中来界定、理解、欢迎她,而且,由于自己没有孩子,宋美龄成了成千上万中国战争孤儿母亲的象征。一些社会学家指出,英国文化中强调妇女作为母亲的重要性,这相对来说把女性置于一个"积极的范

---

① 引自西格雷夫的《宋家王朝》,第285页,也可参见项美丽的《宋氏姐妹》。
② 克劳:《中国的地位》,第149页。克劳写了好几部关于中美关系方面的书,每一部都持非常乐观的看法,这从以下几部书的名字就能看出来:《四万万客户》、《我为中国人说话》、《中国人是这样的》。
③ 斯科特:《性别:历史分析的一个有用范畴》,第1056页。

畴内",认为"对女性来说,母亲角色是最重要的"。① 在讨论20世纪40年代,特别是二战期间美国的文化与社会时,试图用同样的保守方式来描绘女性,即把女性视为妻子和母亲,而没有注意到妇女正以前所未有的庞大数量,进入到劳动大军中去,这正是受英国文化束缚的表现。历史学家艾米·卡普兰认为一个国家内部的争论往往会逾越国界,并影响到对外政策的文化层面,这一说法无疑适用于美国对中国的总体认识和美国人看待蒋介石夫人宋美龄的方式。这说明宋美龄除了作为一个好妻子、好母亲受到赞扬外,还吸引了那些发现战争给自己带来改变工作处境机会的美国妇女。因而,宋美龄身上传统的妻子、母亲角色和她作为国民党政府重要的、有影响力的人物,完美地结合在一起,成为美国妇女羡慕的典范。②

由于宋美龄用自己的聪明才智将中国悠久、复杂的历史和中国人丰富多彩的文化糅合成一幅满足其愿望的图画,难怪时代公司和美国联合援华会通力与她合作。从宋美龄方面来说,她借这两个机构来向美国人民传达她的想法,以便美国能调整欧洲优先的战略,先打败日本,同时在这个过程中,保证美国不管在当时还是在将来,都能最大限度地给中国以物质援助。

要想更好地了解宋美龄在美国影响的深刻性和持久性,必须将其放在二战时期中美关系的人背景之中。美国旨在把中国打造成美国英勇的盟军、在意识形态和政治目标上都和美国相一致

---

① 比林顿等:《文化和社会》,第125页。
② 本章中涉及的更多理论方面的知识,参照罗森堡的《性别》,收入《圆桌会议:诠释美国对外关系史》,第116—124页;切夫:《美国妇女》;哈特曼:《家园与战区:1940年代的美国妇女》;拉普:《动员妇女参战》;卡普兰:《远去的帝国》,收入卡普兰和皮斯合编《远去的帝国:美国文化研究中的帝国缺席》;特别要参照梅的《返航:冷战时代的美国家庭》。

的国家,简而言之,努力把中国打造成美国最好的亚洲盟友,为蒋介石夫人宋美龄在美国受到热烈欢迎创造了政治和文化语境。尽管宋美龄作为一个公众人物,不管语境如何都必然会引起美国人的广泛关注,但二战时的紧急情况和美国寻求文化与军事联盟的需求,大大提高了美国人对她的兴趣。对时代公司这样一个热衷于借助具体的人物,把别的国家人格化的机构来说,宋美龄给它提供了一个强调这种做法会带来很好效果的机会。同样,联合援华会也发现宋美龄能很好地帮助他们宣传中国。在这种互相推动的中美关系中,宋美龄起到了举足轻重的作用,在复杂的形势下,她代表着中美关系的细微处、希望和挫折。

宋美龄1897年出生于一个富裕的中国商人家庭,父亲宋耀如(Charles Soong)一定程度上靠销售中文版和英文版的《圣经》起家。他自己在美国的三一学院(Trinity College,后来的杜克大学)和范德堡大学(Vanderbilt University)接受教育,并决定让他的孩子也接受美国教育。于是宋美龄和姐姐宋庆龄于1907年秋来到美国新泽西州的萨米特(Summit),先是在克拉拉·波特温小姐的学校读大学预科,第二年,当宋庆龄够年龄去乔治亚州梅肯市的卫斯理安学院读书时,她和宋美龄来到美国南部,她们的大姐宋霭龄就是从这儿毕业的。尽管宋美龄还不够进入这所学校的年龄,但她很快赢得了该校教师、管理人员和学生的喜爱,1912年,她注册成为该校的一名新生。①

---

① 关于宋美龄父亲宋耀如早年生活的更多介绍,参照西格雷夫的《宋家王朝》,第15—95页,以及项美丽的《宋氏姐妹》第一章、第三章、第五章、第十一章。关于宋耀如的早年生活,伯克的《我的父亲在中国》,第11—17页、29—35页、42—45页有描述。这本书中的描述一再被引用,但实际上并不确切,时代公司借用的也是这本书里的描述。关于宋美龄早期求学的资料,参见西格雷夫的《宋家王朝》,第109—115页,以及项美丽的《宋氏姐妹》,第49—55页。

宋庆龄从卫斯理安学院毕业回国后,宋美龄转到马萨诸塞的韦尔斯利学院(Wellesley College),为的是能离当时在哈佛大学读书的哥哥宋子文近一些。宋美龄在这儿一直呆到1917年大学毕业,同年,她回到中国,回来后需要重新补习汉语、中国的历史与风俗伦理。这时,她开始在上海做事,包括在当地的基督教女青年会工作。①

尽管有父亲积累起来的殷实家底,宋美龄对中美关系的重要性一直到十年之后当她决定和蒋介石结婚时才显示出来。蒋介石和黑社会的联系,他有妻有妾的背景,最初在信基督教的宋家看来不是一个理想的夫婿人选。宋庆龄尤其反对,宋美龄的母亲也对女儿嫁给一个非基督徒疑虑重重。但不管蒋介石有多少污点,1920年之后他在国民党中的地位日渐稳固。1925年孙中山去世后,他转眼间成了孙中山思想的合理继承者。蒋介石和宋美龄的初次相遇是在上海的一次社交活动中,几年之后,蒋介石表示自己愿意学习基督教,终于赢得了宋美龄母亲的首肯。②

宋美龄和蒋介石1927年12月1日在上海举行了结婚典礼,象征着众多美国传教士在中国长期坚持不懈取得的成果。一位历史学家评价说,传教士的激动来自于这一信念:蒋介石"和一个有着美国教育背景的女子结婚,代表着美国长期以来试图改变中国人信仰的飞跃"。③ 传教士将国民党全体特别是将介石,视为将中国基督教化的唯一合理希望。一位卫理公会教徒在1927年写给威廉·理查德·约翰逊牧师的信中一厢情愿地说,国民党党

---

① 克劳:《中国的地位》,第140—142页;项美丽:《宋氏姐妹》,第105页。
② 项美丽:《宋氏姐妹》,第十四章。宋美龄和蒋介石感情的发展以及他们的婚礼,在伯克夫的《中国强者:蒋介石的故事》第十三章中有描述。
③ 沙勒:《20世纪美国与中国》,第44页。

员"毫无疑问都是基督徒,他们早晚会让全体中国人都信仰基督教"。① 受这种思维的感染,约翰逊牧师同样为宋美龄和蒋介石的联姻欢欣鼓舞。他满意地写道:蒋介石夫妇二人每天一起研读《圣经》一小时,蒋夫人每天下午还要再阅读两小时,尤其令人高兴的是,她建议让教会加入到国民党政府的乡村建设计划当中去。②

同样出于对教会利益的考虑,宋美龄建议把美国的文化介绍到中国来,以推动中国往好的方向发展。她在一封信中谈到燕京大学在实现这一目标中的作用,说"在这样一个道德失范、经济低迷、政治动荡的时代,在中国传播美国文化尤其重要,就像我们必须加快对领导者进行教育的步伐,以便在新的时代让他们对人民产生更多正面的影响"③。

尽管宋美龄和蒋介石的婚姻引起了美国传教团体的很大关注,但真正让她成为一个国际知名人物的是1936年12月西安事变中她的宗教信仰让丈夫安全获释。一位历史学家这样写道,那件事"是蒋介石成为国际知名人物的转折点……也是美国在中国的传教团拥有光明未来的转折点"④。同样,这对宋美龄的声誉

---

① L.J.伯尼1927年11月8日致约翰逊信函,约翰逊文献,第13卷。关于更多美国传教士在中国的情况,参见小汤姆森的《当中国与西方相遇》,尤其是第59—65页有更多关于威廉·约翰逊的介绍。

② 约翰逊1933年11月6日致阿洛(信中没注明阿洛的姓氏)信函,约翰逊文献,第14卷。也可参见小汤姆森的《当中国与西方相遇》,第61—63页、71—72页、104页。书中指出,国民党政府尤其喜欢传教士到以前共产党占领的区域去传教。鲁茨在其《中国与基督教大学:1850—1950》第八章中,从更广泛的角度探讨了传教士和他们进行的改革。

③ 宋美龄1939年11月2日致伊丽莎白·莫尔信件,亚洲基督教高等教育联合董事会文件,第4卷。亦可参照鲁茨的《中国与基督教大学:1850—1950》,第313—316页;以及韦斯特的《燕京大学和中西关系:1916—1952》。

④ 小汤姆森:《当中国与西方相遇》,第185页。

也起到了良好的作用。

美国媒体不提中国共产党或张学良在蒋介石获释中的作用,而把关注的焦点放在宋美龄身上。为什么不这样做呢?这样做无疑会增加报刊的销售量,宋美龄勇敢的行动极大地提升了美国对蒋介石夫妇的正面报道。蒋介石和夫人宋美龄在美国越来越受到关注的原因部分与日本侵华战争有关,宋美龄勇敢的救星形象得到了很多美国人的赞赏,尽管事实上完全不是如此。①

此外,西安事变给宋美龄、蒋介石和国民党政府提供了一个提升自身形象的机会。蒋介石在1936年圣诞节那天获释几个月后,蒋介石夫妇在美国报刊上分九次连载他们的故事。② 戴尔·卡耐基说这件事体现了完美的美国精神、积极的思维和个人的主动性,他这样总结美国公众对此事的看法:"中国徘徊在另一场内战的边缘,是一个女人阻止了它,一个女人孤身一人阻止了它,她就是蒋介石夫人宋美龄……这是中国历史上的一个转折点。"③

和其他许多事件一样,西安事变中的感伤和煽情成分掩盖了事实真相:蒋介石夫人宋美龄的确设法阻拦了国民党军中那些要轰炸西安的反动分子,因为轰炸西安不仅救不了她的丈夫,反而会要了他的命。但与美国媒体的猜想甚至公开的报道相反,宋美

---

① 时代公司对这件事特别感兴趣。比如《时代》周刊1936年12月21日和28日、1937年1月4日都登载了相关的文章。另外,还可参见《远东!》(《时代在前进》新闻片第3辑第5集)。
② 蒋介石夫妇是在《纽约时报》上连载他们的故事的,时间是从1937年4月16—24日。其中一个标题赫然写着:《介石夫人(原文如此)宣称中国的未来取决于西安事变的结果》。这一说法固然有很多证据,但连载的故事还有一个副标题,不免令人疑惑,这个副标题是:《蒋介石日记"我在西安被关押的日子"以及蒋夫人自述"如何通过外交拯救丈夫"揭开蒋介石被扣押真相》。
③ 卡耐基:《戴尔·卡耐基人生宝典》,第137页。非常感谢约翰·克鲁克伯格给我提供了这方面的材料。卡耐基的确提到宋美龄最大的贡献在于设法阻止国民党要员不要使用武力,从而保证了蒋介石的安全获释。

龄在释放她丈夫的谈判中并没有起到关键作用,起关键作用的是张学良,或者说是周恩来和中国共产党。①

宋美龄对西安事变的叙述漏掉了这些微妙之处和复杂的事实,极力夸大她个人的作用。她说她写信给张学良,谴责他的"放肆和冲动行为",几乎就像一位母亲该做的那样。② 她接下来的举动仍然突出她的性别角色,宋美龄说见到丈夫后,决定"给他一些安慰",其中包括大声地给他朗读《圣经》。宋美龄接下来说西安事变中国民党叛军之所以能够回心转意,是由于他们阅读了蒋介石的日记和自己写给丈夫的信。她说蒋介石的日记让叛军看到了丈夫对中华民族的强大责任感和要为中国的美好未来献出一切的决心,而她自己写给丈夫的信则显示了蒋介石基督教信仰的强大力量。宋美龄回忆说一位叛军首领这样对她说:"你知道我一直对你充满信心,我的同仁都很尊敬你。"这位叛军首领在给士兵们读了蒋夫人的两封信后,看到他的部下都"更加尊敬地"拥戴她。③

---

① 关于西安事变的更多论述,参见汤姆森的《当中国与西方相遇》,第184—185页;也可参见史景迁的《追寻现代中国》,第420—424页,史景迁在书中说约瑟夫·斯大林发来电报主张营救蒋介石;范·斯莱克的《敌人与朋友》,第77—90页;以及斯诺的《红星照耀中国》,第411—412页。斯诺尤其详细叙述了宋美龄是怎样粉碎时任军政部长何应钦试图派飞机轰炸西安的阴谋的。其他同一时期强调宋美龄在蒋介石获释中作用的论述,参见项美丽的《宋氏姐妹》,第205—233页,尤其是第224—233页;还有贝特兰的《中国第一幕——西安事变》。

② 宋美龄:"介石夫人(原文如此)宣称中国的未来取决于西安事变的结果。"《纽黑文晚报》,1937年4月16日,第26版。耶鲁-中国档案,第23卷。我认为,蒋夫人宋美龄对整个事件的描述证明了我的观点,即她在美国的形象很大程度上是由其女性性别角色特征的凸显决定的,具体来说,就是她强调自己作为妻子和母亲的角色。

③ 宋美龄这样写道:"为了让他平静下来,我打开《圣经》读给他听,直到他离开平静地入睡。"出自宋美龄的文章:"蒋夫人冒死来到叛军当中,结果发现他们为自己的行为懊悔并感到羞愧。"《纽黑文晚报》,1937年4月16日,第26版,耶鲁-中国档案,第23卷。

美国媒体对西安事变的报道很大程度上帮助树立了宋美龄的形象，并和十几年间发展起来的特殊中美关系神话相一致，信仰基督教、接受美国教育的宋美龄回到中国后，在拯救危乱之中的中国方面起到了关键作用。另外，她把美国的价值观带到中国，践行于中国社会。这种强有力的印象随着中美变成战时联盟，其重要性日益凸显出来。

珍珠港事件对美国认识亚洲带来了两方面的影响。首先，对日本和日本人的看法不可避免地与法西斯连在了一起，并最终成为二战中打击日本的理由。很多美国人极力主张限制亚洲移民，日本偷袭美国太平洋舰队进一步坚定了美国反对日本法西斯主义的想法。不过，与对日本人的态度相反，美国长期以来限制中国移民入境的态度明显融会到种族中心主义之下仁慈的恩抚主义里面，这种态度上的转变对大多数美国人来说不需要慎重地思考，因为日本人现在是"邪恶"的亚洲人，妄想谋求世界霸权，或者至少想把日本的势力扩张到太平洋上去，而中国人现在被划归到有抱负的美国人里面。

苏珊·哈特曼（Susan Hartmann）在研究20世纪40年代美国妇女状况和战时情况下需要重新考虑妇女角色的传统定位时指出："即便是这些新的女性楷模也根植于将女性限制在家庭生活以及她们与男人的关系这一语境之中。"① 同样，伊莱恩·泰勒·梅（Elaine Tyler May）也指出，二战时期妇女的家庭主妇形象很大程度上仍然受"家庭生活"观念的制约，尽管这时铆工罗西（Rosie the Riveter）②已备受推崇："大众文化反映出对战时成千

---

① 哈特曼：《家园与战区：1940年代的美国妇女》，第189页。
② 铆工罗西是个传奇式的人物，她是二战时期一幅宣传海报上身强力壮的女子，代表着当时在工厂工作的劳动妇女。——译者注

上万女工的普遍尊敬,但仍然首先强调妇女的家庭角色"①。作为一位十分符合家庭观念要求而又发挥自己性别角色作用的女性,蒋夫人宋美龄可以说是美国妇女在国外的代表。她是一个丈夫喜爱的贤内助,尽管这和她未出阁时的愿望有些相左,但她1943年向美国寻求援助的请求,可视为她在更大的背景下,在多个层面上,实现了女性的一些男性化愿望。一位历史学家这样说道:"在对国际关系的描述中,经常会出现区分性别的现象。"另一位历史学家进一步指出,这种现象在描述拉美国家作为"处女",需要山姆大叔的保护时经常出现。② 宋美龄作为中国的象征,是"处女"中的一种,令人想起历史使命、骑士精神、男子汉气概这些带有民族意味的概念。卡尔·克劳(Carl Crow)在其著作《四万万客户》(*Four Hundred Million Customers*,1937)中用玛门来隐喻中美关系,书中有一幅插图,画面上约翰牛和山姆大叔在向一个年轻美貌的中国姑娘求爱。另一位作者(1942)说得更露骨:"中国就像一个卖弄风情的女子,先是搔首弄姿地诱惑你,激起你的激情,然后又离开你,不让你得到任何满足。"③

然而,美国对中国的认识还有另外一面,这一面和战争时期的紧急情况以及宋美龄作为女性参与到传统上完全属于男人的政治事务中直接相关。中国在当时是美国的同盟国,宋美龄作为中国一个重要人物的出现,推动了美国社会认识到美国妇女在战

---

① 梅:《返航:冷战时代的美国家庭》,第61—62页。
② 罗森堡:《性别》,收入《圆桌会议:诠释美国对外关系史》,第119页。其他关于拉美的例子,参见亨特的《意识形态与美国外交政策》。美国的对外关系投射出来的另一种形象是把其他国家视为需要美国引导和保护的孩子,亨特对这一点也进行了探讨,而用在中美关系上也非常适合。
③ 引自约翰·考诺斯对普雷斯顿·肖耶新出版的小说的评论,标题为《外国作家小说新作及其他新小说》,载《纽约时报书评》,1942年3月15日,第6版。

时作出的贡献。到了1943年,数量庞大的美国妇女进工厂做工,在军队中服役,在战区当护士,或投身红十字会工作。莱拉·拉普(Leila Rupp)对二战期间德、美两国对妇女的宣传和宣传目的进行了比较研究。她的研究表明,为了鼓励妇女全身心地投入战时生产建设,她们以前作为妻子和母亲的标准画像需要做些修改。公众对妇女认识的变化可能是暂时的,甚至和相反的力量同时存在,特别是二战结束之后,要求缩减女性的就业机会,但这种变化无疑影响了许多美国人透过蒋夫人宋美龄看待中国的方式。①

因而,宋美龄在多个层面上成了引人注目的人物。首先,作为美国化的外国人典范,她印证了这样一种想法:其他国家的人也能变得像美国人一样,起到良好的作用。其次,她投射出一种良好的中国形象。最后,她将一个前景美好的美国形象传达给中国人民,两国可以进行包括文化在内的广泛交流。

夸赞宋美龄能力的例子还有很多。浏览一下美联社传记部1942年的人物掠影,可以看出它用极富赞誉的词汇,集中描绘蒋夫人作为女性的多重角色。美联社用的新闻标题语诸如"一位体贴的妻子"、"她的美式教育"、"罗曼史与婚姻"、"中国孤儿之母",并以权威性的口吻谈到宋美龄的宗教信仰、她作为中国"第一夫人"的角色以及她与美国牢固的联系。在描述宋美龄的人格魅力时,美联社使用当时流行的男女性别理论话语,说她深深影响了丈夫对待部下的态度,使他待人接物更趋温和、友善:"蒋介石之所以能够将不同派系的军阀笼络到自己麾下,很大程度上要归功

---

① 除了哈特曼和梅的论述外,参见拉普的《动员妇女参战:1939—1945年德国与美国的宣传运动》第六章。

于他的宗教信仰和他妻子的影响。"宋美龄外交方面的才华使得蒋介石派她"乘飞机到全国各地用她**迷人的外交才能**"去化解争端,同各色顽固之人达成合作。此外,"她不仅是中国**富有魅力的**第一夫人,还是一位**家庭主妇**,敏锐地观察着丈夫的健康状况"。美联社还叙述宋美龄到达西安营救蒋介石时,是怎样带着《圣经》、蒋介石喜欢吃的东西和一副假牙的。①

宋美龄本人喜欢突出自己的形象,日本偷袭珍珠港之后,她马上写文章在美国的报刊上发表。1942年4月,《纽约时报杂志》发表她的文章,文中强调"东方"与"西方"彼此合作的必要性。宋美龄指责西方一些国家过去对待中国的态度和它们的傲慢自大,她希望西方最近在日本手里遭遇的一连串失败,能使东西方真正联合起来。她认为,东西方都能教给对方一些东西,而在当前紧急的战时情况下,更应该充分认识到这一点。② 她对中外交往史的叙述准确而直率,这在美国招致了一些批评,在给总统助理居里(Lauchlin Currie)的私人信件中,蒋夫人强调她没有任何"报复、怀恨"的意思,而完全是出于"道德良知"。中国想得到西方各国平等的对待,"不是居高临下的恩赐,而是真心实意的结交",不是外交辞令上的平等,而是实际上的一视同仁。③

《纽约时报杂志》上的文章发表一个月之后,《大西洋月刊》又发表了宋美龄写的题为《中国崛起》的文章。正如文章标题所暗示的,该文讲到中国将会作为"民主的哥伦布",不久就会在亚洲

---

① 《美联社传记部人物掠影》第2996号,1942年11月1日,联合援华会-联合援华服务会文件,第91卷,强调系笔者所加。
② 宋美龄:《东方第一夫人对西方的讲话》,《纽约时报杂志》,1942年4月18日,第5页、36页。
③ 宋美龄1942年5月18日致居里信函,居里文献,第1卷。

居于主导地位。宋美龄宣称,中国的新民主尽管无疑秉承了"杰斐逊总统关于机会均等和个人权力的观点",但不会是"毫无特色的对美国民主的模仿",而是发展起具有自己特色的政治民主和社会民主,一种代表"人民的坚强和深沉意志"的民主。中国的民主将保证体现出少数民主党派的利益,而且毫无疑问要"保护每一个人的基本权力"。文章还提到中国的民主需要世界兄弟民主国家,特别是美国的支持。结尾处宋美龄希望建立一个永久和平、幸福的世界秩序,预言会实现一个"更富有耶稣基督色彩的理想世界"。①

即便在二战爆发之前,宋美龄在美国几个组织中的知名度已经让它们多次邀请她来美国访问,其中包括亚洲基督教高等教育联合董事会(United Board for Christian Higher Education in Asia),这个联合会中的许多人后来都投入到联合援华会的工作。1942年春筹划"中国周"期间,联合援华会曾邀请宋美龄访美,帮助募集资金②,但她在中国有更重要的事情,联合援华会只好等待时机。宋美龄1942年春初没有访美,此举得到白宫的赞许。1942年2月,罗斯福总统在约瑟夫·史迪威将军去中国就任蒋介石的军事顾问、后来任中-缅-印战区美军统帅之前,告诉他说宋美龄的来访会"更像是妇女俱乐部的一次巡回演讲",史迪威同意罗斯福的看法。实际上总统真正担忧的是他需要美国公众接受在珍珠港事件爆发后,仍旧实行"欧洲优先"的战略。美国作战新闻处1942年4月对美国民意的调查显示:美国"应集中力量首先打败日本",这个时候宋美龄来访很容易使美国的作战策略复

---

① 《中国崛起》,《大西洋月刊》,1942年5月,第533—537页。
② 其中一个邀请函请参见亚洲基督教高等教育联合董事会1937年2月25日致蒋夫人信函,亚洲基督教高等教育联合董事会文献,第4卷。

杂化。①

宋美龄的确此后不久就到了美国,时间是1942年11月,但明显不是先前为促进中美和谐或推动美国联合援华会的事业而来,而是出于治病的需要。几年前巡视战场时受的伤加上长智齿、鼻窦炎和胃炎,愈发严重了,她的身体状况需要治疗和休息,而这两点美国都能提供保障。她选择了纽约哥伦比亚长老会医疗中心的哈克尼斯医院(Harkness Pavilion of the Columbia-Presbyterian Medical Center in New York)进行治疗,罗斯福夫妇先请她在海德公园疗养,随后又邀请她住进白宫。②

除了身体原因外,宋美龄来美也是那些同情中国的美国人宣传中国的一个极好机会。此时在中国工作的长老会传教士弗兰克·W.普里斯(Frank W. Price),在南京神学院和西南联大任教时和蒋介石交往甚密,他在宋美龄访美的前一个月给她写信,像其他人一样清楚地指出这次访美的任务:"必须**突出强调**中国的事业、中国的需求和中国前线的重要性……我们不仅需要同情和精神鼓励,不仅需要援助的承诺,而且需要战争策略的改变。"所有这些归结到一点:"现在必须有一个能影响美国政策决策者的人到华盛顿去,劝说他们面对事实,改变战争策略……那个人就是你。"③因此,宋美龄要让美国新闻媒体了解国民党政府的状

---

① 史迪威文献,第36页。也可参见斯依恩的《一种联盟》,第156页。但到了1942年9月份,白宫明显改变了看法,罗斯福夫人致信宋美龄,正式发出访问邀请。居里在促成宋美龄访美中起到了重要作用,因为罗斯福暗示宋美龄访美"不仅会使我们更好地了解中国人民和中国面临的问题,而且也会在相当大的程度上起到宣传作用"。罗斯福夫人1942年9月16日致蒋夫人信函,居里文献,第3卷。
② 史迪威1942年7月1日说,蒋夫人暗示他"她想不久去美国访问",并没有提到治病这个原因。参见史迪威文献,第120页。宋美龄在1942年5月18日写给居里的信函中,特别提到鉴于牙龈发炎再加上胃炎,她希望有机会去美国治病。
③ 普里斯1942年10月10日致宋美龄信函,普里斯文献,第1卷,强调系笔者所加。

况,以获得更多的经济和军事援助,特别是得到更多的飞机、汽油和军火弹药。① 飞机在美国刚一着陆,宋美龄就立即把自己的想法明明白白地告诉给前往机场迎接她的总统机要顾问哈里·霍普金斯(Harry Hopkins),说她最近发表在《生活》上的一篇抨击英国对亚洲政策的文章恰好代表了她的观点。②

宋美龄检查治病、在海德公园稍事疗养后,就于1943年2月前往华盛顿,她的到来立即引起美国媒体的好评,为她接下来的访问受到美国记者、公众的欢迎奠定了基调。《华盛顿邮报》称她是蒋总统的"闻名于世的夫人",并特别提到她美丽的容貌和迷人的风度:说她"和照片上一样魅力四射,甚至比照片上还要漂亮"。③ 该文还附有编者按,用卢斯刊物对她的亲切称呼,称她为"莫辛莫小姐"④,说她是"一代女性的典范"。编者按认为宋美龄的伟大可从两个方面来解释。首先,她是丈夫的知己和辅佐者:"再没有比蒋夫人这样更全心全意支持丈夫的妻子了",她的聪慧、才华和献身精神——"她的天赋才华",一定程度上铸就了蒋介石的"英明和影响力",她西化的思想和行为方式开阔了他的视野,因此,"她既恪守妻子的本分,又很好地履行了辅佐丈夫的责任,是蒋介石处理国家政务时的引导者、顾问和朋友"。⑤ 就个人

---

① 蒋夫人呼吁美国给予更多飞机援助的其他例子,可回溯到1942年7月1日,参见史迪威文献,第120—123页。
② 舍伍德:《罗斯福与霍普金斯》,第660—661页。
③ 爱德华·T. 弗利亚德:《罗斯福的客人:中国斗士首领之夫人》,《华盛顿邮报》,1943年2月18日,第1版。
④ "莫辛莫"是美国有名的服装品牌。——译者注
⑤ "莫辛莫小姐"出自《华盛顿邮报》1943年2月18日的编者按,第8版。美国人总是把宋美龄放在她和她丈夫的关系中来界定她,她对蒋介石的辅佐帮助界定她是谁。琼·斯科特探讨早期对性别的认识时说:"这种看法认为女人的天地是男人世界的一部分,是由男人在男性的世界中创造的。"参见斯科特的《性别:历史分析的一个有用范畴》,第1056页。

品质来看,她既有女性的温柔,又有男人的魄力,当然,容貌对女人来说是非常重要的:"蒋夫人的美貌和睿智同样令人景仰",她兼具"女性的美貌、善解人意和男性的魄力与果断",暗示出很少有女性能像宋美龄这样同时扮演好两种角色:既是丈夫的伴侣,又能展示自己的才华。① 从这方面看来,她成功地展现了奥里森·S. 马登(Orison S. Marden)在《精彩人格》(*Masterful Personality*)中认为有魅力的女性具有"磁石般的吸引力"的观点。②

宋美龄访美给那些热切地想对美国的盟国中国表示友好的国会议员,提供了一个机会,并给予她在参众两院发表演说的极高荣誉,而且是在参众两院分别演说的。她是第一个以个人身份在国会发表演说的人,也是第二位在这样的场合发表演说的女性。③ 她在华盛顿的日程表安排是1943年2月18日下午简短地参观参议院,30分钟后,她要在众议院发表长篇演说,其演讲实况要向全美播出。为了一睹她的风采,人们从早晨起就拥挤在国会大厦周围等候,希望能看一眼这位"中国第一夫人"。宋美龄到达后,副总统亨利·华莱士(Henry Wallace)陪同她来到参议院,并将她介绍给各位参议员。然后,正像各大媒体所报道的那样,副总统请她即席讲几句话。尽管副总统给了她一个措手不及,她还是发表了简短而又激动人心的讲话。《时代》周刊热情地

---

① 这是一个体现宋美龄双重性的完美例子。作为一位尽职的妻子,她满足了男人对女人和女性角色的需要;作为丈夫统治中国的辅佐者,她实现了女性对平等的追求。
② 转引自苏斯曼的《文化如同历史:20世纪美国社会的变迁》,第279页。正如马登教导人们去做的那样,宋美龄为了让别人喜欢她,有意让自己符合苏斯曼所说的正经历着变化的人格特征。有人指出,宋美龄在美国接受教育的时候正是这种人格的转型期,苏斯曼认为这个时期大致是在1900—1920年。
③ 第一位在美国国会发表演说的是荷兰女王威廉敏娜。

报道说:"在因没有事先准备而致歉后,[蒋夫人]"令参议员们"刮目相看"。① 她的演讲一点儿也不像是没有准备的,因为《华盛顿邮报》报道说那天早晨给她安排了在参议院的简短讲话。不过《华盛顿邮报》、《纽约时报》和亨利·卢斯的杂志都强调宋美龄的演说是即席发表的,这更突出了她出色的演讲才能。

宋美龄的"即席"演讲强调中美两国团结起来的重要性,但她暗示中美两国人民已经互相建立起了友谊、钦慕和尊敬。为了印证自己的观点,她提到一位美国飞行员的经历。这位杜利特尔(Doolittle)空袭队员在执行轰炸日本的任务后,迫降在中国境内。当中国村民赶来时,美国飞行员挥舞着手臂,大声喊着中国村民能听懂的两个字"Meiguo",即美国[直译为美丽的国家],逗得中国村民哈哈大笑,"像很久前走失的兄弟一样"拥抱他。后来这位飞行员告诉宋美龄,中国村民对待他的方式让他感到像回到了自己家里一样。②

这也许是杜撰的,也许是真实的,这个故事后来在米高梅1944年拍摄的电影《东京30秒》中再一次出现,该片由范·约翰逊(Van Johnson)、罗伯特·沃克(Robert Walker)、菲利斯·萨克斯特(Phyllis Thaxter)、斯宾塞·特蕾西(Spencer Tracy)主演,道尔顿·特朗勃(Dalton Trumbo)任编剧,默夫云·莱·罗依(Mervyn Le Roy)执导,突出与战时思想意识和文化相关的两大主题,即强调中美人民之间的相似之处和伊莱恩·泰勒·梅探索的"家庭生活"意识。《东京30秒》描述1942年4月第一批空袭日本的美国飞行员所面临的考验。鉴于当时飞机的后勤装备

---

① 《时代》周刊,1943年3月1日,第23页。
② 蒋夫人在参众两院发表的演讲文稿,参见1943年2月19日的《纽约时报》,第4版。

落后,无法降落到运载它们的航空母舰上,只能降落在中国境内。一架美国飞机上的机组人员落地后受伤,被中国农民救起,飞行员泰德·劳森(Ted Lawson,由范·约翰逊扮演)用生硬的汉语说他们是美国人,想去往重庆:"我们是重庆蒋介石的朋友"。后来在中国的一所野战医院疗伤时,一位美国机组人员对另一位说:"中华民族是富有同情心的优秀民族"。当劳森离开中国返回美国时,他对一个曾经帮助他的中国人说:"我们会再来的,可能不是我们这些人,但很多像我们这样的年轻人会来。我希望能和他们一起来中国,因为你们**都是善良的大好人**。"①

战时的家庭观念通过很多场景表现出来。有的场景表现飞行员受命接受训练,而三位飞行员的妻子坐在机场附近聊天,其中一位妻子说尽管她的丈夫非常喜欢飞行,但"他经常回家来,特别是在他饿了的时候"。另一位妻子接着说:"我有时会想,不知道战争结束后我们会怎样。想想看,能够在一个小房子里安家,养大自己的孩子,不用再担心任何事情,那该多好啊!"②

宋美龄 1943 年 2 月在参议院的演讲以自身为例说明中美两国之间的关系:"我说你们的语言,"她说,"不光使用你们的语言,而且模仿你们说话的方式,所以我今天来到这里,感到就像回到了自己家里一样。"然后,她强调把中美两国人民连接起来的共同事业和共同愿望,很多中国人不会说美国的语言,但如果会说的话,"他们会告诉[美国人]……我们在为共同的事业奋战,我们有共同的愿望"。而且,她像她的美国联合援华会的朋友一样,赞美

---

① 强调系笔者所加。
② 对《东京 30 秒》的简要分析,参见科佩斯和布莱克的《好莱坞走向战争》,第 277—267 页;梅:《返航:冷战时代的美国家庭》,其第三章着重阐释了把家庭当做前线的思想。

中美两国之间长久以来的友谊,说她认为这种友谊是建立在中美两国人民"诸多伟大共性"的基础上的。①

宋美龄在众议院发表的演说和在参议院的演说有许多相似之处,但她在众议院的演说主要目的是反对罗斯福的"欧洲优先"战略。她盛赞那些在中国服役和战斗的美国人,特别提到其中的几个代表,并向美国致敬,说美国"不仅是一个民主大熔炉,而且是民主法则的孵化器"②。像在其他许多场合一样,她在这里间接提到美国过去的拓荒精神,倡议国会议员们抓住"这个发扬祖先精神的光荣机会,突破美国目前的地理疆界"。她说当前迫在眉睫的问题是日本帝国主义的势力不断增强,很多国会议员已经认识到,由于爆发了珍珠港事件,美国应该首先将战争矛头指向日本,宋美龄说自己赞同这样的观点。③

宋美龄的演说在美国好评如潮。《纽约时报》1943年2月第19期刊登了好几篇关于蒋夫人的文章,其中一篇报道说她的演说"让很多美国人转变态度,支持中国的事业",并让一些国会议员认识到支持中国是赢得太平洋战场胜利的关键。④ 另一篇文章说:"中国第一夫人面带微笑,侃侃而谈,征服了在场的每一个美国人。"⑤一篇题为《中国第一夫人》的编者按描述她"在众议院

---

① 《纽约时报》,1943年2月19日。
② 美国官方印刷的蒋夫人演讲稿中,"民主"和"民主的"两个单词用的都是大写字母,报纸上重印时用的是小写字母。
③ 温德尔·威尔基在《天下一家》(1943)中对日本帝国主义势力的不断增强表达了同样的看法,见第105—108页。美国军方很多人也都赞成"太平洋优先战略",这些人有道格拉斯·麦克阿瑟将军、五星上将欧内斯特·金以及五星上将威廉·丹尼尔·李海。更多的论述参见斯依恩:《一种联盟》,第156—157页、163页。斯依恩指出(第156页),1943年2月的民意调查显示,53%的美国人把日本视为"主要的敌人"。
④ W. H. 劳伦斯:《蒋夫人请求美国首先击败日本,白宫附和声一片》,《纽约时报》,1943年2月19日,第1版。
⑤ 南希·麦克伦南:《蒋夫人征服了国会》,《纽约时报》,1943年2月19日,第4版。

如何赢得了雷鸣般的掌声",甚至称她为"世界上最有影响力的女性",并用此前《时代》周刊上的话说,她在代表整个亚洲讲话。实际上,《纽约时报》周刊宣称,她"已经远远超出了当初那位接受美国教育的漂亮中国姑娘",在赞叹她光彩照人、仪态万方、优雅高贵时,美国带着"一种家长式的骄傲"。宋美龄强调中美两国人民的共性,这"不仅展示了她讲我们的语言讲得如何的好,还显示出中国人的思想、愿望和我们的是何其相似"①。这篇文章的溢美之词反映出美国对待中国的两种态度:恩抚主义和自由发展主义。

《华盛顿邮报》当天的报纸称宋美龄具有"磁石般的吸引力",她在国会的演讲"精彩绝伦,几乎无人能及"。据《华盛顿邮报》报道,观众为了一睹她的风采,不断地寻找最佳位置,参议员和众议员从没听过、见过像她这样出色的演讲和迷人的风度。参众两院的议员"坐在那儿呆住了",随后爆发出雷鸣般的掌声,也是"所有掌声中最热烈的一次"。众议员们全体起立,"欢呼声一片"。②《华盛顿邮报》的编者按中说蒋夫人是一位富有魅力和感染力的女性,预言她出色的演说会刺激国会和罗斯福政府加大对中国的军事援助力度,暗示说一些报道适逢其时地赞成用500架装备齐全的飞机去消灭日军,并牵制日本工业的发展。③

《生活》画报以其一贯的赞誉态度报道宋美龄的到来。为了

---

① 《中国第一夫人》,《纽约时报》,1943年2月19日,第18版。
② 爱德华·T. 弗利亚德:《日本蹂躏中国之时,国会欢迎蒋夫人》,《华盛顿邮报》,1943年2月19日,第1—2版。
③ 这类预言和二战期间克莱尔·陈纳德将军坚持的观点相一致,陈纳德当时任赴中国作战的美国志愿航空队指挥官,美国志愿航空队通常被称为"飞虎队"。关于"飞虎队"的大量描述,可以方便查到的有:费斯的《中国的纠葛:从珍珠港事变到马歇尔使华美国在中国的努力》,第37—40页、51—52页、63—64页、133—134页;塔奇曼的《史迪威与美国在华经验》,第215—220页、335—339页、356—357页;以及陈纳德的《一个斗士的自述》。

突出自己的与众不同,《生活》图文并茂地进行全方位的评论,说蒋夫人到达国会大厦时,就像"一阵旋风吹过"。《生活》在编者按中表达了这样的看法:美国的建国之父以"某种灵魂的方式",见证了中国的一位伟大领袖,因为"莫辛莫小姐"遵循的治国原则正是"我们的建国之父历尽千辛万苦建立起来的治国之道"。编者按中列举了宋美龄演讲的所有要点,《生活》认为这些要点和美国第一代政治领袖的治国之道十分相似,简而言之,"蒋夫人清晰的表达堪与托马斯·杰斐逊的相媲美"①。

看到美国媒体对宋美龄在国会的演讲反应如此热烈,美国国防部参谋长联席会议开始担心她出色的游说才能或许真的能让美国政坛重新考虑"欧洲优先"的战略。不过,罗斯福坚持这一政策,事情就算过去了,但总统确实给予中国大量的空中运输援助,包括当时最新研发的 C-46 运输机,在还没有充分试用之前就匆忙投入了中国空中运输当中。②

如此,宋美龄几乎赢得了国会议员的一致赞许,至少暂时让美国国会重新考虑总体战争策略问题。美国的新闻记者显而易见被打动了,就连善于和媒体周旋的富兰克林·罗斯福也跟不上宋美龄机敏的反应。在去国会演讲的前一天,宋美龄和罗斯福联合举行了记者招待会,170 余名记者济济一堂,罗斯福和宋美龄成了大家关注的焦点。总统谈到过去半个世纪以来,中国已成为"世界上伟大的民主国家",并谈到中美两国人民在"思想和目标

---

① 《在国会的演讲》,《生活》,1943 年 3 月 1 日,第 26 页。
② 参见舍伍德的《罗斯福与霍普金斯》,第 706 页;费斯的《中国的纠葛:从珍珠港事变到马歇尔使华美国在中国的努力》,第 59 页;塔奇曼的《史迪威与美国在华经验》,第 352 页;以及史迪威文献,第 217 页。据史迪威讲,飞机汽化器设计上的缺陷很容易造成飞机表面结冰,导致 1943 年 7 月中旬损失了 6 架飞机。

上"有很多相似之处。蒋夫人进一步强调了总统的看法,说其中的一些理想是美国传教士和其他支持中国的美国人,较长时间以来帮助确立的。她指出中国在历史上"就一直推崇社会民主";现在,国民党政府正致力于建立一个政治上民主的国家。然后,一位记者向宋美龄发问:为了打败日本侵略者,中国需要哪些帮助?罗斯福敏捷地接过话题,说中国需要"更多的武器和军火"。宋美龄礼貌地表示赞同,在回答另一个关于中国人民坚韧的问题时,她对这个问题作了进一步说明。她说中国人不能手无寸铁地和日军打仗,中国士兵需要现代化的军事武器。而当问及怎样才能让更多的装备运到中国时,宋美龄巧妙地回答:"总统解决了很多棘手的问题,化解了很多大型危机,我想我可以放心地让他来回答这个问题。"①

记者对宋美龄机智的回答爆发出友好的笑声,罗斯福总统当然不会轻易让别人占上风,他立即用长篇的外交辞令予以回答。他首先简单地谈了谈当前援助中国的一些困难,特别是日本封锁了滇缅公路。然后,他继续谈日本当时在战略上的位置,盟军怎样才能插进滇缅公路,为中国提供更多的战略物资。在结束回答之前,罗斯福说他明白为什么中国人喜欢问一些简单而又直接的问题,比如什么时候给中国提供军需物资?多长时间能运送过来?为什么不能再多提供一点?他的回答是:"以上帝允许的速度来做这件事。"宋美龄机敏地接过话头:总统说要以上帝允许的速度来援助我们,但"天助自助者"。② 记者们齐声大笑,当然,这件事通过记者招待会得到了全方位的报道。《华盛顿邮报》提到

---

① 罗斯福:《公共文件与讲话》,1943 年,第 100—108 页,文中引自第 101 页、103—104 页。
② 罗斯福:《公共文件与讲话》,1943 年,第 100—108 页,文中引自第 106 页。

第五章　宋美龄和中美关系的人格化

蒋夫人离去之后,总统"好像忘记了要避开此话题",整个事件"开了蒋夫人令人难忘的华盛顿之行的另一个先例"。①

对许多美国妇女来说,宋美龄是当时妇女能力和权力的象征。《华盛顿邮报》社会栏目的专栏作家霍普·拉丁斯·米勒(Hope Ridings Miller)是宋美龄众多钦慕者中的一位,尽管她用传统的词汇来赞美她的毅力、美貌、高雅的服饰品位,但她说蒋夫人最令人钦佩的品质是对妇女权力的维护。②

早在一年前,《纽约时报》记者哈里森·福曼(Harrison Forman)在一篇写自重庆的报道中就为宋美龄喝彩,说她是"中国觉醒妇女"的代表。③ 此时,《纽约时报》的专栏作家安尼·奥黑尔·麦考密克(Anne O'Hare McCormick)在撰写关于中国和1941年美国国会通过的军火租借法方面的文章时,称宋美龄代表着女性在地位和权力方面所取得的重大进步。④《旧金山新闻》(San Francisco Chronicle)称宋美龄"象征着女性的权力和所取得的成就"⑤。露丝·格林(Ruth Greene)在一份妇女俱乐部小报上发表文章,赞扬宋美龄更关注妇女的社会地位,说蒋夫人生动地向全世界表明了中国妇女在战争时期所作的贡献,格林赞赏中国妇女的能力,说她们"在中国发展的每一个阶段都参与进去",为全世界的妇女树立了榜样。格林进一步说:就为妇女提供

---

① 爱德华·T. 弗利亚德:《总统看到侵华日军遭受痛击》,《华盛顿邮报》,1943年2月20日,第1版、3版。其他的报道请参见爱略特·简威:《尝试与错误》,《财富》,1943年4月,第62页,以及《时代》周刊,1943年3月1日,第10页。
② 霍普·拉丁斯·米勒:《在首都华盛顿的聚光灯下》,《华盛顿邮报》,1943年2月25日,第5B版。
③ 哈里森·福曼:《与中国领导人在重庆》,《纽约时报》,1942年3月15日,第6页。
④ 安尼·奥黑尔·麦考密克:《军火租借法辩论中的中国声音》,《纽约时报》,1943年3月8日,第14版。
⑤《蒋夫人》,《旧金山新闻》,1943年3月25日,第16版。

的机会来说,中国在很多方面走在了美国前面。格林将中国的国民参政会同美国的国会进行比较,说中国国民参政会中的妇女人数是美国国会中妇女人数的两倍,尽管前者的总人数只有后者的一半。① 一位妇女给《旧金山新闻》写信,以这种方式表达了她对宋美龄的爱慕:"一想到她是许多国家关注的人物我就深感敬佩,而我尤其羡慕她的是:仅仅做一个妻子和母亲似乎并不足道,但从她嘴里说出来,妻子和母亲的角色就显得特别伟大。"宋美龄的榜样力量让这位妇女为自己在战争年代扮演的角色充满信心,尽管仍然"受制于家庭"。②

简而言之,宋美龄通过她的地位、发表的文章以及演讲,巩固了中国妇女的双重内涵:她作为20世纪30年代"新生活运动"的领导者,她为中国战争孤儿所做的一切,她作为航空委员会的秘书长——所有这一切为她建立了这样一种形象:她超越了中美社会对女性的传统界定。③此外,由于经常为丈夫当翻译,宋美龄无疑要涉足国民党统治的很多方面,和蒋介石打交道很多时候要通过她。她并不是和丈夫一起统治中国——中国的情况要远比这

---

① 露丝·A. 格林:《中国妇女和战争》,《新闻公报》,1944年1月,第5页、10页,《格林文献》,第6卷。《新闻公报》明显不如我们前面提到的重要报纸和发行量较大的杂志重要,但由于它是一份针对女性的杂志,因而格林的分析具有特殊的意义。格林在文中指出了当时探讨中美关系及宋美龄时一些流行的基本观点。

② 克莱尔·M. 弗拉纳根:《为政府服务》,弗拉纳根致《旧金山新闻》编辑信函,《旧金山新闻》,1943年3月30日,第12版。

③ 苏斯:《鱼翅与小米粥》,第64页。苏斯的著作虽然总的来说是批判国民党和宋美龄的,但指出了宋美龄为中国和国民党做的很多事情。有意思的是,美国财政部长小亨利·摩根索1944年的时候提到过这本书,当时国民党正设法从美国搞到另一笔贷款。参见第89届司法委员会第1次会议,1965年2月2日,《摩根索日记》(中国部分),第1022页。关于宋美龄在新生活运动中的作用,参见汤姆森的《当中国与西方相遇》第七章。

复杂得多——但美国人从正面看到的情况会让人产生这样的联想,而且正是这种总体上的认识,使他们认为中国正在令人欣喜地步美国的后尘。①

尽管宋美龄涉足传统上男人统治的领域,但一些美国评论家宁愿把她的行为放在女性的语境中进行讨论。比如,多产作家卡尔·克劳在20世纪30—40年代写了很多关于中国的作品,他在一本书里指出,蒋夫人的日常活动主要是帮助中国妇女做好"母亲、妻子或成为为她们而战的男人的姐妹"。卡尔·克劳说,蒋夫人在担任中国航空委员会临时负责人时期的活动,都得益于她作为女性"涉足"于男人的领域。克劳这样评价宋美龄清除国民党政府中贪官污吏的才能:"也许是女性的直觉让她发现那些人是有罪的。"完成了她的工作之后,宋美龄又回归自己"中国精神之母的角色,她在中国航空委员会主要是做一些清理工作,就像一位称职的家庭主妇做好自己分内的事"②。我们可以这样说,诸

---

① 不止一位美国观察家指出宋美龄在做翻译时喜欢打断别人的话,发表自己的意见。有关例证参见史迪威文献,第120—121页;以及《摩根索日记》(中国部分),第460—461页。二战中有一个时期,宋美龄担任蒋介石和在华美军之间的联络员,给双方做翻译。对于宋美龄的这一差事,一位观察家这样说:"如果觉得必要,蒋夫人会延误信息传递,这是很不明智的做法。"爱德乐信函,收入《摩根索日记》第1134页。

② 克劳:《中国的地位》,第148—149页。克劳把宋美龄的职责与传统女性的责任和义务联系起来的做法,同威廉·切夫发现一些美国制造商认识到女工有能力从事各种工作是相一致的。切夫说:"女工能够得心应手地做好她们的新工作,这对以前关于妇女的许多老套认识是个挑战。企业主用传统的意象来描述妇女在新岗位上的成功,说高过头顶的吊车'就像一个巨大的榨汁机',而在电器厂绕线圈就像在编织东西。"参见切夫的《美国妇女》,第138—139页;拉普也提到这一点,见《动员妇女参战》第152页。但宋美龄主持的会议不支持克劳对性别的解读。美国陆军少校克莱顿·比斯尔对1942年7月2日举行的会议做了记录,记录中他明确指出宋美龄就像任何一个男性军官一样主持会议,询问某些类型的飞机情况,提出切中要害的问题,等等,千方百计地要为中国争取500架飞机。居里文献,第4卷。

如克劳这样的评论家和其他各类报纸上的编者按,一方面突出宋美龄身上的男性特征,另一方面又以性别的眼光把她的能力限定在一定范围内,他们这样做不仅显示了他们的狭隘性,而且他们也在庆贺自己是美国人,为他们的文化和国家能培养出宋美龄这样的人才而倍感自豪。然而,必须指出的是,出自宋美龄之手的文章不时反映出社会对女性角色的传统看法。她在自己的《中国必将再度崛起》(*China Shall Rise Again*,1940)一书中说,如果女性"想要为民族的进步作出自己的贡献,她必须是一位好妻子、好母亲、好公民"。① 她强调说,成为好母亲对培养下一代公民来说尤为重要。

在国会成功发表演说后,宋美龄接下来在美国各地进行了长达一个月的成功演讲,在纽约、波士顿、芝加哥、旧金山、洛杉矶向众多热情的美国观众发表演说。不管走到哪儿,她都为自己赢得了良好的印象。她每到一处,美国联合援华会和时代公司的热心支持者们都事先营造声势。② 宋美龄在第一站纽约市政厅发表演说时有 50 000 名听众聚集于此,官方接待后她前往唐人街观光时又有 50 000 人欢迎她。③《纽约时报》报道说:"或许从来没有中国的代表团取得过如此巨大的成就"。《纽约先驱论坛报》(*New York Herald-Tribune*)在编者按中补充说,中国的战斗就

---

① 宋美龄:《中国必将再度崛起》,第 59 页。
② 斯旺伯格:《卢斯及其媒体帝国》,第 200—203 页。他特别指出联合援华会在芝加哥为宋美龄做的接待安排。尽管联合援华会已争取了免费使用帕尔默厅,但宋美龄的外甥坚持宋美龄应该享受最好的待遇,指出应该用德雷克厅接待,联合援华会不得不为此买单。
③ 市政厅听宋美龄演讲的人数统计来自《纽约时报》,1943 年 3 月 2 日,第 1 版。中国城观光时欢迎宋美龄的人数统计来自《纽约先驱论坛报》,1943 年 3 月 2 日,第 12 版,以及同一天的《纽约时报》,第 3 版。

第五章　宋美龄和中美关系的人格化

是美国的战斗,因而美国人必须尽自己的一切努力来帮助中国人。①《纽约先驱论坛报》在同一期关于援助中国的第二篇编者按中评论说,中国要求得并不多,而蒋夫人提出的飞机、军火、汽油必须实实在在地得到落实,因为仅停留在口头上并不能帮助中国人打败日军。美国在不久的将来要采取更加切实的行动来帮助中国。②

宋美龄在纽约的精彩亮相是1943年3月2日的麦迪逊广场集会。在这次集会之前,宋美龄作为贵宾被邀请出席亨利·卢斯筹划的宴会。参加这次宴会的有很多杰出的嘉宾,其中一些是美国联合援华会的忠实支持者,有"纽约各界欢迎蒋夫人委员会"的主席洛克菲勒三世、温德尔·威尔基、美国空军中将亨利·H.阿诺德将军(Henry H. Arnold)、联合援华会的现任主席保罗·G.霍夫曼、宋子文、纽约州长托马斯·E.杜威(Thomas E. Dewey)以及美国八个州的州长,包括新泽西州州长查尔斯·爱迪生(后来担任联合援华会主席)。③宋美龄称自己身体欠佳没有出席这次宴会,但她同意在麦迪逊广场发表演讲之前,与其中的一部分

---

① 《中国第一夫人》,《纽约先驱论坛报》,1943年3月2日,第18版。
② 《让中国充满信心已到了刻不容缓的地步》,《纽约先驱论坛报》,1943年3月2日,第18版。
③ "纽约各界欢迎蒋夫人委员会"名单是根据《纽约先驱论坛报》记者玛格丽特·希金斯提供的数据整理出来的,希金斯是挑选出来受到宋美龄接见的人士之一。参见《九位州长简短地拜见蒋夫人》,《纽约先驱论坛报》,1943年3月3日,第13版。描述这次晚宴的另一个版本对宋美龄就不这么恭敬了,参见斯旺伯格的《卢斯及其媒体帝国》,第201—202页。威尔基在《天下一家》中说"宋美龄和蔼可亲但又是个铁腕夫人"(第132页),另外还可参见该书第139—141页。根据威尔基的叙述,是他在1942年访华期间的建议促成了宋美龄一年之后访问美国:"我们最希望听到她的演讲。蒋夫人智慧、迷人、慷慨大方、善解人意,举止优雅,相貌可人,笃信宗教,她正是我们盼望到来的访问者"。

人见面。①

参加麦迪逊广场集会的热情美国听众大约有 17 000 人到 20 000 人。②几位州长首先致辞，每一个人都慷慨地赞扬宋美龄和中国人民，随后阿诺德将军和纽约协和神学院院长亨利·斯洛恩·考芬博士（Henry Sloane Coffin）也发表了简短的讲话，最后宋美龄来到麦迪逊广场，从外表上看她显得有些异国情调，但声音是美国式的。《纽约时报》说尽管她看起来明显是亚洲人，"乌黑发亮的头发往后梳，在脑后挽成一个发髻……带着翡翠耳环，天鹅绒旗袍的领子很高，胸前的刺绣闪着金光"，但她开口说话时"与西方人如此地相像，以至于让人觉得她不是作为中国人在向美国人介绍中国，而是作为美国人理解中国"。③《纽约时报》在一篇编者按中详细说明了它对宋美龄美国之行的报道，反复说明蒋夫人"非常完美地使用我们的语言"，说她"清晰的表达在美国取得了和在中国一样的效果"，这将两个国家拉得更近，并说中美

---

① 宋美龄拒绝出席晚宴被一些评论者视为是傲慢和自以为是，并说她在很多场合都曾表现出这一特点。更多此类的例子，参见斯旺伯格：《卢斯及其媒体帝国》，第 200—201 页，以及塔奇曼：《史迪威与美国在华经验》，第 351—353 页。在这次访美过程中，有一个细节需要指出来。宋美龄随身携带着自己的丝质床单，每天一换，如果午睡的话，每天要换两次。一些评论者认为自带床单是宋美龄坚持要给她皇室礼遇的例证。但支持宋美龄的人认为她当时得了荨麻疹，皮肤过敏（的确如此），需要勤换床单来保持清洁。根据后一种说法，宋美龄自带床单是为了方便（床单是丝绸的，为的是少摩擦她的皮肤，减少痛苦）。丝绸在中国并不贵，因此这是她考虑的一个因素。另一方面，她这么做也是出于对主人的尊重（为的是不弄脏别人的床单）。这类吹毛求疵的批评当时很少见诸报端，虽然近来有些历史著述中提到这件事，但和中美关系的宏大背景比起来显得微不足道。关于对这些批评的回应，参见加塞德的《作为普通人的蒋夫人》，尤其是第 5 页，美国医药援华会文件，第 5 卷。

② 17 000 人这个数字来自 1943 年 3 月 3 日《纽约时报》上的文章"蒋夫人表示中国决心同日军战斗到底"，第 1 版。20 000 人这个数据来自约翰·G. 罗杰斯的文章《蒋夫人要的是没有仇恨的胜利》，载《纽约先驱论坛报》1943 年 3 月 3 日，第 1 版。麦迪逊广场集会也通过哥伦比亚广播网和互联广播网络进行了广播。

③ 《蒋夫人表示中国决心同日军战斗到底》，《纽约时报》，1943 年 3 月 3 日，第 13 版。

第五章 宋美龄和中美关系的人格化

两国在语言、思想等文化方面的诸多共同之处使得中美两国互相理解,同时也加强了它们之间的联系,中国对美国来说不再是一块奇异、神秘的土地:"中国将要诞生的民主的笑声对我们来说有一种熟悉感。"《纽约时报》上刊登了一篇措辞华丽的编者按——这通常是不多见的,该编者按断定中国已经"崛起成为一个新的、前景辉煌的国家,自由正在她的江河、山川里生长,站在自由和渴望自由的角度来讲,无垠的海洋并不能将他们同我们分开"①。

在美国媒体对宋美龄演讲的反应上,《时代》周刊毫无疑问试图用自己过度的赞誉来超过其他新闻媒体。《时代》的报道中说蒋夫人身着"黑色、镶着金边的旗袍,戴着耳环和黑色的手套……看起来像下个月《时尚》杂志的封面,而不像是42200万人的复仇天使"②。《时尚》杂志上已经刊发了一些有关中国妇女的文章,而值得一提的是,1943年4月15日出版的一期中对宋美龄美国之行的报道,比《时代》周刊更关注她的智慧和才能。③

《纽约先驱论坛报》在三天之内刊登了三篇关于中国和宋美龄的编者按,其中一篇宣称宋美龄的思想"既不是完全东方化的,也不是神秘深奥的",她用来表达自己思想的话语是美国人很长时间以来就认为的"即便不是他们独一无二的也是他们独特的财

---

① 《我们的邻邦中国》,《纽约时报》,1943年3月3日,第22版。
② 《时代》周刊,1943年3月15日,第17页。
③ 《蒋夫人宋美龄》,《时尚》,1943年4月15日。毫不奇怪,这篇文章讨论了宋美龄的服饰选择,也谈到她在国会的演讲:"对这位女英雄的崇拜如此之深,她的使命如此重要,她的请求如此打动人,不论是作为一位知识女性还是一个普通女性,都有令美国人难忘的时刻。"见第36页。《时尚》有关宋美龄的其他报道,参见《中国妇女在美国》,《时尚》,1942年6月1日;郭海伦:《你不知道的中国》,《时尚》,1942年9月1日,文中说:"事实上,中国有相当一部分是中产阶级,就像美国和法国一样。"第83页;《顾维钧夫人》,《时尚》,1943年1月1日。

产"。实际上,宋美龄虔诚的基督教信仰和她对社会民主、政治民主的强调都是美国人所熟悉的。《纽约先驱论坛报》大胆地猜测:"也许这正体现了很多美国人都发现的中美两国之间有着精神上的联系,有一种熟悉感。"①

1943年3月,宋美龄抵达芝加哥,她又一次以自己的魅力和尊严在这个城市掀起了狂潮。她白天在芝加哥的中国城发表演讲,约有15 000人到20 000人参加了这次集会。另外,在芝加哥体育馆也有20 000人聆听了她的演说。② 和宋美龄在其他地方的亮相、演说相比,这次演说获得了更多的正面评价。一位从收音机里听了演讲的中国妇女给宋美龄写信说:"我不得不说我从来没有听过如此动人的演讲,也从来没有觉得收音机有如此大的吸引力。请接受我个人的致谢,你半个小时的演讲对我来说就像半秒钟一样眨眼而过。"③

宋美龄从芝加哥去了旧金山,然后到了她美国之行的最后一站洛杉矶。《洛杉矶时报》立刻为宋美龄的到来定下了好莱坞的基调,说蒋夫人是"国际性的灰姑娘,对她来说午夜永远不会到来"。④ 亨利·卢斯在美国联合援华会地区总监大卫·O. 塞兹内克的盛情帮助下,设法在宋美龄停留的所有城市都给这位"莫辛莫小姐"以好莱坞式的欢迎。除了1943年3月31日宋美龄抵达芝加哥时组织了列队欢迎和招待会之外,还举办了一个"特别茶会",安排宋美龄会见200名好莱坞明星。4月2日在国宾饭店

---

① 《一定是没有痛苦》,《纽约先驱论坛报》,1943年3月4日,第18版。
② 玛莎·墨菲:《蒋夫人在中国城收到68 087美元战争捐款》,《芝加哥论坛报》,1943年3月22日,第1版。该文提到,尽管宋美龄用普通话演讲,而她的听众多数说广东话,但"似乎没有人听不懂她说的话"。
③ 于尊纪1943年3月23日写给蒋夫人宋美龄的信,顾维钧文献,第156卷。
④ 吉恩·谢尔曼:《蒋夫人轰动了洛杉矶》,《洛杉矶时报》,1943年4月1日,第1版。

举行的 1 500 名杰出人士出席的宴会上,宋美龄和塞兹内克以及众多好莱坞大牌明星欢聚一堂,其中有鲍勃·霍普、塞缪尔·戈尔德温、洛雷塔·扬、巴巴拉·斯坦威克(Barbara Stanwyck)、加利·古柏(Gary Cooper)、丽塔·海华丝(Rita Hayworth)、爱德华·G.鲁宾逊(Edward G. Robinson)、詹姆士·卡格尼(James Cagney)、弗兰克·卡普拉。①

此次美国之行宋美龄发表的最后一次公众演讲是在好莱坞露天剧场,这次听众最多,约有 30 000 人,也是她的演讲风格最能被美国人接受的一次。《生活》画报报道说,蒋夫人对她的祖国被蹂躏惨状的描述,使很多在场的听众流下了眼泪。② 报纸专栏作家克米斯·亨德里克(Kimmis Hendrick)评价说塞兹内克对整个活动的策划"令人激动不已"、"好极了",塞兹内克使出浑身解数,尽可能地让更多的美国人来欢迎美国太平洋战场的盟军领袖。亨德里克写道:"只有好莱坞才能导演出如此盛大的欢迎活动。"③

宋美龄对美国人的影响并没有随着她访问的结束和夏天的回国而淡薄,蒋介石的私人顾问兼朋友长老会传教士弗兰克·W.普里斯写信给宋美龄,祝贺她取得了如此大的成就:"你在美国人心目中赢得了独特的位置,你取得的成功比我们预想的更大,你成功地将中国人民的斗争和希望、将中国在整个世界战局中的重要位置、将战后的重建计划,极为完美地呈现给了美国

---

① 参见《生活》,1943 年 4 月 19 日,第 36—37 页。
② 《蒋夫人在好莱坞》,同上,第 34—35 页。
③ 克米斯·亨德里克:《美国支持宋美龄》,刊登这篇文章的报纸和具体日期均不详,美国联合援华会-联合援华服务会文件,第 100 卷。

人。"①1943年10月,《南大西洋季刊》上刊文总结说宋美龄访美之后,美国对中国的良好看法持续下来。文章称蒋夫人代表"同样信仰民主、在基本思想和行动上与美国相一致"的整个中国在讲话:"莫辛莫小姐"作为中国的"特使",在代表"本质上和美国有着同样民主要求的中国在讲话,即推崇人类公正,呼吁自由行动和获得自由的机会这些共同的基本原则。"该文作者最后总结道:"熟悉中国人民的美国人都知道中国是世界上天生追求民主的国家之一,在追求民主上,较之于欧洲与我们'同宗'的许多国家,美国和中国更为亲近。"②

宋美龄1942年冬与1943年春在美国的公开亮相是她在美国产生广泛影响的顶点,但这并不代表她对中美关系影响的终结。私下里她继续从事政治活动。1943年秋末,她竭力支持约瑟夫·W.史迪威将军做中-缅-印战区的军事统帅。另外,她当年11月出席开罗会议进一步证明了她作为中国的一位联合统治者,对公众产生了重要影响。因此,1943年2月至该年年底,不管从公共层面还是从个人层面上来看,她对中美关系产生的影响都达到了顶峰。

史迪威和蒋介石一向不合,1943年,随着中国军事局势的恶化,二人就中国如何采取军事行动产生了更大的分歧,事情发展到最后蒋介石坚决要求美国召回史迪威。③ 史迪威的上司乔治·C.马歇尔将军甚至致信史迪威,以"蒋总司令的态度"作为

---

① 普里斯1943年8月27日致蒋夫人信函,普里斯文献,第1卷。
② 伊丽莎白·格林和克雷格希尔·汉迪:《新世界秩序中的两位杰出大使:蒲安臣和宋美龄》,《南大西洋季刊》,1943年10月,第391—400页。
③ 塔奇曼:《史迪威与美国在华经验》,第375—381页,史迪威文献,第211—212页、215页。

理由,要结束他在中国的使命。① 史迪威谴责以下两个人对此事负有不可推卸的责任,一个是中国国防部部长何应钦,另一个是宋美龄的哥哥、时任外交部长宋子文。②

支持史迪威的是宋美龄和她的姐姐宋霭龄,宋霭龄嫁给了孔祥熙,一位富有的银行家,也是国民党的要员,因而,史迪威事件背后上演的是家族内部争夺中国控制权的斗争。史迪威要训练、武装一支能够有效进攻日军的英-中-美陆军联盟的大胆计划,得到宋美龄的支持,史迪威在两个不同的场合谈到蒋夫人对这一军事行动的兴趣。③ 但蒋介石不愿让他的军队投入战斗,他担心会有伤亡,会削弱他军队的战斗力,不利于日后和共产党的内战,因为蒋介石认为共产党是他的心腹大患。蒋介石想借助克莱尔·L.陈纳德将军指挥的美国空军力量,从空中打击日军。

为了维护盟军的团结,史迪威在中国的日子似乎走到了尽头。实际上,海军中将蒙巴顿(Lord Louis Mountbatten)就任东南亚盟军司令部(South East Asia Command)司令后,就告诉史迪威蒋介石要求将他召回。史迪威在日记中这样写道:"我猜就是这样。"④ 宋美龄以前曾告诉史迪威,说服她的丈夫改变主意是一件复杂而棘手的事,宋美龄和她姐姐约史迪威于1943年

---

① 马歇尔将军1943年10月19日致史迪威将军信函,马歇尔文献,第60卷。
② 更多的探讨,参见塔奇曼:《史迪威与美国在华经验》,第十五章,以及史迪威文献,第223—236页。关于宋子文,布里恩·索莫威尔中将在给马歇尔的信中写道:"宋子文在德里时轻描淡写地对我说,蒋介石不愿史迪威再在中国待下去了,要求把他召回,这话的确出乎我的意料。"索莫威尔致马歇尔信函,1943年10月24日,马歇尔文献,第60卷。
③ 史迪威文献,第224页、226页,史迪威援引宋美龄的话:"我们应该抛开其他的一切,专心致力于战争,如果我们失败了,那么,政治和青年运动还有什么意义呢?"
④ 同上,第231页。

10月17日晚8点见面。见面后史迪威被告知"还有一线转败为胜的机会",最后宋氏姐妹让史迪威同意向蒋介石承认自己过去犯的一些错误,三人立即去见蒋介石。事情最终解决了,史迪威留下来在中国再待一年,这很大程度上是宋美龄努力的结果。①

对宋美龄来说,维护她声誉的另一个事件是她和丈夫蒋介石1943年11月底在开罗会见了美国总统罗斯福和英国首相温斯顿·丘吉尔。与史迪威事件相比,这是一个公众事件。这之后,罗斯福和丘吉尔才在德黑兰会见了约瑟夫·斯大林。开罗会议是二战期间提升国民党声望的重要事件之一,罗斯福邀请蒋介石(由史迪威陪同,此时史迪威已与蒋介石和好)出席在开罗举行的美、英、中首脑会议,讨论如何结束战争以及战后的和平问题,这等于提高了蒋介石的地位,使他成为二战时期世界上的主要领袖之一。罗斯福邀请蒋介石参加开罗会议是出于两方面的考虑。首先,他希望借此压制蒋介石喋喋不休地不断向美国要求更多的军事和资金援助,认为他可以运用"著名的罗斯福魅力"让国民党的领袖明白要把盟军的利益放在首要位置,同时体谅他们在进一步援助中国方面的困难。其次,罗斯福把蒋介石提高到与美国平等的地位,是考虑到将来如果大国之间发生争端,他可以争取蒋介石来反对丘吉尔和斯大林。通过提携蒋介石,罗斯福保证了将来一旦苏英联合起来对付美国,他就不会处于被动的地位。因此,尽管丘吉尔不满美国对中国这样一个二战中的小角色过于关

---

① 史迪威文献,第228页、232—233页。费斯得出同样的结论:"宋美龄和姐姐——孔祥熙夫人宋霭龄似乎反对这件事,她们让蒋介石在最后时刻收回成命,不让索莫威尔致电华盛顿召回史迪威。"参见《中国的纠葛:从珍珠港事变到马歇尔使华美国在中国的努力》,第78页。

注,罗斯福仍然邀请蒋介石参加开罗会议,而蒋介石也愉快地答应了。

然而,到达埃及后,蒋介石立刻感到十分失望,因为丘吉尔和罗斯福都没有到机场迎接他,站在国民党政府的立场上来看,会议从此刻开始每况愈下。美军参谋总长马歇尔告诉蒋介石,美国近期内不可能再增加飞往中国的运输机数量,美国在太平洋战场的军队需要蒋介石的支持,以拖住日军不从缅甸撤兵。虽然罗斯福在公开场合向蒋介石保证美国将继续在东南亚地区进行海陆空联合作战,但私下里罗斯福总统站在英国一边,而英国想无限期地拖延这一地区的作战计划。

罗斯福和丘吉尔的秘密交易美国媒体只字未提,而三巨头——罗斯福、丘吉尔、蒋介石——还有蒋夫人亲切友好交谈的照片,却出现在美国所有的报纸杂志上,后来还被选进了历史教科书。其中广为流传的一张照片是蒋介石坐在最左边,挨着他的是罗斯福总统,他正侧向蒋介石,明显地是在奉承蒋介石或在讲俏皮话,而蒋介石微笑着似乎在附和总统的话,当然这是不可能的,因为蒋介石不懂英语。紧挨着罗斯福的是英国首相丘吉尔,他一身白色西装配上黑袜子,而紧挨着丘吉尔的是宋美龄。当罗斯福总统摆好姿势和蒋介石合影时,丘吉尔和宋美龄似乎交谈不欢,他们以友好的态度在欣赏罗、蒋二人的交谈。这张照片给人的印象是中国的领导人加入了世界巨头的圈子,伴随这一印象而来的是中国是太平洋战场上一个平等的伙伴,对于战后建设亚洲和平起着举足轻重的作用。宋美龄不仅是以蒋介石夫人的身份,而且以蒋介石助手的姿态出现在开罗会议上,照片上她和三巨头坐在一起似乎印证了她作为一个女性,实际上是在和丈夫一起统治中国的身份,这反过来强化了她作为一个女性很多时候参政议政的地位。①

私下里,宋美龄作为蒋介石的翻译,在开罗会议期间至少参加了五次会议。② 此外,她还坚持不懈地劝说丈夫同意中国配合盟军,采取军事行动。史迪威注意到,在一次激烈的争吵之后,宋美龄想尽一切办法劝说丈夫重新考虑自己的立场,"她明白所有的暗示,这把她气疯了"。第二天史迪威补充说:"[美龄]说她昨晚和蒋介石一起祈祷,她告诉我她'尝试了所有的办法,只差杀了蒋介石了'。"③

开罗会议通过了我们通常所说的《开罗宣言》,宣言要求盟军在目标、战略和政策上要高度统一。更重要的是,此前11个月的宣传取得了成效。宋美龄访美期间以其出色的演讲才能征服了许多美国人,现在,罗斯福政府用提高蒋介石政府的国际地位来支持宋美龄,这种姿态虽然是象征性的,却不乏意义。

罗斯福总统向国会提请废除存在了半个世纪之久的《排华法案》,他想通过这种方式来支持美国公众希望和中国进行更多合作的要求。实际上,废除《排华法案》的压力早在宋美龄成功访美的那一年就开始了。美国国务卿康德尔·赫尔1943年6月和宋子文谈话时,就暗示他和他的同仁已提请国会议员关注中国渴望

---

① 一些美国人甚至在二战前就把宋美龄视为和她丈夫蒋介石一起统治中国的联合统治者。早在1937年,《纽约时报杂志》就说宋美龄是"蒋介石非正式任命的外交部长,当蒋介石会见外宾时,宋美龄以短促的伦敦音做翻译,尽管她是从美国韦尔斯利学院毕业的。只要有可能,那些外宾总会去见宋美龄而非蒋介石。"参见波拉·莱克勒的《蒋介石为自己贴金》,《纽约时报杂志》,1937年1月3日,第6页。
② 关于这次会议的情况,参见《美国对外关系:开罗会议和德黑兰会议,1943》,第307页、322—323页、349页、366页、367页。从参会人员名单上可以看出,宋美龄是唯一一个既会说汉语又会讲英语的人。
③ 史迪威文献,第263页。

真正平等的愿望①,解释说国会当年通过《排华法案》是出于回应西方一些国家和地区对中国劳工输入的恐惧。时光流转到20世纪,尽管中国已成为美国太平洋战区尊贵的同盟,这条法案还在禁止中国人移民美国,罗斯福政府毫不回避地说这对中国来说是一种侮辱,在参加开罗会议的前一个月,总统提请国会废除该项法案。从开罗回来之后,罗斯福高兴地宣布他已签署了废除这项法案的法令。虽然新的条例每年只允许100多名中国人进入美国,但正如罗斯福在宣布废除该法案时所说的,这一变化象征着中美之间美好的感情以及美国对中国的好感。

为了强调盟军之间的联合,特别是美国与中国的联合,罗斯福总统圣诞夜在海德公园发表了亲切的广播讲话,讲话中他向美国人民宣布了开罗会议和德黑兰会议所取得的成就。在谈到中美关系的和谐发展时,他说:"今天,我们和中国比历史上任何时期都更加紧密地团结在一起,情同手足地朝着共同的目标迈进。"②

二战期间,宋美龄确实以她在公共场合的亮相征服了美国人,从1943年2月18日在国会演讲,到六个星期后在好莱坞露天剧场最后一次在美国公共场合露面,大约有250万美国人见到了宋美龄,还有为数众多的美国人从广播里听到她的演讲。③ 宋美龄除了为中国的一切蒙上了正面色彩外,还象征着美国传教士几十年来致力于播撒的思想——建立一个民主的、基督教的中

---

① 美国国务卿整理的会谈纪要,1943年6月28日,《美国对外关系:中国》,1943年,第65—67页。
② 圣诞夜炉边聊德黑兰会议和开罗会议,1943年12月24日,罗斯福:《公共文件与讲话》,1943年,第556页。
③ 这是我自己的估计,当然是保守的估计,我把蒋夫人此次美国之行中参加各类游行、聆听宋美龄演讲的人数都计算在内。

国,正一步一步变成现实。伴随这一设想而来的热情和乐观感染了许许多多的中美关系评论者,宋美龄成功地将中国人格化了。不管宋美龄如何突出中国正发生的政治变化和社会变化,她已使自己成为美国考虑未来中美关系的一个重要人物。她以强调中美之间的相似性这一引人注目的方式做到了这一点,她是美国希望以自己的方式改造世界上其他国家的一个实实在在的证据。

从更大的战争背景上来看,宋美龄适合时宜地强化了当时的性别观点。伊莱恩·泰勒·梅指出:"即便是在战争期间,美国人也推崇女性的家庭角色。"①男人们在国外的战场上为"家庭生活"流血牺牲,这一态度本身就强化了传统观念中的性别建构。美国国内的"家庭文化"和美国在国外的"文化攻势"并行不悖,导致美国将自己衡量男女两性之间和谐关系的标准,应用到其他国家,比如在这里就以中国为试金石。② 中国的蒋介石和蒋夫人正努力达到一种类似于美国的性别标准,这一观念进一步巩固了中国正在步美国后尘的看法。美国的评论家一方面把宋美龄放在他们自己民族的社会框架内,另一方面也明显地把她置放到美国对性别的"文化建构"之中。

但富有讽刺意味的是,作为一个超越了传统对女性和女性能力界定的人物,宋美龄吸引了很多女性的目光,她们将她视为女性地位变化的重要典范。就像一个杰出的政治家一样,宋美龄同时扮演着两种互为矛盾的角色:既符合传统女性的标准而又给女性角色带来了变化,后一方面表现在她发表的文章和对美国公众

---

① 梅:《返航:冷战时代的美国家庭》,第 90 页。
② 我把梅的著作和罗森堡的《传播美国梦》,特别是其第十章放在一起,来看一看家庭观念在二战时期是如何向外延展的。

第五章　宋美龄和中美关系的人格化

的演讲上。

宋美龄二战期间的声望一直延续到日军投降后很长一段时间。尽管对她有批评性的报道,有不以为然的文章,以及其他着眼于国民党腐败无能的文章(多数是二战后出现的),宋美龄在美国依然享有很高的声望,而她丈夫蒋介石的威望却在国民党中日渐走下坡路。① 即便是二战结束三年后,在1948年12月美国评选的最受尊敬的人物榜(男女一起参评)中,宋美龄位列第二,仅次于埃莉诺·罗斯福。② 一年以后,即便是国民党政府垮台,逃到台湾去之后,宋美龄仍然是全美前五位最受欢迎的人物。③

无疑,宋美龄的丈夫蒋介石对于塑造美国的中国幻象和美国对未来中美关系的设想也起到了至关重要的作用,但他在许多重要方面无法和妻子宋美龄相提并论,因为宋美龄将其身上的中国元素和美国元素同时展现出来,她非常完美地将美国长久以来对中国的兴趣和愿望象征性地表达了出来。

当美国和亚洲的日本进行严酷的战争时,宋美龄提供了另一种亚洲形象,一种有着美国的政治理想、有着美国的社会结构,甚至有着美国式幽默的亚洲形象。如果说美国和日本的战争是"残

---

① 关于国民党政府的腐败,参见伊萨克斯的《亚洲没有和平》,特别是第43—80页,以及白修德和雅各比的《中国响惊雷》。对中国实事求是的批评在二战中特别是史迪威1944年秋被召回后开始出现。伊萨克斯1944年11月发表在《新闻周刊》上的文章尤其绘制了一幅真实的中国图画。不过总的来说,蒋介石依然得到美国各大媒体的支持,特别是亨利·卢斯的时代公司。
② 盖洛普:《盖洛普民意测验:公众舆论,1935—1971》,第1卷第775页。从1948年11月28日到12月3日,一直就同一个问题进行调查:"你最敬佩的女人是谁?"宋美龄位居第二,修女肯尼和克莱尔·布斯·卢斯分别名列第三、第四。
③ 同上,第885页。在1949年的民意调查中,宋美龄排在罗斯福夫人、修女肯尼、克莱尔·布斯·卢斯和海仑·凯勒之后。

酷无情的",那么宋美龄则代表着完全相反的图画:美国人民和亚洲人民密切合作的图画。她以自己在公众面前的权威形象,以她的美貌、智慧、魅力、高雅和纯熟的英语,征服了美国人,因为她符合美国对文化联盟和军事联盟的寻求。

第六章　二战时期中美关系的内幕

> 认为中国是世界强国的想法是一个天大的笑话,我担心不久的将来我们会为这种宣传付出惨重的代价。
>
> ——格斯·帕顿致约翰·J.哈钦森的信,1944年

在中美表面上合作、和谐的面纱下,隐藏着令人失望、痛心的复杂同盟关系。宋美龄可以用自身中美因素的完美结合感动众多美国公众,赢得他们的同情,但她不能改善中美因战略分歧而造成的总体上的不和谐。美国驻中国的许多军事和外交人员都认为蒋介石所有的努力是尽可能地积累战略物资,而让美军去击溃日军。这样的战略和美国希望中国能积极地参加对日作战,寄望国民党军队能够拖住日军主力的想法不无冲突。

蒋介石初闻珍珠港事件时的兴奋,说明他敏锐地捕捉到了长久以来局势发展的趋势。美国参战后,中国不仅不用孤立作战,而且还能从美国那儿源源不断地得到军需品和资金援助。由于美国的援助有助于巩固他的政治地位,他希望二战结束时能以自己强大的实力发动内战,彻底击垮共产党。①

因此,中美关系是两层意义上的。在一个层面上,中美之间

---

① 更多这方面的论述,参见沙勒的《美国十字军在中国:1938—1945》,第五章。

似乎体现了彼此的希望和未来的愿望；而从另一个更直接、更严肃的层面上看，则是两种截然相反的战略，在这一个层面上，中美之间的矛盾是这样产生的：美国想从蒋介石那儿得到更实惠的军事支持，而蒋介石同样下定决心采取截然不同的战略。

由于蒋介石夫人宋美龄走遍美国各州，获得了美国民众的喝彩，让他们对中国产生了美好的印象，一些美国评论家开始担心美国高估了中国的能力，赋予了中国人与事实不相符的无私动机。一些支持国民党的美国人甚至担心当美国人发现中国人不像某些人说的那样智慧勤劳，坚定不移地实现民主政体后会有一个情绪上的反弹，而这种情况很有可能发生。

第一个提醒美国公众注意的是卓有影响的赛珍珠。赛珍珠曾用自己的小说和相关文章帮助打造了20世纪30年代浪漫的中国形象，现在她开始质疑自己早期的立场，警告说如果美国人一直抱有这样的看法，到头来受伤害的可能会是美国人。赛珍珠决定将这件事说出来，说明二战期间中国在美国的影响达到了顶点。令人有些惊讶的是，《生活》画报1943年5月刊出了赛珍珠的担忧，这篇文章后来成了卢斯的支持者用来说明卢斯在描述中国时采取平衡立场的证据。但如果细读那篇文章，会发现赛珍珠并没有探讨中国真实存在的问题，而是通过谴责美国来回应先前那种狂热的浪漫化中国情结。赛珍珠把文章拿给《生活》画报发表时，声称要给燃烧起美国人愿望的中国热泼泼冷水，而卢斯为要不要发表这篇文章颇感头痛。① 不过，卢斯犹疑的原因不在赛

---

① 中国的修正主义者和卢斯的支持者认为，卢斯为要不要发表赛珍珠的文章前后思量，最后由于不想被别人批评给美国人提供了一幅不真实的中国图画而采取默许的态度，这种说法并不具有说服力。提出这种说法的是埃尔森，见他的《时代公司的世界》，第120页；另外，尼尔斯在《亨利·卢斯〈生活〉与〈时代〉上的中国（转下页）

珍珠的批评本身,因为中国的事实的确如此,而在于文章的基调,因为它和当时美国对中国的评论不相协调。赛珍珠警告美国人看待中国时要谨慎小心,但这并不是因为中国的某些地方出现了腐败,或是蒋介石、国民党政府的一些失利,而是由于罗斯福政府没有将重要的战略物资运送给蒋介石而带来中国政治、经济局势不断恶化。说得更明确一些,赛珍珠认为由于美国"把日本降为第二位要对付的敌人",中国"不民主的力量"最近开始抬头。而且由于中国"在历史上是一个民主国家",这种势头尤其可怕。此外,蒋介石带领他的人民多年来英勇奋战,经历了种种艰难困苦,进行了顽强的抵抗,这使她认为蒋介石的行为是典型的"领导者的行为,只有天才的蒋介石大将军才能做得到"。①

　　在文章的后半部分,赛珍珠再次说明美国扮演了中国不民主力量的帮凶,认为罗斯福政府对中国只采取资金支持,而不进行具体军事援助的政策,对中国出现的问题负有不可推卸的责任。赛珍珠这样写道:随着滇缅公路的切断,美国"不再向中国运

(接上页)形象》中也持这种看法,见 104—106 页。这两位作者都发觉赛珍珠的文章对蒋介石和国民党政府的批评比实际上发表出来的要严厉得多。诚然,她认为中国到了目前这种状况,受指责的应该是美国,而不是蒋介石或国民党政府。此外,正如埃尔森指出的,时代公司的对华政策并没有改变,尽管曾考虑过改变。像卢斯的许多支持者一样,埃尔森和尼尔斯认为卢斯在对待中国问题上持一种活动的思想,因为他时不时地考虑要改变对待中国的态度,但卢斯最终没有改变,因为他做不到。就像埃尔森指出的那样,时代公司对宋氏家族的态度一直没有改变。卢斯说:"和他们搞不好关系……只会对我们不利。"(时代公司备忘录,引自埃尔森,第 121—122 页。)甚至连费正清这样令人尊敬的中美关系方面的专家,也误读了赛珍珠的文章。他写道:赛珍珠和汉森·鲍德温发表在《纽约时报》以及 T. A. 比森发表在《远东观察》上的文章一起,在 1943 年夏天动摇了美国对中国的同情与感伤。参见费正清的《中国情结:五十年回忆录》,第 253 页。美国对中国的看法后来的确有了很大改变,但那是在 1944 年秋天约瑟夫·史迪威将军被召回之后,而且即便是那时,对蒋介石坚持要把史迪威召回的尖刻言辞和负面评价也要考虑到有利于宣传中国这个大前提。

① 赛珍珠:《对待中国问题上的告诫》,《生活》,1943 年 5 月 10 日,第 53—54 页。

送……卡车、卡车组件和汽油"，这暗示出美国把向中国提供援助视为自愿的、单方面的行动，而实际上是由日军侵略造成的。整篇文章从头到尾赛珍珠都在呼应一种广为认可的说法，即美国不顾实际情况，单方面地决定行动方针，是罗斯福而不是日本侵略者，造成了蒋介石如此的困境。在文章的结尾，为了强调这一点，赛珍珠武断地认为，美国目前之所以不给蒋介石政府提供军事援助，是因为要看日本的脸色。①

卢斯在向《生活》的驻中国记者白修德解释他为什么决定刊发这篇文章时，承认期望和现实之间往往存在很大的距离，但他要白修德相信总体上对中国的未来持乐观看法是正确的，他要求白修德继续让《时代》周刊的读者对中国充满信心："现在我们首先要做的仍然是传递信心，而不是瓦解信心。"②

赛珍珠在《生活》画报上发表文章几个月之后，《读者文摘》刊登了《纽约时报》军事通讯员汉森·W.鲍德温（Hanson W. Baldwin）的文章，该文深入分析了美国对中国的同情和过度乐观所带来的一些现实问题。和赛珍珠的文章一样，这篇文章后来也

---

① 赛珍珠文章最后的评论显示了她后来评价冷战时期美苏关系所持的类似的思维方式，认为不论美国采取什么行动或不采取什么行动，克里姆林宫都一味赞成。卢斯虽然发表赛珍珠的文章以显示其对中国报道的平衡，但应该指出的是，《生活》在发表赛珍珠文章的同时，还发表了一篇赛珍珠小传，该小传表现了《生活》一贯的做法，即含蓄、微妙地贬抑那些与它持不同意见的人。赛珍珠小传中提到了她的本名赛登斯特里克，这样做似乎是为了让读者对整个事件有更加全面的了解，但它提到赛珍珠结过两次婚这个事实，卢斯的杂志经常给离婚蒙上道德审判的色彩，但我们知道卢斯和第一任妻子离婚又和克莱尔·布斯结婚，这实在是一个讽刺。另外，《生活》指出赛珍珠1934年之后就离开了中国，尽管它马上又说她对中国人民还是了解很多的。在赛珍珠小传最后，《生活》指出，布克（赛珍珠的姓——译者）并没有指责当时中国的状况，相反，《生活》以赞同的语调说她"谴责了应该谴责的对象"，即指责美国政府和整个美国没有"认识到援助中国的必要性"。
② 转引自哈伯斯塔姆的《无冕之王》，第78页。

被作为1943年中美关系发生变化的证据。① 诚然,鲍德温算不上是蒋介石的辩护者,他没有讨论中国军事和政治状况的恶化,也没有谈国民党政府的错误,而是告诫美国人不要相信只靠空军力量就能打败日本的神话。他说蒋介石很长时间以来就在寻求用美国的空中援助来打败日军,而不愿把自己的军队投入战斗。蒋介石尤其支持陈纳德将军,陈纳德是美国援华第14航空队的指挥官,相信空军力量能有效地打击日本的军事力量。针对当时对中国褒贬不一的看法,鲍德温称赞中国人民的勇气和毅力:"中国人的精神没有垮",他宣称,尽管"传教士、战争援助冲动……和纪录片"可能对中国有些赞誉过度,但目的旨在突出中国在"太平洋战场迅速获得胜利"中所起的作用。日军要给美国的军事决策者制造困难,但显然中国不会袖手旁观,中国人民用自己的力量拖住数量庞大的日本军队来"继续对战争胜利作出巨大的贡献"。中国人民勇气可嘉,其"耐心、坚毅、忍辱负重",是世界上其他民族难以匹敌的。文章的结论铿锵有力:"中国在这个围歼计划中定会不辱使命。"②

另一个提醒美国人注意但影响略小一些的例子是欧内斯特·O.霍塞(Ernest O. Hauser)发表在《星期六晚邮报》上的文章,该文成为一些美国期刊从总体上看待中国,尤其是看待宋美龄的一个例子。霍塞的文章在内容上比赛珍珠发表在《生活》画报上的文章还要温和,没有任何要破坏宋美龄在美国良好声誉的意图。但该文一味地称赞蒋介石,说蒋介石"征服了世界上最不浪漫的民族的想象力"。霍塞似乎是在强调蒋介石的力量,相应

---

① 比如,奈特利的《第一起伤亡》,第277—279页,费正清:《中国情结:五十年回忆录》,第253页。
② 汉森·W.鲍德温:《对中国期望过高》,《读者文摘》,1943年8月,第63—67页。

地就忽略了宋美龄的重要性,以一种局限的眼光来看待她的作用。他说"国外对蒋夫人的影响评价过高",而且她的重要性最初是她为中国战争孤儿做了一些事情,以及她为那些同蒋介石打交道的人从中斡旋,体现出来的。霍塞还指出,宋美龄并不像一些美国评论家所说的那样在中国拥有政治权力。①

但私下里对美国国内有增无减的一味赞美蒋介石、赞美中国事物的质疑,比新闻媒体上这些试探性的重新评价要多得多。质疑声中有些是美国军方人员,还有一些是政府工作人员。惠廷·魏劳尔(Whiting Willauer)二战期间是陈纳德将军的助手,后来是中国航空运输队的重要成员,他在1943年5月的日记中写道,美国对中国的赞誉已到了无法控制的地步,他提到传教士由于喜欢用好坏对立的思维方式看待事物而带来的诸多问题。比如,他列举了一些观点,他说这些观点得到了很多人的认可,但实际上并没有多少证据。首先,认为中国事实上是民主国家或愿意成为民主国家明显是不正确的。其次,美国人愚蠢地相信每一位中国人都在无私地战斗着,相信他们唯一的障碍是没有足够的武器装备。最后,中国远远没有统一在蒋介石的领导之下。他谴责美国的同情主义者制造的中国神话,谴责美国官方对中国和宋美龄的不实宣传。他指出:"兜售这些东西是蒋夫人的主要活动。"②这对中国来说是好事,但他担心如果一任这种夸大其词泛滥下去,最后给美国带来的只能是伤害。如果我们注意到魏劳尔一直追随陈纳德将军的话,他的这种观察就更具有吸引力,因为陈纳德将军终生都是蒋介石有力、热情的支持者。

---

① 欧内斯特·O.霍塞:《中国做好了胜利的准备》,《星期六晚邮报》,1944年2月26日,第97版。
② 魏劳尔1943年5月27日日记里的内容,魏劳尔文献,第5卷。

第六章 二战时期中美关系的内幕

　　总统顾问居里也对中国的情况心怀疑虑,但他只把疑虑和美国驻中国事务处的工作人员交流。1943年,当宋美龄遍访美国时,居里致信美国驻重庆大使馆的范宣德(John Carter Vincent),暗示美国很多政府工作人员都对"蒋夫人的巡回演讲很恼火",宋美龄的公众演说不仅引起了对罗斯福政府作战策略的批评,而且,他认为宋美龄还过于热情地游说参众两院的议员,试图促成亚洲优先的战略。居里注意到宋美龄当时的公众发言"语义不断深奥",他举宋美龄在旧金山演讲的例子,说她在一个拗口的长句中使用了"mendacity"、"disjunctive"、"postulate"这些大词儿。①

　　实际上,早在1942年居里已经对中国有所质疑了。该年6月在呈送给总统的中美关系备忘录中,居里说与中国合作会"有所帮助",但这不是打败日本的根本,而对蒋介石来说,有些合作则是"雪中送炭"。居里还发表了其他一些见解,包括当时发表在《时代》周刊上批评罗斯福政府的文章。显而易见,这篇文章是他受中国人的"启发"写出来的。② 与此同时,在给范宣德的信中,他对中美关系充满了讽刺挖苦。他承认自己对"远东印象不好……无论是军事层面上还是政治层面上都没有好印象",并就

---

① 居里的评论值得全文引出来:"蒋夫人第一次来华盛顿并在参众两院发表演讲后的确引起了轰动,但从那以后对她的反应就日渐走下坡路,她随后的许多演讲老调重弹,乏善可陈,而且变得越来越深奥难懂。《纽约时报》1943年3月18日报道了蒋夫人在旧金山举行的盛大演讲,副标题是《胡斯圣地的坍塌》。这个演讲本身有很多闪光点,我喜欢下面的话:'我认为当前纳粹和神道教的谎言与欺骗是人类心灵扭曲、分裂导致的,这些谎言和欺骗不会持久,因为只有真理和对真理的信仰才能经受住时间的侵蚀和暴力的袭击。'"居里1943年3月29日致范宣德信函,第1页,居里文献,第1卷。
② 备忘录:《对中美关系的几点思考》,1942年6月9日,第2—3页,居里文献,第5卷。

当时国民党吹嘘中国如何美好询问范宣德的看法。国民党这样吹嘘:"一、中国是一个没有阶级划分的社会;二、中国是一个真正的民主国家;三、中国有充分的思想、言论自由。"居里在信中如是列举之后,又问道:"你以前怎么没有告诉我这些呢?"①

这些无关大局的不满随着第二年其他问题的浮出水面而不断增长,居里开始明白与宋美龄及其随从在美访问期间有关的一些资金问题了。1943年5月,从出纳的手里开出了100 000美元、61 000美元、59 000美元的大额支票,到了1943年6月中旬,根据居里的记录,宋美龄游说了高达800 000美元的资金援助。②看得出来,这让罗斯福总统很是烦恼,他跟周以德谈话时称宋美龄是中国的"第一女性",并进一步暗示"平息怨言的最好办法是让蒋夫人尽快计划回国",而周以德像精神医师一样试图为宋美龄的行动辩护,他说宋美龄在美国长时间旅行引起的疲劳需要时间恢复,何况她"是一代人中最伟大的演说家",这无疑会使她有时感到劳累过度。总统当然明白周以德的意思,但罗斯福以自己周全的做事风格,表示他担心宋美龄令人敬佩的成功会被一些小事情所破坏,当然,罗斯福说这并不是说他个人对宋美龄有什么意见。③

对宋美龄更多的质疑出现在1944年夏天,这些质疑是公开发表的,当时辛迪加④专栏作家德鲁·皮尔森(Drew Pearson)报

---

① 居里1942年5月13日致范宣德信函,居里文献,第1卷。
② 居里文献,第3卷。
③ 罗斯福总统和周以德议员就蒋夫人访美交换意见绝密纪要,未注明日期,A类档案,宋子文文献,第30卷。该纪要显示罗斯福把他和周以德的谈话视为机密,但周以德"以友谊的名义"将谈话内容透露给了宋子文。
④ 辛迪加专栏作家是指向各报纸杂志出售稿件,供同时发表。——译者注

道了副总统亨利·华莱士最近的一次中国之行。① 皮尔森暗示中国是盟军面临的第一大难题,"比美国公众认识到的要棘手得多"。另外,他在报道中还说蒋介石和另一位女性交往甚密,意味着宋美龄的影响明显在下降。皮尔森指出,只要蒋夫人不和蒋介石生孩子,中国大众的同情与支持就在蒋介石一边。皮尔森还提醒大家注意史迪威和蒋介石之间的不合,在这个问题上他提到《纽约时报》记者布鲁克斯·阿特金森(Brooks Atkinson),说如果《纽约时报》刊登阿特金森的日记,那么中美之间表面的和谐与联合之下的内幕就会被揭开。②

实际上,如果说二战期间有什么事件从负面影响了美国对中国的看法的话,那就是 1944 年秋罗斯福总统决定召回中-缅-印战区的统帅史迪威,还有随后阿特金森为《纽约时报》采写的关于该战区混乱状况的报道,以及哈罗德·伊萨克斯(Harold Isaacs)为《新闻周刊》(*Newsweek*)撰写的同样旨在批评的文章。史迪威被召回在美国引起了反对蒋介石的批评风暴,不过这场风暴很快就平息了。实际上,美国媒体的总体反应是模棱两可的,这部分是由于罗斯福政府决定对此事轻描淡写,因为总统大选在即,罗斯福不让史迪威在公开场合讲话。同时也出于其他方面的考虑,史迪威被召回一事很快就平息了。

---

① 有关华莱士访华的更多内容,参见沙勒的《美国十字军在中国:1938—1945》,第 160—164 页。
② 《华盛顿邮报》,1944 年 7 月 10 日,第 3 版。《华盛顿邮报》专栏作家霍普·拉丁斯·米勒在宋美龄 1943 年访美时曾写过充满溢美之词的文章,1944 年 8 月 8 日。她在自己的专栏中引用了皮尔森的很多观点,详细描述了宋美龄的攻关能力。但她得出这样的结论:"美国人可以相信的是,今后不管美国给不给中国更多的物质援助,蒋介石都是决定中国命运的人,因此,帮助他实现统一、进步的中国这一理想是再好不过的事情。"新闻剪报,普里斯文献,第 2 卷。

史迪威由于对任何事情都尖酸刻薄，因而被称为"醋性子乔"（Vinegar Joe），他和蒋介石之间根本的矛盾在于怎样把中国军队更好地投入到对抗日军的战争中去。蒋介石想保存他的军队，以备日本战败后发动内战，他估计这场内战是不可避免的。因此，为了保护他赖以统治的军队，蒋介石赞同从以下两方面入手。首先，他看到了美国空军在太平洋战场上的威力，只要日军主力不从中国内陆撤走，蒋介石的中央军就达到了牵制日军的重要军事目的。其次，他同意陈纳德将军的总体作战计划，陈纳德认为只要有足够的炸弹和轰炸机，他就能有效地挫败日军，并严重地打击日本发动战争的工业能力。对蒋介石来说，这个作战计划的价值在于不用强迫他把大批军队投入战场。

史迪威不赞成陈纳德和蒋介石的作战计划，他认为进攻性的空战需要相当数量的地面部队来保护空军基地，真正驱逐日军的唯一途径是让他们卷入地面战，而这需要装备精良、训练有素、指挥得力的地面部队。史迪威认为首先要做的是重新开通滇缅公路，这是从盟军的缅甸占领区，经喜马拉雅山，抵中国西南部的一条重要运输线。这条线1942年春天被日军切断，此后，军需物资都是由空运大队的货机通过驼峰航线运到中国来，但驼峰航线对飞行员来说不安全，而且运输的军需物资也十分有限。

史迪威和陈纳德之间的冲突一路传到华盛顿，华盛顿记者约瑟夫·艾尔索普（Joseph Alsop）站在陈纳德一边，极力鼓吹增加援助中国的空军力量。在美国宣布参加二战之前，艾尔索普曾供职于宋子文的中国国防供应部（China Defense Supplies）。作为富兰克林·罗斯福的远亲，他能够利用各种私人关系接近总统的机要顾问哈里·霍普金斯。后来，他来到中国，与陈纳德搭上关系,并得到了空军上校的头衔。①

为了经常和霍普金斯保持联系,艾尔索普在诸多场合坚持认为中国战区"首先是一个空中战区"。在1943年3月写给霍普金斯的信中,他极力强调这一点:"从全球角度来讲,中国首先是一个空中战区,我们应该把装备中国空军、加强中国空军的进攻能力放在首位"。②艾尔索普以陈纳德目前为止所取得的战绩为例,说考虑到陈纳德所能支配的资源非常有限,这些成功是令人称奇的、全面的,陈纳德将军设法"从中国领空"对日军"瓮中捉鳖"。简而言之,他赞同陈纳德扩大驼峰航线运输量的要求,认为"在远东,再也没有比这样做更能以最小的代价,获得最大的战果了"。③

艾尔索普认为,比军事上的分歧更重要的,是史迪威自身的诸多缺点也导致不能充分发挥美国有限的对华援助。他说在中国发动一次地面主攻需要一个高超的指挥官:"他要有想象的天赋、宽阔的视野,有足够的耐心和谨慎的外交才能,而这一切史迪威偏偏都不具备。"另外,史迪威对空军的作用评价很低,这对他也是不利的。艾尔索普认为,实际上,中国要求召回史迪威是因为害怕战局会变得更糟。另一方面,如果给陈纳德将军合适的机会,他就能严重地打击日军发动战争的能力:"他没有输过一次战斗,也没有制定过错误的作战计划。"④两个月之后,艾尔索普又

---

① 沙勒:《美国十字军在中国》,第134—137页。
② 艾尔索普1943年3月1日致霍普金斯信函,第11页、19页。霍普金斯文献,第331卷。
③ 同上,第18页。
④ 陈纳德及时向罗斯福汇报了自己的情况。1944年初他在给哈里·霍普金斯的信中认为,如果他的空军力量装备充足,他们就会给"日本的空中力量以沉重的甚至毁灭性的打击"。参见陈纳德1944年2月8日致哈里·霍普金斯信函,霍普金斯文献,第331卷。

致信霍普金斯,告诉他中国的局势目前十分严峻,他甚至担心中国会起内讧。而且,日军制定了作战计划,要对国民党的战时首都重庆发起进攻。除非陈纳德有办法搞到更多的军需物资和飞机,否则,蒋介石将无法阻止日军占领重庆。①

当艾尔索普和陈纳德游说得到更多的空战支持时,情形变得愈发复杂,关于中国战况日趋恶化的总结报告经由哈里·霍普金斯,通过居里传到白宫。其中有一份报告是两位外国医生写的,谈的是宜昌前线的情况,陈纳德、艾尔索普和蒋介石担心日军会以此处为突破口进攻重庆,该报告详细说明了宜昌前线士兵骇人听闻的身体状况。当时士兵的饮食主要是陈年的大米、咸菜、盐巴和辣椒,这些东西同样是陈年旧货,谈不上什么营养价值。常见的流行病,像斑疹伤寒、痢疾、天花,使士兵数量锐减。②

另一份报道来自驻中国华北的白修德,此时美国人还在啧啧称道蒋介石夫人宋美龄令人敬仰的仪态。白修德的急件描述了1943年河南发生的大饥荒,采访该地区时,他发现他和他的同伴一直受到中国官员的热情款待,包括"莲子羹、辣子鸡、牛肉、荸荠……炸春卷、热馒头、豆腐、鸡、鱼……两道汤,外加三个白糖饼",而农民"为了活下去,吃榆树皮、花生壳、水草"。这种罕见的饥荒是1940年、1941年连续两年歉收和1942年春小麦绝收造成的,而大灾之年,中央政府一如既往地以谷物征税。税额超过收成的农民被迫卖掉家畜和薄产,很多时候是卖掉土地,来凑齐粮食税。交不上的常常要遭到毒打,结果造成了令人惨不忍睹的现状:到处都是饿死和濒临饿死的男女老少,包括婴儿,街头路边

---

① 艾尔索普1943年5月7日致霍普金斯信函,霍普金斯文献,第331卷。
② 居里1943年4月13日致霍普金斯备忘录,并附有相关报告,霍普金斯文献,第331卷。

尸体遍地。饥饿导致出现了人吃人的现象,还有一些人不堪忍受,杀死自己的家人后,再自杀。河南是一个有着 2 000 万人口的大省,白修德估计有 500 万人饿死,300 万人逃难。邻省由于顾虑他们的余粮以后会涨价,拒绝出售粮食给饥民。中央政府对此事反应迟缓,而且不作为,后来拨了 1 亿元(中国货币)用于救灾。但这笔钱有两个问题很快暴露出来,一个是纸币迅速贬值,而中央政府以粮食的形式征税,不要货币代付;另一个问题是灾民最急需的是食物。中央政府的救灾款只是进一步延缓了灾民迫切需要的粮食救济。①

　　白修德对中国河南灾情的描述不仅呈送到美国总统那儿,部分内容还刊登在《时代》周刊上,流传到美国各地。1943 年 3 月份的《时代》周刊刊登了经过大幅删改的白修德报告,这时蒋夫人宋美龄正从纽约赶往芝加哥一路做宣传,她对这件事非常恼火,坚持让卢斯解雇白修德,但遭到卢斯的拒绝,此后,白修德又继续为时代公司效力了三年。② 卢斯刊登中国灾情报告的原因与其说是出于谴责蒋介石和他的政府的目的,不如说是他的传教士本能使然。灾情已经发生,这一点卢斯无法否认,但他能做的是刺激蒋介石政府行动起来,而不是一味地责备。白修德在报告中将地方和中央政府没有设法阻止大规模饥荒爆发的错误一五一十地罗列出来,但《时代》周刊自作聪明地在编者中为相关责任方开脱:"中国的问题由来已久,中国历史一再上演战争、水灾、饥荒的循环,《时代》周刊记者白修德上周以第一手的资料证实了这一

---

① 居里致霍普金斯备忘录,附有白修德撰写的未经审查删改的河南灾情报告全文,
　1943 年 5 月 28 日,霍普金斯文献,第 331 卷。
② 白修德:《探索历史:个人奇遇》,第 154 页。

点。"①白修德写给总统的报告中提醒到,很难保证在河南这样的地区让农民支持蒋介石的军队,因为国民党政府对该地灾民极端境况的反应令人齿寒,但《时代》周刊上刊登的白修德报告中并没有这样的警告。

大饥荒造成的后果,再加上国民党政府内部不断腐败,在1944年春天日军发起大规模的"一号作战"攻势时,已经非常明显。日军在太平洋上遭到美国海军和空军的重创,导致日本帝国司令部认为只要在中国和东南亚站稳脚跟,就能保证日军继续抵抗下去。从1944年4月份开始,日军突破黄河南岸,侵入河南境内。② 河南的中国驻军迅速溃退,部分原因是农民揭竿而起,反对国民党军队,一份报告中估计农民缴了50 000名国民党士兵的械。③ 从这个角度看,饥荒对军事形势产生了相当大的影响,因为日军迅速向南蚕食,造成大量中国士兵伤亡,威胁到中国的整个战局。

日军的胜利,包括占领了很多陈纳德以前的空军基地,使得罗斯福认为史迪威是对的。④ 因而,当美军参谋总长马歇尔同意并请求罗斯福要蒋介石让史迪威直接统领他的军队时,罗斯福在1943年6月签署了同意令。现在,蒋介石面临着他不喜欢、始终难以接受的一个人来统领他的军队。但蒋介石并没有立即反对罗斯福的强硬建议,相反,他拖延时间,请求美国派一名调停者来

---

① 白修德:《庄稼收获之后》,《时代》周刊,1943年3月22日,第19页。
② 更多关于"一号作战"计划的情况,参见齐锡生的《战时国民党中国:军事溃败与政治瓦解,1937—1945》,第68—81页。
③ 白修德与雅各比:《中国响惊雷》,第177—178页。
④ 沙勒:《美国十字军在中国》,第159—160页。也可参见齐锡生《战时国民党中国:军事溃败与政治瓦解,1937—1945》,该书(第80页)指出:"1944年,中国军队唯一令人满意的表现是史迪威领导下的缅甸远征军。"

帮助完成指挥权的变更。罗斯福默许了,并决定委派赫伯特·胡佛(Herbert Hoover)时期的战争部长帕特里克·J.赫尔利将军前往中国调停。赫尔利对世界略带天真的看法很大程度上是他在家乡俄克拉荷马州基于对共和政治-民主政治的不同认识形成的,这使他对中国复杂的政治情况一筹莫展,随着中国军事局势的不断恶化,他很快掉进了某些人设计的陷阱。该年9月,罗斯福发来一道措辞严厉的命令,但事实证明史迪威高兴得过早,赫尔利站在蒋介石一边,而此时蒋介石要求召回史迪威,称二人性格不合,暗示无论如何得让其中的一个人满意。①

其他向白宫汇报中国情况的还有约翰·佩顿·戴维斯(John Paton Davies),他是美国驻外事务处的一个低级职员,接受史迪威的领导。1944年秋天,他注意到对国民党政府的普遍不满很容易导致重庆政府顷刻间瓦解。因此,他认为美国不应该继续错误地"一厢情愿地支持中国"。中国的四大家族"对中国来说是危险因素,正带领中国误入歧途"。② 之前戴维斯就写过报道,说蒋介石"可能是唯一一个美国人普遍误解的中国人,认为蒋介石就是中国",戴维斯认为蒋介石不愿意改革的原因是他坚信美国人最终不会不管他。③

罗斯福面临着两个他不愿意看到的选择:他可以支持史迪威,对蒋介石施加压力,强迫他进行某些改革;或者他可以立即同意蒋介石更换一个新的指挥官的要求。第一个选择正如赫尔利在给总统的便笺中敏锐地指出的,这样做有可能会失去中国;第

---

① 沙勒:《美国十字军在中国》,第164—175页。
② 霍普金斯致总统备忘录,附有报告原件,1944年9月8日,图文文献资料室,第165卷。
③ 戴维斯1943年12月31日致霍普金斯备忘录,第1页,霍普金斯文献,第334卷。

二个选择从根本上把中国战场排除在将来任何重要的军事行动之外。在拖延了一段时间后,到了 1944 年 10 月 18 日,罗斯福选择把史迪威召回美国,让魏德迈将军去接替史迪威。

当时,跳岛战术(Island-hopping strategy)①在太平洋上的成功使用,使得召回史迪威事件容易为人理解,至少一定程度上看起来是这样。1944 年 9 月,美军占领了马里亚纳群岛(Mariana),美国的 B-29 轰炸机就能从塞班岛(Saipan)和关岛(Guam)的空军基地直接轰炸日本的岛屿,中国的战略地位变得不像以前那样重要了。这样,到了 1944 年底,太平洋战场军事局势的变化逐渐消除了早期影响中美关系的感情因素。

这个事件毫无疑问引发出大量的报道,尽管美国政府设法不事声张,它还是成了美国各地报刊的头版新闻,意味着这件事不仅对中美关系有重要影响,对美国在太平洋战场的军事政策也有影响。布鲁克斯·阿特金森 1944 年 10 月 31 日在《纽约时报》上透露了这桩新闻,随后四天该报连续发表了三个编者按,然而,每一篇编者按都是抚慰的语调,而不是建议从根本上重新考虑中美关系。《纽约时报》及时告诫它的读者,对于史迪威被召回事件,在匆忙得出结论之前,要承认一些"事实",说蒋介石自 1937 年以来,一直坚持不懈地抗击日军,这期间尽管日军多次不无诚意地提出过和平,蒋介石都坚决地予以拒绝。《纽约时报》进一步说,中国的抵抗尽管在成效上有所下降,依然继续在牵制大批日军:

---

① 跳岛战术,也作蛙跳战术,是第二次世界大战后期,美军收复东南亚日军占领的诸多太平洋岛屿时所贯彻的战术。所谓跳岛战术,即不采行逐一收复各岛的战法,而是收复一个岛屿后,跳过下一个岛屿,攻占下下一个岛屿,特别是跳过防守比较严密的日军岛屿。透过跳岛占领,以海空封锁的方式来孤立日军占领的岛屿,迫使其最后不得不屈服(宁死不从者饿死),如此大幅提升了收复的进度与成效。——译者注

"因而,我们欠中国士兵和中国人民的,无论我们怎样做都回报不了。"此外,蒋介石仍然有可能全面改善中国的情况,如果他进行必要的改革,他的威信会"有所提高,而不是下降"。《纽约时报》宣称,且不管蒋介石最终的行动和改革如何,"我们不能失去和中国人民的友谊,我们不能不感谢蒋介石,他经历了最严峻的考验,并拒绝向日军投降。东方的和平如果没有中国的稳定和繁荣,是不可想象的"①。

《纽约时报》第二天的编者按继续对来自中国的消息进行正面评论,说虽然中国最近发生的一些事情显示中国的局势出现了一定程度的混乱,但这些事情证明"即便蒋介石有过错,**即便他身边的人犯的错误再多**,他依然得到中国人民的支持"②。换句话说,正如多数支持蒋介石的美国人所认为的那样,国民党政府的腐败和管理不力不应该归咎到蒋介石身上,《纽约时报》后来(11月4日)刊文,说国民党政府没能把抗日战争彻底进行下去,也许不应该责备蒋介石。相反,该文推测道:"某种程度上,也许过错在我们美国人身上,特别是在那些自称是中国人最好朋友的美国人身上。"这种结论背后的逻辑是这样的:在中日战争初期,美国人草率地认为假以时日,中国人最终会赢得战争的胜利,因为中国地域辽阔,人口众多,日本侵略军迟早会被拖得筋疲力尽。问题是不久前持这种看法的美国人忘记了他们原先的看法,这一点正如《纽约时报》指出的:"向中国人兜售了他们最终会赢得胜利的思想后,我们美国人却淡忘了我们的观点,我们没有耐心向蒋

---

① 《中国危机》,《纽约时报》,1944 年 11 月 1 日,第 22 版。
② 《中国的危机》,《纽约时报》,1944 年 11 月 2 日,第 18 版,强调系笔者所加。

介石践行我们鼓吹的思想。"①

《纽约时报》第三篇较长一点的编者按采取了完全不同的态度,认为尽管中国目前陷入危机之中,但罗斯福的对华政策并不是失败的:"每一个在太平洋战场上牺牲的美国人都是为中国的自由而战,同时也是为世界任何地方的自由原则而战"。而且,尽管中国有很多需要自己解决的内部问题,《纽约时报》又一次赞美蒋介石是一位能继续将中国统一起来,并进行必要改革的人。《纽约时报》不无希望地说,中国是美国尊重和敬佩的国家,如果美国军队登陆中国海岸,就会让"'涓涓细流'的援助……变成滔滔的洪流"。②

《华盛顿邮报》也以几乎同样安慰的语调,在1944年11月2日刊登了编者按,认为最近美国的中国幻象也许是以前美国对中国过度同情和乐观看法的自然反应。蒋介石显然在准备进行根本的改革,他能继续统治中国是美国太平洋战场战略的重要一部分。③ 专栏作家巴奈特·诺弗(Barnet Nover)在同一期《华盛顿邮报》上针对这一问题提出了自己的看法:虽然最近来自中国的报告使美国人对中国的状况有了"一定了解",但仍然存在一种危险,这就是对此事的过分热衷会严重损害中美关系。诺弗承认蒋介石无疑是一个纸上谈兵的独裁者,但他接着解释说,蒋介石所处的这个位置险象环生,需要灵活的政治手段才能将不同的派系

---

① 《纽约时报的话题》,《纽约时报》,1944年11月4日,第14版。这篇文章接下来讨论称蒋介石为反动派或保守派是否准确。"现在,毫无疑问,蒋介石在中国内部问题上是保守派",《纽约时报》这样说,它注意到在对待中国共产党的态度上,蒋介石是一个"法西斯"。《纽约时报》承认,"蒋介石是一个'反动派'","但他没有和日本媾和"。

② 《是危机而不是失败》,《纽约时报》,1944年11月4日,第14版。

③ 《中国的困境》,《华盛顿邮报》,1944年11月2日,第8版。

和地方军阀统一起来,共同抗击日军。①

正当美国各地最知名的报纸在编者按中寻找史迪威被召回事件的新闻热点时,对中国抗日战争的不利描述开始从布鲁克斯·阿特金森和哈罗德·伊萨克斯那里传播出来。阿特金森的报道为了躲避审查,必须等他离开中国后才能发表。他在报告中叙述了蒋介石和史迪威很长时间以来的不合,口吻明显地同情后者。他说蒋介石从本质上讲是一个军阀,也就是说他把军事力量作为政治筹码。国民党政府在阿特金森眼里已变成了"官僚、无能、腐败",史迪威的被召回意味着"垂死、反民主的政体"获得了胜利,这个政体"更关心自己的政治霸权,而不是把日本侵略军赶出中国"。阿特金森说美国现在"至少是被动地支持一个在中国越来越不得人心、越来越失去信任的政府,支持一个建立军统、中统等特务组织并在集中营里关押政治犯的政府,支持一个压制言论自由、反对民主力量的政府"。阿特金森在文章的结尾试图给人以希望之光,说尽管最近美国的行动暗示出美国正"默许一个在思想和实际行动上都不讲民主的政府存在",但中国人民依然是"令人满意的联盟"。②

哈罗德·伊萨克斯在《新闻周刊》上发表了两篇文章,支持阿特金森的说法。伊萨克斯说史迪威是在和"惰性、腐败、无能、可疑动机"的斗争中败下阵来的,而这些力量的胜利明显意味着"中国被排除在消灭日军的计划之外"。③ 伊萨克斯的第二篇文章详

---

① 巴奈特·诺弗:《作为领袖的蒋介石》,《华盛顿邮报》,1944年11月2日,第8版。
② 布鲁克斯·阿特金森:《史迪威被召回暴露其与蒋介石的分歧》,《纽约时报》,1944年10月31日,第1、4版。
③ 哈罗德·伊萨克斯:《孤身战腐败:史迪威事件背后的故事》,《新闻周刊》,1944年11月13日,第44—47页。

细叙述了中国士兵的现状,他说中国士兵已不像往常那样,为打败日军高高兴兴地参军,中国官兵的死亡人数多达受伤官兵的一半,而如果军事指挥得当,这些死亡本来是可以避免的。①

另一个坦率直言进行批评的是西伯恩·韦安特(Thoburn Wiant),他从伦敦向美联社发来报道。韦安特直截了当地说:"中国没有民主。也许没有比国民党更独裁的政府了,那里没有言论自由、出版自由,也没有其他的一些自由。"谈到史迪威和他的被召回事件时,韦安特对史迪威称赞有加,说他"很长时间以来所受的磨难、他强烈的责任心、他的忠诚和完满的服役应该得到高度认可"。②

阿特金森、伊萨克斯和韦安特是仅有的、一致从负面报道中国情况的三位记者,其他的报刊有些完全站在中国一边,继续支持蒋介石和国民党,言辞激烈地指责美国。《基督世纪》(*Christian Century*)甚至控诉美国、英国、苏联和日本一起进攻中国,说罗斯福派史迪威去统帅中国军队是令人难以接受的,难怪蒋介石坚持要求把他召回。③ 其他一些媒体从中国政治同党的视角来评价整个事件,因此,把责任全都推到罗斯福身上。《华尔街日报》(*Wall Street Journal*)指责罗斯福搞坏了美中关系,说近来蒋介石被描述成一个"有一些优点但有很多过失的人",同"世界其他地方的许多人"无异。④《芝加哥论坛报》(*Chicago*

---

① 哈罗德·伊萨克斯:《无知的指挥官和现代化武器:中国军队内部的故事》,《新闻周刊》,1944年11月20日,第44—48页。
② 西伯恩·韦安特的文章题目如下:《独裁者手中的中国》,《纽约时报》,1944年11月1日,第2版;以及《蒋介石对共产党的恐惧使他付出战争代价》,《华盛顿邮报》,1944年11月1日,第1版。
③《基督世纪》,1944年11月15日,第1页。
④《审查制度与愚蠢行为》,《华尔街日报》,1944年11月1日,第6版。

Daily Tribune)强烈谴责罗斯福,为蒋介石辩护,认为考虑到当时的情况,蒋介石的请求"不是完全没有道理",中美关系的危机不仅证明了"罗斯福如何无力控制蒋介石",而且证明了罗斯福外交政策上的谬误。① 雷蒙德·默利(Raymond Moley)发表在《华尔街日报》上的文章也持相同的观点。默利以前曾是美国智库的一员,也是美国国务卿康德尔·赫尔的助理,他对"新政"在1935年转向左派感到幻灭,于是便离开了政府管理部门。1944年,作为哥伦比亚大学的教授,他想看看共和党总统候选人托马斯·杜威"在处理与蒋介石的关系上会犯怎样的、罗斯福先生还没有犯过的错误"②。

总的来看,美国媒体对史迪威被召回的反应褒贬不一,尽管有一些评论家对中国进行了苛刻的批评,但仍有很多人继续寻找中国的优点。赛珍珠又一次站出来为中国说话。1944年12月她在《纽约时报杂志》上发表文章,认为如果在战争中给中国合适的位置,蒋介石的地位就会加强,必要时他能够运用自己的权力,争取和中国共产党真诚合作,但罗斯福政府采取的政策使他无力争取这种国共联合。她说中国人欢迎美国近来对蒋介石的重新评价,因为这意味着美国人丢弃了他们原先对中国过于情绪化、浪漫化的看法,这一点中国人从一开始就感到不自在。并说中国人仍然热爱他们的领袖,就像"苏联人热爱斯大林、英国人热爱丘吉尔,甚至就像美国人热爱……罗斯福一样"。然后,赛珍珠通过例证以及强调她对史迪威的批评,做了一个有点荒谬的类比:"尽管丘吉尔和蒋介石很相像,但美国人并没有批评我们的同盟国英

---

① 《中国的真相》,《芝加哥论坛报》,1944年11月3日,第12版。
② 雷蒙德·默利:《最后的恫吓》,《华尔街日报》,1944年11月3日,第6版。

国,而却批评我们的同盟国中国,虽然中国为我们而战的时间比其他任何国家都更长。"①因而毫不奇怪她在文章的结尾表现出乐观的情绪,对中国近期发生的一些事情轻描淡写。她认为中国尽管目前黑暗笼罩,但已经开始致力于建设一个民族统一、政治民主的国家。

  蒋介石十分关心美国公众的反应。蒋介石的朋友、长老会传教士弗兰克·普里斯在一封信中告诉他:"最近美国的舆论对中国不利,而公众的意见很大程度上会影响政府的决策。"普里斯给蒋介石提供了一些如何扭转美国公众舆论的建议,说蒋介石首先要做的是"大刀阔斧地重组政府,将军队置于自己的领导之下,让有能力的新人为中央政府效力"。尽管美国当时对蒋介石不利的公众舆论铺天盖地,普里斯在刚刊发的《纽约时报》编者按中仍然看到了信心,信的结尾他援引耶稣的话,暗示通过对中国作出最大的牺牲,蒋介石和国民党最终会"赢得最大的荣光,过上更好的生活"②。

  几个月之后,在1945年2月,普里斯又建议蒋介石怎样做才能影响美国的舆论。他提醒蒋介石如果美国对国民党政府进一步丧失信心的话,会对军事决策产生不利的影响:"我们必须尽一切努力让美国对国民党政府抱有信心,并证明国民党的政策是自由、合理、民主的。"为了证明他的想法的合理性和可行性,普里斯鼓动国民党主动向共产党示好,这样,如果共产党不接受的话,就可以把责任推到共产党身上。③

---

① 赛珍珠:《中国历史上的"黑暗时刻"》,《纽约时报杂志》,1944年12月17日,第9版、44—45版。
② 普里斯1944年11月16日致蒋介石信函,普里斯文献,第1卷。
③ 普里斯1945年2月4日致蒋介石备忘录草稿,普里斯文献,第1卷。

尽管如此，美国的舆论并未发生变化，至少根据送到白宫的各种报告来看如此。相反，这些报告显示中国的情况继续恶化。居里将伊萨克斯没有经过审查的中国状况分析呈送给总统，这份报告比他发表在《新闻周刊》上的文章要详细得多。① 伊萨克斯首先评价了史迪威被召回事件在美国的影响，然后对美国媒体极度失望，因为美国媒体在"对中国问题表演了一番烟火之后"，只揭示出"有限的现实"，而且就是这一点有限的现实随后"也立刻淹没在揭自家短、满足于半真半假的真相和编者按的自责之中了。烟火是点燃了，但烟火表演在一片烟雾弥漫的混乱中结束了"。伊萨克斯说，蒋介石和罗斯福都有责任来挽回不体面的局面，现在，由于发生了一些表层的变化，"公共出版物就流露出互相友好的思想"。伊萨克斯说，让魏德迈取代史迪威，并允许赫尔利继续完成他的使命，并没有产生明显的效果。实际上，身材魁梧、留着两撇白胡子的俄克拉荷马人赫尔利脑子已经糊涂了："赫尔利陷入了一群政客当中，这些政客的政治手腕是俄克拉荷马最高超的扯皮术都难望其项背的。"他为国共联合付出的巨大努力没任何效果。从军事层面来看，蒋介石的军队要继续等待，直到美国消灭了日军。

魏德迈将军取代史迪威后，中-缅-印战区就被分成两个人统领。一是魏德迈统帅中国军队，二是缅甸军队和印度军队转到丹·苏丹（Dan Sutan）将军的麾下。1945年2月苏丹向马歇尔汇报时夸赞史迪威把现在和他打交道的那部分中国军队训练得十分出色，其中一些军队好到"任何一个指挥官所能希望的"程

---

① 居里关于伊萨克斯的报告致罗斯福备忘录："然而，我难以想象这份报告能躲过军方的检查，发表在《新闻周刊》上。"参见居里写给罗斯福的备忘录，附有七页报告原文，1945年1月17日，总统机密档案，第27卷。

度。令人感兴趣的是,魏德迈在自己指挥的战区内赞成使用史迪威的战略计划。如此,魏德迈和蒋介石、陈纳德两人都有分歧,他说如果要对日军发起有效的进攻,"多得不成比例的兵力、物资都会被分配到陈纳德那儿";他认为史迪威所主张的仅依靠空军力量并不能打败日军的预言是正确的。简而言之,他呼吁接下来的几个月内,将驼峰航线运输的大部分物资分发给地面部队,只有这样,陆、空力量才能联合起来,共同打击日军。①

二战期间,中美之间的军事、外交关系和美国联合援华会、时代公司描绘的玫瑰色形象大相径庭,但这幅真实的中国图画很大程度上不为美国公众所知。诚然,确实发表了一些批评性的报道,但为了追求平衡,出于整个战局考虑,美国的媒体,包括罗斯福政府的宣传,主要对中美之间的合作与和睦感兴趣。

至于罗斯福,一位历史学家评价说他二战期间对外交政策的处理就像一个老练的杂技演员,一个在公众面前表演的人,把欧洲、非洲、南美等像球一样投向空中,他相信只要需要,他能够处理好与每一方的关系。② 中国无疑是其中最大的一只球,他把眼光放在将来,着眼于中国可能提供的机会。正如罗斯福1943年致信路易斯·蒙巴顿、讨论把中国作为世界四大巨头之一时所说的:"我的确认为把42 500万中国人争取到盟军这边来是一个胜利。"针对当时美国人认为对中国的军事能力不要抱有幻想的说法,他补充道:"尽管中国目前在陆战或海战上不能作出多大贡

---

① 所有引文均出自呈送给参谋总长马歇尔将军的两份报告,一份是丹·L.苏丹1945年2月13日呈送的,第1—4页;另一份是魏德迈1945年2月16日呈送的,第1—4页,总统机密档案,第27卷。
② 金布尔:《杂技演员》。

献,但 25 年或 50 年后会显示出它的作用。"①

罗斯福这一规划的问题是,尽管他游刃有余地扮演着他的变戏法角色,但他没能活着完成他的表演。1945 年 4 月,罗斯福溘然长逝,哈里·杜鲁门总统试图在球落地之前把它接住。早在罗斯福去世之前,杜鲁门就对中国缺乏兴趣,但他一定程度上同意由美国传教士发起、亨利·卢斯和他的时代公司巩固建立起来的对中国的看法。然而,就任总统后,杜鲁门认识到中国不是一个西方意义上的国家,因此,他后来写道,中国"只是一个地理上的名词"。② 不过,在几年之内,他的看法并没有流传开来。

史迪威事件所引起的对中国更加模棱两可的认识没有持续很长时间,他被召回的确结束了美国对中国的过度夸赞,不过随后美国思想的变化并没有那么快,这主要是由于美国人不愿轻易放弃如此多的美国人在如此长的时间里付出的努力。此外,美国在二战结束时已经充满胜利的喜悦,未来在美国人眼里不仅一片光明,而且也是无可限量的,这正是中国对美国的意义所在。

---

① 罗斯福:《罗斯福私人信件:1928—1945》,第 1468 页。
② 杜鲁门:《回忆录》,第 2 卷第 60 页。杜鲁门还说,罗斯福把美国与中国的关系推进了一步,因为"他着眼于将来,想鼓励中国人民"(第 62 页)。

第七章 "美国世纪"的曙光

> 我们提供给中国的是一种在真实体验的砧板上反复锤炼的生活方式。从普利茅斯石①登陆到现在作为世界第一强国的地位,我们的生活方式已成为经得起任何人检验的常识。
>
> ——《中国报道》编者按,1949年4月

> 你的未来将和中国关联着。
>
> ——联合援华会设计的标语

> 中国对西方来说,就像被发现的广袤美洲大陆之于欧洲,它是开拓者永远拓展的边疆,但中国这块新边疆如此辽阔,远远超过了当初英国的朝圣者所面对的复杂情况。
>
> ——利昂·罗卜:《中国剪影》,1946年

二战结束时,美国已成为一个军事上获胜、经济上繁荣、政治上踌躇满志的国家,美国海陆空三军在欧洲战场和亚洲战场都参加了打击法西斯的战争,但不像其他作战国家,美国几乎没受什么损失,相反,美国的国民生产总值1940年是1 000亿美元,到

---

① 普利茅斯石据说是1620年清教徒登陆美洲的地点。——译者注

二战结束时翻了一番。① 美国的自由原则,具体体现在罗斯福演讲中的"四大自由"②和《大西洋宪章》里面,为世界上其他受压迫的民族带来了希望的灯塔,这种历史性的军事和经济联合,再加上表面上利他的政治意识形态,给人一种卢斯的"美国世纪"就要到来的景象。

同美国一样,时代公司在二战期间也是蒸蒸日上,其规模有了很大的发展,实际上,到1945年,美国约有5 400万人订了他的《时代》、《生活》和《财富》。另外,《时代》海外版每周要印刷95 000份,《时代在前进》新闻纪录片吸引了成千上万的国内外观众。二战结束时,卢斯的三大杂志遥遥领先,超过了《新共和》(New Republic)、《国家》、《星期六晚邮报》、《纽约时报》周日版的发行量总和。每周有110万美国人阅读《时代》周刊,而仅位于其后的《新闻周刊》每周的读者还不到60万。二战后卢斯的媒体帝国仍然保持旺盛的发展势头,到1947年,仅国内读者就多达650万,超过了《新闻周刊》、《星期六晚邮报》、《纽约时报》周日版、《洛杉矶时报》读者人数的总和。③

二战除了推动对卢斯媒体帝国的崇拜外,还以一些实实在在的举动证实了他的政治观点。二战很大程度上排斥共和党的孤立主义者,像北达科他州参议员杰拉尔德・奈(Gerald Nye)和纽约众议员汉密尔顿・菲什(Hamilton Fish),都被投票选下台。其他一些人,如密歇根州的参议员阿瑟・范登堡(Arthur

---

① 关于这方面的更多内容,参见霍奇森的《我们时代的美国》,第18—20页,国民生产总值统计数字出自该书第20页。
② 四大自由指表达意见的自由、崇拜的自由、不虞匮乏的自由、免除恐惧的自由。——译者注
③ 所有数据均出自《N. W. 艾尔父子报刊指南》中相关年份的统计。

Vandenberg),在罗斯福政府的帮助下转向国际主义事业。20世纪30年代的诸多教训,特别是慕尼黑的教训,说明缓和与孤立都不能阻止美国卷入欧洲的冲突之中,反而促进了这种可能性。世界太小了,很难退到广漠的大西洋和太平洋后面独善其身。二战期间,美国总统和他的政府人员谨慎而又坚决地让美国人民为战后美国对世界的义务做好准备。为了避免美国重蹈上一代人的覆辙,罗斯福将伍德罗·威尔逊(Woodrow Wilson)的肖像挂在战时内阁会议室的墙壁上,以警诫其部下威尔逊所犯的错误,罗斯福希望此类错误不要再次出现。①

亨利·卢斯尽管过去对罗斯福的政策有所批评,但他并不反对美国在世界事务中要承担起自己的更大责任这一思想。相反,他在二战期间也鼓励美国人承担起他们新的国际角色。正如他在《美国世纪》一文中所说的,美国最终要为它置身其中的世界负责。他说,美国的文化已经作为一种新鲜的、充满活力的国际主义,传遍了全球各地,美国需要沿着这条道路走下去,以强烈的责任感,将自己政治遗产中的精华与其他国家分享,他开列的美国一流著作名录包括《独立宣言》、《宪法》和《人权法案》。他希望美国的政治家从托马斯·杰斐逊到亚伯拉罕·林肯,都能够得到他们当之无愧的更大范围的认可。

但并不是每一个美国人都赞成美国卷入数千英里之外的事件中去。比如,杜鲁门政府1945年秋派海军进驻中国华北的决定就遭到一些美国人的强烈反对,他们认为没有必要干涉别国的内政。持这种看法的一个极端的例子是,一位美国市民给美国海军部部长詹姆士·V.福雷斯特尔(James V. Forrestal)写了一封

---

① 戈德曼:《艰难岁月前后:1945年至1960年的美国》,第5—6页。

言辞激烈的信①,这封信中充斥着谩骂、抨击,称海军部长是"卑鄙、低劣的小人,是一个杀人魔王……迷幻牛郎……躲在后方的战士……和希特勒穿一条裤子……无耻的社会渣滓"。写信者以同样刺耳的话,让福雷斯特尔立即撤回派往中国的所有美国士兵。② 助手在把信转给福雷斯特尔时做了注解,说这封信虽然用词比通常大多数情况下显得"激烈",但却表达了那些反对往中国华北派遣海军的美国人的共同心声。

其后不久,在1945年11月,福雷斯特尔将这封信作为公众强烈反对让美国士兵滞留海外,去帮助别国战后重建的一个例子,转给了卢斯。妇女甚至把婴儿鞋寄给参议员和众议员,并附上字条说想要爸爸回家。尽管有美军参谋总长马歇尔将军这样的军事家担心大规模的、单方面的、急剧的撤军会危及美国在欧洲和亚洲的战略地位,但政客们还是在公众"让孩子们回家"的呼声下及时刹车,很快他们就有效地终止了往国外大批派遣美国军队的行动。③

卢斯回信感谢福雷斯特尔转给他"这封恶俗、无聊的信",感谢福雷斯特尔提醒他政府官员面临着公众的压力。卢斯乐观地给他回信,信中转给他一封来自美国"标准品牌"公司(Standard Brands)老总的短信。这位老总在和卢斯谈话之后暗示,只要美国人了解到中国的危急情况,他们就会迫使政府"承担起我们在

---

① 关于杜鲁门政府援蒋介石的更多内容,参见沙勒的《美国十字军在中国:1938—1945》,第十二章,尤其是第274—289页。
② 查尔斯·华纳写给海军部长福雷斯特尔先生的信(原文如此),未注明日期,但可能是写于1945年11月,福雷斯特尔文献,第63卷。
③ 关于更多美国公众"让孩子们回家"的呼声,参见戈德曼的《艰难岁月前后:1945年至1960年的美国》,第28—32页,也可参见斯蒂尔:《美国人民与中国》,第31—32页。

那里应该承担的义务"，而不是批评美国履行自己新的国际使命的行动。①

当然，卢斯不是一个轻易被主张美国不要干涉别国事务的激烈情绪所吓倒的人，而且他尽自己最大的努力，去影响公众支持美国染指中国。在《生活》画报的一篇编者按中，针对美国人让孩子们回家的呼吁，他斥责美国人的自私心理，并分析这在一定程度上是无知和共产党宣传的结果。他说美国应该认识到继续帮助蒋介石和国民党政府是他们的责任，在编者按的结尾他总结道："我们所能做的最安全的事情，就是继续维护战时我们与中国及其政府结成的联盟。"②

在很大程度上，卢斯试图弥补长久以来一直强调的门户开放式国际主义和杜鲁门政府认为世界划分为两个超级大国之间的罅隙，这两个超级大国一个是苏联，一个是美国，在这个两极分化的世界上，壁垒成了新的流行隐喻。卢斯的恩抚主义强调改变中国，和罗斯福"四国警察"③的思想不谋而合，"四国警察"思想意味着把中国提升到和美国同等的地位。而现在，卢斯的恩抚主义至少在一段时间内，又变成了和中国一起制裁苏联，因为在卢斯看来，苏联对中国无疑也是一个威胁。对美国来说，拯救中国一定程度上意味着保护中国不受其他邪恶力量的侵害。像杜鲁门的其他顾问一样，福雷斯特尔和取代史迪威的魏德迈将军也认为苏联妄图统治中国和欧洲。因而，这两个人对事态发展的观察和

---

① 詹姆士·亚当斯1945年11月21日致卢斯信函，附在卢斯1945年11月27日致福雷斯特尔的信函里面，福雷斯特尔文献，第63卷。
②《生活》，1945年11月19日，第37页。
③ 1943年11月的德黑兰会议上，罗斯福提出了著名的"四国警察"(Four Policemen)概念，主张苏联、美国、英国和中国四国共同管理世界秩序。——译者注

卢斯出于同一意识形态与战略视角。然而,杜鲁门政府的其他成员,包括迪安·艾奇逊(Dean Acheson)和乔治·马歇尔,都把目光集中在欧洲。情形最后发展为卢斯认为中国是防止共产主义在亚洲蔓延的堡垒,而杜鲁门政府的成员,尤其是乔治·F. 凯南(George F. Kennan),则认为日本才是阻挡共产主义洪水的关键所在。当卢斯的扩张与行善合二为一的恩抚主义和美国财力有限的冷酷事实发生冲突时,这一问题成了美国根据自己的文化需求,对中国采取灵活态度的关键。杜鲁门政府发现自己面临着对哪些国家和以何种方式实施遏制的抉择。在他们看来,中国太大了,不能像卢斯等人希望的那样去对它承担义务。尽管杜鲁门说中国只是"地理意义上的国家",他在二战后仍然拨款20亿美元,从军事和经济上援助中国,但即便如此也不能使国民党免于垮台的命运。虽然"美国世纪"在中国曙光已现,但实现这个梦想还需要美国有能力填满国民党政府的无底洞。

虽然日本的迅速投降让很多人猝不及防,但卢斯却早有所料,他已让时代公司准备好材料,在封面故事中报道他认为对盟军取得最后胜利贡献最大的两个人物。① 这两个人物一个是道格拉斯·麦克阿瑟(Douglas MacArthur)将军,另一个就是蒋介石。卢斯致电《时代》周刊驻中国记者白修德,让他发回关于蒋介石的报道。但白修德在中国的亲身经历让他对中国的时局有了与卢斯全然不同的认识,他不赞同卢斯认为在国民党的领导下,中国会实现民主的看法,他也不把蒋介石看做中国的救世主。20世纪30年代后期,国民党军队在撤往重庆时顽强抵抗日军,白修德认为这时的蒋介石是个英雄,但看到国民党政府对中国人民的

---

① 白修德:《探索历史》,第241页。

基本生活需求漠不关心,再加上蒋介石在日军蹂躏中国的时候,坚持和共产党打内战,他对蒋介石产生了完全不同的看法。他打电报回绝了卢斯的要求。白修德和卢斯另外还有一次交流,这次白修德直言告诉卢斯他们对中国的看法分歧很大。卢斯命令他回纽约,白修德回到纽约后,立即抓住接下来六个月的休假时间,和安纳利·雅各比(Analee Jacoby)合写了一部反映中国现状的书——《中国响惊雷》(Thunder out of China)。白修德和他的老板卢斯的正面冲突,在1946年夏天当白修德把书稿拿给卢斯看时,终于爆发了。两人坐在一起争论他们的分歧,但没有任何结果。卢斯想让白修德接受原则上分配给他的任何任务,白修德认为他不能同意这样的最后通牒。由于不知道是辞职了还是被解聘了,白修德在得知他和雅各比合著的那本书成为当月的畅销书时,他准备离开时代公司。《中国响惊雷》获得了很高的发行量,共售出450 000册。①

《中国响惊雷》的成功一方面在于它打破了蒋介石和国民党这两尊偶像,另一方面在于它令人称奇的销售量。该书真实生动地描述了中国的情形,探讨了为什么中国共产党能赢得人民的支持。共产党和国民党截然不同,国民党无能、腐败,对百姓漠不关心,这使它受到大多数中国人的排斥。对于这本书,美国的国民党同情者遇到的另一个问题是:作者太雄辩滔滔了,"不幸的是,《中国响惊雷》写得如此成功",美国联合援华会(现改为"美国联合援华服务会"[United Service to China])主席约翰·H.贝克(John H. Baker)写道,"以至于它的影响使'美国联合援华服务

---

① 白修德:《探索历史》,第245—254页。

会'的努力几乎前功尽弃"①。传教士弗兰克·普里斯与他的看法一致,他在给宋美龄的信中说道,由于《中国响惊雷》"写得非常出色,成了畅销书",尽管它是在歪曲事实,但对"美国的中国事业造成了很大损害"。②卢斯对《中国响惊雷》的态度是生硬和偏激的。该书出版几年后,甚至在蒋介石逃到台湾后,他还执迷不悟地认为,当1945年12月乔治·马歇尔抵达中国进行国共调停时,随身就携带着那个"矮小丑陋的犹太人写的那本书"。③

白修德观察到,《中国响惊雷》的畅销会给人带来错觉,认为它很有影响,很重要,《中国响惊雷》的确卖得不错。不过到了1947年上半年,尽管白修德仍然受到关注,但战后弥漫全美的情绪是美国人更关注国内的事情,关心和平之后的生活。中国发生的革命对大多数美国人来说似乎过于遥远,过于复杂,到了最后太让人分心。这样,到了1948年初,白修德发现自己陷入了困境。在越来越保守的政治气候中,他的自由主义遭到许多雇主的冷眼,因此他很难找到工作。他和雅各比合著的书卖得很好,而且在这个过程中也吸引了一些人对中国的关注,起码短时间内是如此。但《中国响惊雷》的重要性与其他更大的事件相比,只不过是昙花一现。④

另一方面,时代公司还是一如既往地向前发展。但卢斯终究

---

① 贝克1947年5月30日致约翰逊信函,约翰逊文献,第18卷。美国联合援华会二战后更名为"美国联合援华服务会",贝克的信中就是用的新名字"美国联合援华服务会"。
② 普里斯1947年1月21日致蒋夫人信函,普里斯文献,第1卷。
③ 转引自哈伯斯塔姆:《无冕之王》,第85页。卢斯的回忆明显有误。马歇尔第一次去中国是在1945年12月,几乎比白修德和雅各比的《中国响惊雷》出版时间1946年秋早了一年。马歇尔可能在1946年底,也就是他调停国共和谈失败从中国回来后阅读了该书,但他不可能是带着这本书去中国的。
④ 白修德:《探索历史》,第254—257页。

不会轻易放过这件事,而且他手里可供调配的资源要比白修德多得多。比如,1946年在一周之内,《时代》周刊的发行量就是《中国响惊雷》销售量的三倍;《生活》画报1947年的订阅量达到了470万份,是《中国响惊雷》销售总量的9倍还多。① 除了其媒体遍地开花之外,卢斯还拥有一个内在的坚定信念——传教士的正义感,这是他重新考虑他的信念的出发点。《财富》杂志的前任执行编辑埃里克·霍丁斯很尊敬他的老板,说卢斯"一心一意地支持蒋介石,至死不渝"②,他无条件地支持蒋介石,不遗余力地热情宣传,结果是他的三大杂志极力凸显蒋介石的能力,为他的失败和缺点寻找合理的借口,集中探讨美国如何应该援助他。

二战后,《时代》周刊对蒋介石紧锣密鼓地进行宣传,1945年9月3日,蒋介石第六次登上《时代》封面,这是前无先例的。封面故事以《时代》一贯的做法,极力夸赞蒋介石如何顽强地抗击日军。《时代》周刊试图告诉美国的评论家,蒋介石的力量不是来自于腐败或独裁,而是源于他在人民群众中的崇高威望,蒋介石在二战中的表现以及他的领导才能最终"证明那些长期以来坚信蒋介石政府牢牢扎根于人民的美国人是正确的"。③

和这种说法相映衬的是《时代》周刊一贯的说辞,即中国的命运掌握在美国人手里,特别是外交政策决策者手里。所幸的是,美国给中国的支持很快就到位了,包括把蒋介石的士兵从他们原先所在的中国南部和西部,运送到东部沿海地区。举个例子来

---

① 所有数据均出自《N. W. 艾尔父子报刊指南》中相关年份的统计。1945年,《时代》周刊的发行量达到1 181 523份,除南极洲以外,在各大洲都有读者。《生活》的发行量是4 040 300份,《财富》的发行量是180 791份。1946年,《时代》、《生活》和《财富》发行量分别是1 554 323份、4 699 688份、188 000份。
② 埃里克·霍丁斯访谈,"艾森豪威尔研究"项目,藏于哥伦比亚口述历史资料库。
③ 《时代》周刊,1945年9月3日,第30页。

第七章 "美国世纪"的曙光

说,C-54 运输机将国民党第九十四军的 35 000 名将士运送到上海。总的来说,美国空军帮助把四五十万国民党训练最好、装备最精良的部队运送到上海和南京这样的大城市。① 美国的这一援助,加上美国海军在国民党到来之前占领的一些重要城市,使得共产党几乎失去了中国所有重要的城市。《时代》周刊 1945 年 9 月 3 日的封面故事报道说,就在苏联支持"东北共产党人"的同时,美国的行动为蒋介石政府重新控制中国大部特别是东北,创造了极为有利的条件。时代公司对中国形势的解释是:毛泽东尽管一开始不愿意谈判,最后被迫接受,同意把共产党的军队并入国民党的中央政府。②

为了庆祝这一伟大胜利,卢斯的媒体帝国做出表率,在内部以此为主题展开讨论。阿尔弗雷德·琼斯(Alfred Jones,时代公司的雇员)准备了一份没有发表的中美关系特别报道,大肆歌颂蒋介石政府的光明前景,并总结了卢斯一再重申的立场:"总之,蒋介石已经发誓要使中国成为亚洲民主国家的典范。"③琼斯说,看起来"中美关系可能即将进入最亲密的时代,美国梦即将实现,美国过去制定的政策之英明也即将得到证实。"④为了捍卫自己的观点,他指出,研究中国历史的人如果用"人类学家的眼光"来

---

① 要了解美国国务院对国民党政府的更多支持,参见国务院编写的《中美关系》,第 311—312 页。也可参见史景迁的《追寻现代中国》,第 484—485 页;费斯的《中国的纠葛:从珍珠港事变到马歇尔使华美国在中国的努力》,第 362 页;沙勒的《美国十字军在中国:1938—1945》,第 109—112 页;邹傥的《美国在中国的失败:1941—1950》,第 305—311 页。邹傥探讨了美援的局限性,但有一点他说道:"尽管自愿承担起援蒋这个负担,美国的援助行动还是取得了相当不错的结果"(第 308 页)。
② 《时代》周刊,1945 年 9 月 3 日,第 30 页。
③ 阿尔弗雷德·琼斯 1945 年 9 月 17 日撰写的中美关系特别报道,第 47 页,联合援华会-联合援华服务会文件,第 46 卷。
④ 同上,第 90 页。

看待中国的现状,将会对他们很有好处,从这种视角可以发现"中国人具有很大的崇尚民主的潜力,而且极其厌恶极权主义。"①

琼斯很大程度上是依据历史进行分析的,可同时又无视中国的社会等级传统。他在报告中评论道:"中国几乎没有其他开化民族所特有的等级制度,没有贵族统治或封建主义残余。"这种陈腐的论断忽视了中国社会的基础,掩盖了儒家思想千百年来对中国社会方方面面的影响,而从政府机构的组成到家庭关系的建构,儒家思想无不浸润其中,并且儒家思想是最强调极权统治的。但琼斯的观点恰恰投合了时代公司对战后中美关系和睦友好的看法。琼斯对中国人性格和生活的理解更是近乎荒唐,他认为对日常生活的分析是衡量一个社会从根本上来讲是否热衷于民主的尺度:"讨价还价和自愿自主的自由市场机制使中国人形成了个人主义、好争辩和顽强的性格特征,而这些东西正是民主基本价值观中自由、平等思想的不自觉表现。"②按照琼斯的推论,当时的中国人自然在呼吸着自由的芬芳空气。琼斯的立场很鲜明:千百年来中国人日常的粮食买卖不自觉地,然而又根深蒂固地慢慢为中国人民注入了基本的民主意识,中国人民所需要的仅仅是一位开明的领袖,领导他们通过合适的途径,创建一个真正的民主国家。这样一位领袖除了蒋介石又能是谁呢? 蒋介石有着明确的政治使命感,这一点从时代公司的报道中可以看得清清楚楚,再加上战后中国共产党明显居于相对次要的地位,同时美国无可辩驳地拥有了强大的军事、经济实力,因此,中美关系的未来一片光明。卢斯对中国和美国社会崇尚民主之本性的预言,对两

---

① 阿尔弗雷德·琼斯1945年9月17日撰写的中美关系特别报道,第47页,联合援华会-联合援华服务会文件,第46卷。
② 同上,第48页。

国携手共进的希冀,似乎比以往任何时候都显得更加伸手可及。

"美国世纪"的曙光已清晰可见,它在招手,它在向那些有能力识别它的人恳求、献媚。卢斯认为战争给美国提供了前所未有的重建世界的机会,"美国世纪"显然是他这一宏大理想的一部分。其实,早在1920年,还是耶鲁大学三年级学生的卢斯就在一次演讲中提出了这一远见。甚至在25年前,卢斯就以丰富的知识和敏锐的思想预见到一个强大的美国,会明智地、深思远虑地运用自己的政治、经济,如果需要,还有军事力量,去创造一个合乎美国利益的国际社会。在刚刚结束的二战中,美国以无数的歼灭战成功地削弱几年内可能出现的任何竞争者。卢斯认为,上天将这一特殊的历史机遇,作为神圣使命的一部分,在世界上众多国家中,赋予了美国。作为一个坚定的国际主义者,同时也是一个坚定的共和党人,卢斯全身心地投入工作,促进他所属的党派制定一个新的、通盘考虑的计划,以指导战后美国的发展方向。

带着这样的想法,卢斯立即把目光投向美国国务院。1945年9月,《生活》画报在编者按中对国务院进行了评价,说它就像一位"守旧"的老妇人,其许多思想都"已经不属于这个时代了"。《生活》认为美国需要稳定的对外政策,特别是当前世界形势下更是如此。文章认为,"欧洲和亚洲今后几个月内会有巨大的变革",可美国国务院对这项急需处理的工作却毫无准备,《生活》呼吁道:"我们的决策不仅会影响整个美利坚民族的生活,而且将决定整个人类的未来,我们肩负的就是这样的重任"①。

在中国,政治稳定的前景看好。当时的中苏和谈明显孤立了中国共产党,剥夺了共产党唯一真正的优势,而国民党政府正准

---

① 《生活》,1945年9月3日,第28页。

备改革，建立一个拥护宪法的多党合作政权。国民党的这种政治变革为美国提供了千载难逢的机会：通过军事、经济和财政项目的援助，促进亚洲的政治变革。

但如果说在日本投降后的一段时间内一切都向着好的方向发展的话，那么到了1945年秋，形势则发生了变化。显而易见，中国共产党并不像时代公司认为的那样不堪一击，被孤立在外。正如一些记者和观察家所报道的，毛泽东的军队仍然得到大多数农民的支持。而且，似乎有没有苏联的支持，中国共产党都在继续通过"土改"和"减租减息"运动扩大其影响，共产党甚至有能力占领了哈尔滨①，这一胜利让共产党备受鼓舞，继续和蒋介石对抗。蒋介石早在1927年就迫切地想要消灭共产党，在20世纪30年代的大部分时间里，国民党的军队不断地进攻共产党，即便是二战期间日本蹂躏中国的时候也没有间断打击共产党。

在接下来的国共谈判中，由于双方分歧无法克服，中国东北地区首先爆发了内战。国民党和共产党在战略上的主要不同是：蒋介石想集中兵力重新夺回大城市，共产党在可能的情况下也想占领重要的工业基地，但由于国民党兵力占优势，共产党只能退出大城市的争夺，为了保存革命实力，毛泽东和朱德总司令率领部队撤到农村，开展机动灵活的游击战。②

国共双方的内战到了1945年秋天逐步升级。时代公司此时的报道措辞更加尖锐，认为美国应该承担起最后的责任。1945年11月《时代》周刊刊登了一篇《中国报道》，文中说能否真正实现和平要看美国给中国提供多少援助，"我们已经用全套的美式

---

① 参见史景迁的《追寻现代中国》，第491—498页。
② 关于国民党和共产党的不同战略，参见史景迁的《追寻现代中国》第十八章。也可参见伊士曼的《毁灭的种子》第七章，以及谢里丹的《分裂的中国》第269—279页。

装备武装了蒋介石的精锐军队",《时代》周刊上蛊惑人心地如是说。它毫不怀疑二战期间,美国为了提高国民党抗击日军的能力,武装并训练了蒋介石的一些军队。但蒋介石不顾美国军事顾问的建议,孤注一掷地做出对付共产党的决定。① 然而,《时代》周刊传达给美国读者的信息是,充足的装备是会用完的:"为了使他们精良的武器更好地发挥作用,我们必须继续为其提供美式装备。"文章还说,鉴于1945年8月签订的《中苏条约》孤立了中国共产党,排除了内战的可能性,美国应该据此制定其外交政策。按照这种令人质疑的逻辑,如果这个条约不能有效地阻止内战,那么杜鲁门政府就应该担负起帮助条约起到其应有作用的责任。不这样做的后果当然是不堪设想的,美国应该继续为国民党提供充足的补给,否则就会造成"重大失败",因为断绝援助就是"任由(国民党军队)缺乏军备,任凭共产党人用从日军手里夺过来的武器摧毁他们"②。文章认为这种背弃国民党的政策无疑会使美国人内心不得安宁。

同一天的《生活》画报和《时代》周刊双管齐下,以长达两页的编者按(这对《生活》来说也是少见的)预言美国会继续支持国民党。它从不同的角度进行论述,承认蒋介石政府"经常被公正地指责为独裁",但这只是《生活》的一种新闻报道技巧而已,因为编者按紧接着就解释,说那时国民党还没有完全控制中国的局势,因而它无法阻止诸如通货膨胀、腐败以及其他不幸事件的发生。《生活》声称,尽管如此,中国人民仍然为他们的政府感到骄傲,不管它是有错还是没错。说实际上,蒋介石的智囊团"也许和杜鲁

---

① 更多关于蒋介石二战后的战略,参见伊士曼的《毁灭的种子》第七章。关于在中国的美国军事顾问的建议,参见《中美关系》,第312—314页。
② 《时代》周刊,1945年11月19日,第30页。

门的内阁成员一样有能力……一样'开明'"①。

仿佛认为这样还不足以令水平较高的读者信服,《生活》画报上的这篇文章又老调重弹,将中美进行夸张的类比。文中谈到,在蒋介石的领导下,中国重又建立起文化与宗教的统一。比如,中国的四万万人民"与美国人同根同枝"。文章甚至蒙骗美国人中国各地的口音没有多大差别。该文犯的一个明显的、令人窘迫的错误是它告诉读者:"至少三万万中国人说的语言,口音差别小得近乎弗蒙特人与阿拉巴马人之间口音的差别。"②这里,该杂志又暗示中国在历史、社会和文化等方面与美国不无雷同之处。如果蒋介石的内阁可以同杜鲁门的内阁相提并论,如果中国方言的差别可以理解为美国南北方口音的差别,那么中国人还能与美国人有多大的差别?

似乎是出于对自身遭受攻击的回应,时代公司在帕特里克·赫尔利少将辞去驻华大使职务时,很快就有了新靶子。赫尔利指责美国国务院特别是其驻外事务处的驻华官员妨碍他扶持国民党政府的努力,他说这些官员蓄意向华盛顿打他的小报告,破坏他的威信。因此他断言美国的托词和背弃已使其失去了中国,而更重要的是,在1945年底,当中国慢慢脱离美国的恩抚愿望时,他们还兴风作浪,制造混乱。

《时代》周刊双手赞成赫尔利,寄希望于他的指责和辞职能迫使杜鲁门政府制定支持蒋介石的明确方针,一改以往若即若离的模糊态度。《时代》周刊这样报道赫尔利的辞职:这位"英俊潇洒、脾气不好的少将帕特里克·赫尔利,曾经用一块长四寸宽二寸的

---

① 《生活》,1945年11月19日,第36页。
② 广东话和普通话之间的差别很大,几乎就像是两种语言。中国其他的方言差别也很大,《生活》上如此说很荒唐。

木板痛打一头脾气暴躁的骡子",现在,他用自己的辞职和随后在国会的演讲,抨击"优柔寡断的国务院",也迎头痛击了过去"官方的态度"。他的行为值得赞许是因为他"将公众关注的焦点转向国务院",转向国务院对中国采取的不合理态度。赫尔利在指责美国国务院时,没有避讳任何人的姓名,其中包括乔治·艾奇逊(George Atcheson)、谢伟思(Jr. John S. Service)以及居里的信使范宣德,他后来成为美国国务院远东事务处的主任。《时代》周刊又说,如果赫尔利的指责无误的话,那么国务卿詹姆士·F.贝尔纳斯(James F. Byrnes)也难逃罪责。①

美国国务院官员和美国驻中国记者像白修德和雅各比,都十分了解赫尔利的怪异行为,认为让他做驻华大使极不合适。② 杜鲁门政府早在1945年秋就慎重考虑过把他替换掉,只是出于促成国共和谈的连续性才不得已让他暂且留任。但赫尔利1945年11月27日早晨向国务卿贝尔纳斯重申自己将要留任后,下午在美国国家记者俱乐部(National Press Club)演讲中就宣布他要辞职,并发表了上文提及的离奇指责。赫尔利在公开场合的自我辩护使得国会介入了调查,并在12月举行了听证会,赫尔利又一次成了众人关注的焦点,但由于牵涉到卢斯,这一次是比较有价值的焦点。与此同时,远在中国的魏德迈就国民党战后的最佳方案给将介石提建议。此外,在蒋介石的请求下,魏德迈留意物色能

---

① 《时代》,1945年12月10日,第18页。一直到1945年10月,卢斯都打算让赫尔利成为《时代》周刊的封面人物,但赫尔利的突然辞职显然让卢斯改变了想法。参见斯旺伯格文献,第17卷。斯旺伯格的话来自约翰·肖·比林斯文献,注明10月24日的那份。
② 对于赫尔利精神是否正常的评价,参见沙勒的《美国十字军在中国:1938—1945》,第291页。也可参见麦金农和弗里森的《中国报道:20世纪30—40年代美国口述新闻史》,第141—144页。

够胜任宣传和公关的主任。魏德迈尤其希望找到一位"性情随和、绝对忠诚无私地为中国服务的人选",以便肃清"某些反对势力的歪曲宣传和混淆视听"。在考虑了几位候选人之后,魏德迈暗示不管最后选定谁,最重要的是他要能向世界传播蒋介石要把中国建设成一个"民主国家"的思想。魏德迈在他的备忘录最后补充说,他希望能听到他的"至交"乔治·克里尔(George Creel)的消息,克里尔一战期间曾是美国公共新闻委员会(Committee on Public Information)的负责人,在宣传政府计划方面有一定经验。①

赫尔利的举动和公众演讲吸引了中美关系方面的一些评论家。赫尔利辞职一个月后,广播节目《美国市政论坛》以《我们的对华政策应该是怎样的》为题,做了一期中国节目。这一次周以德、唐纳德·M.尼尔森同记者文森特·希安(Vincent Sheean)、白修德展开了辩论。尼尔森为了解中国社会提供了新的视角,当问及中苏共产主义的差别时,他回答道:"中国人民是注重个体的,中国以家庭为中心,而苏联的共产主义是集体性的。"②周以德像以往一样采用历史相似性的类比,这一次,他把蒋介石比做亚伯拉罕·林肯,在播出的广播节目里提到了好几次。当请他对中国国共内战中的死亡人数发表评论时,他说:"亚伯拉罕·林肯为使美国免于南北分裂,牺牲了更多的人"。随后他又补充道:"正像亚伯拉罕·林肯经过漫长的奋斗,成功地打败了美国的叛军一样",蒋介石也在消灭自己国内的叛乱者。最后,周以德评述说:"像亚伯拉罕·林肯一样,蒋介石经常说'如果你愿意加入进

---

① 魏德迈1945年12月12日致蒋介石备忘录,A类档案,宋子文文献,第34卷。
②《我们的对华政策应该是怎样的》,1945年12月27日《美国市政论坛》广播节目,周以德文献,第35卷。

来,我们一起干'。"白修德针锋相对地反驳道:"亚伯拉罕·林肯从来没有在美国北方设立集中营,从来没有屠杀学习美国南方文学的学生。亚伯拉罕·林肯从来没有往任何一个家庭里安插过盖世太保,从来没有因为教授在课堂上讲授的内容而逮捕他。"①

赫尔利的辞职和辞职引起的愤怒迫使杜鲁门政府迅速作出反应。农业部长克林顿·安德森(Clinton Anderson)提议让马歇尔接任美国驻华大使,福雷斯特尔认为这在一定程度上"会在第二天把赫尔利挤下报纸头条"。② 由于赫尔利辞职事件已促使美国政府采取行动,时代公司认为克林顿·安德森的提议值得赞赏,特别是总统委任马歇尔接替赫尔利,前往中国调停国共矛盾。卢斯的杂志赞赏马歇尔,说他特别适合这项工作。比如,1945年12月底,《时代》周刊全程报道马歇尔抵达重庆,说这位"饱经风霜、老练持重的将军,肩负着东亚的希望,满怀信心地承担起这一重任"③。马歇尔赴华调停预示着杜鲁门政府在外交方面把中国放在较重要的位置上,既然现在美国的外交政策已经非常明确,中国共产党毫无疑问会归并到国民党政府的控制之下。

中美关系的未来似乎一片光明,因而《生活》画报圣诞节前刊登了一篇口吻极为真诚的文章,主要探讨中国的局势与和平的希望。文章是编辑查尔斯J. V. 墨菲(Charles J. V. Murphy)写的,他花了三个月的时间进行调研,尽管文章的结论和时代公司一贯的态度相一致,但他确实非同寻常地承认了一些东西。他以时代公司一贯的风格,认为从宏观上讲国民党是中国唯一合法的政

---

① 《我们的对华政策应该是怎样的》,1945年12月27日《美国市政论坛》广播节目,周以德文献,没有页码,因为手稿是以撕页的形式保存的。
② 米利斯编:《福雷斯特尔日记》,第113页。
③ 《时代》周刊,1945年12月31日,第29页。

府,蒋介石、国民党政府和国民党都想要一个民主的中国和革新的政府,而蒋介石的内阁是"近代中国历史上最自由、最忠实的内阁"。他说所有的证据都指向蒋介石要实现自己的诺言——建立一个民主的中国,只有中国共产党拒绝相信这一点。① 墨菲对中国不久就会实现和平的信心,不仅来自相信蒋介石会实现自己的政治诺言,而且还来自中国不断改善的军事状况。国民党的军队像"锯齿"一样插入东北,毫无疑问会在短期内打败共产党,而具体所需要的时间取决于几个方面的因素,但共产党令人吃惊的大溃败有力地支持了蒋介石的统一大业。②

但在时代公司这类一贯的开场白和对中美关系的良好预期之后,墨菲似乎感受到了中国的真实情况,说中国正经历着一场"被压抑的变革"的悸动,这场变革会很快形成波涛汹涌之势,需要把它平息下来。墨菲说问题是国民党和共产党任何一方都难以完成这场变革,他提到共产党对中国政治变革的积极贡献,暗示很可能会发生一场或平和或激进的政治同化运动,不管共产党人最后的命运如何,他们都为"中国底层人民注入了一种真正的民主"。他称赞共产党在一些地区"摧毁了贪婪的地主和狗腿子",更重要的是,他们"唤醒了中国农民的政治意识"。在给予共产党一定的公正评价之后,墨菲在文章的结尾又回到时代公司的立场上来,称卢斯和时代公司都认为国民党牢牢地控制着中国的局面,因此承认共产党的一些优点也无大碍。③ 毕竟,中国的局势在按照卢斯制定的战后世界发展计划向前发展:赫尔利的辞职让杜鲁门政府不得不重新考虑美国的对华政策;蒋介石信誓旦旦

---

① 《生活》,1945年12月17日,第107—108页。
② 同上,第116页。也可参见《生活》,1945年12月24日,第24页。
③ 同上,第116—118页。

地保证他要进行政治改革,并说他一直赞成这样做;军事形势对国民党也十分有利;最后,共产党没有得到他们期望的苏联的援助,这正合卢斯的心意。总的来看,形势似乎对国民党更有利,美国化中国的梦想正迅速地实现。

与此同时,时代公司着手说服美国人,为了战后世界的和平与繁荣,需要继续援助中国。此时,联合援华会面临着与以前不同的问题。甚至在日本投降之前,联合援华会就已开始争论战后联合援华会有没有必要继续存在下去的问题。在做了多方面的权衡之后,B. A. 加塞德支持这个机构继续发挥作用,他在给卢斯的信中提出自己的看法:说"主动关心中国"的美国人增加了五到十倍,联合援华会功不可没①,将联合援华会还原为原来的各个机构,会导致失去那些新吸收进来的美国人的支持。此外,联合援华会为美国人提供了一幅完整的中国图画,这是以前八个分散的机构所无法做到的。加塞德的观点明显得到了支持,因为1945年12月,联合援华会的董事会成员一直认为该机构应该继续存在下去,至少在两年内是如此。

联合援华会在资金募集方面的努力给了它一定的信心。据加塞德估计,包括1945年募集到的约1 100万美元,联合援华会1941—1945年共募集资金4 000万美元。如果积极募款,天遂人愿,中国和美国都不发生意外事件,他估计1946—1947年,联合援华会还会再募集到1 380万美元。但这个数字是在一个很成问题的总体设想上估算出来的,那就是"中国要在接下来的几个月内避免严重的、大范围的内战;在接下来的几年内,中国不要有

---

① 加塞德1945年11月16日致卢斯信函,联合援华会-联合援华服务会文件,第48卷。

不合理的派系斗争,美国不要有大的压力"①。但正如加塞德和其他人不久就发现的,情形并不像他们希望的那样。

同以往一样,美国联合援华会继续致力于让美国公众支持蒋介石和国民党政府。联合援华会时任会长詹姆斯·L.麦康纳1945年11月声称,蒋介石是唯一能够"领导统一的中国走向民主"的人。②卢斯继续为联合援华会工作,他代表联合援华会主席查尔斯·爱迪生致信各位董事,说二战期间联合援华会"在向中国人民表达美国人民的友好方面取得了突出的成绩",现在尽管是和平时代了,对中国的援助仍然不能停止。他还说,向中国人民表达我们的尊重和友好"是我们寻求同进步、民主的中国保持友谊的坚实基础"。③联合援华会董事会成员名录除已有的成员外,又增加了大法官威廉·O.道格拉斯(William O. Douglas)、亨利·J.凯瑟(Henry J. Kaiser)、埃莉诺·罗斯福、周以德、洛克菲勒三世、大卫·O.塞兹内克以及协和神学院校长亨利·P.范·杜森(Henry P. Van Dusen)等新成员。

为了在战后继续援助中国,联合援华会的工作人员商议是继续使用旧名称,还是换一个和战争联系不那么密切的新名字。联合援华会董事会成员认为美国民众现在对"救助"(relief)心生反感,因为新出现的好多组织都以此命名。1946年夏,经过慎重考虑,董事会投票将联合援华会更名为"美国联

---

① 加塞德1945年12月13日致詹姆斯·克莱德备忘录,第1页、3页,联合援华会-联合援华服务会文件,第48卷。
② 媒体发表的麦康纳1945年11月15日讲话,第1页,联合援华会-联合援华服务会文件,第52卷。
③ 卢斯1946年1月18日致埃里克·约翰斯顿信函,联合援华会-联合援华服务会文件,第48卷。

第七章 "美国世纪"的曙光

合援华服务会"。① 在考虑几个备选名字时,会长麦康纳指出不再使用"United China"这个词,以免让人把该组织和内战联系起来。②

联合援华会在讨论更名的时候也认真讨论过战后美国的对华政策。在1946年6月的一次会议上,中国地区主任莱宁·斯威特(Lenning Sweet)说:"与其他国家相比,中国有一种更讲道德、更容易接受基督教的文明。中国不仅从来没有侵略过其他国家,还'允许宗教信仰自由'。"他的看法无疑是不正确的。③ 斯威特似乎忘记了中国在19世纪对传教士的仇恨,这很难和宗教信仰自由挂上钩。中国人对传教士的仇恨并没有随着时间的流逝而减弱,在义和团运动中,卢思义的同事中有一位就被砍了头。④

会长麦康纳对中美两国未来的预期同样盲目乐观。他说"没有迹象表明中国会像苏联那样采取共产主义制度"。而且,如果他能更精确地预见到亚洲将会是下一个经济腾飞区,他的想法就更和联合援华会-联合援华服务会的逻辑相一致了。麦康纳说:"看到中国为了和平而崛起对美国是有好处的事。"⑤一个推崇道德的国家,再加上宗教信仰自由和下一个经济繁荣地带,美国还

---

① 有关联合援华会更名的文献有:《赞成使用新名字的几点意见》,未注明日期;麦康纳1946年7月30日致格兰蒂·甘米奇信函;爱迪生1946年7月29日致法利信函;包括六名联合援华会成员在内的董事会投票结果,未注明日期。所有材料均出自联合援华会-联合援华服务会文件,第69卷。这次会议还确定了援华会的五条活动标语,其中包括"你的未来将和中国关联着"。
② 麦康纳1946年7月30日致格兰蒂·甘米奇信函,联合援华会-联合援华服务会文件,第69卷。
③ 二战结束后中国对越南的更多侵犯行动,参见卡欣的《干涉》,第18—20页。
④ 参见孔华润:《美国对中国的反应:中美关系的历史剖析》,第55—58页、73页;瓦格:《制造神话》,第98—99页。关于早期中国反基督教和反传教士的描述,参照孔华润的《中国和基督教》以及亨特的《一种特殊关系的形成》。
⑤ 所有引文均出自1946年6月14日的会议,第1页,联合援华会-联合援华服务会文件,第55卷。

能期望什么呢？

美国联合援华服务会的部分新举措和原来的非常相似，更名后的美国联合援华服务会设立了一个讲坛，包括中国的相关统计数据、奇闻轶事、做好一个简练而又内容丰富的演讲的小贴士，以及回答听众提问的方法。该讲坛解释说，美国联合援华服务会"应美国民众的要求"进行了重组，以便继往开来。美国联合援华服务会的一个部门援引前国务卿小爱德华·R.斯特蒂纽斯（Edward R. Stettinius, Jr.）的话，说中国人和美国人非常相像："他们对后代的教育，对和平、健康、自由的渴望和我们美国人一样由来已久。"美国联合援华服务会前任会长、现康涅狄格州州长麦康纳在演讲中支持多数美国人思想中的恩抚主义成分，认为美国人"必须帮助中国强大起来，健康地发展"，而且他们必须"给中国的民主发展提供营养"①。

事实证明，加塞德对中国政治形势的担忧不是空穴来风。中国爆发的内战严重削弱了美国公众对中国的慈善捐助，尽管联合援华服务会想方设法为自己的活动罩上光环，并抓紧推出各种教育和资金募集计划，它仍然强调中美两国根本上的相似性。联合援华服务会的部分努力是推出新影片，1946—1947年推出的电影描述了两个典型的城镇，一个是美国的，一个是中国的。据联合援华会的备忘录记载，当时的一部电影《通向恩施之桥》（Bridge to Yinhsi）需要"很好地宣传（原文如此），我们首先必须推销中国，然后推销联合援华会。这部电影必须尽可能地拉长，

---

① 所有引文均来自美国联合援华服务会的讲坛演讲，未注明日期，但可能是在重组之后，联合援华会-联合援华服务会文件，第64卷。麦康纳的演讲也沿用历史类比方法，将美国早期的历史和当时年轻的美利坚合众国面临的诸多问题，同二战后中国的状况相比，旨在说明两国之间的共性与联系。

以便达到更好的推销效果。"①经过剪辑之后,该电影的最终版本时长约有 20 到 25 分钟,将美国堪萨斯州章克申城(Junction City)的生活和中国恩施镇的生活进行了比较,目的是要指出尽管两个地方明显不同,但人们的生活却有很多相似之处。导演之所以选择章克申城是因为正如影片宣传中所讲的,它"从地理位置上来看几乎位于美国的中心",而且"就像棒球是美国人普遍喜爱的运动一样,章克申城是美国城市中的'典范'"。② 电影放映后的评论重申了影片的核心主题:作为一个"强大、富饶、友好"的国家,中国准备"与美国肩并肩……加入到……建立一个和平、友好世界的行动中去"③。

美国联合援华服务会还启动了一个教育与宣传计划,目的旨在显示该机构如何影响了美国公众对中国的看法。这项计划名为"波特城计划",以在宾夕法尼亚州波特城举行的一个宣传计划为范例。该计划的主导思想是以"美国的一个城镇为代表",以缩影的形式,展示美国联合援华服务会是如何有效地影响了美国人对援助中国的态度,以期该计划能成功地刺激一个全美性的援华运动:"之所以选择宾夕法尼亚的波特城……是因为它是美国社区的一个代表,其民众的观点可被视为美国公众的代表"④。波

---

① 引自联合援华会 1946—1947 年电影节目讨论,1946 年 7 月 31 日,第 1 页,联合援华会-联合援华服务会文件,第 50 卷。这时联合援华会正考虑更名事宜,故引文中仍用联合援华会。
② 电影《通向恩施之桥》上映前的宣传词,未注明日期,联合援华会-联合援华服务会文件,第55卷。
③ 所有引文均来自该电影上映后的影评,未注明日期,联合援华会-联合援华服务会文件,第55卷。
④ 海伦·康纳利斯 1947 年 3 月 25 日致韦兰·汤纳备忘录,还有一个没有签署、未注明日期的备忘录,可能是 1947 年 3 月 7 日,两份文献均收藏于联合援华会-联合援华服务会文件,第 55 卷。

特城的公民加入了基瓦尼俱乐部(Kiwanis)①、扶轮社、Elks协会②之类的组织,因此,要像巩固美国中产阶级的地位那样巩固这些公民的地位。

"波特城计划"的具体内容是:美国联合援华服务会首先以波特城的20 000名市民(还有附近社区的25 000名市民)为典型个案,就美国公众对中国的态度进行民意调查,该活动定于1946年11月进行。然后,美国联合援华服务会进行为期一个月的宣传教育,包括上映新拍摄的中国宣传片,还有其他一些宣传、推介活动。活动结束后进行第二次民意调查,并与同时在全美范围内进行的民意调查结果进行比较。

"波特城计划"在1946年整个11月份持续进行,尽管结果不像某些人预料的那样显著,但仍令人鼓舞。通过此项活动,美国联合援华服务会发现,尽管全美民意调查时认为援助中国"十分重要"的人数,12月初的第二次调查比11月初的第一次调查下降了3%,但波特城却增加了近乎3.5%。另外,对电影的反应则完全是正面的,在一个地方有91.2%的人认为应该同情、支持中国,对《通向恩施之桥》的评价是好、很好、非常好。③ 美国联合援华服务会得出这样的结论:"事实证明美国人对援助中国很感兴趣,尽管不断从中国传来负面的新闻,但只要开展有效的教育和

---

① 基瓦尼俱乐部是美国工商业人士的一个俱乐部。——译者注
② ELKs协会是一个服务儿童和残障的慈善团体,全名是"维护美国道德和秩序协会",协会宗旨包括实践四项基本价值:美德、慈善、正义、友爱,弘扬爱国主义。——译者注
③ 引自"民意调查结果",1946年12月2日,联合援华会-联合援华服务会文件,第55卷。统计结果如下:认为"非常好"的占45.6%,认为"很好"的占28.1%,认为"好"的占17.5%,认为"一般"的占3.5%,认为"不好"的占5.3%。统计显示出来的另一个问题是,几乎95%的观众认为整晚的节目"好"、"很好"、"非常好"。

宣传活动,美国人对中国的兴趣就会增加。"①

美国联合援华服务会还发现,在世界上的所有国家中,美国人对援助中国最感兴趣。初步民意调查发现中国排在首位,其次是英国、德国、苏联和法国。② 后来美国联合援华服务会的一份简报指出:"在美国认为应该感兴趣的国家中,中国排在第一位。"③ 美国联合援华服务会对"波特城计划"的结果进行研究,发现美国人的确对中国感兴趣,像"波特城计划"之类的宣传教育项目取得了显著成效:"电影《通向恩施之桥》和报纸宣传**对向美国人推销中国来说,都是十分必要的**。""波特城计划"可以视为将来宣传中国活动的起点。④ 在波特城上映的电影《通向恩施之桥》非常成功,影响深远。在 1947 年 2 月 21—27 日一周的时间里,该电影在纽约百货商 R. H. 梅西(R. H. Macy)的橱窗里反复放映,估计有 15 万人或完整或部分地观看了该电影。⑤

最后,也是最重要的,美国联合援华服务会发现对中国感兴趣的美国人中,多数主要"从媒体图片上"而不是从"新闻或宣传

---

① 电影上映后的影评,联合援华会-联合援华服务会文件,第 55 卷。
② "除了南北美洲之外,从进步和福利这两方面来讲,你认为美国人应该对哪两个或三个国家最感兴趣?"波特城市民对这两个问题的回答如下:中国:分别是 23% 和 25%;英国:16% 和 15%;德国:15% 和 14%;苏联:13% 和 16%;法国:13% 和 14%。《民意调查》第 1 卷,1946 年 11 月,问卷调查第 2 卷和第 3 卷,联合援华会-联合援华服务会文件,第 55 卷。
③ 电影《通向恩施之桥》上映前的宣传词,未注明日期,联合援华会-联合援华服务会文件,第 55 卷。联合援华服务会 1947 年 3 月 10 日的一个新闻发布会也谈到这一点。
④ 海伦·康纳利斯致韦兰·汤纳备忘录,1947 年 2 月 11 日和 14 日在韦兰·D. 汤纳办公室召开的"波特城民意调查会议"也谈到这一点,联合援华会-联合援华服务会文件,第 55 卷。强调系笔者所加。
⑤ 康纳利斯 1947 年 3 月 4 日致汤纳备忘录,美国医药援华会文件,第 81 卷。

性文章中"获得中国信息和对中国的印象。① 这一发现支持《生活》很大程度上影响了美国人的态度这一观点,实际上,当被问及不同媒体对他们的影响时,很多美国人将《生活》而不是其他报纸杂志作为他们获得信息的来源。② "波特城计划"的结果显示,美国联合援华服务会只能施加有限的影响。当然,这种影响最终还要取决于中国局势的发展。因此,即便美国联合援华服务会和时代公司联合起来努力提高中国内战时期美国对中国的兴趣,他们的积极行动也不得不面对中国内战所带来的越来越多的问题。

至少从表面上看,1946年国民党在与共产党的内战中占上风,虽然乔治·马歇尔将军的调停最终没能为中国带来永久的和平,但他确实设法让国共双方于1946年1月10日宣布暂时停火。尽管停止了对战,双方仍然继续争夺地盘,国民党在1946年占领了华北和东北。鉴于马歇尔的不懈努力,1946年卢斯媒体对他的报道甚至超过了蒋介石夫妇。例如在1946年3月的封面故事中,《时代》周刊说他高大挺拔、"明显带有伟人相"。认为他完成了"二战结束以来美国公民所能完成的最重大的使命"。《时代》周刊的圣徒栏目长篇大论地报道他:马歇尔独自一人在重庆的街道和山岭上漫步,凝神静思着国共和谈问题,偶尔他会驱车郊外,在这"远离家乡的地方,他看到了另一片热土"。在晚上,马歇尔"或手握一杯茉莉花香茶,或轻呷一杯陈年的波旁威士忌酒,细细思考白天一天的进展。"如此,马歇尔穿越了文化鸿沟,在《时代》周刊看来,这是一种奇特的宇宙意识,暗示出他能够给国共之间带来永久的和平。为了表现出家庭般的舒适感,《时代》周刊还

---

① "波特城计划",1947年1月15日,结果部分,第1页,联合援华会-联合援华服务会文件,第55卷。
② 同上,第2页。

第七章 "美国世纪"的曙光

模仿美国插图大师诺曼·洛克威尔（Norman Rockwell）的风格，配上两幅他的妻子坐在他的椅子上，"安然地看着他"的图片。①

由于马歇尔出色的工作，杜鲁门政府显然已着手实现卢斯在《美国世纪》一文中提出的一个主要目标。但国共1946年1月达成的脆弱停火协议并没有解决根本问题，中国的局势依然十分复杂，国共之间时有摩擦。苏联军队本打算在1945年12月份之前撤离东北，后来又延迟到次年2月，但每一次国民党都请求他们暂时不要撤离，因为国民党的军队还没有做好来此地接管的准备，害怕苏联的撤出会给共产党留下占领的契机。当斯大林的军队最终开始撤离时，国共双方的军队纷纷地前来接管，国民党的军队占领了大部分城市地区，长春除外。蒋介石为此非常生气，命令他的部队继续北上，完全不顾这一军事行动的失策。国民党军队于1946年5月23日占领了长春，但蒋介石这样做严重透支了他的军队，使国民党的供给线脆弱不堪，难以提供后勤保障。②

马歇尔于1946年3月回到美国，和杜鲁门总统商谈中国问题。4月，当马歇尔又回到中国时，中国的局势已迅速恶化。他又一次调停，让国共之间停火，6月，双方签订了停火协议，但像第一次停火协议一样，这次也没能持续多久。国民党从现有的部队中调兵遣将，于1946年下半年将其脆弱的势力扩展到东北和华北。马歇尔看到自己精心营造的和平毁于一旦，用禁运美国给蒋介石的军事援助物资的方式回应蒋介石，这也是他手里唯一能

---

① 参见《时代》周刊，1946年3月25日，第28—30页。
② 更多关于国共和谈和中国形势的内容，参见美国国务院编的《中美关系》，第136—152页。《中美关系》后来称为《白皮书》。也可参见麦尔比的《天命》，第86—164页。麦尔比是撰写《白皮书》不可或缺的一个人物，他的《天命》和《白皮书》有密切的关系。

使用的武器。但收效甚微,因为美国已经援助蒋介石足够的军火武器,这时再切断供应影响不大。禁运期间(1946年8月至1947年5月),国民党政府国防部继续武装新的后备部队,而如果前线的士兵没有足够武器装备的话,就不会武装后备部队了。① 蒋介石对取得最后的胜利充满信心,他后来甚至说国民党政府至少在两年内不需要外国的援助。②

虽然马歇尔对国共双方特别是国民党在1946年6月以后拒绝真诚和谈厌恶至极,1946年下半年他仍然努力在国共之间周旋,试图达成某种协议。他认为国共双方内战对共产党有利,他在6月份就向蒋介石指出了这一点,而后来的事实也证明他是正确的。③ 尽管如此,蒋介石仍然加紧实施他的军事计划,始终相信他的军队能最终实现他1927年以来的目标:彻底消灭共产党。

卢斯媒体帝国呼应蒋介石的这种乐观看法。《时代》周刊1946年7月评论道:蒋介石"强大、装备精良的部队如果放手大干,很快就会赢得胜利"。《时代》的评价还提到国民党中保守分子的自夸:国民党军队很快就会歼灭共产党。④《时代》周刊注意到美国的观察家认为它的这种评价过于乐观,但到了1946年初秋,国民党似乎的确在赢得最后的胜利。《时代》周刊该年9月报道说:"国民党军队每到一处都披荆斩棘地向前推进"。⑤ 随着国民党军队占领华北和东北的大城市,这种胜利就带有更多蛊惑人

---

① 伊斯特曼:《毁灭的种子》,第159页,更多关于武器、弹药以及日本投降后美国援蒋的意义,参照《白皮书》,第354页、1048—1053页。
② 亨利·R.利伯曼,《纽约时报》,1947年9月11日,第17版。这份报告是在美国解除向蒋介石禁运武器四个月之后写的,报告显示出蒋介石的信心,因为如果武器弹药缺乏的话,他就不会这么说了。
③《白皮书》,第176页;麦尔比的《天命》,第178页。
④《时代》周刊,1946年7月1日,第35页。
⑤《时代》周刊,1946年9月30日,第38页。

心的色彩。尽管国民党的这一行动使供给线和通讯设施都吃不消,但蒋介石信心百倍,豪气冲天,想永远、彻底地消灭共产党。《时代》周刊在 1946 年 10 月 21 日刊文说:"上周蒋介石获得了和共产党开战以来最大的一次胜利。"①并说国民党的胜利让许多中国人认为,如果需要的话,蒋介石会以武力消灭共产党。《时代》周刊在下一期中详细说明了这一点,把蒋介石最近的军事进攻比做拳击手的连续出击,还说蒋介石的和谈建议是从军事优势出发真诚提出来的。②

蒋介石现在看起来似乎是锐不可当,《时代》周刊满怀信心地宣称:国民党军队"以组织严密的进攻","令人惊奇地不费吹灰之力"就占领了众多城市,每一次新的占领都意味着比上一次更大的胜利。一场又一场的胜利令蒋介石备受鼓舞,他豪情万丈地宣称他能"在战场上彻底击垮共产党"。③ 蒋介石似乎占有绝对的军事优势,假以时日,他就能够统一中国,即便共产党孤注一掷也无能为力。《时代》周刊总结道,为了和平,内战是必须"下决心要打的"。④

国民党军队不断获得胜利似乎暗示中国共产党不再是一个真正的威胁,但时代公司仍不认为它需要建议美国改变对国民党的政策。有几篇文章承认苏联不再向中国共产党提供直接支持,但时代公司仍然疑虑重重。比如,协和神学院校长、联合援华会-联合援华服务会演讲人亨利·P. 范·杜森在《生活》的一篇编者按中认为,尽管苏联目前不再支持中国共产党,但它把将从日军

---

① 《时代》周刊,1946 年 10 月 21 日,第 36 页。
② 《时代》周刊,1946 年 10 月 28 日,第 42 页。
③ 《时代》周刊,1946 年 11 月 18 日。
④ 《时代》周刊,1946 年 11 月 11 日,第 37 页。

手中缴获过来的武器转交给了共产党,这样就极大地增强了共产党的作战能力。① 而且,苏联很可能提供支援,而苏联一旦决定介入,就会产生全球性的影响。文章还说苏联的介入完全有可能,因为美国对国民党政府的援助一直力度不大。《时代》周刊强化这种恐慌,警告说中国一旦被苏联控制,就会让"美国在战略上撤退到西太平洋的马里亚纳群岛"。② 在范·杜森看来,美国公众对苏联全球扩张与中国事件的关联性相当无知,这必须引起高度的重视:"可以肯定的是,中国一旦落入共产党之手,第三次世界大战也就为期不远了"③。《时代》周刊指出,伴随这一恐惧而来的一个重要问题是未来美国与中国的安全及稳定:"美国是应该全力支持蒋介石政府,还是让中国(近五亿人口和丰富的资源)直接或间接地成为苏联的卫星国?"④

但这些警告都是自己吓唬自己,事实上苏联没有给中国共产党实质性的援助,形势似乎对国民党有利。共产党"愿意在不欺诈的前提下接受蒋介石的领导,此前,共产党由于坚持这种主张而使马歇尔早先的国共调停破产"。⑤ 因此,到了1946年底,《时代》周刊继续充满信心地报道中国迅速发展的民主进程。马歇尔于1947年1月回国接任国务卿,他的调停证明是竹篮打水一场空,离开中国时他认为双方的分歧直接导致和平机会的错失,但《时代》周刊只报道蒋介石要让他的政府"实行民主"的信誓旦旦。⑥

---

① 《生活》,1946年9月2日,第36页。正如上文谈到的,苏联的确在某些方面援助了中国共产党,但远不能同美国对蒋介石的援助相比。
②④《时代》周刊,1946年9月16日,第35页。
③《生活》,1946年9月2日,第37页。
⑤《生活》,1946年10月7日,第37页。
⑥《时代》周刊,1946年12月23日,第34页。

第七章 "美国世纪"的曙光

马歇尔调停国共和平的使命可能失败了,但他的声誉在1947年不断攀升,即使停战协议被撕毁也不能让他逊色分毫。时代公司曾预言,从某种程度上来说,政治协议并不必然带来和平,因此,卢斯的杂志对停战协议被撕毁并不感到吃惊。蒋介石在战场上的节节胜利使得和谈协议不再重要,蒋介石"辉煌的军事胜利"得到卢斯事无巨细的报道。到了1946年底,时代公司甚至大度地为马歇尔开脱,《时代》周刊强调说,不要因为乔治·马歇尔没有促成国共和平而"责备他"。时代公司虽不满杜鲁门政府对国民党政府不温不火的支持,但并没有提出特别的责难,因为看起来蒋介石在日益巩固其统治全中国的地位,只要蒋介石保持他的战略优势,卢斯的杂志就继续称赞马歇尔和他作出的努力。

二战结束后的一段时期内,时代公司和联合援华会-联合援华服务会试图扩大战时中美和谐的正面形象,来适合战后的形势。当然,主要努力集中在蒋介石身上:作为一个军事天才,他敏锐地从战略上战胜了共产党,统一全中国似乎就在眼前;作为一个完美的政治家,他谨慎地带领他的国家走上政治民主的道路;作为一个宗教启蒙导师,他为基督教在中国的传播奠定了基础。这幅图画几乎臻于完美,唯一的缺憾可能是杜鲁门政府在对华外交政策上缺乏连续性。

尽管联合援华会更名为美国联合援华服务会,但它依然坚持既有的方针,主要致力于提供人道主义援助,把中国推销给美国人民。不幸的是,它发现自己在和它致力于解决的问题——中国内战——做斗争。与有利于联合援华会筹集资金的二战不一样,这次国共冲突起到了相反的作用。

乔治·马歇尔在调停国共永久和平的使命上失败了,然而,[149]

中国的形势对实现卢斯的梦想却非常有利。蒋介石的军事胜利预示着共产党抵抗的全面崩溃,命运的突然逆转就要出现,随之而来的是情感的高涨。至少在一段时间内来看,把中国美国化的梦想显得伸手可及。

第八章 "美国世纪"的倾塌

> 不管我们是否喜欢这一点——我本人喜欢——[美国]首先是一个崇尚道德的民族,美国人相信美国拥有珍贵的精神财富,要将之留存下去。
>
> ——约翰·福斯特·杜勒斯,1952 年 9 月

> 显而易见,我们对中国有道义责任。
>
> ——查尔斯·爱迪生(1947 年底?)

> 我认为一百年后,历史学家会认同西方民主的丧钟在 1948 年秋天的中国敲响了,这种想法不是异想天开。
>
> ——亨利·P. 范·杜森,1948 年 12 月

1947 年,两股争夺中国最终控制权的力量,拉开了战争的序幕。蒋介石初期的胜利正如美国军事顾问所预料的那样,很快就证明是严重的战略错误。蒋介石急于重新占领华北和东北,使自己的兵力处于充分暴露的位置,军需给养要通过火车或飞机长途运送。火车运输容易受到共产党游击队的袭击,飞机运输不仅增加了成本,而且从物流学上讲也是不利的,因为它超过了国民党的空军运输能力。

到了 1947 年夏天,中国共产党的军队在朱德和林彪的指挥下,从长期以来他们坚持的游击战,转向常规的阵地战。尽管国

民党的部分部队进行了顽固的抵抗,但由于蒋介石的部队被分隔孤立,切断供应,共产党捷报频传。在共产党军队控制中国农村的形势下,国民党的军队,包括那些受过美式训练、拥有美式装备的军队,因采用碉堡战而士气受挫,被打败或投降,共产党因此缴获了大量的美式武器。到了1947年底,中国的军事形势和政治形势都发生了巨大的变化。①

　　1948年,国民党政府的形势继续加速恶化。军事无能、政治腐败在几乎每个层面,包括最高领导层,都日甚一日。然后,在1948年秋,国共之间了展开了两大战役。第一大战役,共产党占领了长春和沈阳,从而为下一步占领整个东北打下了基础;第二大战役于1948年底展开,对国民党来说是一场更大的灾难,用蒋介石自己的话说,这场战役让国民党放下了以大批军队维持东北这个"巨大的负担"。蒋介石决心在淮海立稳脚跟,淮海是徐州外围的一片贫瘠平原,在南京西北约100英里。② 在这里,从1948年11月到1949年1月,共产党和国民党展开了大会战。蒋介石不听规劝,一意孤行,选择淮海这个地方与共产党交战,一位历史学家称之为蒋介石的滑铁卢③,而随后蒋介石前后矛盾的作战指令对国民党的战略形势更加不利。④ 蒋介石最后的耻辱是国民党的援兵被共产党军队团团包围,中央政府决定轰炸一部分自己

---

① 要了解更多1945年之后中国形势的急剧变化,参见史景迁的《追寻现代中国》第十八章。还可参见比安科的《中国革命的起源》第七章。对国共之间力量对比的变化,参见谢里丹的《分裂的中国》,第271—279页。
② 史景迁:《追寻现代中国》,第507—508页。
③ O.埃德蒙德·克拉布:《蒋介石的滑铁卢:淮海战役》,《太平洋历史评论》,1956年11月,转引自比安科的《中国革命的起源》,第177页注释23。
④ 关于蒋介石的个人干预,参见塔克的《尘埃中的格局》,第65—66页和注释23,以及第242页。

的部队,以免士兵和装备落到共产党手里。闻悉这一决定后,增援的指挥官缴械投降,如此于1949年1月10日结束了华北战役。对国民党来说,这是一场残酷的溃败:在1948年最后四个月里,国民党军队损失了100万人,有战死的、开小差的、投降的。此外,还损失了数量惊人的武器装备。①

到了1949年,卢斯预期的战后世界秩序显示出崩溃的不祥预兆。在他挚爱的中国,蒋介石作为获胜盟军之一的胜利者地位,随着中国形势的急剧变化似乎已不复存在。虽然蒋介石战时四巨头之一的声誉以及由此而来的对他政治能力的幻想,继续影响着一些美国人,但中国显示出来的事实和原先《时代》、《生活》、《财富》上的报道,已大相径庭。

蒋介石不再进行社会、政治和经济改革来改善农民悲惨的生活境况,相反,他满足于继续实行国民党一贯奉行的漠不关心政策,始终把民主改革止于口头上。他陶醉于二战结束后的几场胜仗,误以为这是大范围的成功,不愿对国民党的统治进行整顿。最后,不力的军事领导再加上不英明的政治、经济政策,集中反映在国民党士气低落,直至整个国民党政府萎靡不振。

进一步损害国民党地位的是灾难性的通货膨胀,国民党对此既束手无策又不愿设法阻止。尽管国民党政府1948年秋试图阻止物价上涨,但无视收支平衡使得一切努力都付诸东流。那些执行国民党的新政策、卖掉自己的硬通货和珠宝首饰的中国大多数中产阶级,突然之间发现自己一无所有了。仅几个月的时间,一

---

① 比安科估计共产党在攻克东北时,缴获了230 000支步枪。史景迁和比安科都认为,东北一战国民党有400 000人被歼灭、俘虏或遗弃。比安科补充说淮海战役国民党军队又损失了550 000人。参照比安科的《中国革命的起源》,第177—178页,以及史景迁的《追寻现代中国》,第507页。

生的积蓄全都没了。① 国民党政府在各个方面都失信于民,和中国共产党不断地赢得民众的认可形成鲜明的对比。显而易见,蒋介石的命令没有人听了,国民党在1948—1949年的迅速崩溃反映出它和人民的关系脆弱不堪,国民党对老百姓漠不关心,腐败无能,长时间以来一直依赖地主、银行家和企业家。国民党政府目光短浅,只顾自己,没有采取有效措施将影响扩大到广大农民当中去,结果自身的衰败导致了国民党的灭亡。

另一方面,中国共产党不断扩大自己在农村的影响,从1934年底几近灭亡,被迫开始长征,到抗日战争时期涅槃再生,中国共产党显示出出色的重组能力,不断发展壮大。到了1948年底,争夺中国控制权的国共两党,已经不可同日而语。

尽管国共两党力量对比发生了翻天覆地的变化,卢斯依然不向批评国民党和蒋介石的评论家认输。他说,中国的形势可能令人担忧,但国民党的崩溃不是不可避免的,如果美国能及时、大幅度地从军事和经济上援助国民党政府,不仅会消除它的无能,而且对阻止共产主义在亚洲的传播也是非常必要的。卢斯坚持认为,美国有责任支援长期以来的盟友以全力以赴地对抗共产主义。他试图修正他的恩抚主义思想来适应冷战时期的新形势,为了做到这一点,卢斯马上把矛头转向杜鲁门政府,指责它没有给蒋介石政府提供更多的支援。同时,他恳请他的读者继续保持援蒋的热情。

---

① 更多关于通货膨胀不断恶化的描述,参见史景迁的《追寻现代中国》,第498—504页。史景迁指出,尽管国民党政府1948年夏末进行了干预,暂时阻止了通货膨胀的进一步恶化,但国民党政府不从财政方面采取措施,因此,到了1949年初,以前的努力全都付诸东流。上海的趸售物价指数1948年8月是100,到了12月上涨到1 921,而到了1949年2月则攀升到40 825。参见该书第504页的统计表。

较之时代公司，美国联合援华服务会面临着更加严峻的问题。与卢斯的媒体公司以某一党派的态度进行经营不同，美国联合援华服务会只想举办慈善活动，为物质匮乏的中国提供人道主义援助，当然，它没有忘记向美国人宣传中国正全面地向美国靠拢。然而，不管它如何把自己和自己的活动同中国发生的一切拉开距离，仍绕不开中国内战这一事实。

二战临近尾声时，B. A. 加塞德曾估计美国联合援华服务会1946年至1947年可能会募集到近1 400万美元的善款。① 一开始，他的计划是在1946年筹措700万美元②，第二年同样如此，这样目标就能实现了。但中国发生的一切破坏了他的计划，美国联合援华服务会突然之间发现它募集资金的能力严重受到限制，1947年仅募集到150万美元，1948年募集数额继续下降，以至于出现了联合援华会-联合援华服务会自1941年成立以来，资金募集第一次低于100万美元的情况。1949年，美国联合援华服务会募集的资金还不足60万美元，1950年进一步下滑，只有30万多一点。1946—1949年的三年时间里，美国联合援华服务会募集资金的能力不断下降，原因恰恰是加塞德希望不要出现的那些阻力。③

---

① 加塞德1945年12月13日致克莱德备忘录，第1—3页，联合援华会-联合援华服务会文件，第48卷。
② 1946年的募款总数是6 998 408.53美元，该年度的总支出是6 785 032.36美元。这两个数据均来自联合援华服务会财务处，联合援华会-联合援华服务会文件，第36卷。
③ 联合援华服务会1947年至1950年历年的募款数额如下：1947年是146万美元，1948年是660 055美元，1949年是587 706美元，1950年是267 934美元。所有的数据均来自联合援华服务会财务处，联合援华会-联合援华服务会文件，第36卷。联合援华会-联合援华服务会的局面越来越不容乐观，到了1947年，其商品销售部的利润开始下降。其1945年的纯收入是40 000美元，而到了1947年却亏损459.98美元。1948年继续亏损，到了1949年亏损多达6 000美元。参见联合援华服务会商务活动记录，联合援华会-联合援华服务会文件，第37卷。

资金募集衰退的趋势早在1947年呈送给美国联合援华服务会总部的特别报告中就已经很明显了。比如,康涅狄格州州长威廉·P.斯皮尔(William P. Spear)在向个人和公司募款时就多次碰壁。在当年的年度报告中,他说在康涅狄格州已经一个城镇一个城镇地进行了募捐。最令人难忘的是他在报告中对沃特伯里(Waterbury)和沃特镇(Watertown)募捐的总结:"这是今年中国在美国到处受冷遇的另一个引人注目的例子。"就康涅狄格州首府哈特福德(Hartford)来说,虽然他认为地方部门做得很好,超额完成了筹款计划,但他发现总的来看,一种对中国不感兴趣的情绪始终弥漫其间。当地联合援华服务会的工作人员做出了巨大努力,但他们遭遇的仍然是漫散全州的"同样漠视中国的情感"。为了强调工作人员的辛苦,他讲述了一位资金募集者——法官利奥·哈姆林(Leo Hamlin)的故事。哈姆林是康涅狄格州伯林镇(Berlin)一位受人尊敬的公民,过去在其他活动中都做得非常出色。但哈姆林最终放弃为美国联合援华服务会筹款。他这样说道:"我为什么要让我的朋友和镇子里的父老乡亲们恨我?原因仅仅是因为我认为他们没有看到中国的希望?"①

毋庸置疑,美国联合援华服务会遇到的筹款问题和中国事态的发展不无关系。1947年3月,就在杜鲁门总统提请国会讨论向希腊和土耳其援助4亿美元,以帮助这些国家对抗共产主义的入侵时,美国联合援华服务会的一份内参(备忘录)列举了六条妨碍当时资金募集的原因,其中比较重要的两条一是美国人民对援助外国普遍感到厌倦,二是中国内战引起的混乱。该备忘录中还

---

① 康涅狄格州分会1947年10月15日提供给联合援华服务会的年度报告,由威廉·P.斯皮尔执笔,参见联合援华会-联合援华服务会文件,第80卷。

列举了当时其他的一些活动、计划和公共筹款活动,这加剧了美国联合援华服务会为中国筹款的难度。该备忘录还指出美国联合援华服务会最近的募集对象太宽泛,缺乏适当的关注中心,美国联合援华服务会应该把关注的焦点放在那些对中国感兴趣的美国人身上,其次把重点放在以前的捐赠者身上,这样可能会对目前的状况有所帮助,尽管这种帮助也许不足挂齿。这种重新定位再加上其他一些特殊的措施,比如再次向美国联合援华服务会的高层领导人进行思想灌输,可能会对将来的筹款有一定帮助。但情形并不乐观,尽管做出了诸多努力,美国联合援华服务会的前途依然黯淡。备忘录以乏味的忠告结尾:"也许你的中国朋友……不令美国人满意。"①

黯淡的前景并没有阻止美国联合援华服务会往最好的方向努力,尽管中国的情形已不像原来那样令人鼓舞。美国联合援华服务会的一封呼吁信指出中国是平衡世界的杠杆,以对美国有利的方式解决中国问题一定程度上取决于美国给中国提供多少人道主义援助。为了简单明了地说明问题,该信解释说美国是幸运的,因为中国与美国有很多相似之处,并愿意采取美国的生活方式。② 另一封呼吁信探讨了过去多年来美国对中国的资金援助,信中诘问:是简单地让这一切付诸东流,还是美国人会让"占世界人口五分之一的 45 000 万中国人……过上真正的民主生活?"③

周以德一贯忠诚于援助中国的事业,把防御中国等同于防御

---

① 所有的材料均来自一份没有签署的呈送给爱迪生的备忘录,1947 年 3 月 10 日,第 1—6 页,联合援华会-联合援华服务会文件,第 34 卷。
② 签名呼吁信,1947 年 4 月 21 日,联合援华会-联合援华服务会文件,第 50 卷。
③ 固定格式套用信函,收信人、收信地址如门牌号、街道、城市都空着,1947 年 4 月 21 日,联合援华会-联合援华服务会文件,第 50 卷。

美国,他用自己驾轻就熟的辩论技巧,把对国民党政府无能、腐败的批评,转变为正面的反击论点:"是的,国民党内部确实有浪费、无能、腐败的现象",但这只会让经济援助更加必要,用周以德的话说:"这正是我们援助中国的原因"。他补充说,国民党政府的问题更多的是"中国混战的结果而不是其原因"①。

其他支持国民党政府的美国人持大致相同的看法。美国驻苏联前任大使蒲立德在美国国会众议院对外事务委员会(House Committee on Foreign Affairs)举行的听证会上说,中国的腐败不是令人吃惊的通货膨胀的原因,而是其结果,中国仍然有希望:"令人欣喜的是,即便在这种情况下,中国依然有很多诚实的人们"②。陈纳德将军也为中国开脱,在为国会委员会提供证词时,他说显而易见,腐败是一种全球现象,不是中国独有的。③

1948—1949年,美国联合援华服务会继续为其迅速衰败的事业寻求资金支持。周以德呼吁美国人要关注现在能够做什么,而不是纠缠以前应该怎样做。说现在再帮助中国太晚了就是在向克里姆林宫说它最希望听到的话。周以德坚持认为,尽管美国联合援华服务会这样的组织面临着各种困难,美国人应该继续"帮助中国那些坚持我们信念的人"④。但这些维持表面希望的不懈努力也越来越失去意义,1946年越来越少的经济援助证实了这一点。美国联合援华服务会对1948年5月至1949年4月

---

① 周以德1948年7月9日致联合援华服务会捐赠者信函,第1—2页,联合援华会-联合援华服务会文件,第39卷。
② 蒲立德大使在美国国会众议院对外事务委员会援助中国听证会上的发言记录,1948年3月2日,第4页,史密斯文献,第96卷。
③ 退役将军克莱尔·L.陈纳德向美国参议院军事服务委员会的声明,1949年5月10日,第13页,史密斯文献,第98卷。
④ 周以德1947年5月17日致威特·宾纳信函,第1—2页,联合援华会-联合援华服务会文件,第93卷。

呼吁捐款的信件进行了统计,结果显示:尽管美国联合援华服务会向以前的认捐者发出了 145 000 多封信件,募集到的资金却只有 15 万美元多一点。①

美国联合援华服务会的努力显然为蒋介石日益衰败的政府所累,它不得不面对一个现实:原先要建立一个基督教的、民主、友好的中国的希望破灭了。加塞德 1948 年夏初给卢斯写信,信中他估价了美国联合援华服务会、中国以及怀有和他同样梦想的人的未来,他曾梦想把一个可塑的、几乎可以说是孩子气的中国,从从属的地位提升到成熟和成功的家长地位。加塞德慨叹二战中的中美联合只是昙花一现,最近资金募集的受挫证明美国人对亚洲的事情不再热心,而且再让美国联合援华服务会掀起耗费财力、人力和时间的援华运动,似乎不太可能了,因为结果显而易见会令人失望、沮丧。加塞德总结道:"让美国广大公众支持一个全面援助中国的慈善计划是不可能的了。"② 私人机构承担起援助中国的日子已一去不复返了,现在责任落到了美国政府身上。

为了让美国政府援助中国,那些一直为联合援华会-联合援华服务会工作的人们游说美国国会议员对蒋介石进行更大幅度的援助。联合援华会的前任主席查尔斯·爱迪生致电参议员 H. 亚历山大·史密斯(H. Alexander Smith,新泽西州的共和党人),史密斯是美国国会参议院对外关系委员会的成员,查尔斯·爱迪生敦促他要推动对国民党的援助。他要史密斯认识到"共产党正在实施一个精明而又狡黠的计划,旨在把美国的注意力引向

---

① 联合援华服务会 1948 年 5 月 1 日至 1949 年 4 月 8 日呼吁信统计,第 1—3 页,联合援华会-联合援华服务会文件,第 48 卷。
② 加塞德 1948 年 6 月 26 日致卢斯信函,联合援华会-联合援华服务会文件,第 48 卷。

欧洲,把45 000万中国人置于共产党的统治之下"。① 国际共产主义运动正在欧洲蔓延,而美国还茫然不知地把精力都放在欧洲方面,如果中国落入了共产党之手,美国的生活方式就有被摧毁的危险。基于这一点,美国联合援华服务会发现自己置身于两种同样不利的境况当中。一方面,它不得不面对中国无法阻挡的内战以及由此而来的美国人不愿捐钱来从现实和精神上拯救中国的事实;另一方面,共和党和民主党对援助中国问题的论争愈演愈烈,美国联合援华服务会想同任何一方都保持距离。

卢斯则没有这样的困惑,他的杂志从来都是毫不犹豫地将一切事件政治化。他相信,作为一个记者和出版人,他应该教导美国人承担起国内、国际事务的责任。尽管实现"美国世纪"出现了疑问,但卢斯坚持认为《时代》、《生活》、《财富》现在不能改变它们的办刊方针。

卢斯的杂志立即着手游说其读者中国的形势对美国来说极为重要,蒋介石军事形势日渐不利的严重性不能夸大。《时代》周刊1949年1月的一期翻拣出蒲立德八年前关于中国重要性的论述,这位前驻苏联大使对国民党政府声誉的维护是多年前建立起来的,当时他给联合援华会的一个分支机构录了一段讲话。蒲立德在讲话中谈到中国和美国作为姊妹共和国如何共存共荣,提到这两个国家的人民信仰"同样的道德规范",讲"同样高尚的语言"。蒲立德说,中国人民心目中的领袖无疑是蒋介石,这也是中国人与美国人最相似的地方:"伟大民族的伟大领袖",说蒋介石在锻造新的爱国主义和新的民族战斗精神中所起的作用,无愧于一位伟人。蒲立德采用时代公司和联合援华会惯用的手段,把蒋

---

① 爱迪生致史密斯电,未注明日期,联合援华会-联合援华服务会文件,第34卷。

介石的军事困境同乔治·华盛顿在 1777 年和 1778 年冬天的困境相提并论:在中国战时首都重庆,"蒋介石正站在中国的福吉谷上"①。蒲立德说这番话的时候正是联合援华会成立的 1941 年,《时代》的意思是说,八年之后,蒋介石面临的困境比当初华盛顿面临的还要严峻。《时代》周刊说,蒲立德认为世界正处在"人类历史的一个转折点上",在这样的历史时刻,美国"在决策上决不能出错,因为赌注不仅关乎中国的独立,也关涉到美国的独立"②。

共产主义向全球的进军,特别是它在中国的进一步发展,对美国的国家安全来说是一个巨大的威胁。而且,这股外部的力量在美国国内也引起了震荡,有颠覆或渗透的迹象。杜鲁门早在参议员约瑟夫·麦卡锡(Joseph McCarthy)清查共产主义入侵之前,就推动实施了一个忠诚计划活动,这种害怕会从内部腐蚀的担忧,以一种奇怪的关注女性行为的方式,反映在政治和大众文化当中,特别关注它怎样强化了对女性角色的传统认识。宋美龄在二战期间受到美国人的推崇,部分原因是她作为妻子和中国战争孤儿的象征母亲所起的社会建构作用。宋美龄符合美国人认为女性应该承担什么样的责任的先入之见,同二战时期美国的"家庭生活"观念相吻合。然而,此时又出现了一系列新的危机事件,冷战的开始以及美国以杜鲁门主义做出的回应,产生了这样一种观念:遏制苏联才能保证美国的安全。对一些人来说,这样

---

① 《中国在前进》,哥伦比亚广播公司 1941 年 3 月 20 日晚上 10:15 至 10:45 播出的节目,里面有蒲立德的讲话,第 1 号盒带,美国医药援华会文件。
② 《时代》周刊,1949 年 1 月 17 日,第 17 页。这些话是蒲立德 1948 年 12 月 24 日在美国国会联合委员会调查援助中国的情况时说的。参见蒲立德顾问写给涉华对外经济合作联委会的报告,第 13 页,史密斯文献,第 98 卷。

一种做法似乎强化了传统中刻板的性别观点,认为男女不分或女性独立,都会威胁美国的社会建构。通俗小说、大众电影都在反映和强化这种假定的危险。米基·斯皮莱恩(Mickey Spillane)的侦探英雄麦克·汉默(Mike Hammer),为了保护国家机密,粉碎间谍的企图,顽强地抵抗共产主义"狐狸精"的诱惑,正如历史学家伊莱恩·泰勒·梅所暗示的,汉默"必须维护自身的道德以拯救美国,因为其他男性难以抵御他们的性冲动。如果男人能够抵御美女的诱惑,如果女人能够规约自己,就不会有英雄流血的行为了"①。

为了深入探讨共产主义"诱惑"所带来的这种显然是"真切"而又"邪恶"的威胁,时代公司1946年请来小阿瑟·施莱辛格(Arthur Schlesinger, Jr.)撰写关于美国共产党的文章,这位哈佛大学的历史学家一语击中"要害":共产主义提倡"反常的性行为",尽管他没有详细说明这是一种什么样的反常关系。同样,小阿瑟·施莱辛格深入研究了共产党是如何让其党员满足其反常的生理和心理需求的:共产党让"那些孤独、受挫的人们生活得充实,给他们提供在现实生活中无法满足的社会、文化甚至性生活"②。他把美国共产党和其党员的奉献比做某些宗教团体,如"耶稣会、摩门教和耶和华见证人会"③。尽管小阿瑟·施莱辛格的描述不像时代公司后来关于共产主义的文章那样离奇、夸张,但他清楚地说明共产主义会给美国社会带来道德污染,因此,不能简单地将其视为像共和党、民主党这样的一个政治党派。

---

① 梅:《返航:冷战时代的美国家庭》,第98页。
② 《生活》,1946年7月29日,第85页。另外参见梅的《返航:冷战时代的美国家庭》,第98页。
③ 《生活》,1946年7月29日,第87页。

施莱辛格 1946 年的谈论还是相对温和的,两年后,情形变得更加危言耸听。约翰·麦克帕兰(John McPartland)捡拾起以前的危言耸听,为《生活》炮制了另一篇文章,名为《一位美国共产党员的画像》。文中约翰·麦克帕兰深入调查了他所谓的共产主义的社会反常本质和自由恋爱组织。共产党一开始以无伤大雅的形式吸收一些新成员,麦克帕兰讲述了一位易受影响的年轻人的故事,后来给他取名为"凯利"(Kelly)。"凯利"参加了几次单纯的高中学生聚会,后来自然而然地又参加了一些野餐会和沙滩篝火晚会,在这些野餐会和篝火晚会上,年龄大一些的男孩子讨论政治问题,女孩子则为他们的"专注和出色的口才"所倾倒。然而,阴险的发展开始了:"似乎一种魔力出现了,每次('凯利')作为一个好小伙子受到这些温和的知识分子欢迎时,都会出现一些漂亮的女孩子,她们慷慨地回应他笨拙的调情。除此之外,还有一个男孩子更想要的东西么?"受到这些知识青年的蛊惑,再加上那些"美丽的共产党女孩子"的大胆引诱,"凯利"发现自己无法抵御放在他面前的诱惑。为了突出这一场景的道德堕落,麦克帕兰强调这些女孩子都特别有才华和志向。她们知识丰富,思想活跃,更重要的是,"她们跳舞,她们和男人上床"。对"凯利"来说不幸的是,当然也是由于他的纯真,他在受诱惑时没有意识到这些女孩子"既同男人上床,也传播一种思想,上床是其为共产党服务的一种方式"①。

在集中攻击共产主义纵容男女交往时,《生活》画报反映了一些宗教团体成员的思想。早在 1938 年,基督教作者厄尔·克雷

---

① 约翰·麦克帕特兰德:《一位美国共产党员的画像》,《生活》,1948 年 1 月 5 日,第 75 页。更多关于女性的性行为的论述,参见梅:《返航:冷战时代的美国家庭》,第 60—64 页、71 页、92—101 页。

西(Earl Cressy)就在一个名叫《中国走向十字架》的小册子中探讨过共产党对待爱、性和家庭关系的态度,在论及共产主义是否适合中国时,他总结说,为了吸引更多的人,共产主义可能会扩大到国民党中央政府中去。他以下面的论述来支持他的观点:"共产主义理论强调的自由恋爱总的来说对中国传统的家庭道德观念影响不大。"①共产主义的舶来特征妨碍了中国人对它的接受,要想获得更多人的认可,必须把它与更易为人接受的道德行为方式融合起来。《生活》画报报道说,十年过去了,共产主义的信条几乎没有什么变化,还是克雷西写文章时的老样子,但它的影响之所以不断扩大,不是因为它坚持西方的行为方式,而是由于它对正常性行为的完全偏离。证实这一点的文章出自神甫雷震远(Raymond de Jaegher)之手,1948年,他为北京公教大学(Catholic University of Peking)②撰写了一篇公开发表的文章,文中他深入探讨了共产党是如何通过他所认为的"诱惑"技巧来获得成功的。这种社会威胁加上其他经济、政治、政策方面的危险,使得美国急需连贯的对外对内政策来阻止危险的进一步蔓延。美国必须关注它在世界上的同盟,和它们共同努力构筑起抵御共产主义的坚强堡垒。

美国的亚洲同盟无疑是蒋介石。在遴选1947年的年度人物时,《时代》周刊选择了国务卿马歇尔,原因是他近期反对共产主义在欧洲传播的立场,这一立场具体表现在杜鲁门主义和"欧洲

---

① 厄尔·克雷西:《中国走向十字架》(纽约,1938),第62页。亚洲基督教高等教育联合董事会文件,第458卷。克雷西接下来把共产主义和佛教密教派的行为进行了比较。对这一点更为详细的论述,参见凌海成:《中国佛教》,第325—328页。
② 北京公教大学1925年由美国本笃会创办,起初定名"The Catholic University of Peking"(北京公教大学),1927年定名为辅仁大学,1950年由中国教育部接办,后因院系调整将该校并入北京师范大学。——译者注

复兴计划"(European Recovery Program,也称"马歇尔计划")当中。《时代》声称马歇尔最后终于认识到了共产主义的巨大威胁,他的认识是与时俱进的,因为这位国务卿在调停国共冲突时还没有认识到这种正在迫近的威胁。①

杜鲁门政府最终也因为先是提议,后来构筑起反对共产主义在欧洲蔓延的堡垒,而受到好评。参议员 H. 亚历山大·史密斯是杜鲁门政府赞颂者中的一员,他称赞杜鲁门主义中反对欧洲共产主义的立场,但又暗示这个堡垒需要扩大到亚洲。他指出,由于"历史可能有一天会记载……杜鲁门先生在第一个任期内在马歇尔的辅佐下拯救了欧洲",他希望总统的第二个任期能"在艾奇逊的配合下拯救亚洲"。②后来史密斯又把杜鲁门对世界范围内共产主义进攻的制裁,与华盛顿、林肯、威尔逊、罗斯福的伟大成就相提并论,他坚信杜鲁门总统能够完成这一重任,并通过把他的主张贯彻到亚洲,来保证他在历史上的地位。③

杜鲁门拒绝援助蒋介石使他失去了那些支持蒋介石的美国人的拥戴,不久,杜鲁门就处在国会议员和媒体、企业集团两股火力的交叉攻击之中。杜鲁门和他的顾问尤其成了那些自愿为中国游说的人,如周以德、史密斯、卢斯等攻击的靶子,他们主张美国必须制定一项像"欧洲复兴计划"那样的对华政策,说蒋介石值得援助,因为他早就意识到共产主义的危险。《时代》周刊指出,实际上,蒋介石早在几十年前就熟悉了美国现在要面对的敌人,他在对抗共产主义中积累的经验使他成为美国在亚洲不可多得

---

① 《时代》周刊,1948年1月5日,第18—19页。
② 史密斯:《美国的对华政策》,未注明日期,史密斯文献,第98卷。
③ 《杜鲁门总统时代美国应承担的世界使命》前言,未注明日期,史密斯文献,第98卷。

的同盟。

《生活》画报的一篇社论更为全面地批评了美国战后对待国民党政府的政策。该社论指出,蒋介石是美国宣传运动的牺牲品,这场宣传一定程度上是杜鲁门政府掀起的,美国国务院和美国的众多媒体造起反蒋宣传的声势,并弥散到美国对华政策的讨论当中。《财富》杂志报道说,美国媒体"大肆讨论……国民党政府的贪污腐败",美国国务院拒绝解释二战结束后迅速将美国士兵撤回国内的有关问题。① 国民党在美国遭遇了偏见,而且《财富》解释说,国民党政府在国内没有搞好与"民众的关系",再加上它在回应国外批评时过于彬彬有礼,使问题变得更加复杂了。②不过,《财富》上的这篇文章也承认,在二战期间,国民党聘请了声名显赫的华盛顿游说者托马斯·G. 科科伦(Thomas G. Corcoran)——罗斯福曾戏称其为"汤米·科克"(Tommy the Cork),做中国国防供应公司也就是宋子文公司的法律顾问,科科伦极力游说美国政府要给国民党以军事和经济援助。③

显然,蒋介石对美国不同的支持者有非常清醒的认识,并加以区别对待,卢斯是蒋介石最重要的支持者。白修德在评价蒋介石政府如何对待卢斯时写到,他的老板对国民党来说是非常重要的自然资源,就像"一旦他们战败,希望从中获得一线生机的长江屏障"。1941年,当卢斯访华时,蒋介石政府给予他很高的礼遇,

---

① 海里蒙·毛瑞尔:《暴政时代》,《财富》,1948年2月,第156页。
② 同上,第119页。
③ 海里蒙·毛瑞尔:《暴政时代》,《财富》,1948年2月,第114页。塔奇曼的《史迪威与美国在华经验》第220页谈到科科伦的游说活动。要想进一步了解这方面的内容,参见拉什的《新政执行者与梦想家》,第461—462页。拉什指出,科科伦的兄弟大卫是中国国防供应公司的总裁。亦可参见托马斯·G. 科科伦文献,藏于国会图书馆。

赋予他比一切来访者更高的特权。白修德这样写道:"我还从来没有见到过任何来访者能像卢斯和他的夫人克莱尔·布斯·卢斯那样受到如此隆重的礼遇。享有盛誉的记者也好,外交官也好,亚洲的政要名流也好,甚至连贾瓦哈拉尔·尼赫鲁(Jawaharlal Nehru)也没有得到过这样的殊荣。"① 卢斯以前的另一位雇员斯坦利·卡诺(Stanley Karnow)描述说,国民党逃离大陆几年后卢斯访问台湾,蒋介石和夫人宋美龄把他视为最尊贵的客人:"他们不停地恭维他,他们告诉他对他们来说他是多么的重要,他们多么地仰仗他,他是一位多么伟大的人。"② 韦斯利·贝雷不无嘲讽地说,卢斯1945年10月访华是马可·波罗以来最受欢迎的外国人。③ 非同寻常的接待、无尽的恭维、豪华的宴会、独一无二的特权、随意到中国任何地方参观的特别行程安排,卢斯无不尽享。正如《财富》所宣称的,如果说蒋介石在宣传和处理军民关系方面显得幼稚,他毫无疑问知道该依赖哪一位美国人来为他游说。

1948—1949年,时代公司经常把国民党政府局势的恶化归咎于杜鲁门总统和他的"半个面包"(half-a-loaf)④政策,这在时代公司成了家常便饭。《生活》画报的指责更加尖刻,它把美国的对华政策概括为"一定程度上是被无关的说教所驾驭的灾难性忽视"。⑤ 由于拒绝给蒋介石提供更多的经济和军事援助,时代公司认为美国政府限制了蒋介石的成功,使他半途而废。在《时代》

---

① 白修德:《探索历史》,第126页。也可参见哈伯斯塔姆:《无冕之王》,第85页。
② 哈伯斯塔姆,第87页。关于1945年之后国民党在美游说活动的总体评价,参见塔克的《尘埃中的格局》,第75—78页、143—144页。
③ 韦斯利·贝雷访谈,斯旺伯格文献,第18卷。
④ 指没有支持中国到最后。——译者注
⑤ 《生活》,1948年3月29日,第28页。

周刊发表的文章中，周以德找到了谴责美国政府限制亚洲发展的情绪发泄渠道，但这并不是因为这位以前的医学传教士没有发表意见的途径，他只是不放过任何一个发表自己意见的机会。在1948年初举行的市民大会上，他发言时又一次把蒋介石和林肯相提并论，富有先见地堵住了那些谴责蒋介石的批评家的嘴。一位听众被深深地打动了，写信给周以德祝贺他"睿智的回答，说杰出的蒋介石让人联想到亚伯拉罕·林肯"①。到了1948年底，周以德再次参加中国问题讨论会，就中国是否让美国进退两难问题同哈佛大学历史学家费正清（John Fairbank）进行辩论。②

《生活》画报试图说明，鉴于美国公众不满共产主义在亚洲的继续传播，重新考虑美国的对华政策已迫在眉睫。1948年3月，《生活》上一篇措辞严厉的编者按谴责美国政府在一个重要盟国最需要援助的时候拒绝给予支持③，说蒋介石和他的政府"比世界上任何国家都更加积极地反对共产党，甚至举枪相向"。并说一群特意挑选出来的、意志坚定的美国人，最终起来推翻反蒋宣传的高墙。但直到最近，对蒋介石的歪曲宣传，再加上杜鲁门政府的摇摆不定，只会让人感到这是"一次错误和失败的教训"。美国政府背弃蒋介石，背弃这位与共产党斗争了20年的亲美的政治家，必将继续把美国引向最大的外交灾难。

那种灾难现在看起来是不可避免的了。1948年3月29日

---

① 弗雷德里克·安德森1948年1月8日致周以德信函，周以德文献，第36卷。周以德的评论是1948年1月6日市民大会议题"我们现在应该为中国做些什么"的一部分。另一位听众提醒周以德不要把蒋介石和林肯相提并论，说这样做会"自讨苦吃"。
② 美国国家广播公司广播了芝加哥大学1948年11月11日举行的该圆桌会议讨论内容，周以德文献，第36卷。
③《生活》，1948年3月29日，第28页。

出版的《时代》周刊刊登了一篇题为《生存挣扎》的文章,提醒美国人一种不祥的国际局势征兆正向美国席卷而来,文章认为美国正面临着有史以来最严峻的挑战。《时代》周刊援引迪恩·艾奇逊"一只烂苹果如何染坏了一筐好苹果"的话,用两张彩色地图说明共产主义对战略位置重要地区的威胁,展示其他国家如何可能受到浸染。其中一幅地图上标注着欧洲、非洲部分地区和中东,夸张地说明如果共产党在意大利即将到来的大选中获胜的话,会发生什么样的情况。地图显示苏联党旗上镰刀的手柄覆盖意大利,其长长的弧形刀刃跨过地中海,穿过东非部分地区,延伸到油井遍布的沙特阿拉伯。地图和文字解说宣称,共产党统治的意大利会威胁意大利南部和东部的所有地区,包括处于枢纽位置的中东。这种可怕的预言不亚于副国务卿迪恩·艾奇逊一年前所说的话,当时他告诉国会议员:"希腊共产党的腐败会影响伊朗……并通过小亚细亚和埃及波及非洲"。这一想象性假设1947年被用来宣传杜鲁门主义,取得了很好的效果。然而,《时代》周刊的语调更加耸人听闻,它把当时的情况比做二战中最黑暗的日子:"如果意大利共产党在自由选举中获胜的话,其结果就会像二战中新加坡和马尼拉沦入法西斯之手一样"①。

  《时代》周刊的第二幅地图显示的是亚洲。在这里,镰刀的手柄覆盖中国,刀刃弯向东南亚,穿过新加坡,往西北延伸到印度。如果共产主义席卷了中国,类似的"灾难"可能会降临到印度,而且,在这里潜在的危险更大:"共产党统治的中国会控制印度次大陆的 38 500 万人口,阴影笼罩整个南中国海,而南中国海的对岸

---

① 《时代》周刊,1948 年 3 月 29 日,第 30 页。其他提到卢斯杂志的地方,参见普里弗伊的《哈里·杜鲁门的对华政策》,第 66 页。关于艾奇逊的说法,参见艾奇逊的《创世亲历记:我在国务院的年代》,第 219 页。

是美国80％的自然橡胶来源"①。更有甚者，由于日本在亚洲的贸易被切断，美国会付出维持这个岛国的昂贵代价。

《生存挣扎》一文还提到如果中国落入共产党之手，苏联可能会从空中占领阿拉斯加。这一"在美国空军看来不是不可能的"行动，会给苏联奠定空军基地，从而空袭底特律。②实际上，《时代》在这篇文章中几次提到面对共产主义的全球进攻，美国将难以抵挡。在卢斯想象的噩梦里，一个共产党统治的反美世界，会从意大利一直延伸到中国。一年前，为了说明援助希腊和土耳其的必要性，杜鲁门政府曾用类似的策略"唬住"了国会议员，而现在卢斯同样把这一策略用到中国这儿。

配合地图的文字说明不仅分析了迫在眉睫的危险，还进一步推测了十年之后美国的处境，并用传统民间故事中金发姑娘③的选择来暗示一个最合适的答案。第一个选择太令人心寒："一个四分五裂、目瞪口呆、被彻底打败的美国……不得不在共产党统治的世界秩序中调整自我。"第二个选择明显太硝烟弥漫："筋疲力尽、千疮百孔但获得胜利的美国……试图从世界废墟中尽可能拯救一些东西。"第三个选择恰到好处："一派繁忙、祥和的美国……在世界各地帮助拓展自由的边疆。"④这也是时代公司认为美国应该选择的道路。

在某种意义上，卢斯把他的杂志作为一个舞台，来向美国公众导演谣传中共产主义的蚕食：观众看到戏剧一幕幕上演，就像看到了1947年杜鲁门政府告诉那些不赞成他的国会议员欧洲正

---

①②《时代》周刊，1948年3月29日，第31页。
③ 金发姑娘在三只熊的家里看到三碗粥，热的不吃，冷的不吃，只挑不冷不热的吃。——译者注
④《时代》周刊，1948年3月29日，第29页。

面临着苏联的强大威胁一样。后来,艾奇逊在描述他召集国会议员们开会,说服他们认清希腊和土耳其的严峻形势时写道:"我知道我们是在决一死战……苏联在以最小的代价,下历史上最大的一个赌注。"①卢斯把美国人关注的焦点转向中国,在准备好舞台之后,他把中心人物蒋介石和毛泽东引到舞台上。但时代公司在报道这两个人物时,创造了一些讽刺画和象征符号来分别代表这场全球规模大战中的善、恶两方。

《时代》周刊1948年12月6日的封面人物是蒋介石,称他是一位拯救者,中国的弥赛亚,这是1931—1949年18年间《时代》周刊第八次让蒋介石登上封面。② 像以前作为封面人物时一样,画面上的蒋介石英俊潇洒而又作思索状,目视他的右前方,背景是中国国民党党旗。图片下的说明是:"堪萨斯城现在都能听到炮弹声"。封面故事强调即将到来的厄运:"亚洲的榴弹炮现在在堪萨斯城就能听到,尽管美国还没有完全认识到它在中国内战中的重要性。"③堪萨斯城象征着美国的心脏地带,这是《时代》、《生活》,甚至《财富》的一个十分重要的主题,因为卢斯想让大家这样认为。尽管时代公司的许多撰稿人和职员来自东部,特别是常春

---

① 艾奇逊:《创世亲历记:我在国务院的年代》,第219页。
② 这里所说的蒋介石八次登上《时代》周刊封面,包括他与其他人,比如和他的妻子宋美龄一起成为封面人物。将介石八次出现在《时代》周刊封面上统计如下:1931年10月26日(和宋美龄一起)、1933年12月11日、1936年2月24日(和约瑟夫·斯大林、溥仪、日本天皇一起)、1936年11月9日、1938年1月3日(和他的夫人宋美龄一起成为年度风云人物)、1942年6月1日、1945年9月3日、1948年12月6日。时代公司还单独让蒋介石夫人宋美龄登上封面(1941年6月的《生活》和1943年3月1日的《时代》周刊)。陈诚1941年6月16日成为《时代》周刊封面人物,1938年5月16日的《生活》封面是一个年轻的中国士兵。1942年3月2日的《生活》封面人物尽管是金格·罗杰丝,但该期有一篇配有蒋介石肖像插图的长文。这还不包括《财富》上大量有关中国的文章,以及其他有关二战期间在中国服役的美国将军的报道。
③《时代》周刊,1948年12月6日,第27页。

藤盟校，但卢斯坚持让他的杂志面向美国中部。一位雇员写道，卢斯不想让《生活》画报变成"一份老于世故、面向大城市的杂志"。为了做到这一点，卢斯不断地刊登农夫感兴趣的故事，包括蝗虫灾害和"爱荷华州的玉米养猪场"。① 由于坚持这一方向，卢斯有一次对他的雇员说："我想让我的杂志充满乡土气息。是的，我知道你们不喜欢，你们带有太多常春藤盟校的色彩，太老于世故，而我们的杂志需要更多的乡土气息。"②

《时代》周刊把堪萨斯城放在中国内战的背景上，同时通过一系列的联想，把美国、中国和《时代》周刊的读者联系起来，从而突出了卢斯对该杂志"乡土气息"的强调。《时代》周刊说在堪萨斯城能听到榴弹炮的轰炸声，这让人联想到1940年内布拉斯加州的参议员肯尼思·韦利（Kenneth Wherry）说的一段话，他说美国人"在上帝的帮助下，能不断地把上海往上提升，直至提升到堪萨斯城的水平"。③《时代》周刊在谈到国民党日益恶化的军事形势时，把国民党往中国南部的撤退和共产党向上海的进攻，看做共产党会从全球范围内围攻美国或堪萨斯城的前奏。《时代》周刊暗示，如不遏制共产主义在亚洲的传播，它将会冲击美国地理意义和隐喻意义上的心脏地带，对美国造成严重威胁。

就在蒋介石第八次登上《时代》周刊封面两个月后，毛泽东作为"封面人物"出现在《时代》周刊上，时间恰好是中国的旧历新年，这是《时代》周刊的一个混合着夸张和映射的例子，把臆想的事实和鸡毛蒜皮的细节拼凑在一起，制造出一种负面的形象。

---

① 考特：《亨利·R. 卢斯的罪过》，第100页。对《生活》的抽样调查显示：它登载了大量与农业及美国中西部有关的文章。
② 转引自哈伯斯塔姆：《无冕之王》，第48页。
③ 转引自戈德曼：《艰难岁月前后》，第116页。

《时代》周刊指出,之前的一年是"鼠年——也是共产党不断获得胜利的一年"。显然,它在暗示毛泽东不适合做中国的领导人:蒋介石给人的印象是优雅、干练,而毛泽东"不时把脚放在桌子上,天热时不雅地赤裸着脊背"。毛泽东吸烟、嚼豆子,直到最近医生诊断出他有肺病,"才不再用高粱酒送难以下咽的饭菜",毛泽东最近没酒喝明显让他变得"抑郁寡欢"。① 另外,毛泽东经常参加周末舞会,和他的妻子,或者和"共产党女孩跳舞"。

到了1948年底,敏锐的读者可能已经意识到美国化中国的愿望已破碎到脆弱的、令人难以置信的最后一搏,那就是寄希望于美国人的感情支持和这一愿望一旦破灭美国人的惊恐反应。《时代》、《生活》、《财富》三大杂志把共产党在中国的胜利描述为苏联在世界上其他国家的胜利,强调中国共产党执政会影响美国人的生活,以此来重新恢复蒋介石作为一个推崇基督教生活方式的正面领导者形象。《时代》周刊谈到蒋介石的宗教改革——"新生活运动","新生活运动""象征着一个新的中国","反对从腐败贿赂到用袖子擦鼻涕的一切不良现象"。② 除了穿干净整洁的衬衫外,蒋介石显然还让基督教渗透到他的政府部门。他的早祷仪式包括用冷水洗脸,锻炼身体20分钟,然后早祷、读《圣经》。③ 而且他不仅仅是早上一睁眼就想到上帝,他的生活也完全是基督教式的。尽管国民党的地位在急剧下降,对蒋介石基督教信仰的一再强调还是传到美国一些有影响的人的耳朵里,引起他们的同

---

① 《时代》周刊,1949年2月7日,第19—24页。卢斯1945年秋访问中国时注意到蒋介石和毛泽东着装的对比。关于毛泽东,卢斯这样写道:"他松松垮垮的蓝色粗斜纹布衣服和他的东道主蒋介石饰以绶带的合体制服形成鲜明的对比。"参见斯旺伯格文献,第17卷,条目:1945年10月8日。
② 《时代》周刊,1948年12月6日,第28页。
③ 同上,第31页。

情，于是便关心起蒋介石和国民党政府来。

同情者中有一位是 H. 亚历山大·史密斯，1944 年以来一直是新泽西州的共和党参议员，他利用自己身为参议院对外关系委员会委员的地位，支持国民党的事业。时代公司对蒋介石的基督教信仰和他作为非基督教国家的基督徒领袖角色的不断强调，拨动了参议员史密斯的心弦，因为他本人也有强烈的宗教信仰。史密斯的重要位置以及他后来建议美国拒绝承认台湾是共产党领导的中国的一部分，再加上他为遏制共产主义在亚洲传播所提供的经济援助，都使他给时代公司留下了良好的印象，同时也把他直接推入了赞同中国内战的阵营中来。

像卢斯一样，史密斯从基督教是决定中国事态发展的重要因素这一角度来看待中国，他的许多朋友、亲属，包括约翰·罗茨(John Roots)都赞同他的看法。罗茨出生在中国，父亲是美国圣公会主教，他和史密斯保持密切的联系，不断把他对蒋介石、对中国的看法告诉史密斯，认为需要在基督教的指引下，设计一个有利的计划来打击共产党取得的成果。1949 年夏天他在写给史密斯的信中说："上帝知道蒋介石和他的部下在很多方面都很艰难，"并补充说，"蒋介石仍然是一个基督徒，一个虔诚的基督徒。"① 在给《读者文摘》的一篇文章草稿中，他解释说："在世界上人口最多的国家的最前面，矗立着一位雄狮般的领袖，不管在身体上还是精神上他都像雄狮一般不屈不挠，有着坚定的、不可征服的信念。这意味着从蒋介石身上我们看到亚洲有这样一位领袖：尽管他有过错……但最终像磐石一样维护传统的基督教价值

---

① 罗茨 1949 年 8 月 27 日致史密斯信函，史密斯文献，第 98 卷。

观,维护基督教民主的核心道德观念。"①

另一个和史密斯一样相信蒋介石基督教信仰的力量和他的优秀品质的人,是史密斯参议员的女婿 H. 凯纳斯顿·特维齐尔(H. Kenaston Twitchell)。特维齐尔经常回应岳父对中国形势的分析,他的观点显然坚定了史密斯的看法。特维齐尔认为信仰而不单纯是视野,对解决中国问题是十分必要的。甚至在1949年6月,当国民党准备退守台湾,共产党将其解放区扩大到长江南岸时,特维齐尔还坚持认为有推翻共产党的机会。他提出了一个"意识形态灌输"计划②,该计划呼吁"为尚存的国民党军队注入一种新的精神",希望这种新的精神能遏止国民党的溃退,阻止共产党的进军,从而彻底扭转中国的局势。③

强调通过意识形态渗透来解决美国在亚洲的难题,成了史密斯参议员谈论中国形势的重要特点,尽管史密斯对意识形态渗透具体指什么还有些模糊不清,但女婿给他提供了一些线索。比如,特维齐尔在一封信中说这种意识形态渗透是"中国民主的一块滩头堡"④。罗茨说这个策略就像创立了基督教突击队一样令人鼓舞。他认为,通过维持在中国的基督教机构——比如说13所基督教大学,即便它们面临着共产党的接管也没有关系,基督徒们仍然能够把美国的意识形态"渗透到中国来,当然前提是这些学校的教师、技术人员、传教士和商人都被意识形态武装起来"。⑤ 史密

---

① "第6号方案:让中国和印度的爱国者用一种思想去激励他们的民众,提高他们政府工作人员的道德思想水平,赢得统摄亚洲人思想的战斗。"罗茨为《读者文摘》撰稿的部分内容,史密斯文献,第98卷。
② 特维齐尔1949年7月9日致史密斯信函,史密斯文献,第98卷。
③ 特维齐尔1949年6月28日致史密斯信函,史密斯文献,第98卷。
④ 特维齐尔1949年9月18日致史密斯信函,史密斯文献,第98卷。
⑤ 罗茨1949年6月28日致史密斯信函,史密斯文献,第98卷。

斯自己写道,由于日本的神道教、印度的佛教没有被中国人接受,结果形成了信仰真空,这为"富有进攻性、讲求实际、富有启发性的基督教"留下了乘虚而入的可能。① 如此,一个道德上行得通的基督教计划,再加上采取秘密渗透的方式,会让西方重拾以前的希望。罗茨暗示,迪恩·艾奇逊会对这个计划感兴趣,因为罗茨指出,这位国务卿是一个基督徒,他父亲也像罗茨的父亲一样,曾经做过主教。②

史密斯说,这种意识形态渗透战略是要让莫斯科25年来对中国坚持不懈的努力化为乌有,苏联要收割庄稼了,因为他们一直坚持不懈地用有效的教育和意识形态灌输来影响中国。为了对抗苏联的这种做法,史密斯认为美国应该效法此道,像返回庚子赔款那样,利用宗教和教育机构来进行意识形态渗透。③

虽然史密斯没有把他的计划局限在意识形态渗透上,但他的确表明,他不准备再给国民党任何军事援助。史密斯在美国国家广播公司的广播节目中说,国民党失败了,部分原因是国民党的领导者没有完全理解西方民主的精髓,也就是说,他们没有从合适的基督教框架入手来寻求民主,而这对民主是必须的。④ 蒋介石政府值得美国基督教层面的关注,但不值得美国再给予军事援

---

① 《美国面对的中东问题:1949年9月至10月中东之行报告》,第二部分,第2页,史密斯1949年11月21日撰写,史密斯文献,第98卷。
② 罗茨1949年8月27日致史密斯信函,史密斯文献,第98卷。
③ 《史密斯参议员呼吁美国采取积极政策帮助"重塑"中国》,1949年6月30日给各大报纸的新闻稿,第2页,史密斯文献,第98卷。
④ 参议员H.亚历山大·史密斯1949年12月1日为美国国家广播公司就中国问题撰写的发言稿,第1页,史密斯文献,第98卷。史密斯的女婿凯纳斯顿·特维齐尔早在1949年7月就已注意到国民党依然给他们留下了灌输美国意识形态的机会,因为国民党中有很多人知道"上帝引导的生活的力量,知道国家建构中需要崇高的道德修养"。特维齐尔1949年7月23日致史密斯信函,史密斯文献,第98卷。

助。史密斯说不会再从军事上给国民党援助了,因为他认为军事援助会需要随之派出大批的军队和指挥官,而这样很可能会让美国踏上第三次世界大战的道路。①

基于这些原因,史密斯尽可能远离主张美国援助蒋介石的偏激呼吁,但他不时对蒋介石虔诚的宗教信仰表示敬佩。史密斯在起草一份如何扭转蒋介石失败的备忘录时,试图迎合卢斯杂志广为宣传的一些思想,说蒋介石"是一个基督徒,他1927年皈依基督教可与君士坦丁大帝的信仰转变相提并论"。在另一处提到蒋介石时,他又说道:"《圣经》是他每日的伴侣,他早晨五点起床,沉思、祈祷,他关于上帝和上帝之子的言论,是奥利弗·克伦威尔(Oliver Cromwell)以来治理国家的纲要中独一无二的。"②

考虑到史密斯对所有基督徒领袖统治的国家都感兴趣,而不单单是中国,他支持蒋介石的事业这一事实反映出中国的形势也引起了美国其他政要的广泛关注。比如约翰·福斯特·杜勒斯就对基督教走进其他国家的政府部门非常感兴趣,他有一次在分析中国的形势时说:"的确,同情而不是物质援助是中美两国人民关系的本质……中美的交流主要是文化和精神上的,而且主要是通过传教士进行的。"③

对于共产主义给基督教国家带来的挑战,甚至乔治·凯南也

---

① 史密斯1949年4月27日致特维齐尔信函,史密斯文献,第98卷。史密斯1949年秋访问亚洲后,重申不给蒋介石提供军事援助来反攻大陆。参见《美国面对的中东问题:1949年9月至10月中东之行报告》,第三部分,第3—4页,以及第五部分第4页,史密斯1949年11月21日撰写,史密斯文献,第98卷。
② 1949年1月31日呈送给艾奇逊的备忘录,第3页,史密斯文献,第98卷。
③ 约翰·福斯特·杜勒斯1951年5月18日在纪念"华美协进社"成立25周年招待会上的致辞,史密斯文献,第105卷。卢斯是该招待会的主持人,迪安·腊斯克也对来宾发表了讲话。必须注意的是,凯南认为美国亚洲政策的核心是日本,而不是中国。相关论述可参照加迪斯:《遏制战略史》。

用一个例子来说明,考虑到他一直强调实用主义的政治观点,这个例子显得有些令人吃惊。他在《外交》(Foreign Affairs)杂志上发表了一篇探讨苏联挑战背后动机的文章,在文章结尾他说上帝用苏联来给美国一个巨大的考验,美国经受住了这个考验,因此美国人将能够圆满地完成"历史明确地交给美国人承担的道德使命和政治使命"。① 因而,凯南表达了与亨利·卢斯极为相似的思想,卢斯一直认为这应该是美国扩张的根本。

史密斯参议员不像周以德和其他国会议员那样热衷于支持蒋介石,尽管他在参议院对外关系委员会的位置将他置于论争的漩涡之中,但他并没有借此来为蒋介石造势。② 而且,由于深信国家需要基督道德,他非常关心共产党在中国和世界其他地区的影响。正如他有一次在日记中所说的,1950年世界面对的真正问题是"上帝与无神论的对抗"。③

清教徒19世纪就来到了中国,他们希望把中国人变成基督徒。半个世纪之后,史密斯依然受到传教激情的激发。对他、对卢斯和联合援华会的许多成员来说,蒋介石是一个身陷麻烦的领袖,尽管有过错,但他是基督徒,这一点本身就让美国人站在他的一边。在席卷全球的无神论共产主义和西方基督教民主国家的斗争中,不能只支持那些绝对纯洁、没有任何过失的人。诚然,蒋介石犯有过错,但最终只有他能帮助实现一个美国化的中国。

建设一个基督教的、民主的中国这一信念的坍塌,预示着要

---

① 乔治·F.凯南:《苏联行为的根源》,该文最初发表在1947年7月的《外交》杂志上,后来在《外交》杂志1987年春季刊上重新翻印,文中引文来自第868页。
② 其他以前支持蒋介石的参议员有新罕布什尔州共和党人斯泰尔斯·布里奇斯、印第安纳州共和党人威廉·詹纳、内华达州民主党人帕特里克·麦卡伦以及威斯康星州共和党人约瑟夫·麦卡锡。
③ 引自史密斯1950年8月25日的日记,出自史密斯文献。

寻找罪魁祸首。蒋介石和其他国民党领袖不应该负有责任,因为不管犯下了什么样的过错,他们都是基督徒。美国化中国理想崩塌的原因,从好的方面来说,是误解和幼稚;从坏的方面来讲,则是无能、无知以及共产党的渗透和背弃。

中国共产党的革命适逢其时地打乱了亨利·卢斯为美国和中国设计的蓝图,毛泽东1949年10月宣布中华人民共和国成立,使得赞美中国人民与美国人民极为相像、中国决心变成一个像美国那样的国家的日子,一去不复返了。此外,共产党的成功带来一些令人困惑的问题:如果中国有自己的乔治·华盛顿,如果蒋介石走过了自己的福吉谷,如果中国人民被查理·卓别林、劳雷尔、哈代的滑稽表演逗得哈哈大笑,那么,他们无力抵抗共产主义的全球性入侵对美国来说意味着什么?如果连中国这样的美国人认为和美国十分相似的国家都会落入共产主义之手,那么,美国屈服于这同一"邪恶"的几率又有多大?

一些评论家,像亨利·P.范·杜森,在国民党的失败中看到了美国因拒绝承担明白无误地赋予美国的责任,而造成的一个后果,这是美国的失败,这一失败早在1938年慕尼黑会议上就定下了基调,但一直到1949年中国共产党革命成功才明确显现出来。① 但接下来我们会问,这意味着什么?杜森的回答是,如果美国拒绝承担历史自然而然地赋予它的责任,最终会导致美国的早亡。对卢斯来说,前景同样令人沮丧,他宏伟的美国蓝图中需要中国扮演一个核心角色来完成美国福音传播的使命。不过,中国毕竟为美国提供了一次难得的机会。在联合援华会组织的一次演讲中,卢斯曾这样说:"要知道,中国最神奇的地方在于它让每一个到那儿去

---

① 范·杜森1948年12月17日致史密斯信函,史密斯文献,第98卷。

的人都着迷,因为它给他们提供了实现自己愿望的无穷机会。"①

关于上帝和玛门,J. A. 贺伯逊这样写道:"我们在古代世界的各个国家中,发现从一开始就有上帝和玛门——宗教与经济合作之间的互利互惠关系。"②中国作为一个潜在的收获灵魂的地方或作为一个贸易市场,都象征着这两种力量的完美结合。历史学家史景迁在谈到这一点时论及一些外国人,从17世纪的耶稣会士,到20世纪50年代的苏联顾问,他们都试图把中国变成他们希望的样子:"他们的多数行为中都隐含着一个更为复杂的动机,这就是与其说是帮助中国,不如说是帮助他们自己。"③虽然史景迁没有把卢斯包括在他考察的那些到中国来、希望改变中国的西方人当中,但他的话同样适用于卢斯。

当蒋介石证实自己无力抵抗共产党,也无法掌握中国的命运时,在很多美国人眼里他的失败是一个国家基督领袖的失败。约翰·福斯特·杜勒斯就是这样认为的,他对基督教有很深的个人感情,深信基督教在指导美国的外交政策方面发挥着重要的作用。范·杜森总结了杜勒斯对蒋介石垮台的痛心,他的话用在卢斯身上也十分合适。④ 范·杜森说,杜勒斯"怎么也不能让自己接受共产党占领了中国这个现实。他说:'基督徒领袖怎么啦?决定国民党政府的基督教事业怎么啦?'"当美国人刚开始指责国民党政府腐败时,杜勒斯表示"非常失望"。基督教政府败给了共产党的无神论运动,用范·杜森的话说,基督教政府没能让中国进入"民主国家的大集体里面"。同样,失去中国也让卢斯本人痛

---

① 引自杰瑟普主编:《亨利·卢斯的思想》,第196—197页。
② 贺伯逊:《上帝和玛门》,第6页。
③ 史景迁:《改变中国》,第291页。
④ 亨利·P.范·杜森访谈,约翰·福斯特·杜勒斯口述历史档案馆,马德图书馆。

惜不已。当美国前战争部长亨利·L. 史汀生在发表于《妇女家庭杂志》(Ladies' Home Journal)的回忆录中批评蒋介石时,卢斯马上给他写信:"我想不出还有什么话比你最近对蒋介石、对中国的评论更能伤害我"①。

到了最后,卢斯无法把对中国的个人感情和他认为美国应该怎样做区分开来,中国共产党赢得了中国的事实把他击垮了,这看起来几乎是一种个人的背叛。一位在时代公司长期任职的编辑评论说,卢斯"认为中国背叛美国是大错特错,他知道自己深爱着中国,他认为中国也应该爱他、爱美国"②。失去中国的痛苦——他有一次说这是"中国的不幸",让他感情用事,而他的反应在他的杂志上体现出来,对美国国内的政治气候产生了很多负面影响。③ 一位评论者说,卢斯情绪化的反应最终"直接影响了麦卡锡主义的扩大化"。④ 毫无疑问,事实的确如此,但同样重要的是卢斯坚持重新找回他对昔日中国的看法,这也是其他许多美国人不顾一切地试图要拯救"美国世纪"的开始。

---

① 卢斯1948年1月15日致史汀生信函,史汀生文件,微缩胶卷,第119盘。也可参见史汀生、邦迪:《在和平与战时的勤勉供职》,第539页。史汀生文章中惹卢斯生气的话语是:"如果蒋介石让约瑟夫·史迪威将军按照自己当初的计划和规模训练中国军队,他会发现在二战结束时,他有一只更加强大的军队,他的军事声誉无疑也会很高。如果支持史迪威这样做的话,蒋介石军队的战斗力和信任度都会大大提高……这样做也会让蒋介石从根本上转变态度。1942年史迪威曾描述说,整个二战期间,蒋介石都狂妄、多疑,实行封建主义的独裁,顽固而又错误地坚持统一中国,把自己视为中国的救星。"在给卢斯的回信中,史汀生说二战期间卢斯在对待蒋介石问题上的主要错误是他拒绝国共合作以达成一个共同的目标,蒋介石一意孤行,坚持按照自己的想法去做。史汀生写道:"我对蒋介石的失望,很大程度上源于我对他领导中国战争抱有太大的希望。"史汀生1948年3月31日致卢斯信函,史汀生文件,微缩胶卷,第119盘。
② 托马斯·S. 马修斯访谈,藏于哥伦比亚口述历史资料库。
③ "中国的不幸"出自卢斯1948年4月20日致史汀生信函,史汀生文件,微缩胶卷,第119盘。
④ 哈伯斯塔姆:《无冕之王》,第86页。

第九章　与浪漫化中国观的悲情告别

> 令人惋惜的是,中国的危机削弱了美国战无不胜的自豪感。作为一个民族,在相信没有什么事情我们做不了的时候,即便我们不是处在最迷人的状态,一定也是处在最佳状态。
>
> ——安妮·奥黑尔·麦考密克,1950年1月

> 在一个民主国家,对外政策是根据民意制定的。
>
> ——哈里·S.杜鲁门,1950年4月

> 美国人应该摒弃他们能够改造中国这一没有事实根据的设想。
>
> ——南希·塔克,《外交》

大多数美国人曾认为中国会很快成为美国强大的盟友,1949年,中国共产党革命的成功改变了他们的看法。中华龙苏醒了,但没有变成向美国靠拢的友好盟国,而是似乎印证了那些在太平洋彼岸担心中国会变成敌视国家的美国人的焦虑。此时,"黄祸"变成了"红祸"的一部分。

然而,在讨论"失去中国"时仍然存在这样一个问题:如果说美国有所失去,那么到底失去了什么?根据一位知名学者的说法,什么也没有失去,因为首先亚洲不是美国的,所以谈不上什么

失去不失去。1949年10月在讨论美国对华政策的一次圆桌会议上,欧文·拉铁摩尔(Owen Lattimore)问了一个恩抚主义者想当然的问题:"从什么时候开始、又是谁把亚洲给了美国,并让美国去解决亚洲的所有问题?"① 也许当时最应该提的问题是,像卢斯和周以德这样的人认为美国失去了什么? 这个问题可以从爱德华·萨义德(Edward Said)的思想中找到一些答案。萨义德在阐释欧洲与中东的关系时指出,后者在很多重要方面帮助界定了前者。他写道:"东方主义是一种根据东方在欧洲西方经验中的特殊位置来处理、协调东方的方式。"② 如果我们把东方换成中国,把欧洲换成美国,那么"美国世纪"和中国的关系很大程度上也可以作如是观。

对美国来说,中国蕴含着机会,因此也界定了美国,如果考虑到中国庞大的人口和通常所认为的中国文化的可塑性,这个机会似乎是无限的。一开始,中国吸引了美国传教士和商界精英;后来,当美国对外政策制定者寻求符合他们利益的地区平衡和世界权力平衡时,中国对他们来说又是一个潜在的重要联盟和消费市场。一位历史学家观察到:"通过把其他文化贬低为……可塑的",美国人出现了"一些错误的认识",这就是为了解决自己更大的问题,"可以非常容易地引导、指导其他国家的政治变革和经济发展"。③

与这一想法相关的是,美国认为在中国可以实现其"例外论"

---

① 欧文·拉铁摩尔在1949年10月6—8日在国务院举行的"美国对华政策圆桌会议"上的发言,第B—22页,周以德文献,第194卷。其他参加会议的还有:费正清、威廉·海洛德(以前曾负责联合援华会的工作)、乔治·马歇尔、哥伦比亚大学的裴斐、埃德温·O.赖肖尔、约翰·D.洛克菲勒三世以及哈罗德·史塔生。
② 萨义德:《东方学》,第1—2页。
③ 亨特:《意识形态与美国外交政策》,第176页。

的抱负。对美国传教士来说,中国就像一块磁石,具有强大的吸引力,似乎能够展示美国人宣扬的基督教普适性。除此以外,很多到过中国的传教士还认定,美国的文化、政治意识形态也是可以传播到中国来的。如果能够成功地将这些理念传播到外国去,那么在与其他国家不断角逐财富和权力的斗争中,就可直接反映出美国相对重要的国际地位。白种人的使命感,即教化文明和天定命运,在印证英国、法国、美国各自从自命不凡到认为自己比其他民族优越的转变过程中,起着非常重要的作用。实现大国崛起并保持世界大国的地位和威望,一个重要的内容就是把自己国家的行为准则和规范带给其他国家的人民。

因此,通过文化和外交影响可以形成对一个国家的控制,这是构筑中美关系的关键。卢斯对战后中国的设计很符合罗斯福对亚洲的构想,实际上,由于两人内心都怀有一种恩抚思想,因此他们的想法互补互映,一拍即合。这样,随着美国根据自己的模式界定和诠释中国的文化、政治和经济发展前景,美国就在仁慈的种族恩抚主义表象之下,形成了主导中美关系核心内容以及发展步伐的野心。因而,"美国世纪"的构建基于美国对中美关系的操控能力,保证中国符合美国实现自己更大梦想和抱负的利益。

当实现这些希望的最后可能性在1949年底阒然消失的时候,过去半个世纪以来决定美国亚洲战略的一个主要指导原则也随之而去了。美国对华"门户开放"政策不复存在。外交的多种可能性开始显现,由于日本在1947年已经在美国的亚洲计划中跃居核心地位,因此美国的外交重点开始转型,但那只是整个遏制中国框架的一部分,不过,这种遏制当然还只是比较保守的外交手段,尤其是与门户开放的自由发展主义相比,

第九章 与浪漫化中国观的悲情告别

就更是如此。① 美国把外交重心转向日本,体现了同日本从意识形态到具体行动上的再结盟,这让那些对中国怀有很深感情的美国人非常失落和不满。

美国国内更多的民众对中国各持己见,甚至相互矛盾。虽然民意调查从根本上来说不是精确的调查方式,但它反映出了这种矛盾心理。盖洛普民意调查公司在1948年4月进行过一次调查,结果显示,55%的美国人赞成继续给蒋介石军事援助,而到了该年年底,只有32%的美国人赞成援助蒋介石50亿美元,34%的人持反对意见。这种支持率的明显下降至少部分是由于问卷中用语不同造成的,第一次调查说的总体上的援助,第二次则是一个具体的数字。调查还显示越来越多的美国人开始不支持蒋介石了,尽管有很多接受调查的对象对蒋介石不发表任何意见。② 美国公众对蒋介石模棱两可而又变化很大的感情很容易让人提出这样一个问题:卢斯20多年来的宣传究竟有多大用处,美国人何以能够这么快、这么轻易就放弃他们在亚洲的亲密伙伴,而一点也不抗议? 尤其是如果说卢斯和他的时代公司反映了美国大众的想法,这一点就更让人难以理解。要回答这个问题是很复杂的,但最好的办法是先考察一下美国对待其他国家及其领袖时惯常采用的简单化的方法,考察一下美国对待亚洲国家和亚洲民族一贯的轻视态度。

美国轻易地放弃其长久以来怀有深厚感情的中国,并不真的是一个很大的变化,因为美国很快就把对待中国的态度转到了日

---

① 塔克探讨了美国对世界上许多地区实行制裁政策,唯独没说对中国大陆实行制裁。见《尘埃中的格局》,第14页。
② 所有数据均出自盖洛普:《盖洛普民意测验:公众舆论,1935—1971》,第1卷第728页、774页、852页。

本身上,中国和日本只是颠倒了亚洲这枚硬币的不同侧面。正如记者哈罗德·伊萨克斯观察到的:"中国在每一个美国人的心里没有经过多少反复,就由20世纪40年代的英雄,变成20世纪50年代的恶魔。"①与此同时,日本人发现自己明显受到恩抚对待,这种恩抚把日本人重塑成富有抱负的美国人的追随者。在历史学家约翰·道尔看来,道格拉斯·麦克阿瑟将军在美国占领日本期间的"指导思想"是把日本当做12岁的孩子对待。而且,在探讨他称为"对非白种人的定型化看法"问题时,道尔援引这种思维模式,认为它适用于二战期间和二战以后美国的日本形象发展:"这些思想不仅能够引起建设性和毁灭性的不同反应,而且还是自由漂移的,可以根据形势和理解的需要很容易地从一个目标转向另一个目标。"②二战期间美国对待日本和中国的种族主义与种族中心主义式的恩抚主义,在冷战背景下,一下子变成了政策工具,就像战争期间一种可塑性取代了另一种可塑性那样。

卢斯的国际主义、门户开放和恩抚主义是自由发展主义政策的一部分,他以这样的立场看待中国在早期是合适的,但到了20世纪40年代末他发现自己站错了位置。尽管中国的党派能够被分成共产党和国民党两部分,共产党最终获得胜利,而国民党退据台湾,但美国遏制的是日本而不是中国大陆。最终,当蒋介石在台湾对国民党进行了残酷的重组后,美国没有抛弃他。在亚洲呈现的冷战模式进一步加大了这一态势,尤其是在朝鲜战争爆发

---

① 哈罗德·R.伊萨克斯:《美国的外国形象生成根源》,收入斯莫尔编的《公众舆论与历史学家》,第97页。
② 道尔:《无情的战争》。同麦克阿瑟有关的内容在第303页,此处引文出自第309页,但要从整体上来看待他的观点。

之后,美国遏制中国大陆、支持台湾的形势更加明朗。① 但卢斯的雄心更为远大,当然他也从来没能让自己接受共产党控制了中国大陆这个现实。

随着国民党的统治越来越摇摇欲坠,另一种倾向也变得日益明显。1948年底当问及"是否相信中国共产党听命于莫斯科"时,听说过中国内战的美国人有51%回答是肯定的。两年以后,也就是中国介入朝鲜战争之后,80%以上的美国人认为中国是由于听命于苏联才这样做的。② 美国越来越多的人认为共产主义具有团结的特性,尤其在共产主义在亚洲传播开来以后,美国人更是如此认为,这一认识和认为国民党政府垮台的主要责任在于杜鲁门政府的看法相一致,尽管杜鲁门政府极力为自己辩护,告诉美国人国民党政府垮台的原因在于共产主义。了解国务院发表《白皮书》的美国人,超过一半表示美国在中美关系上犯有错误,应该给蒋介石更多的援助。持这种观点的人数是认为美国在当时情况下已尽了最大努力的人数的两倍,因此,不愿意给中国物质援助——实际上是在蒋介石极力保持在中国大陆的地位时拒绝给他支持,就成为杜鲁门政府导致国民党政府灭亡的一大罪责。③

编纂发表《白皮书》的决定反映出杜鲁门政府反对卢斯和其他美国人塑造的强大中国形象的愿望。随着发表日期的临近,蒋介石变得焦虑不安,他建议游说美国国务院取消发表《白皮书》。周以德反对这一请求,打电报给蒋介石说这一请求会"使美国公

---

① 关于乔治·F.凯南的制裁政策及其运用,参见塔克的《尘埃中的格局》,第197—201页,肯明斯:《朝鲜战争的源起》,第一章;加迪斯:《遏制战略史》,第二、三章。
② 盖洛普:《盖洛普民意测验:公众舆论,1935—1971》,第1卷第773页、955页。
③ 盖洛普:《盖洛普民意测验:公众舆论,1935—1971》,第852—853页。

众对国民党政府产生不好的印象",因为《白皮书》"可被视为一种悔过反省"。他建议最好听任其出台,这样,蒋介石的支持者就能够针对其指责进行辩解。①

这本长达1054页的文献与资料综述,全名为《美国与中国的关系——特别着重于1944年至1949年》,也就是通常所说的《白皮书》,于1949年8月5日公布于众,旨在表明国民党的垮台是美国无力控制的。杜鲁门在签署《白皮书》时希望以此来"纠正二战结束以来美国公众对一些事件的看法",根据一位历史学家的说法,杜鲁门和艾奇逊都"热切地希望它发表"。②《白皮书》发表一个月之前,总统助理克拉克·克利福德(Clark Clifford)致函杜鲁门,说他"相信对华关系《白皮书》的发表会帮助美国人民理解中国艰难、混乱的处境"。③ 后来到了7月份,国务卿艾奇逊说杜鲁门总统表示他认为《白皮书》的发表不仅是大家希望的,也是必要的。④ 不过,考虑到杜鲁门曾成功地在1947年发表了杜鲁门主义,在1947—1948年制定了"欧洲复兴计划"等政策,他通过向公众披露对华外交档案记录来为自己政府的政策辩护并不奇怪。美国国务院公共事务办公室主任说杜鲁门和艾奇逊两人都经常强调需要让美国人民了解一些重大的事件,当然多数时候是

---

① 周以德1949年7月30日致蒋介石电,周以德文献,第163卷。
② 约翰·F.麦尔比口头访谈历史资料汇编,第168页,藏于哈里·S.杜鲁门图书馆。"热切地希望它发表"这句话来自纽曼:《自找的伤痛》,第144页。
③ 总统备忘录(迪恩·艾奇逊撰写,附有原件),1949年7月8日,总统机密档案,第173卷,藏于哈里·S.杜鲁门图书馆。
④ 与总统谈话备忘录,1949年7月25日,艾奇逊文献,第64卷,藏于哈里·S.杜鲁门图书馆。艾奇逊在备忘录中写道,关于《白皮书》,他一直经受着"受挫的中学教师"这一综合征的折磨,他试图通过精选的合理实事来说服美国人民中国的形势"超出了美国政府的控制能力"。参见《创世亲历记:我在国务院的年代》,第302—303页。

在符合他们利益的情况下才这样做。① 布鲁斯·拉西特（Bruce Russett）指出,政界领袖常常"通过说服大多数民众把混在一起的可接受的政策转来变去,来扩大他们行动的自由度"。"伟大的领导人的确会这样做",拉西特说,"但杜鲁门扭转公众舆论的能力乏善可陈,而且,他可操纵的空间主要局限在被接受的政策范围里面。"②

但并不是说杜鲁门政府没有一个支持者。哥伦比亚广播公司新闻部的查尔斯·科林伍德（Charles Collingwood）评价说《白皮书》"令人赞赏地表达了这样一种观点,中国已不可救药,而且很久以前就不可救药了"。他虽然赞成杜鲁门政府的看法,认为中国发生的一切超出了美国的控制能力,但连他也悲叹道:"难道我们的影响就一点也不能改变中国事态的发展吗？即便我们的影响不能对中国的发展模式有所改变,难道还不能在某一点上起决定性的作用吗？"③

---

① 弗朗西斯·罗素口头访谈历史资料汇编,第 13 页、16 页、22 页、23 页、26 页、27 页、29 页、42 页,藏于哈里·S.杜鲁门图书馆。一些历史学家强调迪恩·艾奇逊本人甚至整个杜鲁门政府都轻视公众舆论,指出公众舆论最终对杜鲁门政府决意采取的意见影响甚小。比如,托马斯·帕特森的《在每一个前线》中说:"杜鲁门总统自己决定对外政策的方向,并成功地游说那些持不同意见的人最终站到他这一边来"（第 115 页）。尽管这种说法很大程度上是对的,但并不意味着杜鲁门和他的智囊团包括迪恩·艾奇逊在内,不明白把他们的政策推销给美国公众和国会的重要性。拿二战后美国与中国的关系来说,1949 年,杜鲁门政府发现它面对着狂风暴雨般的批评,指责美国政府把中国输给了共产党。尽管这种指责一定程度上有失公允,杜鲁门和其智囊团仍然觉得编写、出版《白皮书》不失为一个好主意,并以此表明他们对公众意见的重视。约瑟夫·琼斯在探讨杜鲁门总统向公众推销自己的政策、分析杜鲁门主义时说:"在这种情况下,政策执行者在分析政策的战略意义和政治意义上最有发言权。就此时而言,公共管理部门显然做得不够,因为毫无疑问,在杜鲁门主义形成的过程中,白宫的新闻官以其对公众的敏感,发挥了重要的作用。"参见《十五周》,第 150 页。
② 拉西特:《白鸽、苍鹰与美国公众舆论》,第 515—516 页。
③ 查尔斯·科林伍德写的哥伦比亚广播公司新闻稿,1949 年 8 月 7 日,第 1—5 页。文中引文分别出自第 1 页、3 页,布鲁斯·史密斯文献,藏于胡佛研究院。

不过,总的来看,杜鲁门政府试图通过发表《白皮书》来争取对华关系的余地这一招没有达到预想的效果。杜鲁门政府想把责任全部推到蒋介石身上,但很快就发现自己受困于两大制约因素:一是美国对中国的浪漫化印象,二是美国人认为共产主义是一股坚如磐石、团结一致的力量。根据理查德·弗里兰(Richard Freeland)的说法,杜鲁门"出于个人目的",一开始策划、发动了一场"全美反共产主义的运动",但现在发现自己沮丧地看着"他的政敌用他苦心孤诣抛出的《白皮书》来攻击他,攻击他的政府和他制定的政策"。① 因此,虽然攻击《白皮书》的是预料之中的一些新闻媒体,但这些攻击引起了共鸣,部分原因是由于杜鲁门政府成功地说服美国人认识到共产主义对全世界构成的威胁已迫在眉睫。《时代》周刊在《白皮书》发表后立即针锋相对:"中国,除西欧之外美国最重要的联盟,失去了。"而失去中国的原因是美国没有和其在中国的代言人通力合作。《时代》周刊指出,杜鲁门政府没有拿出像对待欧洲共产主义那样的热情与亚洲的共产主义斗争,而是"申请破产,似乎是不顾一切地用陈词滥调和揭丑指责来寻求偿还"②。《华尔街日报》刊登题为《刷新中国》的文章,谴

---

① 弗里兰:《杜鲁门主义和卡锡主义的起源》,第341页。塔克表达了相似的看法:"一旦把这个事情搞得人尽皆知……白宫和国务院发现再想控制住这样做所引发的抨击是不可能的。"参见《尘埃中的格局》,第11页。
② 《时代》周刊,1949年8月15日,第11—13页。同一时期对《白皮书》富有洞见的评价,参见理查德·W.范·阿尔斯蒂尼:《白皮书与中国》,载《现代史》杂志,第17期(1949年10月),第193—201页。范·阿尔斯蒂尼认为杜鲁门政府发表《白皮书》的主要动机是"提供对中国问题的调查",但这样的调查让人同样思考美国的对华政策。范·阿尔斯蒂尼还指出,杜鲁门政府试图解释亚洲的情形和欧洲的不一样,说对待欧洲的方法不适用于中国。但范·阿尔斯蒂尼问道:"为什么直到1949年7月30日美国国务院才得出这样的结论?"对于认为发表《白皮书》是一个重大错误的历史性分析,参见纽曼的《自找的伤痛》,第141—156页。纽曼还提到媒体对《白皮书》的很多反应。

责杜鲁门、艾奇逊和美国在雅尔塔会议上的妥协。《芝加哥论坛报》除了对国务院表示大不敬外,还指责罗斯福。① 至于周以德,他不仅公开指责《白皮书》中所没有披露的内容,还指责它隐瞒的一些真相:即杜鲁门政府由于没有实行遏制中华人民共和国的政策,因而犯下了一系列重大的错误。事隔一个月,加州参议员威廉·诺兰(William Knowland)借提名 W. 沃尔顿·巴特沃斯(W. Walton Butterworth)为美国国务院负责远东事务的助理国务卿一事,在参议院发表了长篇演说,不仅认为巴特沃斯对国民政府的垮台负有一定责任,还反击杜鲁门政府通过《白皮书》推进的对华立场。②

查尔斯·科林伍德评论说,周以德和诺兰等人的指责属于"外交批评中措辞严厉但并没有切中要害的一类",尽管的确如此,但还是解释了《白皮书》的广泛接受与这一点有关:即《白皮书》的简单化策略使人容易抓住其要点。③ 加州大学中国分院(California College in China)有一位支持蒋介石的美国人,他曾写信给周以德:"那些赤色分子在杜鲁门政府进进出出,掀起了一场误传误导国民党政府的运动。"有人认为,共产党或至少是共产党同情者已经渗透到国务院,并导致美国放弃了忠诚的盟友。到了1948年底,持这种观点的人越来越多。④ 当中国共产党1948年11月在沈阳逮捕了美国总领事安格斯·沃德(Angus Ward)

---

① 《刷新中国》,《华尔街日报》,1949年8月8日,第4版;以及《失败告白》,《芝加哥论坛报》,1949年8月8日,第24版。
② 周以德的这些话可以在他1939年8月17日发表在《布法罗晚报》特约专栏上的文章中看到,周以德文献,第37卷。诺兰的演讲是1949年9月26日发表的,收入《国会纪录》,周以德文献,第194卷。
③ 科林伍德写的哥伦比亚广播公司新闻稿,第1页,布鲁斯·史密斯文献。
④ W. B. 佩图斯1949年8月25日致周以德信函,周以德文献,第200卷。

以及总领馆的三位工作人员时,周以德收到无数封愤怒的来信,敦促他继续努力"清除"或"清洗"那些明显充斥于美国国务院的"赤色分子"、"红色分子"和"共产主义分子"。一位写信者甚至怀疑迪恩·艾奇逊可能"就是今天共产党同情者中最重要的人物之一,是昔日共产党把守的美国国务院的残余之一"①。

《白皮书》的发表距参议员约瑟夫·麦卡锡1950年2月声称美国国务院里面有安全隐患并不太久,这时发生的一些事件验证了他的说法,其中包括苏联原子弹在《白皮书》发表的同一个月爆炸,但中国共产党革命成功无疑对当时美国国内的政治气候产生了重要影响。实际上,中国给麦卡锡之流提供了证明他们需要在国内发动一次反对"新政"的机会。正如一位历史学家指出的,中国和(后来的)朝鲜"是美国政治空气中极度干燥的炸药的引线"。②

至于美国联合援华会-联合援华服务会,该组织试图继续开展援华活动,但由于经费减少,其援华行动很快便难以为继。到了1951年,该组织完全停止了筹款活动。不过,在做出停止筹款的决定之前,美国联合援华服务会做了最后一次努力,给过去的认捐者发出热情洋溢的信,要为中国的基督教活动筹集资金。国会议员周以德对那些曾给美国联合援华服务会写信的中国人说:"感谢上帝,还有一些没有把我们出卖给共产党的美国人!"③美

---

① 有关安格斯·沃德事件之后给周以德的信件,参见周以德文献,第199卷。
② 肯明斯:《朝鲜战争的源起》,第二章第17页。在探讨中国是如何迅速成为对美国具有政治意义的国家时,肯明斯这样写道(第107页):"对大多数美国人来说,中国是一块陌生、不了解的广袤大陆,但现在'中国'出现在美国人的视线里,正是由于美国人对它一无所知,因此才能够进行各种想象,中国是一块白板,右翼和扩张主义者都能在上面涂写。"
③ 固定格式套用信函,周以德致过去向美国联合援华服务会捐款者信函,1950年8月11日,美国联合援华会-联合援华服务会文件,第93卷。

国联合援华服务会1950年发出的倡议信中还暗示,中国人民已经和共产主义斗争了25年,尽管目前局势不利,但仍然要斗争下去。同样,B. A. 加塞德1950年给查尔斯·爱迪生写信,说美国联合援华服务会在共产党统治的中国能起到很大的作用。参议员H. 亚历山大·史密斯的女婿凯纳斯顿·特维齐尔1949年建议"在中国建立民主的滩头堡",加塞德则用桥头堡一词暗示需要在敌对的国家建立一个同样的前沿哨所。他说,如果美国联合援华服务会解散的话,一旦共产党被最终打败,该机构就失去了一次宝贵的"重新进入中国人生活的机会"。① 不过,在共产党的坚强团结面前,爱迪生、加塞德、史密斯和周以德等人的努力最终证明无济于事,后来他们成为"反对承认共产党中国百万人委员会"(Committee of One Million Against the Admission of Communist China)的成员,加塞德做了该委员会的财务助理。周以德和加塞德一直到20世纪80年代都和美国医药援华会保持着联系,而加塞德做了美国医药援华会的执行会长。②

1950年初,参议员史密斯在罗格斯大学(Rutgers University)的一次论坛上就他最近的亚洲之行回答提问。他说他觉得在亚洲,意识形态在朝有利于美国的方向扭转。他的回答反映出很多道德(和性)方面的弦外之音,这是冷战思维带来的。史密斯从自己的思想观点出发,说他曾经问过蒋介石这样一个问题:为什么国民党政府没有制定出防止中国人民被"这些共产主义宣言**所诱惑**"的计划?虽然史密斯没有说出蒋介石的回答是什

---

① 加塞德1950年5月4日致爱迪生信函,美国联合援华会-联合援华服务会文件,第34卷。
② 巴卡拉克的《百万人会》谈到1949年以后周以德、加塞德和其他人的活动。藏于胡佛研究院的周以德文献、加塞德文献对探讨这个问题也有参照作用。

么，但他认为"与苏联宣扬的马克思主义无神论相对的西方基督教传统"，在中国的传播还任重道远。①

联合援华会的其他成员继续致力于援助蒋介石和宋美龄，即便在他们和国民党政府撤到台湾以后仍是如此。杰拉尔丁·菲奇(Geraldine Fitch)1950年春在给她的"朋友"的信中说，一旦美国人充分了解到"蒋介石失去中国"的真实原因，他们定会组织起来，站在蒋介石的一边。自然，她又一次利用适当的历史类比来增强她的说服力："敦刻尔克战役后我们抛弃英国了吗？……如果抛弃，英国可能就完了。"②她还说宋美龄最近刚刚在电台发表了"引起轰动的告别演说"，并说她之所以离开美国，为的是回到台湾"做丈夫的助手，鼓舞军队的士气"。玛格丽特·阿特伯里(Marguerite Atterbury)决定把宋美龄的这一举动以动画的形式呈现给读者。③ 一年后，菲奇和受人尊敬的威廉·约翰逊等人联名给杜鲁门总统写公开信，信中把国民党的困境比做美国独立战争时所面临的艰难处境。此外，这封信的结尾中说："我们知道，蒋介石像林肯一样，坚定不移地要为他的国家献身。"④

最后，卢斯为美国失去中国进行也许是最为深刻的辩解。不过这一次出场的不是亨利·卢斯，而是克莱尔·布斯·卢斯，她在南京大主教的庆功宴上以《美国对华政策的神秘面纱》为题发

---

① 罗格斯大学1950年1月3日举行的论坛，第3页，史密斯文献，第211卷。论坛的主题是谈论美国的"远东政策"，该论坛的讨论内容在新泽西州13个不同的广播电台广播，从1950年1月3日到15日，共播出8次。强调系笔者所加。
② 菲奇1950年4月25日给她的"亲爱的朋友"的信，右翼宣传资料汇编，第9卷。
③ 阿特伯里信件，未注明日期，右翼宣传资料汇编，第10卷。
④ "致总统的公开信"，1951年3月28日，第2页、3页，右翼宣传资料汇编，第10卷。早先由戴费马利撰写的一份中国事务紧急委员会报告，强调了同样的类比："中国的第一个基督徒总统从信仰的虔诚来说，不亚于美国的华盛顿和林肯，他谦卑地按上帝的旨意行事"。右翼宣传资料汇编，第9卷。

表演讲,批驳二战以来美国国务院的各种对华政策。她强调说美国人民的确对中国很感兴趣,但美国国务院从来不利用民众这种潜在的支持,推动增加对国民党的援助。她反对认为腐败是国民党失败根源的说法,她沿用周以德、陈纳德等人开启的思路,指出腐败"在美国政界司空见惯,即便在和平与繁荣时期也不罕见"。她说在外敌入侵和内战的双重压力下,腐败是任何社会都难以避免的,而国民党并没有公开纵容腐败,但美国这种先入为主的看法导致了看待中国形势的短视行为。克莱尔还斥责了其他一些观点,包括现在再为中国做些什么已经太晚了和代价太大了的说法。①

克莱尔淋漓尽致地分析了美国二战后所有对华政策的官方辩解,出席宴会的嘉宾大多颔首称是。接着,克莱尔说出了自己对美国为何抛弃中国的分析。考虑到她当时刚刚皈依了天主教,因此,她从原罪思想中寻找原因也许不令人感到惊讶。② 她说,有些人相信"世界的进步是不可逆转的,也是不可阻挡的",人类的自由意志使得人"虚荣、贪婪、残忍,尤其是自大",犹太教、基督教都把自大作为原罪的本源。由于美国国务院是由一群不同的个体组成的,因此,他们的集体自大无疑会是这个美国外交政策组织的核心。

国务院的自大和幼稚结合在一起,导致了灾难性的政策,使美国抛弃了中国,而在这个国家,中国人像美国人那样繁衍生息。克莱尔说,20世纪30年代大学毕业的美国年轻人受到苏联马克思主义政治意识形态中世界和平美妙前景的引诱,这些年轻人

---

① 克莱尔·布斯·卢斯:《美国对华政策的神秘面纱》,1949年6月14日,第5—20页,巴鲁文献,第86卷。
② 克莱尔·布斯·卢斯在女儿死去之后不久就于1944年1月改信了天主教。

"一腔热情但头脑简单",其中许多人被吸引到政府部门供职,因当初知识水平不高而被诱惑信仰了马克思主义。美国国务院的官员一旦信奉了这样一种哲学,自然就会制定某些具体政策产生影响,即便是苏联的政治意识形态在二战后明显地瓦解,他们也不愿重新考虑自己的立场:"国务院的官员在《雅尔塔协议》、德黑兰会议、《波茨坦公告》这些悲剧性错误中都有极大的既得利益,国务院远东政策研究室也从与斯大林的太平洋交易中获得利益,尽管政策是错误的,但获得的利益却是不可估量的。"这些错误的始作俑者是雅尔塔会议,原罪中的自大又加重了这一错误,进而导致这一系列错误政策的延续,带来了灾难性的后果。现在让国务院官员"谦卑地"承认这些政策的失误,会让他们丢面子、伤自尊或降低自己的威信。"基督教徒秘密地坦白他有罪,有很大的罪,因而神父赦免了他的罪。"而克莱尔说,政客和官僚主义者没有这样的秘密认罪,而且,这样的认罪坦白最终会带来事业上的污点,更不用说下一届选举时会被免职。周以德也曾请求美国国务院坦白,承认对华政策上的失误,这些失误都是即将出版的《白皮书》中明显不会包括进去的。但是有一位评论家则把《白皮书》看做是"一种我们试图为中国做些什么但失败了的坦白,尽管失败了,我们还会尝试做些别的"①。

然而,克莱尔·布斯·卢斯想为"失去中国"找到一些与众不同的原因,一些更具体的、当然是更具政治党派色彩的原因,而不是归咎于空泛的国家失误和中美之间的误解。克莱尔说,掂量掂量当前这些政府官员的情况,"对这一代迷惘的知识分子来说,牺牲自尊和地位来换取道德良知和无愧于心,是过于沉重的代价"。

---

① 科林伍德写的哥伦比亚广播公司新闻稿,第1页,布鲁斯·史密斯文件。

追求自由的幼稚愿望和原罪中的自大共同作用,让美国失去了改变中国的机会,这是真正的悲哀。在发言结束时,克莱尔向大主教致意道:"阁下很长时间以来一直悲悯地思考美国国务院那些微妙的、令人难以捉摸的行事方式,但同时你也在快乐地思考着上帝那些宏阔的、令人难以捉摸的做事方式。"人的能力是有限的,上帝的能力是无限的;人类因不完美而显得那样悲惨,上帝因完美而显得那样崇高。克莱尔希望通过"上帝之爱的巨大神秘力量",来及时揭开美国对华政策的神秘面纱。①

尽管克莱尔皈依了天主教,但她的思想明显地受到清教历史遗产的影响。显而易见,清教在看待自我和上帝的关系上是正确的,其中认为人类虽然不完美,但通过信仰提高自己,以求接近上帝的完美的观点被称为重生。上帝开启了这个过程,并给它的选民带来一种快乐的感受。美国人带着这种宗教信仰和现世幸福的观念,跨越太平洋,渴求把自己的完美社会——具体表现在政治、经济和文化各个层面,带给中国人民。克莱尔说,由美国开始的这一重生运动,在美国国务院自大的沙滩上搁浅了。但即便如此,她仍没有彻底悲观,她观察到,那些由于受自大驱使而犯下过错的美国人,能够经历一种内心的变化:"认识到自己的错误,他们能……自我反省,然后开始弥补过失。"因而,改变中国的希望之光,依然在摇曳闪烁,这也是美国赎罪的一个机会。②

克莱尔在一定程度上是正确的。一些美国人犯下了错误,但并不是她心中所想象的那种错误。实际上,原罪在马歇尔调停、

---

① 克莱尔·布斯·卢斯:《美国对华政策的神秘面纱》,第17—20页。
② 同上,第19页。很多保守主义者把自由主义者的天真视为困扰政策制定者的一个主要问题,宋美龄1982年写给周与德的信中提到"世界上的愚笨、天真之人和自由主义团体",1982年3月6日,周以德文献,第163卷。

《波茨坦公告》《雅尔塔协议》之前就已经存在了，美国人错误地认为中国人在内心深处想变成美国人，这个错误直到现在显然还存在着。

在中华人民共和国成立后几十年的时间里，中美关系的本质发生了很大变化，但有趣的是，在一些方面还依然如故。在思考"失去中国"带来的影响这一问题时，一个明显令人困惑的地方在于，理查德·尼克松（Richard Nixon）1972年的访华是如何迅速、彻底地扭转中美关系的。看看20世纪60年代美国的民意调查数据，就更加令人疑惑。20世纪60年代美国的民意调查显示，共产党领导的中国在所有被调查的国家中支持率是最低的，比苏联、古巴甚至比北越的支持率还要低。1968年，支持中国的美国人仅有5％，五年之后就上升到49％，比苏联还要高出15个百分点。① 这一明显的突然好转反过来反映出1945—1950年美国人民对中国关注的快速下降，但这一逆转何以来得如此迅速？

首先必须考虑美国长期以来对亚洲不断变化的态度。如果二战后美国对日本的态度能够产生如此大的变化，那么，美国对中国的态度20多年后同样会发生翻天覆地的变化。1945年，盖洛普民意调查显示，13％接受调查的美国人认为应该消灭日本，82％的人认为日本人比德国人更残忍。然而到了1951年，51％的美国人表示他们对日本人有"友好的感情"，另外有18％的美

---

① 1968年的数据来自盖洛普的《盖洛普民意测验：公众舆论，1935—1971》，第3卷，第2105页。后来的数据来自《盖洛普民意测验：公众舆论，1972—1977》，第129页。拉西特的《白鸽、苍鹰与美国公众舆论》第536页有一个图表，说明1967—1973年美国公众对中华人民共和国的看法有了显著变化。张少书的《朋友与敌人》第九章分析了约翰逊总统时代这种转变是如何开始的。

国人持中立的立场。① 把二战后的日本和中国放在一起比较,可以看出美国对待这两个国家态度的转变源于冷战时期亚洲的形势,到朝鲜战争爆发时达到顶点。

20 世纪 60 年代后期发生的一系列紧急事件,使中美关系的逆转不仅成为可能,也几乎成为必然。理查德·尼克松入主白宫时,越南战争已经让美国付出了好几万条鲜活的生命,耗费了几百亿美元。此外,经济的滑坡已经开始影响到美国人的生活水平,二战以来的 20 年,美国人刚过上好一点的生活。而与此同时,西德、日本在纺织、钢铁和汽车制造业等基础工业方面取得了重大发展,和美国形成强有力的竞争。1971 年 8 月,也就是尼克松公开宣布访华一个月之后,他被迫取消金本位制度,这又是重重的一击。为了调控经济形势,尼克松还对工资和物价进行了干预。尼克松总统需要想办法走出困境,而中国当时是他解决问题的一线之光。

于是,尼克松重新打开了美国 1949 年关闭的对华大门。早在 19 世纪 90 年代,一些美国人已经把中国视为美国边疆的续篇,视为一个弗雷德里克·杰克逊·特纳称之为让美国与众不同的扩张安全阀。到了 20 世纪 70 年代初,中国又一次进入美国实用主义者的视野。首先,中国可用做对抗苏联的外交杠杆,或者用当时流行的话来说,尼克松能打"中国这张牌"。这或许能让苏联有所妥协,从而有助于减少美国抗衡苏联的代价。第二,尼克松希望能够利用中国对北越的影响,协商美国从东南亚撤兵事宜。美国希望在从南越撤兵到南越垮台的这段时间能有一段"体

---

① 盖洛普:《盖洛普民意测验:公众舆论,1935—1971》,第 1 卷第 508—509 页,第 2 卷第 1007 页。

面的间隔",所有这一切都是为了维护美国的国际声誉。如果中国向河内施加压力,就能够帮助美国缓和这段间隔期。第三,中国的市场仍是一种召唤,特别在美国经济不景气的时期。第四,尼克松政府能够在与日本协商贸易问题时发挥中国的作用,重新建立与中国的外交关系在某种意义上是尼克松在向日本暗示它的地位不像以前那样牢固了。最后,但并不是不重要的一点是,访华是总统大选时的一个策略。早在20世纪50年代初期,尼克松就曾利用"中国的陷落"这一题目在政治上产生了良好的影响。到了70年代,他进行反向思维,认为在中国这个矿里可能仍然有金子。[①]

自1973年以来,美国对中国的态度基本持续稳定地向积极

[①] 加迪斯:《遏制战略史》,第295—298页。也可参见白宫幕僚长 H. R. 赫德曼对1971年7月13日举行的会议的记录,赫德曼文件,尼克松文件项目,美国国家档案馆,第44卷。感谢迈克尔·沙勒给我提供了这方面的资料。亨利·基辛格的回忆录也富有启发性,关于访华可能对北越带来的影响,他这样写道:"美国代表团访问北京注定会引起一场地缘政治革命,单是对河内的影响就很不令人愉快。"参见基辛格的《白宫岁月》,第691页。尽管基辛格一直被视为一位冷静稳重的战略家,但即便他对与中国重新建立外交关系也兴奋异常。对于1971年首次去中国,基辛格后来这样写道:"只有某个真正非同寻常的事件,某个既新奇又摄人心魄、既非凡又难以抗拒的事件,才能让我们回到那个纯真的年代,那时每一天都是一次难忘的冒险,每一天都赋予生活新的意义。当我乘坐的航班飞越冰雪覆盖的喜马拉雅山,刺破阳光照耀的玫瑰色天宇,飞向中国的时候,我心里就有这样的感觉。"(第742页)阿瑟·沃尔德隆(中文名"林蔚"——译者)把基辛格的措辞与同一时期到中国来的美国"激进"学生的言论进行了对比,参见他的文章《中国前景广阔》,载《新共和》,1990年4月9日,第20—25页,特别是第24页。就在基辛格宣布访问北京之后,B. A. 加塞德立即给尼克松写了一封信,信中他极力反对这件事,他的主要观点是:"不管总统希望从这次冒险中得到什么暂时的利益,都会被其带来的巨大灾难所淹没。"参见加塞德致尼克松信函,1971年7月15日,第2页,加塞德文献,第4卷。杰拉尔德·福特总统定于1975年12月访华,这时周以德尽管退休了,仍然有能力让福特总统给他通了一次电话。一位政府工作人员说,周以德"作为对华政策的重要发言人,不仅在国会里面而且在全美国都有一批追随者"。不过,这句话必须放在当时的语境中来理解,因为周以德原希望和总统面谈,但最终只通过电话进行了交流。《马什致斯考克罗夫特备忘录》,1975年11月27日,CO34-2PRC, 11/1/75-4/30/76,CO34-1-CO-34-2,第13卷,杰拉尔德·R. 福特图书馆。

的方向发展。而与此同时，美国对日本的态度却不断冷淡。将亚洲的这两个国家、两国人民和美国对待它们态度的转换放在一起进行比较的做法，正如米歇尔·亨特指出的，可追溯到19世纪。20世纪80年代，美国对日本的负面看法显著增加，以至于到了1989年，更多的美国人认为中国比日本好。1991年，也就是日本偷袭珍珠港50年后，认为日本"友好"的美国人比1951年大大减少，1992年，美国支持日本的总人数降至47%，接受调查的美国人有50%认为日本不好。①

这种观点在米歇尔·克莱顿（Michael Crichton）的畅销书《旭日东升》（*Rising Sun*）②中有非常深刻的阐释，该书出版于1991年，后来改拍成一部电影大片。虽然《旭日东升》是一部小说，但它后面附有一个参考书目，作者希望那些感兴趣的美国人去延伸阅读，以进一步了解日本对美国的威胁。但正如罗伯特·莱克（Robert Reich）指出的，这份参考书目包含了一些精心选择的作品，其中许多作品塑造了阴险的、无所不能的日本人形象，与珍珠港事件之后迅速流行起来的超人形象非常相似。③ 根据小说中一位人物的看法，目前来自日本的挑战绝不仅仅是友好的经济竞争，正如小说中的一位美国参议员约翰·莫顿（John Morton）所说："我们不能忽视日本这种**针对美国的**、对抗性贸易的真实目的，日本的商业和政府媾和在一起，**有计划地进攻**美国

---

① 亨特：《意识形态与美国外交政策》，第三章。要了解珍珠港事件50年的民意调查数据，参见小盖洛普的《盖洛普民意测验：公众舆论，1991》，第240—244页，以及《盖洛普民意测验：公众舆论，1992》，第28页。
② 也译为《旭日追凶》。——译者注
③ 道尔：《无情的战争》，第五章。道尔还在后记中提到20世纪80年代美国反日情绪不断增长。

经济的某些领域。"①莫顿表面上是美国政府部门的一名参议员,实际上他对最近日本兼并美国的高科技公司有着深入的理解。但克莱顿指出这不仅仅是日本商业和政府的合谋,这一阴谋里面还涉及亚洲其他国家。就像小说里面另一个人物所说的,日本人"联合了亚洲其他几条小龙,因而美国的贸易逆差是总体增大,而不单单是对日本"。这种简单的推理认为,韩国、新加坡、泰国(小说中并没有提到这些国家的名字)实际上是在和日本一起,推动大东亚共荣圈的经济复苏。②

如果说近期美国对日本的态度是二战后的最低谷,这一点儿也不令人吃惊。实际上,尽管受一些政治事件的影响,美国对中国的看法仍然在不断上升,这是非常合乎逻辑,也许是非常必要的。从美国的角度来看,早年卢斯强调的用美国的生活方式来改造中国人的"美国世纪"与现在的联系,在1951年首次发表于《兴华报》(Christian Advocate)上的一篇文章中得到了极好的阐释。该文名为《基督教与资本主义》,作者是查尔斯·克鲁(Charles Crowe)。克鲁得出这样的结论:"私有制下的自由经济为实现基

---

① 克莱顿:《旭日东升》,第336页。强调系笔者所加。莫顿还说:"由于经济实力下降,我们难以承受新的侵略战争。"(第252页)这本书中的两个人物说日本是"地球上种族主义意识最强的民族",这一说法很值得怀疑,因为没有统一的标准来衡量整个民族都是种族主义者。我的意思不是要大家忽视日本20世纪初期侵略亚洲多个国家特别是中国和朝鲜的残酷本质,当时日军犯下了集体奸淫、屠杀、迫害等滔天罪行,但相比之下,德国不也要灭绝犹太人?美国不也曾有过蓄奴制,并残酷地对待过印第安人?

② 克莱顿的小说典型地反映了美国抱怨、伤感的传统,它令人想起早先的一部畅销书,后来这部书同样也被拍成了电影,这就是莱德勒和波迪克的《丑陋的美国人》。约翰·赫尔曼在他精彩的分析中把这部小说和肯尼迪政府的"新边疆政策"联系起来,参见《美国神话和越南遗产》第一章。《旭日东升》和《丑陋的美国人》一样,从两个方面展开抨击。从内部来看,经济不景气、态度不强硬的美国乐于把自己重要的高科技产品出售到日本去;从外部来看,小说提出这样一个观点:铁板一块的日本要寻求世界霸权,只不过这一次日本不是通过武力征服而是通过经济手段来达到其目的。《丑陋的美国人》同样指出美国在内部心慈手软,而从外部来讲,则强调苏联领导下的共产主义威胁。

督教的基本教义提供了最好的支持和机会。"①虽然文中并没有特别提到中国,但克鲁论述了 J. A. 贺伯逊所言的"上帝和玛门"的关系,也就是宗教信仰和以获取个人财富为目的的经济体制之间的关系,从很多重要方面明显地让人联想到当时的各种猜测。

在 20 世纪 30—40 年代,美国关于中国的很多言论都集中在首先把中国人变成基督徒(之后政治上的民主和经济上的资本主义就会自然而然地实现),然而最近美国的政治话语则表现出对资本主义演化力量的信心,这与早期的基督教化不无相似之处。为了突出反映 1996 年香港回归之前中国发生的巨大变化,《福布斯》杂志(Forbes)注意到广东省"坚定地踏上了资本主义繁荣的道路"。②《福布斯》的一期封面上甚至刊登了一位中国青年艺术家的特写,画面上这位年轻人手拿"巨无霸",站在具有中国建筑风格的麦当劳快餐店前面。麦当劳作为美国对中国来说越来越重要的象征,随后在《纽约时报》上的一篇文章中得到进一步的强调,该文描述了中国经济的繁荣,其表现是麦当劳开业当天销售的前三甲都在中国。③《纽约时报》上的最近一篇报道谈的是香港西南方向的一个中国村庄,说"那里几乎所有的人都对美国感兴趣"④。

---

① 查尔斯·M. 克鲁:《基督教与资本主义》,转引自《兴华报》,1951 年 4 月 19 日,右翼宣传资料汇编,第 10 卷。
② 安德鲁·坦泽:《天高皇帝远》,《福布斯》第 5 期(1991 年 8 月),第 70 页。
③ 伍洁芳:《经济繁荣的中国是西方梦想的市场》,《纽约时报》,1993 年 2 月 15 日,第 1 版。
④ 伍洁芳:《中国乡村经济兴旺但仍受传统束缚》,《纽约时报》,1993 年 1 月 17 日,第 8 版。伍洁芳的另一篇文章谈到中国人购买美国一平方英寸的土地:"这个热潮反映出中国人对美国的很多东西充满好感。"参见《中国人以购买美国一英寸土地来圆美国梦》,《纽约时报》,1993 年 1 月 29 日,第 1 版。这个想法背后的意图是,购买一英亩的土地,然后再分成一平方英寸、一平方英寸的小块,作为新鲜事物出售给中国人。因此,一些中国人产生了这样的印象:购买了这一小块面积,就能获得签证去照料自己的土地。

卢斯曾说中国农民非常熟悉基督教,《福布斯》的论调大同小异:"中国人民,至少是一部分中国人,天性倾向于资本主义。"一位作者这样写道:"广东是非常讲究实用主义、物质主义的,很多人有企业家的潜力。"该作者说,实际上,"一旦资本主义在广东站稳脚跟,共产主义的厄运也就注定了",因为自由市场经济扩展到中国的其他地区只是一个时间问题。"共产主义花了将近40年的时间也没能根除中国人的这些内在冲动,一旦压制解除,就会重新露出头角。"①《商业周刊》(Business Week)在美国媒体不断加大宣传中国力度的形势下开始报道中国,认为"西方的社会观点、自由市场理论和民主原则"是"改变中国未来的种子"。②《纽约时报》补充道,一些中国乡村正"向资本主义和现代西方的生活方式迈进"。③ 当 H. 亚历山大·史密斯、凯纳斯顿·特维齐尔、B. A. 加塞德提议在中国建立并保持西方基督教、西方民主和美国生活方式的阵地时,他们是不是已经意识到了某些东西?但除了用基督教归化中国人外,是不是还有让中国变成资本主义这种更切实的想法?联想到《读者文摘》上一篇讲述中国"地下"基督徒的文章与《福布斯》上关于"中国天性倾向于资本主义"主题的文章同时出现,H. 亚历山大·史密斯、凯纳斯顿·特维齐尔、

---

① 坦泽:《天高皇帝远》,第72页。
② 《商业周刊》,1990年12月24日,第82页。
③ 伍洁芳:《中国乡村经济兴旺但仍受传统束缚》,《纽约时报》,1993年1月17日,第8版。伍洁芳的另一篇文章谈到中国人购买美国一平方英寸的土地:"这个热潮反映出中国人对美国的很多东西充满好感。参见《中国人以购买美国一英寸土地来圆美国梦》,《纽约时报》,1993年1月29日,第1版。这个想法背后的意图是,购买一英亩的土地,然后再分成一平方英寸、一平方英寸的小块,作为新鲜事物出售给中国人。因此,一些中国人产生了这样的印象:购买了这一小块面积,就能获得签证去照料自己的土地。"

B. A. 加塞德很早以前的想法似乎已经出现了某种苗头。①

以前的其他一些观点也重新浮出水面。美国联合援华会二战期间强调中国急需医疗援助,曾提到纽约的"中国城"游行队伍里有"清秀的中国女孩身着护士服",《福布斯》则指出新一代"来自上海和上海以北的漂亮[中国]女孩"甘做"小姐","在香港豪华、装饰一新的宾馆和日式的卡拉 OK 酒吧里,诱惑香港的生意人"。②

《福布斯》上这篇文章的主要目的是支持老布什总统的决定,即不要因为某一政治事件就从经济上制裁中国,因为这样的惩罚性政策只能延缓中国资本主义的发展,从长远来看对将中国演变成资本主义国家这一大目标没有好处。《福布斯》认为,惩罚中国实际上只对"北京的保守人士、民族主义者有利",北京的共产主义可能不像东欧和苏联那样迅速垮台,但中国这个亚洲巨人的未来"同样是不可逆转的"。美国的《国家评论》(National Review)杂志也赞成老布什政府的政策,解释说"[美国]最能颠覆中国穴居人式政治体制的,是保持而不是减少中国暴露其经济发展的压力和外部世界对它的影响"。③

老布什的卸任并没有让他的对华政策失去效用,只是将接力棒传给克林顿政府去制定促进中国演变的适合政策。1992年克林顿竞选总统成功后,有两位作者在《外交》杂志上发表文章,坚持认为亚洲区域经济的发展"预示着一个更加稳定的东亚",这"将慢慢创造条件,让中国大陆变成一个更加多元……

---

① 弗格斯·M. 博得威奇:《中国大胆的地下信仰活动》,《读者文摘》,1991 年 8 月,第 33—38 页。
② 坦泽:《天高皇帝远》,第 71 页。
③ 《国家评论》,1992 年 4 月 27 日,第 18 页。

的社会"。①

这并不是说《福布斯》、《纽约时报》和其他观察家对当今中国所发生变化的评价是不正确的,因为对中国变化的评价没有必要夸大其词,但这些变化对未来的预示却很值得注意,就像认为由于日本往美国倾销了很多汽车、电视机和电器,美国不久就会信仰神道教、遵循日本的其他文化习俗一样值得注意。这个比方虽然有些牵强,但这种说法并非和很多美国人对中国的预期不搭界。一种更糟糕的看法很可能是,大多数西方评论家所津津乐道的中国经济改革,很大程度上正符合了中国某些团体的利益。

20世纪90年代其他的中美关系评论家提醒大家要谨慎预测中国未来发展变化的方向,其中一位名叫南希·塔克(Nancy Tucker)的学者最近告诫大家不要再相信《福布斯》上宣传的仅凭感情提出的看法,指出"美国人应该……放弃中国是一个等待开发、蕴含巨大利润的市场这种陈旧的观点",她还说,期望中国像苏联那样轰然倒塌是不太可能的。② 另一位观察家指出,中国不像很多人想象的那样容易受到外界的影响。③

一百多年前,"在世界上的异教国家中",杰拉尔丁·吉尼斯首先选择了中国来传播基督福音,他说中国"广阔的疆域"、"庞大的人口"、"在国家规模上的领先地位",把传教士吸引到这块土地上来,而传教士当时在"分发《圣经》、《新约全书》和圣经经文"方面的成功,让她得出结论,认为改变中国指日可待。④ 今天,尽管

---

① 小康纳伯和兰普顿:《中国:未来的强国》,第134页。
② 塔克:《中国和美国》,第91—92页。
③ 林蔚:《中国前景广阔》。
④ 杰拉尔丁·吉尼斯:《中国的吸引力》,1890年5月2日,学生运动出版物,第554卷。

第九章 与浪漫化中国观的悲情告别

亚洲发生了翻天覆地的变化,美国依然隔洋注视着中国,寻找一个能够立刻满足自己需要的中国。尽管卢斯美国化中国的观点仅仅持续了18年,但"美国世纪"背后的深厚感情却毫不费力地跨越了那一时间界线。

美国的中国形象和美国对中国的看法,过去是将来也必定主要是美国自身各种力量的产物,而和其他因素较少关联。不断地认为中国能够而且应该变成美国式的国家的想法,昭示出这样一个事实:尽管中国在过去一百年里毫无疑问发生了巨大变化,但美国人理解中国和中国人的基础却没有改变。通过与中国的交往,美国人坚持认为,他们看到了一个巨大的成功机会,这是与其他国家的交往所不能相比的。许多美国人都有的那种要改变中国的顽固认识,用史景迁的话语,反映了美国人"要以个人的力量去影响历史"的愿望,并在这一过程中"证明自己的重要性"。① 抑或像报纸专栏作家约瑟夫·克拉夫特(Joseph Kraft)在1972年理查德·尼克松访华时所说的:"中国对美国人来说是自恋的中心,是一个展示自我崇拜的机会。"②

关于中国共产党革命成功对美国的影响,杜鲁门政府的助理国务卿W.沃尔顿·巴特沃斯在新泽西州劳伦斯维利的劳伦斯维利学校(Lawrenceville School)和学生讨论中国时,做了一个特别发人深省的发言,他说:

> 毫不奇怪的是,我们倾向于认为外国人像我们一样,与我们有着相同的价值观、相同的动机和相同的生活目标,有着相同的能力,取得了相同的成就,这种用我们自己的特征

---

① 史景迁:《改变中国》,第292页。
② 约瑟夫·克拉夫特:《美国的中国神话》,1972年2月22日,周以德文献,第196卷。

和情形来衡量其他国家人民的做法,增加了我们理解那些即便和我们有着相同文化与政治传统的民族的难度,我们在对待中国时应特别谨慎,因为中国历史悠久,在很多方面和我们截然不同。①

巴特沃斯继续探讨中国社会、中国历史的特征,以及新中国所面临的各种问题。他说,如果美国试图在一些事情上影响中国,那就必须考虑一个非常明显的要素:中国人民。"我们不能够重塑中国,也不能用我们自己的形象来改变中国人民。"

美国人在面对冷战后世界秩序中的各种国际争端时,最好把巴特沃斯的肺腑之言牢记在心。正如目前情况所揭示的,怀有恩抚愿望本身没有多大危险,但是,如果恩抚情感的钟摆出现剧烈摆动,就会蕴含很大的危险,而这种剧烈的摆动是深切的、被误导的希望破灭之后的必然反应。中国的确在变化,而经济发展的巨大成就无疑是这个变化中的重要组成部分,但这并不等于说中国正越来越变成一个基督教的、资本主义的国家。我们常常忽略了这样一个显而易见的事实:中国人的事情要由他们自己去决定。

---

① W. 沃尔顿·巴特沃斯:《革命中的中国》,发言稿,1950 年 5 月 10 日,第 1 页,巴特沃斯文献,第 3 卷。

参考文献

Manuscript Collections, Oral Histories, and Archives 手稿、口述历史、档案

Dean Acheson Papers, Harry S. Truman Library, Independence, Missouri
迪恩·艾奇逊文献,藏于密苏里州独立城哈里·S.杜鲁门图书馆

Joseph and Stewart Alsop Papers, Library of Congress
约瑟夫和斯图尔特·艾尔索普文献,藏于国会图书馆

American Bureau of Medical Aid to China Papers, Rare Book and Manuscript Library, Butler Library, Columbia University
美国医药援华会文件,藏于哥伦比亚大学巴特勒图书馆善本与手稿部

Bernard Baruch Papers, Seely G. Mudd Manuscript Library, Princeton University
伯纳德·巴鲁克文献,藏于普林斯顿大学希利·G.穆德手稿图书馆

W. Walton Butterworth Papers, George C. Marshall Library and Archive, Lexington, Virginia
W.沃尔顿·巴特沃斯文献,藏于弗吉尼亚州列克星敦乔治·C.马歇尔图书档案馆

Claire Chennault Papers, Hoover Institution on War, Revolution, and Peace, Stanford University
克莱尔·陈纳德文献,藏于斯坦福大学胡佛战争、革命、和平研究院

China Records Project, Yale Divinity School Library
"中国档案"项目,藏于耶鲁大学神学院图书馆

Thomas G. Corcoran Papers, Library of Congress
托马斯·G.科科伦文献,藏于国会图书馆

Lauchlin Currie Papers, Hoover Institution on War, Revolution, and Peace
劳夫林·居里文献,藏于胡佛战争、革命、和平研究院

John Foster Dulles Papers, Seely G. Mudd Manuscript Library
约翰·福斯特·杜勒斯文献,藏于希利·G.穆德手稿图书馆

James V. Forrestal Papers, Seely G. Mudd Manuscript Library
詹姆士·V.福雷斯特尔文献,藏于希利·G.穆德手稿图书馆

B. A. Garside Papers, Hoover Institution on War, Revolution, and Peace
B. A. 加塞德文献,藏于胡佛战争、革命、和平研究院

Joseph C. Green Papers, Seely G. Mudd Manuscript Library
约瑟夫·C.格林文献,藏于希利·G.穆德手稿图书馆

Harry L. Hopkins Papers, Franklin D. Roosevelt Library, Hyde Park, New York
哈里·L.霍普金斯文献,藏于纽约海德公园富兰克林·D.罗斯福图书馆

Edward and Lotta Hume Papers, Sterling Memorial Library, Yale University
爱德华和洛塔·休姆文献,藏于耶鲁大学斯特林纪念图书馆

John Raymond Hutchinson Papers, Hoover Institution on War, Revolution, and Peace
约翰·雷蒙德·哈金森文献,藏于胡佛战争、革命、和平研究院

Indusco, Inc. Papers, Rare Book and Manuscript Library, Butler Library
工合文件,藏于巴特勒图书馆善本与手稿部

William Richard Johnson Papers, Yale Divinity School Library
威廉·理查德·约翰逊文献,藏于耶鲁大学神学院图书馆

Walter Judd Papers, Hoover Institution on War, Revolution, and Peace
周以德文献,藏于胡佛战争、革命、和平研究院

Wellington Koo Papers, Rare Book and Manuscript Library, Butler Library
顾维钧文献,藏于巴特勒图书馆善本与手稿部

Walter Lippmann Papers, Sterling Memorial Library
沃尔特·李普曼文献,藏于斯特林纪念图书馆

Dwight D. Macdonald Papers, Sterling Memorial Library
德怀特·D.麦克唐纳文献,藏于斯特林纪念图书馆

George C. Marshall Papers, George C. Marshall Library and Archive
乔治·C.马歇尔文献,藏于乔治·C.马歇尔图书档案馆

Missions Pamphlet Collection, Yale Divinity School Library
传教宣传册档案,藏于耶鲁大学神学院图书馆

National Achives, Washington, D. C.
华盛顿哥伦比亚特区美国国家档案馆

Oral History Collection, Butler Library
口述历史资料汇编,藏于巴特勒图书馆

Frank W. Price Papers, George C. Marshall Library and Archive
弗兰克·W.普里斯文献,藏于乔治·C.马歇尔图书档案馆

Right Wing Pamphlet Collection, Sterling Memorial Library
右翼宣传资料汇编,藏于斯特林纪念图书馆

Franklin D. Roosevelt Papers, Map Room File, Roosevelt Library
富兰克林·D.罗斯福文献,藏于罗斯福图书馆图文文献档案室

Franklin D. Roosevelt Papers, Official File, Roosevelt Library
富兰克林·D.罗斯福文献,藏于罗斯福图书馆政府文件档案室

Franklin D. Roosevelt Papers, President's Personal File, Roosevelt Library
富兰克林·D.罗斯福文献,藏于罗斯福图书馆总统私人活动档案室

Franklin D. Roosevelt Papers, President's Secretary File, Roosevelt Library
富兰克林·D.罗斯福文献,藏于罗斯福图书馆总统机密文献档案室

Laurence Salisbury Papers, Hoover Institution on War, Revolution, and Peace
劳伦斯·索尔兹伯里文献,藏于胡佛战争、革命、和平研究院

Bruce M. Smith Papers, Hoover Institution on War, Revolution, and Peace
布鲁斯·M.史密斯文献,藏于胡佛战争、革命、和平研究院

H. Alexander Smith Papers, Seely G. Mudd Manuscript Library
H.亚历山大·史密斯文献,藏于希利·G.穆德手稿图书馆

T. V. Soong Papers, Hoover Institution on War, Revolution, and Peace
宋子文文献,藏于胡佛战争、革命、和平研究院

Henry L. Stimson Papers, Sterling Memorial Library
亨利·L.史汀生文献,藏于斯特林纪念图书馆

Anson Phelps Stokes Papers, Sterling Memorial Library
安森·菲尔普斯·斯托克斯文献,藏于斯特林纪念图书馆

Archives of the Student Volunteer Movement, Yale Divinity School Library
学生海外宣教志愿运动档案,藏于耶鲁大学神学院图书馆

W. A. Swanberg Papers, Rare Book and Manuscript Library, Butler Library
W. A.斯旺伯格文献,藏于巴特勒图书馆善本与手稿部

Harry S. Truman Papers, Oral History Collection, Truman Library
哈里·S.杜鲁门文献,藏于巴特勒图书馆口述历史资料室

Harry S. Truman Papers, President's Personal File, Truman Library

哈里·S. 杜鲁门文献,藏于杜鲁门图书馆总统私人活动档案室
Harry S. Truman Papers, President's Secretary's File, Truman Library
哈里·S. 杜鲁门文献,藏于杜鲁门图书馆总统机密文献档案室
Harry S. Truman Papers, White House Central File, Truman Library
哈里·S. 杜鲁门文献,藏于杜鲁门图书馆白宫中心文献室
Archives of the United Board for Christian Higher Education in Asia, Yale Divinity School Library
亚洲基督教高等教育联合董事会档案,藏于耶鲁大学神学院图书馆
United China Relief-United Service to China Papers, Seely G. Mudd Manuscript Library
美国联合援华会-联合援华服务会文件,藏于希利·G. 穆德手稿图书馆
Whiting Willauer Papers, Seely G. Mudd Manuscript Library
惠廷·魏劳尔文献,藏于希利·G. 穆德手稿图书馆
C. E. A. Winslow Papers, Sterling Memorial Library
C. E. A. 温斯洛文献,藏于斯特林纪念图书馆
Yale-in-China Association Papers, Sterling Memorial Library
耶鲁中国协会文献,藏于斯特林纪念图书馆

Published Government Documents 已出版的政府文件

CONGRESS 国会文件

Senate 参议院部分

Committee on Foreign Relations. *Economic Assistance to China and Korea: 1949-50*. Washington, D. C.: Government Printing Office, 1974.

参议院对外关系委员会:《美国对中国和朝鲜的经济援助,1949—1950》,华盛顿特区:政府文件印制局,1974年。

Committee on Foreign Relations and Armed Services. *Hearings: Military Situation in the Far East*. 82d Cong., 1st sess., 1951.

参议院对外关系与军事委员会:《听证会:远东的军事形势》,第82届国会第1次会议,1951年。

Committee on the Judiciary. *Morgenthau Diary (China), Volumes I and II*. 89th Cong., 1st sess., 1965.

司法委员会:《摩根索日记(中国部分),第1卷与第2卷》,第89届国会第1次会议,1965年。

EXECUTIVE BRANCH 行政部门部分

Department of State. *Foreign Relations of the United States*, 1895. Washington, D. C., 1896.

国务院:《美国 1895 年对外关系》,华盛顿哥伦比亚特区,1896 年卷。

——. *Foreign Relations of the United States*, volumes as cited for the years 1931-49. Washington, D. C., 1946-78.

国务院:《美国对外关系》,正文中引用的系 1931 年至 1949 年卷,华盛顿哥伦比亚特区,1946—1978 年。

——. *Foreign Relations of the United States*, 1942, *China*, and 1943, *China*. Washington, D. C., 1956, 1957.

国务院:《美国对外关系》,1942 年和 1943 年的《对华关系》,华盛顿哥伦比亚特区,1956 年,1957 年。

——. *Foreign Relations of the United States. The Conferences at Cairo and Teheran*, 1943. Washington, D. C., 1961.

国务院:《美国对外关系:1943 年的开罗会议和德黑兰会议》,华盛顿哥伦比亚特区,1961 年。

——. *United States Relations with China*, *with a Special Reference to the Period 1944-1949*. Washington, D. C.: Department of State Publications, 1949.

国务院:《美国对华关系:特别侧重于 1944 年至 1949 年》,华盛顿哥伦比亚特区:国务院印制,1949 年。

Contemporary Periodicals and Newspapers **当代期刊和报纸**

Asia 《亚洲》

Chicago Tribune 《芝加哥论坛报》

Christian Century 《基督世纪》

Christian Science Monitor 《基督教科学箴言报》

Current History 《现代史》

Fortune 《财富》

Hibbert Journal 《希伯特杂志》

Life 《生活》

Los Angeles Times 《洛杉矶时报》

Missionary Review of the World 《世界传教士评论》

New Republic 《新共和》

New York Herald-Tribune 《纽约先驱论坛报》

New York Times 《纽约时报》
The Outlook 《瞭望》
San Francisco Chronicle 《旧金山新闻》
Saturday Evening Post 《星期六晚邮报》
Smithsonian 《史密森尼安》杂志
Time 《时代》
U. S. News & World Report 《美国新闻与世界报道》
Vogue 《时尚》杂志
Washington Post 《华盛顿邮报》

Other Sources: Primary and Secondary　其他一手和二手资料

Acheson, Dean. *Present at the Creation: My Years in the State Department*. New York: W. W. Norton, 1969.

艾奇逊:《创世亲历记:我在国务院的年代》(纽约:W. W. 诺顿图书出版公司 1969 年版)。

Anderson, George L., ed. *Issues and Conflicts: Studies in Twentieth Century American Diplomacy*. Lawrence: University of Kansas Press, 1959.

安德森编:《争端和冲突:20 世纪美国外交研究》(劳伦斯:堪萨斯大学出版社 1959 年版)。

Ayer, N. W, and Son. *N. W. Ayer & Son's Directory of Newspapers and Periodicals*. Philadelphia: N. W. Ayer & Son, 1938, 1941, 1944, 1945, 1947.

艾尔父子:《N. W. 艾尔父子报刊指南》(费城:N. W. 艾尔父子公司,1938 年、1941 年、1944 年、1945 年、1947 年)。

Bachrack, Stanley D. *The Committee of One Million: The "China Lobby" and U. S. Policy, 1953-1971*. New York: Columbia University Press, 1976.

巴卡拉克:《百万人会:"中国游说团"和美国对华政策,1953—1971》(纽约:哥伦比亚大学出版社 1976 年版)。

Barnett, A. Doak. *China on the Eve of the Communist Takeover*. New York: Praeger, 1963.

巴奈特:《共产党统一中国前夜》(纽约:普拉格出版社 1963 年版)。

Barrett, David D. *Dixie Mission: The United States Army Observer Group in Yenan, 1944*. Berkeley: Center for Chinese Studies, China Research

Monographs, University of California, 1970.

巴奈特:《迪克西使命:1944年美军驻延安观察员》(伯克利:中国研究中心中国研究专著,加州大学出版社1970年版)。

Baughman, James L. *Henry R. Luce and the Rise of the American News Media*. Boston: Twayne, 1987.

鲍曼:《亨利·R.卢斯与美国新闻媒体的兴起》(波士顿:特怀恩出版社1987年版)。

Belden, Jack. *China Shakes the World*. New York: Monthly Review Press, 1949.

贝尔登:《中国震撼世界》(纽约:评论月刊出版社1949年版)。

Bercovitch, Sacvan. *The Puritan Origins of the American Self*. New Haven, Conn.: Yale University Press, 1975.

勃克维奇:《美国自我观的清教根源》(康涅狄格州纽黑文:耶鲁大学出版社1975年版)。

Berkov, Robert. *Strong Man of China: The Story of Chiang Kai-shek*. Boston: Houghton Mifflin, 1938.

伯克夫:《中国强者:蒋介石的故事》(波士顿:霍顿·米夫林出版公司1938年版)。

Bertram, James M. *First Act in China: The Story of Chiang Kai-shek*. New York: Viking, 1938.①

贝特兰:《中国第一幕:西安事变》(纽约:维金出版社1938年版)。

Bianco, Lucien. *Origins of the Chinese Revolution, 1915 – 1949*. Translated from the French by Muriel Bell. Stanford, Calif.: Stanford University Press, 1971.

比安科:《中国革命的起源:1915—1949》,穆里尔·贝尔译自法文(加州斯坦福:斯坦福大学出版社1971年版)。

Billington, Rosamund, Sheelagh Strawbridge, Lenore Greensides, and Annette Fitzsimons. *Culture and Society: A Sociology of Culture*. London: Houndmills, 1991.

比灵顿、罗莎蒙德、斯特劳布里齐、格林塞德、菲兹史蒙斯:《文化和社会:文化社会学》(伦敦:洪德米尔斯出版社1991年版)。

Blum, John Morton. *From the Morgenthau Diaries: Years of Urgency*,

---

① 原书名为 *First Act in China: The Story of the Sian Mutiny*,故译为《中国第一幕:西安事变》。——译者注

1938-1941. Boston: Houghton Mifflin, 1965.

布鲁姆:《摘自摩根索日记:生死存亡的年代,1938—1941》(波士顿:霍顿·米夫林出版公司 1965 年版)。

Blumenthal, Sidney. *Pledging Allegiance: The Last Campaign of the Cold War*. New York: Harper Collins, 1990.

布鲁门撒尔:《呼吁忠诚:冷战的最后战役》(纽约:哈珀·柯林斯出版集团 1990 年版)。

Bohn, Thomas William. *An Historical and Descriptive Analysis of the "Why We Fight" Series*. New York: Arno Press, 1977.

伯恩:《对"我们为何而战"系列电影的历史分析与阐释》(纽约:阿尔诺出版社 1977 年版)。

Borg, Dorothy, and Waldo Heinrichs, eds. *Uncertain Years: Chinese-American Relations, 1947-1950*. New York: Columbia University Press, 1980.

博格和海因里希斯合编:《不确定的年代:1947—1950 年的中美关系》(纽约:哥伦比亚大学出版社 1980 年版)。

Borg, Dorothy, and Shumpei Okamoto, eds. *Pearl Harbor as History: Japanese-American Relations, 1931-1941*. New York: Columbia University Press, 1973.

博格和冈本俊平合编:《历史上的珍珠港:1931—1941 年的日美关系》(纽约:哥伦比亚大学出版社 1973 年版)。

Buck, Pearl S. *The Good Earth*. New York: John Day, 1931.

赛珍珠:《大地》(纽约:约翰·黛书局 1931 年版)。

——. *My Several Worlds*. New York: John Day, 1954.

赛珍珠:《我的中国世界》(纽约:约翰·黛书局 1954 年版)。

Burke, James. *My Father in China*. London: Michael Joseph, 1945.

伯克:《我的父亲在中国》(伦敦:米歇尔·约瑟夫出版公司 1945 年版)。

Burns, Edward McNall. *The American Idea of Mission: Concepts of National Purpose and Destiny*. New Brunswick, N. J.: Rutgers University Press, 1957.

伯恩斯:《美国的使命观:国家目标与天命说》(新泽西州新布伦瑞克:罗格斯大学出版社 1957 年版)。

Bush, George. *Public Papers of the Presidents: George Bush*, Book I. Washington, D. C.: Government Printing Office, 1990.

布什:《乔治·布什总统大事记》,第 1 卷(华盛顿特区:政府印制局 1990

年版)。

Bush, George, with Victor Gold. *Looking Forward*. Garden City, N. Y.: Doubleday, 1987.

布什和戈尔德:《展望未来》(纽约花园城:双日书局1987年版)。

Carnegie, Dale. *Dale Carnegie's Biographical Roundup: Highlights in the Lives of Forty Famous People*. New York: Forest Hills Publishing Co., 1944.

卡耐基:《戴尔·卡耐基人生宝典:四十位名人的辉煌人生》(纽约:森林岗出版公司1944年版)。

Chafe, William. *The American Woman: Her Changing Social, Economic, and Political Roles, 1920 - 1970*. New York: Oxford University Press, 1972.

切夫:《美国妇女:1920—1970年女性社会、经济和政治地位的变迁》(纽约:牛津大学出版社1972年版)。

Chanda, Nayan. *Brother Enemy: The War After the War*. New York: Collier Books, 1986.

钱达:《兄弟敌人:战争之后的战争》(纽约:柯里尔书局1986年版)。

Chang, Gordon. *Friends and Enemies: The United States, China, and the Soviet Union, 1948 - 1972*. Stanford, Calif.: Stanford University Press, 1990.

张少书:《朋友与敌人:1948—1972年间的美国、中国与苏联》(加州斯坦福:斯坦福大学出版社1990年版)。

Ch'en, Kenneth. *Buddhism in China: A Historical Survey*. Princeton, N. J.: Princeton University Press, 1964.

凌海成:《中国佛教:一个历史的考察》(新泽西州普林斯顿:普林斯顿大学出版社1964年版)。

Chennault, Claire Lee. *Way of a Fighter*. New York: G. P. Putnam's Sons, 1949.

陈纳德:《一个斗士的自述》(纽约:G. P. 帕特南之子出版公司1949年版)。

Chern, Kenneth S. *Dilemma in China: America's Policy Debate, 1945*. Hamden, Conn.: Archon Books, 1980.

撤恩:《中国的困境:1945年美国政策论争》(康涅狄格州哈姆登:阿奇隆书局1980年版)。

Ch'i, Hsi-sheng. *Nationalist China at War: Military Defeats and Political Collapse, 1937 - 1945*. Ann Arbor: University of Michigan Press, 1982.

齐锡生:《战时国民党中国:1937—1945 年的军事溃败与政治瓦解》(安阿伯:密歇根大学出版社 1982 年版)。

Chiang, May-ling Soong. *China Shall Rise Again*. New York: Harper & Brothers, 1940.

宋美龄:《中国必将再度崛起》(纽约:哈泼兄弟出版社 1940 年版)。

Chiang Kai-shek. *China's Destiny*. New York: Macmillan, 1947.

蒋介石:《中国的命运》(纽约:麦克米伦出版公司 1947 年版)。

Clurman, Richard M. *Beyond Malice: The Media's Years of Reckoning*. New Brunswick, N. J.: Transaction Books, 1988.

克勒曼:《超越邪恶:媒体评判的年代》(新泽西州新布伦瑞克:社会科学出版社 1988 年版)。

Cohen, Bernard C. *The Press and Foreign Policy*. Princeton, N. J.: Princeton University Press, 1963.

科恩:《媒体与对外政策》(新泽西州普林斯顿:普林斯顿大学出版社 1963 年版)。

Cohen, Paul A. *China and Christianity: The Missionary Movement and the Growth of Chinese Antiforeignism, 1860 - 1870*. Cambridge, Mass.: Harvard University Press, 1963.

科恩:《中国与基督教:1860—1870 年的传教运动与中国排外主义的兴起》(马萨诸塞州剑桥:哈佛大学出版社 1963 年版)。

Cohen, Warren I. *America's Response to China: An Interpretative History of Sino-American Relations*. 3d ed. New York: Columbia University Press, 1990.

孔华润:《美国对中国的反应:中美关系的历史剖析》,第 3 版(纽约:哥伦比亚大学出版社 1990 年版)。

——. "The History of American-East Asian Relations: Cutting Edge of the Historical Profession." *Diplomatic History* 9 (Spring 1985): 101 - 12.

孔华润:《美国-东亚关系史:历史研究的前沿领域》,《外交史》第 9 期(1985 年春季刊),第 101—112 页。

Conable, Barber B., Jr., and David M. Lampton. "China: The Coming Power." *Foreign Affairs* 71 (Winter 1992 - 93): 133 - 49.

小康纳伯和兰普顿:《中国:未来的强国》,《外交》杂志第 71 期(1992—1993 冬季刊),第 133—149 页。

Cort, David. *The Sin of Henry R. Luce: An Anatomy of Journalism*. Secaucus, N. J.: Lyle Stuart, 1974.

考特:《亨利·R. 卢斯的罪过:新闻业剖析》(新泽西州锡考克斯:莱尔·斯图亚特出版公司 1974 年版)。

Crichton, Michael. *Rising Sun*. New York: Ballantine, 1992.

克莱顿:《旭日东升》(纽约:巴兰坦图书公司 1992 年版)。

Crow, Carl. *China Takes Her Place*. New York: Harper & Brothers, 1944.

克劳:《中国的地位》(纽约:哈泼兄弟出版社 1944 年版)。

——. *Four Hundred Million Customers*. New York: Halcyon House, 1937.

克劳:《四万万客户》(纽约:哈尔西恩出版社 1937 年版)。

——. *I Speak for the Chinese*. New York: Harper & Brothers, 1937.

克劳:《我为中国人说话》(纽约:哈泼兄弟出版社 1937 年版)。

Cumings, Bruce. *The Origins of the Korean War*. Vol. 2, *The Roaring of the Cataract, 1947–1950*. Princeton, N. J.: Princeton University Press, 1990.

肯明斯:《朝鲜战争的源起》第 2 卷《1947—1950 年的狂飙激流》(新泽西州普林斯顿:普林斯顿大学 1990 年版)。

Dallek, Robert. *The American Style of Foreign Policy: Cultural Politics and Foreign Affairs*. New York: Knopf, 1983.

戴立克:《美国式的外交政策:文化政治与外交》(纽约:克诺普夫出版集团 1983 年版)。

——. *Franklin D. Roosevelt and American Foreign Policy, 1932–1945*. New York: Oxford University Press, 1979.

戴立克:《富兰克林·D. 罗斯福和 1932—1945 年美国外交政策》(纽约:牛津大学出版社 1979 年版)。

Daugherty, William E. "China's Official Publicity in the United States." *Public Opinion Quarterly* 6 (Spring 1942): 70–86.

道格尔蒂:《美国官方的中国观》,《舆论学季刊》第 6 期(1942 年春季刊,第 70—86 页)。

Davies, John Paton. *Dragon by the Tail: American, British, Japanese, and Russian Encounters with China and One Another*. New York: W. W. Norton, 1972.

戴维斯:《抓住龙尾:美国、英国、日本、俄罗斯与中国的关系以及他们彼此的关系》(纽约:W. W. 诺顿图书出版公司 1972 年版)。

Dower, John. *War Without Mercy: Race and Power in the Pacific War.*

New York: Pantheon, 1986.

道尔:《无情的战争:太平洋战争中的种族与权力》(纽约:潘塞恩图书公司1986年版)。

Eastman, Lloyd E. *Seeds of Destruction: Nationalist China in War and Revolution, 1937‐1949*. Stanford, Calif.: Stanford University Press, 1984.

伊斯特曼:《毁灭的种子:1937—1949年战争和革命中的中国》(加州斯坦福:斯坦福大学出版社1984年版)。

Eddy, Sherwood. *Pathfinders of the World Missionary Crusade*. Freeport, N. Y.: Books for Libraries Press, 1945.

艾迪:《世界传教十字军的寻路者》(纽约自由港:图书馆出版社1945年版)。

Elson, Robert T. *Time Inc. An Intimate History of a Publishing Enterprise, 1923‐1941*. New York: Atheneum, 1968.

埃尔森:《时代公司:一个新闻出版企业的秘史,1923—1941》(纽约:雅典娜出版社1968年版)。

——. *The World of Time Inc. The Intimate History of a Publishing Enterprise*. Vol. 2, 1941‐1960. New York: Atheneum, 1973.

埃尔森:《时代公司的世界:一个新闻出版企业的秘史,第2卷,1941—1960》(纽约:雅典娜出版社1973年版)。

Epstein, Joseph. "Henry Luce and His Time." *Commentary* 44 (Nov. 1967): 35‐47.

爱泼斯坦:《亨利·卢斯和他的〈时代〉》,《评论》第44期(1967年11月),第35—47页。

Fairbank, John K. "'American China Policy' to 1898: A Misconception." *Pacific Historical Review* 39 (Nov. 1970): 409‐20.

费正清:《1898年之前"美国对华政策":一个误解的个案》,《太平洋历史评论》第39期(1970年11月),第409—420页。

——. *Chinabound: A Fifty-Year Memoir*. New York: Harper & Row, 1982.

费正清:《中国情结:五十年回忆录》(纽约:哈泼与罗出版公司1982年版)。

——. "The Problem of Revolutionary Asia." *Foreign Affairs* 29 (Oct. 1950): 101‐13.

费正清:《革命的亚洲之问题所在》,《外交》杂志第29期(1950年10月),第101—113页。

Feaver, John H. "The China Aid Bill of 1948: Limited Assistance as a Cold

War Strategy." *Diplomatic History* 5 (Spring 1981): 107—20.

费弗:《1948年的援华账单:基于冷战策略的有限援助》,《外交史》第5期(1981年春季刊),第107—120页。

Feinberg, Joel. *Harm to Self: The Moral Limits of Criminal Law*. New York: Oxford University Press, 1986.

芬伯格:《伤害自我:刑法的道德限定》(纽约:牛津大学出版社1986年版)。

Feis, Herbert. *The China Tangle: The American Effort in China from Pearl Harbor to the Marshall Mission*. Princeton, N. J.: Princeton University Press, 1953.

费斯:《中国的纠葛:从珍珠港事变到马歇尔使华美国在中国的努力》(新泽西州普林斯顿:普林斯顿大学出版社1953年版)。

Fielding, Raymond. *The American Newsreel, 1911–1967*. Norman: University of Oklahoma Press, 1972.

菲尔丁:《美国新闻纪录片,1911—1967》(诺曼:俄克拉何马大学出版社1972年版)。

——. *The March of Time, 1935–1951*. New York: Oxford University Press, 1978.

菲尔丁:《时代在前进,1935—1951》(纽约:牛津大学出版社1978年版)。

Freeland, Richard M. *The Truman Doctrine and the Origins of McCarthyism: Foreign Policy, Domestic Politics, and Internal Security, 1946–1948*. New York: Knopf, 1972.

弗里兰:《杜鲁门主义和卡锡主义的起源:对外政策、国内政治和国家安全,1946—1948》(纽约:克诺普夫出版集团1972年版)。

Friedrich, Otto. "There Are oo Trees in Russia: The Function of Facts in Newsmagazines." *Harper's* 229 (Oct. 1964): 59–65.

弗里德里希:《俄罗斯新闻真实知多少:新闻杂志中数据的功能》,《哈珀斯杂志》第229期(1964年10月),第59—65页。

Fussell, Paul. *Wartime: Understanding and Behavior in the Second World War*. New York: Oxford University Press, 1989.

福塞尔:《非常时期:二战中的理解与行为》(纽约:牛津大学出版社1989年版)。

Caddis, John Lewis. *Strategies of Containment: A Critical Appraisal of Postwar American National Security Policy*. New York: Oxford University Press, 1982.

加迪斯:《遏制战略史:二战后美国国家安全政策评析》(纽约:牛津大学出版

社 1982 年版)。

Callup, George H. *The Gallup Poll：Public Opinion*, 1935-1971. 3 vols. New York：Random House, 1972.

盖洛普:《盖洛普民意测验:公众舆论,1935—1971》,3 卷本(纽约:兰登书屋 1972 年版)。

——. *The Gallup Poll：Public Opinion*, 1972-1977. 2 vols. Wilmington, Del.：Scholarly Resources, 1978.

盖洛普:《盖洛普民意测验:公众舆论,1972—1977》,2 卷本(特拉华州威灵顿:学术资源出版公司 1978 年版)。

Gallup, Dr. George, Jr. *The Gallup Poll：Public Opinion*, 1991. Wilmington, Del.：Scholarly Resources, 1992.

小盖洛普:《盖洛普民意测验:公众舆论,1991》(特拉华州威灵顿:学术资源出版公司 1992 年版)。

——. *The Gallup Poll：Public Opinion*, 1992. Wilmington, Del.：Scholarly Resources, 1993.

小盖洛普:《盖洛普民意测验:公众舆论,1992》(特拉华州威灵顿:学术资源出版公司 1993 年版)。

Gamson, William, and Andre Modigliani. "Media Discourse and Public Opinion：A Constructionist Approach." *American Journal of Sociology* 95(July 1989)：1-37.

盖姆森和莫迪里亚尼:《媒体话语与公众舆论:建构主义方法》,《美国社会学杂志》,第 95 期(1989 年 7 月),第 1—37 页。

Gardner, Lloyd C. *Architects of Illusion*. Chicago：Quadrangle, 1970.

加纳德:《幻象缔造者》(芝加哥:四方形出版公司 1970 年版)。

Gasster, Michael. *China's Struggle to Modernize*, 2d ed. New York：Knopf, 1983.

盖斯特:《中国的现代化之路》第 2 版(纽约:克诺普夫出版集团 1983 年版)。

Goldman, Eric. *The Crucial Decade and After：America*, 1945-1960. New York：Vintage Books, 1960.

戈德曼:《艰难岁月前后:1945—1960 年的美国》(纽约:葡萄酒图书公司 1960 年版)。

Griffith, Robert. *The Politics of Fear：Joseph R. McCarthy and the Senate*. Lexington：University of Kentucky Press, 1970.

格里菲思:《恐怖政治:约瑟夫·R.麦卡锡和参议院》(列克星敦:肯塔基大学出版社 1970 年版)。

Guimond, James. *American Photography and the American Dream*. Chapel Hill: University of North Carolina Press, 1991.
吉蒙德:《美国摄影和美国梦》(教堂山:北卡罗来纳大学出版社1991年版)。

Hahn, Emily. *The Soong Sisters*. New York: Doubleday, 1941.
项美丽:《宋氏姐妹》(纽约:双日书局1941年版)。

Halberstam, David. *The Powers That Be*. New York: Knopf, 1979.
哈伯斯塔姆:《无冕之王》(纽约:克诺普夫出版集团1979年版)。

Hartmann, Susan M. *The Home Front and Beyond: American Women in the 1940s*. Boston: Twayne, 1982.
哈特曼:《家园与战区:1940年代的美国妇女》(波士顿:特怀恩出版社1982年版)。

Heininger, Janet E. "Private Positions Versus Public Policy: Chinese Devolution and the American Experience in East Asia." *Diplomatic History* 6 (Summer 1982): 287–302.
海宁格:《私人地位与公共政策:中国委托授权与美国人在东亚的经历》,《外交史》第6期(1982年夏季刊),第287—302页。

Hellmann, John. *American Myth and the Legacy of Vietnam*. New York: Columbia University Press, 1986.
海尔曼:《美国神话和越南遗产》(纽约:哥伦比亚大学出版社1986年版)。

Hersey, John. "Henry Luce's China Dream." *New Republic*, May 2, 1983: 27–32.
赫西:《亨利·卢斯的中国梦》,《新共和》,1983年5月2日,第27—32页。

Herzstein, Robert E. *Henry R. Luce: A Political Portrait of the Man Who Created the American Century*. New York: Scribner's, 1994.
赫茨斯坦:《亨利·R.卢斯:美国世纪创始人的政治肖像》(纽约:斯克里布纳父子出版社1994年版)。

Hobson, J. A. *God and Mammon. The Relations of Religion and Economics*. New York: Macmillan, 1931.
贺伯逊:《上帝和玛门:宗教与经济的关系》(纽约:麦克米伦出版公司1931年版)。

Hodgson, Godfrey. *America in Our Time*. New York: Vintage Books, 1978.
霍奇森:《我们时代的美国》(纽约:葡萄酒图书公司1978年版)。

Hoopes, Roy. *Ralph Ingersol: A Biography*. New York: Atheneum, 1985.

霍普斯:《拉尔夫·英格索尔传》(纽约:雅典娜出版社 1985 年版)。

Horsman, Reginald. *Race and Manifest Destiny : The Origins of American Racial Anglo-Saxonism.* Cambridge, Mass. : Harvard University Press, 1981.

霍斯曼:《种族和天定命运:美国盎格鲁—撒克逊种族主义根源》(马萨诸塞州剑桥:哈佛大学出版社 1981 年版)。

Hu, Shih. "China in Stalin's Grand Strategy." *Foreign Affairs* 29 (Oct. 1950): 11 - 40.

胡适:《斯大林大战略中的中国》,《外交》第 29 期(1950 年 10 月),第 11—40 页。

Hull, Cordell. *The Memoirs of Cordell Hull.* New York: Macmillan, 1948.

赫尔:《康德尔·赫尔回忆录》(纽约:麦克米伦出版公司 1948 年版)。

Hunt, Michael H. *Ideology and U. S. Foreign Policy.* New Haven, Conn. : Yale University Press, 1987.

亨特:《意识形态与美国外交政策》(康涅狄格州纽黑文:耶鲁大学出版社 1987 年版)。

——. "Internationalizing U. S. Diplomatic History." *Diplomatic History* 15 (Winter 1991): 1 - 11.

亨特:《美国外交史的国际化》,《外交史》第 15 期(1991 年冬季刊),第 1—11 页。

——. *The Making of a Special Relationship : The United States and China to 1914 .* New York: Columbia University Press, 1983.

亨特:《一种特殊关系的形成:1914 年前的美国和中国》(纽约:哥伦比亚大学出版社 1983 年版)。

——. "Pearl Buck——Popular Expert on China, 1931 - 1949." *Modern China* 3 (Jan. 1977): 33 - 64.

亨特:《赛珍珠:1931—1949 年深受喜爱的中国专家》,《现代中国》第 3 期 (1977 年 1 月),第 33—64 页。

Hunter, Jane. *The Gospel of Gentility : American Women Missionaries in Turn-of-the-Century China.* New Haven, Conn. : Yale University Press, 1984.

亨特:《高雅的福音:19 世纪末 20 世纪初在中国的美国女传教士》(康涅狄格州纽黑文:耶鲁大学出版社 1984 年版)。

Iriye, Akira. *Across the Pacific : An Inner History of American-East Asian*

Relations. New York: Harcourt, Brace & World, 1967.

入江昭:《跨越太平洋:美国-东亚关系的深层历史》(纽约:哈考特、布雷斯和世界出版社 1967 年版)。

——. "Culture and Power: International Relations as Intercultural Relations." *Diplomatic History* 3 (Spring 1979): 115-28.

入江昭:《文化与权力:作为跨文化关系的国际关系》,《外交史》第 3 期(1979 年春季刊),第 115—128 页。

——. "The Internationalization of History." *American Historical Review* 1 (Feb. 1989): 1-10.

入江昭:《历史的国际化》,《美国历史评论》,第 1 期(1989 年 2 月),第 1—10 页。

Isaacs, Harold R. *No Peace for Asia*. New York: Macmillan, 1947.

伊萨克斯:《亚洲没有和平》(纽约:麦克米伦出版公司 1947 年版)。

——. *Scratches on Our Minds: American Images of China and India*. New York: John Day, 1958.

伊萨克斯:《心影录:美国人心目中的中国和印度形象》(纽约:约翰·黛书局 1958 年版)。

——. *The Tragedy of the Chinese Revolution*, 2d rev. ed. Stanford, Calif.: Stanford University Press, 1961.

伊萨克斯:《中国革命的悲剧》第 2 次修订版(加州斯坦福:斯坦福大学出版社 1961 年版)。

Jessup, John K., ed. *The Ideas of Henry Luce*. New York: Atheneum, 1969.

杰瑟普主编:《亨利·卢斯的思想》(纽约:雅典娜出版社 1969 年版)。

Johnson, Chalmers A. *Peasant Nationalism and Communist Power: The Emergence of Revolutionary China, 1937-1945*. Stanford, Calif.: Stanford University Press, 1962.

约翰逊:《农民民族主义和共产主义政权:1937—1945 年中国革命的急迫性》(加州斯坦福:斯坦福大学出版社 1962 年版)。

Jones, Joseph M. *Fifteen Weeks*. New York: Viking, 1955.

琼斯:《十五周》(纽约:维金出版社 1955 年版)。

Kahin, George McT. *Intervention: How America Became Involved in Vietnam*. New York: Doubleday, 1986.

卡欣:《干涉:美国是怎样卷入越南战争的》(纽约:双日书局 1986 年版)。

Kaplan, Amy, and Donald E. Pease, eds. *Cultures of United States*

Imperialism. Durham, N.C.: Duke University Press, 1993.

卡普兰和皮斯合编:《美国帝国主义文化》(北卡罗来纳州达勒姆:杜克大学出版社1993年版)。

Karnow, Stanley. *Vietnam: A History.* New York: Penguin Books, 1993.

卡诺:《越南史》(纽约:企鹅出版社1993年版)。

Kennan, George F. (Originally published under the pseud. "X"). "The Sources of Soviet Conduct." Reprinted in *Foreign Affairs* 65 (Spring 1987): 852-68.

凯南(最初发表该文时用的是笔名"X"):《苏联行为探源》,在《外交》杂志第65期(1987年春季刊)上重印,第852—868页。

Kimball, Warren F. *The Juggler: Franklin Roosevelt as Wartime Statesman.* Princeton, N.J.: Princeton University Press, 1991.

金布尔:《杂技演员:战时政治家富兰克林·罗斯福》(新泽西州普林斯顿:普林斯顿大学出版社1991年版)。

Kirby, William C. *Germany and Republican China.* Stanford, Calif.: Stanford University Press, 1984.

柯伟林:《德国与中华民国》(加州斯坦福:斯坦福大学出版社1984年版)。

Kissinger, Henry. *The White House Years.* Boston: Little, Brown, 1979.

基辛格:《白宫岁月》(波士顿:小布朗出版社1979年版)。

Knightley, Phillip. *The First Casualty: From the Crimea to Vietnam. The War Correspondent as Hero, Propagandist, and Myth Maker.* New York: Harcourt Brace Jovanovich, 1975.

奈特利:《第一起伤亡:从克里米亚到越南,作为英雄、鼓动家和神话制造者的战地记者》(纽约:哈考特·布雷斯·约万诺维奇出版社1975年版)。

Kobler, John. *Luce: His Time, Life, and Fortune.* Garden City, N.Y.: Double-day, 1968.

科布勒:《卢斯传:他的〈时代〉、〈生活〉和〈财富〉》(纽约花园城:双日书局1968年版)。

Koen, Ross Y. *The China Lobby in American Politics.* New York: Macmillan, 1960.

科恩:《美国政治中的中国游说团》(纽约:麦克米伦出版公司1960年版)。

Kopkind, Andrew. "Serving Time." *New York Review of Books*, 11 (Sept. 12, 1968): 23-28.

科普坎德:《效力〈时代〉》,《纽约书评》第11期(1968年9月12日),第23—28页。

Koppes, Clayton R., and Gregory D. Black. *Hollywood Goes to War: How Politics, Profits, and Propaganda Shaped World War II Movies*. Berkeley: University of California Press, 1987.

科佩斯和布莱克:《好莱坞走向战争:政治、利益和宣传怎样影响了关于二战的电影》(伯克利:加州大学出版社1987年版)。

LaFeber, Walter. *The New Empire: An Interpretation of American Expansion, 1860-1898*. Ithaca, N. Y.: Cornell University Press, 1963.

拉菲伯:《新帝国:1860—1898年美国扩张解析》(纽约伊萨卡:康奈尔大学出版社1963年版)。

Lash, Joseph P. *Dealers and Dreamers: A New Look at the New Deal*. New York: Doubleday, 1988.

拉什:《新政执行者与梦想家:新政新视角》(纽约:双日书局1988年版)。

Latourette, Kenneth Scott. *The American Record in the Far East, 1945-1951*. New York: Macmillan, 1952.

赖德烈:《美国人在远东,1945—1951》(纽约:麦克米伦出版公司1952年版)。

Leahy, William D. *I Was There*. New York: McGraw-Hill, 1950.

莱希:《我在场》(纽约:麦格劳-希尔教育出版集团1950年版)。

Lederer, William J., and Eugene Burdick. *The Ugly American*. New York: W. W. Norton, 1958.

莱德勒、波迪克:《丑陋的美国人》(纽约:W. W. 诺顿图书出版公司1958年版)。

Levine, Steven I. *Anvil of Victory: The Communist Revolution in Manchuria, 1945-1948*. New York: Columbia University Press, 1987.

赖文:《胜利的锤炼厂:共产党1945—1948年在满洲的革命》(纽约:哥伦比亚大学出版社)。

——. "A New Look at American Mediation in the Chinese Civil War: The Marshall Mission and Manchuria." *Diplomatic History* 3 (Fall 1979): 349-75.

赖文:《解放战争中美国调停的再审视:马歇尔使命与满洲》,《外交史》第3期(1979年秋季刊),第349—375页。

Lutz, Jessie G. *China and the Christian Colleges, 1890-1950*. Ithaca, N. Y.: Cornell University Press, 1971.

鲁茨:《中国与基督教大学:1890—1950》(纽约伊萨卡:康奈尔大学出版社

1971年版)。

——. *Christian Missions in China*: *Evangelists of What*? Lexington, Mass.: D. C. Heath, 1965.

鲁茨:《所传为何? 基督教在华宣教的检讨》(马萨诸塞州列克星敦:D. C. 希思出版公司 1965 年版)。

McClellan, Robert. *The Heathen Chinee*: *A Study of American Attitudes Toward China*, *1890–1905*. Columbus: Ohio State University Press, 1971.

麦克莱伦:《异教的中国人:1890—1905 年美国对华态度研究》(哥伦布:美国俄亥俄州立大学出版社 1971 年版)。

McCormick, Thomas J. *China Market*: *America's Quest for Informal Empire*, *1893–1901*. Chicago: Quadrangle, 1967.

麦科密克:《中国市场:1893—1901 年美国对专制帝国的寻求》(芝加哥:四方形出版公司 1967 年版)。

Macdonald, Dwight. *Discriminations*: *Essays and Afterthoughts*, *1938–1974*. New York: Grossman, 1974.

麦克唐纳:《种族歧视:论文及事后的思考,1938—1974》(纽约:格罗斯曼出版社 1974 年版)。

MacKinnon, Stephen R., and Oris Friesen. *China Reporting*: *An Oral History of American Journalism in the 1930s and 1940s*. Berkeley: University of California Press, 1987.

麦金农和弗里森:《中国报道:20 世纪 30—40 年代美国口述新闻史》(伯克利:加州大学出版社 1987 年版)。

Marchand, Roland. *Advertising the American Dream*: *Making Way for Modernity*, *1920–1940*. Berkeley: University of California Press, 1985.

马钱德:《推销美国梦:为现代性作铺垫,1920—1940》(伯克利:加州大学出版社,1985 年版)。

Masland, John W. "Missionary Influence Upon American Far Eastern Policy." *Pacific Historical Review* 10 (Sept. 1941): 279–96.

马士兰:《传教士对美国远政策的影响》,《太平洋历史评论》第 10 期(1941 年 9 月),第 279—296 页。

May, Elaine Tyler. *Homeward Bound*: *American Families in the Cold War Era*. New York: Basic Books, 1988.

梅:《返航:冷战时代的美国家庭》(纽约:基本丛书出版社 1988 年版)。

May, Ernest R., and John K. Fairbank, eds. *America's China Trade in*

Historical Perspective: *The Chinese and American Performance*. Cambridge, Mass.: Harvard University Press, 1986.

梅和费正清合编:《美国的中国贸易历史审视:中美双方的表现》(马萨诸塞州剑桥:哈佛大学出版社 1986 年版)。

Melby, John F. *The Mandate of Heaven*: *Record of a Civil War*, *China 1945-49*. New York: Anchor Books, 1971.

麦尔比:《天命:1945—1949 年中国解放战争实录》(纽约:铁锚出版社 1971 年版)。

Miller, Basil. *Generalissimo and Madame Chiang Kai-shek*: *Christian Liberators of China*. 3d ed. Grand Rapids, Mich.: Zondervan, 1943.

米勒:《蒋介石及其夫人宋美龄:中国的基督徒解放者》第 3 版(密歇根大激流市:桑德凡出版社 1943 年版)。

Millis, Walter, ed. *The Forrestal Diaries*. New York: Viking, 1951.

米利斯编:《福雷斯特尔日记》(纽约:维金出版社 1951 年版)。

Nagai, Yonosuke, and Akira Iriye, eds. *The Origins of the Cold War in Asia*. New York: Columbia University Press, 1977.

永井阳之助、入江昭合编:《冷战的亚洲起源》(纽约:哥伦比亚大学出版社 1977 年版)。

Naquin, Susan, and Evelyn D. Rawski. *Chinese Society in the Eighteenth Century*. New Haven, Conn.: Yale University Press, 1987.

韩书瑞、罗友枝:《18 世纪中国社会》(康涅狄格州纽黑文:耶鲁大学出版社 1987 年版)。

Neils, Patricia. *China Images in the Life and Times of Henry Luce*. Savage, Md.: Rowman & Littlefield, 1990.

尼尔斯:《亨利·卢斯〈生活〉与〈时代〉上的中国形象》(马里兰州萨维奇:罗曼和利特菲尔德出版社 1990 年版)。

——. *United States Attitudes and Policy Toward China*. *The Impact of American Missionaries*. Armonk, N. Y.: M. E. Sharpe, 1990.

尼尔斯:《美国的对华态度与对华政策:美国传教士的影响》(纽约阿蒙克:M. E. 夏普出版公司 1990 年版)。

Newman, Robert P. *Owen Lattimore and the "Loss" of China*. Berkeley: University of California Press, 1992.

纽曼:《欧文·拉铁摩尔与"丢失"中国》(伯克利:加州大学出版社 1992 年版)。

——. "The Self-inflicted Wound: The China White Paper of 1949."

Prologue 14 (Fall 1982): 141-56.

纽曼:《自找的伤痛:1949 年美国对华关系白皮书》,《序言》第 14 期(1982 年秋季刊),第 141—156 页。

Ninkovich, Frank. "Cultural Relations and American China Policy, 1942-1945." *Pacific Historical Review* 49 (Nov. 1980): 471-98.

宁科维奇:《文化关系与美国对华政策,1942—1945》,《太平洋历史评论》第 49 期(1980 年 11 月),第 471—498 页。

——. "Interests and Discourse in Diplomatic History." *Diplomatic History* 13 (Spring 1989): 135-61.

宁科维奇:《外交史中的利益与辞令》,《外交史》第 13 期(1989 年春季刊),第 135—161 页。

North Carolina's "China Connection," 1840-1949: A Record. North Carolina China Council, 1981.

《北卡罗来纳的"中国联结"纪实:1840—1949》,北卡罗来纳中国委员会,1981 年。

Paterson, Thomas G. "If Europe, Why Not China? The Containment Doctrine, 1947-49." *Prologue*, Spring 1981: 19-38.

帕特森:《如果对欧洲实行遏制政策,为什么不对中国实行? 美国 1947—1949 年的遏制政策》,《序言》(1981 年春季刊),第 19—38 页。

——. *On Every Front: The Making of the Cold War*. New York: W. W. Norton, 1979.

帕特森:《在每一个前线:冷战的诞生》(纽约:W. W. 诺顿图书出版公司 1979 年版)。

——. "Presidential Foreign Policy, Public Opinion, and Congress: The Truman Years." *Diplomatic History* 3 (Winter 1979): 1-18.

帕特森:《总统的对外政策、公众舆论及国会:杜鲁门时代》,《外交史》第 3 期(1979 年冬季刊),第 1—18 页。

Peck, Graham. *Two Kinds of Time*. Boston: Houghton Mifflin, 1950.

派克:《两种时间观》(波士顿:霍顿·米夫林出版公司 1950 年版)。

Pogue, Forrest C., ed. *George C. Marshall Interviews and Reminiscences for Forrest C. Pogue*. Lexington, Va.: George C. Marshall Research Foundation, 1991.

伯格编:《乔治 C. 马歇尔访谈及福雷斯特·C. 伯格回忆录》(弗吉尼亚州列克星敦:乔治·C. 马歇尔研究基金会 1991 年版)。

Purifoy, Lewis McCarroll. *Harry Truman's China Policy: McCarthyism* and the Diplomacy of Hysteria, 1947 - 1951. New York: New Viewpoints, 1976.

普里弗伊:《哈里·杜鲁门对华政策:1947—1951 年的麦卡锡主义与狂热外交》(纽约:新视点出版社 1976 年版)。

Rabe, Valentin H. *The Home Base of American China Missions*, 1880 - 1920. Cambridge, Mass.: Harvard University Press, 1978.

拉伯:《美国来华差会的大本营,1880—1920》(马萨诸塞州剑桥:哈佛大学出版社 1978 年版)。

Reed, James. *The Missionary Mind and American East Asia Policy*, 1911 - 1915. Cambridge, Mass.: Council on East Asian Studies, Harvard University, 1983.

里德:《传教思想与美国的东亚政策,1911—1915》(马萨诸塞州剑桥:哈佛大学东亚研究委员会 1983 年)。

Reston, James. *The Artillery of the Press: Its Influence on American Foreign Policy*. New York: Harper & Row, 1966.

赖斯顿:《媒体利炮:媒体对美国对外政策的影响》(纽约:哈珀和罗出版公司 1966 年版)。

Romanus, Charles F., and Riley Sunderland. *Stilwell's Command Problems*. Washington, D. C.: Department of the Army, 1956.

罗农斯、桑德兰:《史迪威指挥权问题》(华盛顿特区:陆军部,1956 年)。

——. *Stilwell's Mission to China*. Washington, D. C.: Department of the Army, 1953.

罗农斯、桑德兰:《史迪威赴华使命》(华盛顿特区:陆军部,1953 年)。

——. *Time Runs Out in CBI*. Washington, D. C.: Department of the Army, 1959.

罗农斯、桑德兰:《中缅印战区时光将尽》,(华盛顿特区:陆军部,1959 年)。

Roosevelt, Franklin D. *F. D. R.: His Personal Letters*, 1928 - 1945. Edited by Elliot Roosevelt. 3 vols. New York: Duell, Sloan and Pearce, 1970.

罗斯福:《富兰克林·D. 罗斯福私人书信,1928—1945》,埃利奥特·罗斯福编,3 卷本(纽约:杜尔、斯隆和皮尔斯出版公司 1970 年版)。

——. *The Public Papers and Addresses of Franklin D. Roosevelt*, 1933 - 1945. Edited by Samuel I. Rosenman. 13 vols. New York: Harper & Brothers, 1938 - 50. Special reference to vols. 1941 - 1944/45.

罗斯福:《富兰克林·D. 罗斯福公共文件和演讲集,1933—1945》,塞缪尔·I. 罗森曼编,13 卷本(纽约:哈泼兄弟出版社 1938—1950 年出版),特别参见 1941—1944 年卷和 1945 年卷。

Rosenberg, Emily. "Gender," in "A Round Table: Explaining the History of American Foreign Relations." *Journal of American History* 77 (June 1990): 116-24.

罗森堡:《性别》,收入《圆桌会议:诠释美国对外关系史》,《美国史》第 77 期(1990 年 6 月),第 116—124 页。

——. *Spreading the American Dream: American Economic and Cultural Expansion, 1890-1945*. New York: Hill & Wang, 1982.

罗森堡:《传播美国梦:1890—1945 年美国经济与文化的扩张》(纽约:希尔和王出版公司 1982 年版)。

Rupp, Leila J. *Mobilizing Women for War: German and American Propaganda, 1939-1945*. Princeton, N. J.: Princeton University Press, 1978.

拉普:《动员妇女参战:1939—1945 年德国与美国的宣传运动》(新泽西州普林斯顿:普林斯顿大学出版社 1978 年版)。

Russet, Bruce. "Doves, Hawks, and U. S. Public Opinion." *Political Science Quarterly* 105 (Winter 1990): 515-38.

拉西特:《白鸽、苍鹰与美国公众舆论》,《政治学季刊》第 105 期(1990 年冬季刊),第 515—538 页。

Said, Edward W. *Orientalism*. New York: Vintage Books, 1978.

萨义德:《东方学》(纽约:葡萄酒图书公司 1978 年版)。

Schaller, Michael. *The United States and China in the Twentieth Century*. New York: Oxford University Press, 1979.

沙勒:《20 世纪美国与中国》(纽约:牛津大学出版社 1979 年版)。

——. *The U. S. Crusade in China, 1938-1945*. New York: Columbia University Press, 1979.

沙勒:《1938—1945 年美国十字军在中国》(纽约:哥伦比亚大学出版社 1979 年版)。

Schram, Stuart. *Mao Tse-tung*. Baltimore: Penguin Books, 1967.

斯克拉姆:《毛泽东》(巴尔的摩:企鹅出版社 1967 年版)。

Scott, Joan W. "Gender: A Useful Category of Historical Analysis." *American Historical Review* 91 (Dec. 1986): 1053-75.

斯科特:《性别:历史分析的一个有用范畴》,《美国历史评论》第 91 期(1986 年 12 月),第 1053—1075 页。

Seagrave, Sterling. *The Soong Dynasty*. New York: Harper & Row, 1985.

西格雷夫:《宋家王朝》(纽约:哈泼与罗出版公司1985年版)。

Sheridan, James E. *China in Disintegration: The Republican Era in Chinese History, 1912‑1949*. New York: Free Press, 1975.

谢里丹:《分裂的中国:中国历史上的民国岁月,1912—1949》(纽约:自由出版社1975年版)。

Sherwood, Robert E. *Roosevelt and Hopkins: An Intimate History*. New York: Harper & Brothers, 1948.

舍伍德:《罗斯福与霍普金斯:二次大战时期白宫实录》(纽约:哈泼兄弟出版社1948年版)。

Shewmaker, Kenneth E. *Americans and Chinese Communists, 1927‑1945: A Persuading Encounter*. Ithaca, N. Y.: Cornell University Press, 1971.

肖梅克:《美国人与中国共产党人,1927—1945》(纽约伊萨卡:康奈尔大学出版社1971年版)。

Short, K. R. M., ed. *Film and Radio Propaganda in World War II*. Knoxville: University of Tennessee Press, 1983.

肖特主编:《二战期间的电影广播宣传》(诺克斯维尔:田纳西大学出版社1983年版)。

Small, Melvin, ed. *Public Opinion and Historians*. Detroit: Wayne State University Press, 1970.

斯莫尔编:《公众舆论与历史学家》(底特律:韦恩州立大学出版社1970年版)。

Smedley, Agnes. *Portraits of Chinese Women in Revolution*. Edited with an Introduction by Jan MacKinnon and Steve MacKinnon; with an Afterword by Florence Howe. New York: Feminist Press, 1976.

史沫特莱:《革命中的中国妇女画像》,简·麦金农和斯蒂夫·麦金农合编,并写了导言,弗洛伦斯·豪写了后记(纽约:妇女出版社1976年版)。

Snow, Edgar. *Red Star Over China*. New York: Random House, 1938.

斯诺:《红星照耀中国》(纽约:兰登书屋1938年版)。

Spence, Jonathan D. *The Search for Modern China*. New York: W. W. Norton, 1990.

史景迁:《追寻现代中国》(纽约:W. W. 诺顿图书出版公司1990年版)。

——. *To Change China: Western Advisors in China, 1620‑1960*. New York: Penguin Books, 1980.

史景迁:《改变中国:1620—1960年西方顾问在中国》(纽约:企鹅出版社

1980年版)。

Steele, A. T. *The American People and China*. New York: McGraw-Hill, 1966.

斯蒂尔:《美国人民与中国》(纽约:麦格劳-希尔教育出版集团1966年版)。

Steuck, William. *The Wedemeyer Mission: American Politics and Foreign Policy During the Cold War*. Athens: University of Georgia Press, 1984.

斯托克:《魏德迈使命:冷战时期的美国政治与对外政策》(雅典城:佐治亚大学出版社1984年版)。

Stimson, Henry L., and McGeorge Bundy. *On Active Service in Peace and War*. New York: Harper & Brothers, 1948.

史汀生、邦迪:《在和平与战时的勤勉供职》(纽约:哈泼兄弟出版社1948年版)。

Stress, Randall E. *The Stubborn Earth: American Agriculturalists on Chinese Soil, 1898–1937*. Berkeley: University of California Press, 1986.

斯泰斯:《僵硬的大地:1898—1937年美国农学家在中国》(伯克利:加州大学出版社1986年版)。

Stuart, John Leighton. *Fifty Years in China: The Memoirs of John Leighton Stuart*. New York: Random House, 1954.

斯图亚特:《在华五十年:约翰·利顿·斯图亚特回忆录》(纽约:兰登书屋1954年版)。

Sues, Ilona Ralf. *Shark's Fins and Millet*. Garden City, N.Y.: Garden City Publishing Co., 1944.

苏斯:《鱼翅与小米粥》(纽约花园城:花园城出版公司1944年版)。

Susman, Warren I. *Culture as History: The Transformation of American Society in the Twentieth Century*. New York: Pantheon, 1973.

苏斯曼:《文化如同历史:20世纪美国的社会变迁》(纽约:潘塞恩图书公司1973年版)。

Swanberg, W. A. *Luce and His Empire*. New York: Scribner's, 1972.

斯旺伯格:《卢斯及其媒体帝国》(纽约:斯克里布纳父子出版社1972年版)。

Swidler, Ann. "Culture in Action: Symbols and Strategies." *American Sociological Review* 51 (Apr. 1986): 273–86.

斯维德勒:《行动中的文化:符号与策略》,《美国社会学评论》第51期(1986年4月,第273—286页)。

Thomson, James C., Jr. *While China Faced West: American Reformers in Nationalist China, 1928-1937*. Cambridge, Mass.: Harvard University Press, 1969.

小汤姆森:《当中国与西方相遇:1928—1937 年美国改革家在中国》(马萨诸塞州剑桥:哈佛大学出版社 1969 年版)。

Thomson, James C., Jr., Peter W. Stanley, and John Curtis Perry. *Sentimental Imperialists: The American Experience in East Asia*. New York: Harper & Row, 1981.

小汤姆森、斯坦利和佩利:《感伤的帝国主义者:美国在东亚的经历》(纽约:哈泼与罗出版公司 1981 年版)。

Thorne, Christopher. *Allies of a Kind: The United States, Britain, and the War Against Japan, 1931-1945*. Oxford: Oxford University Press, 1978.

斯侬恩:《一种联盟:美、英以及对日战争,1931—1945》(牛津:牛津大学出版社 1978 年版)。

Truman, Harry S. *Memoirs*. Vol. 1, *Year of Decisions*. Vol. 2, *Years of Trial and Hope, 1946-1952*. Garden City, N.Y.: Doubleday, 1955, 1956.

杜鲁门:《杜鲁门回忆录》第 1 卷《做决定的一年》以及第 2 卷《充满考验和希望的岁月:1946—1952》(纽约花园城:双日书局 1955 年、1956 年版)。

Tsou, Tang. *America's Failure in China, 1941-1950*. Chicago: University of Chicago Press, 1963.

邹傥:《美国在中国的失败:1941—1950》(芝加哥:芝加哥大学出版社 1963 年版)。

Tuchman, Barbara W. *Stilwell and the American Experience in China, 1911-1945*. New York: Bantam Books, 1970.

塔奇曼:《史迪威与美国的在华经验,1911—1945》(纽约:班特姆出版公司 1970 年版)。

Tucker, Nancy Bernkopf. "China and America: 1941-1991." *Foreign Affairs* 70 (Winter 1991-92): 75-92.

塔克:《中国和美国,1941—1991》,《外交》第 70 期(1991—1992 冬季刊),第 75—92 页。

——. *Patterns in the Dust: Chinese-American Relations and the Recognition Controversy, 1949-1950*. New York: Columbia University Press, 1983.

塔克：《尘埃中的格局：1949—1950 年的中美关系和承认问题之争》（纽约：哥伦比亚大学出版社 1983 年版）。

Tuveson, Ernest Lee. *Redeemer Nation*: *The Idea of America's Millennial Role*. Chicago: University of Chicago Press, 1968.

图弗森：《拯救者国度：美国的千禧年角色观念》（芝加哥：芝加哥大学出版社 1968 年版）。

Utley, Freda. *Last Chance in China*. Indianapolis: Bobbs-Merrill, 1947.

乌特利：《在中国的最后机会》（印第安纳波利斯：鲍伯斯-麦瑞尔出版社 1947 年版）。

Van Dusen, Henry P., ed., *The Spiritual Legacy of John Foster Dulles*. Freeport, N. Y.: Books for Libraries Press, 1960.

范·杜森主编：《约翰·福斯特·杜勒斯的精神遗产》（纽约自由港：图书馆出版社 1960 年版）。

Van Slyke, Lyman P. *Enemies and Friends*: *The United Front in Chinese Communist History*. Stanford, Calif.: Stanford University Press, 1967.

范·斯莱克：《敌人与朋友：中国共产党历史上的统一战线》（加州斯坦福：斯坦福大学出版社 1967 年版）。

Vandenberg, Arthur H., Jr., ed. *The Private Papers of Senator Vandenberg*. Boston: Houghton Mifflin, 1952.

小范登堡编：《参议员范登堡个人文集》（波士顿：霍顿·米夫林出版公司 1952 年版）。

Varg, Paul A. *The Making of a Myth*: *The United States and China*, *1897-1912*. Westport, Conn.: Greenwood Press, 1980.

瓦格：《制造神话：1897—1912 年的美国与中国》（康涅狄格州西港：格林伍德出版社 1980 年版）。

——. *Missionaries, Chinese, and Diplomats*: *The American Protestant Missionary Movement in China*, *1890-1952*. Princeton, N. J.: Princeton University Press, 1958.

瓦格：《传教士、中国人与外交官：1890—1952 年美国清教在华传教运动》（新泽西普林斯顿：普林斯顿大学出版社 1958 年版）。

——. "Sino-American Relations Past and Present." *Diplomatic History* 4 (Spring 1980): 101-11.

瓦格：《中美关系的今与昔》，《外交史》第 4 期（1980 年春季刊），第 101—111 页。

Wainwright, Loudan. *The Great American Magazine*: *An Inside Story of*

Life. New York: Knopf, 1986.

温赖特:《了不起的美国杂志:〈生活〉内部的故事》(纽约:克诺普夫出版集团1986年版)。

Wakeman, Frederic, Jr. *The Fall of Imperial China*. New York: Free Press, 1975.

小威克曼:《中华帝国的陨落》(纽约:自由出版社1975年版)。

Waldron, Arthur. "Bullish on Beijing". *New Republic*, Apr. 9, 1990, 20-25.

林蔚:《中国前景广阔》,《新共和》1990年4月9日,第20—25页。

Wedemeyer, Albert C. *Wedemeyer Reports!* New York: Henry Holt, 1958.

魏德迈:《魏德迈报告》(纽约:亨利·霍尔特出版社1958年版)。

West, Philip. *Yenching University and Sino-Western Relations, 1916-1952*. Cambridge, Mass.: Harvard University Press, 1976.

威斯特:《燕京大学和中西关系,1916—1952》(马萨诸塞州剑桥:哈佛大学出版社1976年版)。

Westerfield, H. Bradford. *Foreign Policy and Party Politics: Pearl Harbor to Korea*. New Haven, Conn.: Yale University Press, 1955.

威斯特菲尔德:《对外政策与政党政治:珍珠港之于朝鲜战争的意义》(康涅狄格州纽黑文:耶鲁大学出版社1955年版)。

White, Donald W. "The 'American Century' in World History." *Journal of World History* 3 (Spring 1992): 105-27.

怀特:《世界历史中的"美国世纪"》,《世界历史杂志》第3期(1992年春季刊),第105—127页。

White, Theodore H. *In Search of History*. New York: Harper & Row, 1978.

白修德:《探索历史》(纽约:哈珀和罗出版公司1978年版)。

——. ed. *The Stilwell Papers*. New York: William Sloane Associates, 1948.

白修德编:《史迪威文集》(纽约:威廉·斯隆联合出版公司1948年版)。

White, Theodore H., and Analee Jacoby. *Thunder Out of China*. New York: William Sloane Associates, 1946.

白修德和雅各比:《中国响惊雷》(纽约:威廉·斯隆联合出版公司1946年版)。

Wiebe, Robert H. *The Search for Order, 1877-1920*. New York: Hill &

Wang, 1967.

韦伯:《寻求秩序,1877—1920》(纽约:希尔和王出版公司1967年版)。

Williams, William Appleman. *The Contours of American History*. New York: World, 1961.

威廉斯:《美国历史剪影》(纽约:世界出版社1961年版)。

——. *The Tragedy of American Diplomacy*. 2d ed. New York: Dell, 1972.

威廉斯:《美国外交的悲剧》第2版(纽约:戴尔出版社1972年版)。

Williams, William Appleman et al., eds. *America in Vietnam: A Documentary History*. Garden City, N. Y.: Doubleday, 1985.

威廉斯和阿普尔曼等编:《越战中的美国:一次历史纪实》(纽约花园城:双日书局1985年版)。

Willkie, Wendell. *One World*. New York: Simon & Schuster, 1943.

威尔基:《天下一家》(纽约:西蒙和舒斯特出版社1943年版)。

Winfield, Betty Houchin. *FDR and the News Media*. Urbana: University of Illinois Press, 1990.

温菲尔德:《罗斯福与新闻媒体》(厄巴纳:伊利诺斯大学出版社1990年版)。

Woodside, Alexander. *Vietnam and the Chinese Model: A Comparative Study of Nguyen and Ch'ing Civil Government in the First Half of the Nineteenth Century*. Cambridge, Mass.: Harvard University Press, 1971.

伍赛德:《越南及其中国榜样:19世纪上半期越南和清政府比较研究》(马萨诸塞州剑桥:哈佛大学出版社1971年版)。

Young, Marilyn Blatt. *The Rhetoric of Empire: American China Policy, 1895-1901*. Cambridge, Mass.: Harvard University Press, 1969.

扬:《帝国外交术:1895—1901年美国对华政策》(马萨诸塞州剑桥:哈佛大学出版社1969年版)。

索 引

本索引中,数字后面的"f"指下一页又单独出现过,"ff"指下两页中单独出现过。两页或多页都涉及时用连字符表示,比如"57—59"。"passim"指临近几个段落都有涉及,但又不紧挨着。

A

艾奇逊,迪恩(Acheson, Dean),9f,129,161-63,167,176,178,229n14①。

阿尔杰,霍拉修(Alger, Horatio),72。

艾黎,路易(Alley, Rewi),51。

艾尔索普,约瑟夫(Alsop, Joseph),114-15。

美国医药援华会(American Bureau for Medical Aid to China)(ABMAC),47,179。

《美国世纪》文章,参见卢斯,亨利·鲁滨逊("American Century" essay, see Luce, Henry Robinson)。

中国战争孤儿委员会(American Committee for Chinese War Orphans),47。

华美工业联合会,简称"工合"(American Committee in Aid of Chinese Industrial Cooperatives),47。

美国友好服务委员会(American Friends Service Committee),47。

美国志愿航空队(American Volunteer Group)(AVG),213n51。亦可参见陈纳德,克莱尔(See also Chennault, Claire)。

安德森,克林顿(Anderson, Clinton),138。

神人同形同性论(Anthropomorphism),美国对外政策和神人同形同性论(American foreign policy and),xvi-xviii。

阿诺德(Arnold, H. H.),99。

---

① 指原文第229页注释14,下同,不再一一注明。——译者注

亚洲(Asia),参见太平洋战争;二战以及相关参战国(see Pacific war, World War II; specific countries)。

美联社(Associated Press),29,62,89,121。

艾奇逊,乔治(Atcheson, George),137。

阿特金森,布鲁克斯(Atkinson, Brooks),113,118,120-21。

《大西洋月刊》(Atlantic),90,187。

阿特伯里,玛格丽特(Atterbury, Marguerite),180。

B

贝雷,韦斯利(Bailey, Wesley),64,161。

鲍德温,汉森·W.(Baldwin, Hanson W.),110-11。

巴鲁克,伯纳德(Baruch, Bernard),49。

《中国战役》(Battle of China),参见卡普拉,弗兰克(see Capra, Frank)。

本顿,托马斯·哈特(Benton, Thomas Hart),76。

布莱恩,詹姆斯·G.(Blaine, James G.),48-49。

布尔什维克,参见共产主义(Bolshevism, see Communism)。

波士顿(Boston),8,98。

布克-怀特,玛格丽特(Bourke-White, Margaret),49。

义和团运动(Boxer Rebellion),141,庚子赔款(Boxer indemnity)167。

《通向恩施之桥》(Bridge to Yinhsi),142-44。

赛珍珠(Buck, Pearl),xvi-xvii,xx,5,25-26,122;赛珍珠和时代公司及联合援华会-联合援华服务会(and Time Inc. and UCR-USC),48,61,63,109-10,217n2,218n4。

蒲立德(Bullit, William C.),48,155-57。

缅甸(Burma),104。

滇缅公路(Burma road),96,110,114

布什,芭芭拉(Bush, Barbara),xiii。

布什,乔治(Bush, George),xiii, xv,186-87,193。

《商业周刊》(Business Week),186。

巴特沃斯,W.沃尔顿(Butterworth, W. Walton),177-78,188-89。

贝尔纳斯,詹姆士·F.(Byrnes, James F.),137。

C

开罗会议(Cairo Conference),103-4。

资本主义(Capitalism),参见卢斯,亨利·鲁滨逊(see Luce, Henry Robinson)。

卡普拉,弗兰克(Capra, Frank),77-78,101。

卡耐基,戴尔(Carnegie, Dale),86。

卡尼,阿特(Carney, Art),19。

天主教传教士(Catholic missionaries),8-9。

陈诚(Chen Cheng, *see* Zhen Zheng)。

陈纳德,克莱尔(Chennault, Claire),xvi,102,110-15 passim,155,180,213 n51。

蒋介石(Chiang Kai-shek),29,45-56,53-54,85-86,122,133,160-61,蒋介石和基督教(and Christianity),xviii,xx,8,24-25,29-37 passim,43,56,67-69,75-81 passim,165-68;蒋介石和中国共产党(and Chinese Communists),24-31 passim,41-42,132-40 passim,144-51;蒋介石和美国(and U. S.),103-4,114-22 passim,129,175-76,179。

蒋介石夫人宋美龄(Chiang Kai-shek, Madame),27,30,55,71,102-11 passim,116,131,157,180;宋美龄和基督教(and Christianity),25,27,35,42,97,85-89,165;宋美龄作为中国的象征(as symbol of China),43,54,68,81-84,203-4n32;宋美龄与联合援华会(and UCR),48,60,83,98;宋美龄与美国(and United States),60,83-85,90-99 passim,109,111-13,214n71,215n72;强调宋美龄作为妻子和母亲形象的性别角色(and gendered imagery as wife and mother),83-92 passim,97-98,157,210-11n18,212n37,214n65。

芝加哥(Chicago),100。

《芝加哥论坛报》(*Chicago Daily Tribune*),121,177。

中国(China),59-60,108,129,140,175;美国的中国形象(American images of),xiii-xv,3-10,33,46,51-53,141,187-88;推销中国形象(selling images of),xvi,xix-xx,48-49,54-55,58,62-66,74,111-12;中国的经济状况与经济潜力(economic conditions in and economic potential of),2,138-39,151-54,169-70,173,183-86;中国与美国的相似之处(similarities with America),38-42,65-66,72-73,81,93,99-100,136,142-43,154;中国的军事形势(military situation in),102,109-21 passim,139-51 passim;中国共产党(Chinese Communists),133-38 passim,144-52 passim,175-79 passim。

美国援华会(China Aid Council),47。

中-缅-印战区(China-Burma-India theater),67,78,90,102,123。

中国国防供应部(China Defense Supplies),114,160。

紧急救济中国委员会(China Emergency Relief Committee)，47
《中国必将再度崛起》(*China Shall Rise Again*)(1940)，98。
中国共产党(Chinese Communist Party)(CCP)，xx，6，25，27-29，134，139-40，144-52，165-70 passim，175，178。
华美工业联合会,简称"工合"(Chinese Industrial Cooperatives)(CIC)，51-53。
周恩来(Chou En-lai，*see* Zhou Enlai)。
《基督世纪》(*Christian Century*)，121
基督教大学(Christian Colleges)，52，54，167。
基督教(Christianity)，3，10，166-67，173。
朱德(Chu Teh，*see* Zhu De)。
教会援华委员会(Church Committee for China Relief)，47。
丘吉尔,温斯顿(Churchill，Winston)，103-4。
克利福德,克拉克(Clifford，Clark)，176。
考芬,亨利·斯洛恩(Coffin，Henry Sloane)，99。
《柯里尔》杂志(*Collier's Magazine*)，77。
科林伍德,查尔斯(Collingwood，Charles)，177-78。
哥伦比亚广播公司(Columbia Broadcasting System)，21。
共产主义,反常的性行为(Communism，and aberrant sexuality)，157-59，179. 亦可参见中国共产党(*See also* Chinese Communist Party)。
美国国会(Congress，U.S.)，92-95。
科贝特,查尔斯(Corbett，Charles)，56。
科科伦,托马斯(Corcoran，Thomas)，160。
克里尔,乔治(Creel，George)，137。
克雷西,厄尔(Cressy，Earl)，158-59。
克莱顿,米歇尔(Crichton，Michael)，184-85，232-33n43，233n44。
克劳,卡尔(Crow，Carl)，88，98，214n65。
克鲁,查尔斯(Crowe，Charles)，185
居里,劳夫林(Currie，Lauchlin)，90，112-14，123，137，211n30，218n10。

D

戴笠(Dai Li)，27。
戴维斯,约翰·佩顿(Davies，John Paton)，118。
戴维斯,汤姆(Davis，Tom)，61-62。亦可参见扶轮社(*See also* Rotary Club)。
雷震远(De Jaegher，Raymond)，159。

德·罗切蒙特,理查德(De Rochemont, Richard),32。

田贝,查尔斯(Denby, Charles),1-3。

邓小平(Deng Xiaoping),xiv。

经济大萧条(Depression (economic)),xviii,26。

杜威,托马斯·E.(Dewey, Thomas E.),99,122.

东北军(Dongbei troops),31-32。

杜利特尔空袭(Doolittle raid),93。

道格拉斯,威廉·O.(Douglas, William O.),141。

道尔,约翰(Dower, John),59,174-75,195n15,207n53。

杜克,多丽丝(Duke, Dorris),49。

杜勒斯,约翰·福斯特(Dulles, John Foster),9-10,168,170。

E

厄尔利,斯蒂芬(Early, Stephen),17,20。

"东西方联合会"(*East and West Association*),71-74。

艾迪,舍伍德(Eddy, Sherwood),3-4,12,24。

爱迪生,查尔斯(Edison, Charles),99,140,155,179。

埃尔森,罗伯特·T.(Elson, Robert T.),21,217n2。

欧洲优先战略(Europe-first strategy),90-95 passim。

排华法案(Exclusion legislation),2f,50,195n6。

F

费正清(Fairbank, John King),161,205n24,217n2。

菲什,汉密尔顿(Fish, Hamilton),127。

《福布斯》杂志(*Forbes*),185-86。

《外交》(*Foreign Affairs*),187。

福尔曼,哈里森(Forman, Harrison),80,97。

福雷斯特尔,詹姆士·V.(Forrestal, James V.),128-29。

《财富》(*Fortune*),12-11 passim,67-70 passim;《财富》和中国(and China),38-46 passim,52,70,160-61。

法国(France),141,173。

G

盖洛普民意调查(Gallup polls),45-46,174-75。

加菲尔德,约翰(Garfield, John),51。

加塞德,B. A.(Garside, B. A.),57,155;加塞德和联合援华会(and UCR),56-57,140,142,153,179。

性别和中国形象(Gender and imagery of China),87-88。

德国(Germany),46,79。
《大地》(Good Earth),xx,25-26.亦参见赛珍珠(See also Buck,Pearl)。
英国(Great Britain),173,180。
希腊(Greece),154,162-63。
吉蒙德,詹姆士(Guimond,James),xvii。
吉尼斯,杰拉尔丁(Guiness,Geraldine),5,187-88。
国民党(Guomindang),6-7,9,25,27,52,135,139,144,151-52,160,176.亦可参见蒋介石(See also Chiang Kai-shek)。

H

汉密尔顿,亚历山大(Hamilton,Alexander),11。
哈特曼,苏珊(Hartmann,Susan),87。
霍塞,欧内斯特·O.(Hauser,Ernest O.),111。
海伊,约翰(Hay,John),xvi,2
何应钦(He Yingjin),102。
海洛德,W.R.(Herod,W.R.),57,61-62。
希特勒,阿道夫(Hitler,Adolph),20。
胡志明(Ho Chi Minh),141。
贺伯逊,J.A.(Hobson,J.A.)1,169-70,185。
霍布森,怀尔德(Hobson,Wilder),15。
霍丁斯,埃里克(Hodgins,Eric),15,131。
霍夫曼,保罗·G.(Hoffman,Paul G.),48,57,61,63,99。
好莱坞(Hollywood),100-101。
"家庭生活"观念("Home and hearth" ideology),88,93-94,106,157。
胡克,托马斯(Hooker,Thomas),1f。
胡佛,赫伯特(Hoover,Herbert),26。
霍普金斯,哈里(Hopkins,Harry),91,114-15。
霍奇基斯中学(Hotchkiss School),4。
众议院(House of Representatives),参见美国国会(see Congress,U.S.)。
胡适(Hu Shih),63。
赫尔,康德尔(Hull,Cordell),49f,105,121。
亨特,米歇尔(Hunt,Michael),xx,184,194,196。
赫尔利,帕特里克(Hurley,Patrick),77,117-18,123,136-39。

I

"一号作战"攻势("Ichigo," operation),117。
印度(India),参见中-缅-印战区(see China-Burma-India theater)。

入江昭(Iriye, Akira)，45。

伊萨克斯，哈罗德(Isaacs, Harold)，113，120-23 passim，174。

J

雅各比，安纳利(Jacoby, Analee)，130，137。

日本，日本和中国(Japan, and China)，xx，26-27，45-46，55；日本和战后世界秩序(and postwar world)，129，174-75，183-85；日本和二战(and World War II)，59-60，79，108，117。

约翰逊，范(Johnson, Van)，93。

约翰逊，威廉·R.(Johnson, William R.)，7，85。

琼斯，阿尔弗雷德(Jones, Alfred)，132-33。

沃尔特·贾德，中文名"周以德"(Judd, Walter)，xvi，7-9，168，177-78，180，186，232n40；周以德和中国(and China)，xvi，78-81，113，137-38，161 周以德和联合援华会(and UCR)，7-9，141，154，178-79。

K

卡诺，斯坦利(Karnow, Stanley)，161。

凯南，乔治·F.(Kennan, George F.)，129，168。

科比，威廉(Kirby, William)，27。

诺兰，威廉(Knowland, William)，177-78。

孔祥熙(Kong, H. H.)，40，102。

科普坎德，安德鲁(Kopkind, Andrew)，22。

朝鲜战争(Korean War)，175，178，183。

孔祥熙(Kung, H. H.)，见孔祥熙(see Kong, H. H.)。

国民党(Kuomintang)，见国民党(see Guomindang)。

L

拉蒙特，托马斯(Lamont, Thomas)，48。

拉铁摩尔，欧文(Lattimore, Owen)，172。

莱·罗依，默夫云(Le Roy, Mervyn)，93。

"自由发展主义"(Liberal-developmentalism)，xvi-xvii，9，174. 亦可参见"门户开放"政策(See also Open Door policy)。

《生活》画报(*Life* magazine)，xvf，10-21 passim，39，53，67-68，73，144；《生活》与中国(and China)，64，95，101，109-10，135-40 passim，147，160-61；《生活》和二战后世界秩序(and postwar world)，128-29，134，157-59。

林肯，亚伯拉罕(Lincoln, Abraham)，71，80，138，160-61。

李普曼，沃尔特(Lippmann, Walter)，53。

洛杉矶(Los Angeles,) 83,98,100。
《洛杉矶时报》(Los Angeles Times),100。
卢斯,克莱尔·布斯(Luce, Clare Boothe),53-54,180-82。
卢斯,亨利·鲁宾逊(Luce, Henry Robinson),80;卢斯和《美国世纪》编者按(and "American Century" editorial),xvf,24,38-9,126-27,145,172-73,185;卢斯的国际主义(internationalism of),xvii,xix-xx,22-23,35-36,127,133-34,175;卢斯与父母的关系(relationship with parents),4,6,10,12,59;卢斯与中国(and China),4-6,23,36-37,46,133-35,152-53,170-74;卢斯和美国政治(and American politics),11,17-19,38,134;卢斯对美国的看法(vision for America),11,22-23,35-38,43-45,126,128-29;卢斯和新闻业(and journalism),11-16,19-21,43;卢斯和蒋介石及蒋介石夫人宋美龄(and Chiang Kai-shek and Madame Chiang),24-25,32-38 passim,81,99-100,131,160-61,170;卢斯和联合援华会-联合援华服务会(and UCR-USC),46-63 passim,140;卢斯和战后世界秩序(and postwar world),130,133-34,151,163。
卢思义(Luce, Henry Winters),3-4,10,59,141。

M

麦克阿瑟,道格拉斯(MacArthur, Douglas),130,174-75。
麦卡锡主义(McCarthyism),157,171,178。
麦康纳,詹姆斯(McConaughy, James),140-42。
麦考密克,安尼·奥黑尔(McCormick, Anne O'Hare),97。
麦克唐纳,德怀特(Macdonald, Dwight),13-17。
满洲国(Manchukuo),27-28。
东北或满洲(Manchuria),xx,26-27,132.亦可参见日本、中国(See also Japan, and China)。
毛泽东(Mao Zedong),41,134,164-69 passim.亦可参见中国共产党(See also Chinese Communist Party)。
《时代在前进》新闻纪录片("March of Time" newsreel),21,29-33 passim,126。
《时代在前进》广播节目("March of Time" radio program),13-14,19-21。
马钱德,罗兰(Marchand, Roland),xix。
马歇尔,乔治(Marshall, George),103,117,128-29,138,144-48,159。
马修斯,托马斯·S.(Matthews, Thomas S.),13,21。
梅,伊莱恩·泰勒(May, Elaine Tyler),87,93,106,157。

媒体(Media),参见时代公司和出现在正文中的各种期刊(see Time Inc. and individual periodicals by title)。

密勒特,洛威尔(Mellet, Lowell),17-19。

密特,I.范(Meter, I. Van),13-17 passim。

传教士,到中国来的美国新教徒(Missionaries, American Protestant in China),3-10 passim,168,196-97。

默利,雷蒙德(Moley, Raymond),121-22。

慕迪,德怀特·L.(Moody, Dwight L.),3。

摩根索,亨利(Morgenthau, Henry),213n63。

莫特,约翰·R.(Mott, John R.),5。

蒙巴顿,路易斯(Mountbatten, Louis),102,124。

慕尼黑(Munich),127,169。

墨菲,J. V.(Murphy, J. V.),138-40。

墨索里尼,贝尼托(Mussolini, Benito),15,20。

《美国对华政策的神秘面纱》("Mystery of American Policy in China"),180-82。

N

《国家》(Nation),14-16,117。

《国家评论》(National Review),187。

民族主义者,中国人,参见国民党(Nationalists, Chinese, see Guomindang)。

尼赫鲁,贾瓦哈拉尔(Nehru, Jawaharlal),161。

尼尔斯,帕特里夏(Neils, Patricia),194,217n2。

尼尔森,唐纳德(Nelson, Donald),77,138。

新政(New Deal),17,178。

新生活运动(New Life movement),27,35,42,97,165。

纽约(New York City),36,83,98-100。

《纽约先驱论坛报》(New York Herald-Tribune),99-100。

《纽约时报》(New York Times),64,74,92-100 passim,118-23 passim,127,185-86。

《纽约时报杂志》(New York Times Magazine),89-90,122。

《新闻周刊》(Newsweek),113,123。

尼克松,理查德(Nixon, Richard),182-84,188,232n40。

奈,杰拉尔德(Nye, Gerald),127。

O

美国作战新闻处(Office of War Information (OWI)),77-78,90。

门户开放政策(Open Door policy), xvi, 2, 129, 174。

P

太平洋战争(Pacific War), 59 - 60. 亦参见日本、中国(See also Japan, and China)。

帕雷,威廉(Paley, William), 53。

恩抚主义,恩抚主义及美国对外政策(Paternalism, and American foreign policy), xvii - xviii, xx, 9, 12, 23。

珍珠港事件(Pearl Harbor), 36, 58 - 59, 74, 87, 89, 94, 108, 184。

皮尔森,德鲁(Pearson, Drew), 113。

派克,葛拉姆(Peck, Graham), xvii, 43。

裴斐(Peffer, Nathaniel), 74。

毕得经(Pitkin, Horace), 3 - 4, 12。

民意调查(Polls), 143 - 44, 182 - 84。亦参见盖洛普民意调查(See also Gallup polls)。

二战后世界秩序(Postwar world), 130, 133 - 34, 151, 157 - 59, 163; 二战后世界秩序和日本(and Japan), 129, 174 - 75, 183 - 85。

"波特城计划"(Pottstown project), 143 - 44。

普里斯,弗兰克·W.(Price, Frank W.), 91, 101, 122 - 23, 131。

新教(Protestantism), xviii, 3 - 4, 7。

溥仪,皇帝(Puyi, Emperor), 28。

Q

清朝(Qing dynasty), 6。

R

种族和美国的亚洲政策(Race, and American foreign policy toward Asia), xvi-xviii, 59, 72 - 73, 87, 207n52。

《读者文摘》(Reader's Digest), 110 - 11, 186。

洛克菲勒三世(Rockefeller, John D.), III, 48, 53, 99, 141。

洛克威尔,诺曼(Rockwell, Norman), 145

罗斯福,埃莉诺(Roosevelt, Eleanor), 54, 106, 141, 211n30。

罗斯福,富兰克林·D.(Roosevelt, Franklin D.), 17 - 21, 54, 69, 102 - 5, 113 - 19 passim, 126 - 27; 罗斯福和中国(and China), xvi, 71, 90 - 91, 95 - 96, 103 - 4, 105, 113, 124。

罗斯福,西奥多(Roosevelt, Theodore), 6。

罗茨,约翰(Roots, John), 166 - 67。

罗森堡,埃米莉(Rosenberg, Emily), xvi。

扶轮社(Rotary Club)，61－62，81。

罗必凯,雷蒙德(Rubicam, Raymond)，53。

罗素,莫德(Russell, Maud)，51－52。

S

萨义德,爱德华(Said, Edward)，172－73。

旧金山(San Francisco)，98，100，112。

《旧金山新闻》(*San Francisco Chronicle*)，97。

《星期六晚邮报》(*Saturday Evening Post*)，111。

沙勒,迈克尔(Schaller, Michael)，46。

小施莱辛格,阿瑟(Schlesinger, Arthur, Jr.)，157－58。

斯科特,琼(Scott, Joan)，83，212n36。

塞克特,汉斯·冯(Seeckt, Hans von)，27。

塞兹内克,大卫·O.(Selznick, David O.)，48，53，55，63，101，141。

美国参议员,参见美国国会(Senate, U.S., *see* Congress, U.S.)。

谢伟思(Service, John S.)，137。

上海(Shanghai)，25，33，45，78，164。

希安,文森特(Sheean, Vincent)，138。

新加坡(Singapore)，59。

史沫特莱,阿格尼斯(Smedley, Agnes)，80。

史密斯,H. 亚历山大(Smith, H. Alexander)，156，159－60，165－68，179，186。

史迈士(Smythe, Lewis)，52。

斯诺,埃德加(Snow, Edgar)，200n20。

所罗门,理查德(Solomon, Richard)，xiv。

宋子文(Soong, T. V.)，40，84，99，102，105，114，201n46。

宋氏家族(Soong family)，84。

宋美龄(Soong Meiling)，参见蒋介石夫人(*see* Chiang Kai-shek, Madame)。

苏联(Soviet Union)，129，140，182，186

史景迁(Spence, Jonathan)，26，188，199，200n20，202，206n48，224－25n6。

斯皮莱恩,米基(Spillane, Mickey)，157。

斯大林,约瑟夫(Stalin, Joseph)，15，103，145。

美国国务院(State Department)，49－50，69，134，136－37，178，180－82。

斯特蒂纽斯,爱德华(Stettinius, Edward)，142。

史迪威,约瑟夫·W.(Stilwell, Joseph W.)，xvi，90，102－4，113－24

passim，129。

史汀生，亨利·L.(Stimson, Henry L.)，71，170，228－29n76。

史汀生，梅布尔(Stimson, Mabel)，71。

斯特朗，威廉(Strong, William)，8。

学生海外宣教志愿运动(Student Volunteer Movement (SVM))，3－7passim。

苏丹，丹(Sultan, Dan)，123－24。

孙中山(Sun Yat-sen)，24，33，35，68，70，78，85。

斯旺伯格，W. A.(Swanberg, W. A.)，194。

斯威特，莱宁(Sweet, Lennig)，141。

斯威夫特，奥蒂斯·P.(Swift, Otis P.)，49，55，60，63。

T

太平天国运动(Taiping rebellion)，37。

《东京30秒》(Thirty Seconds over Tokyo (1944))，76，93。

《中国响惊雷》(Thunder out of China)，130－31。

时代公司(Time Inc.)，xvi，12－14，17，22，43，46，53，63，66，79，98，124，126－27，131，时代公司和期刊订阅量(and circulation figures)，12，22，126－27，131，197n2，221n15；时代公司和新闻纪录片及广播节目(and news-reel and radio program)，13－14，19－21，33；时代公司和其新闻事业(and corporate journalism)，15－16，21－22

《时代》周刊(Time magazine)，12－21 passim，112；《时代》周刊对蒋介石的报道(and Chiang Kai-shek)，28－34，67－69，131－32，164，199n9，227n47；《时代》周刊对蒋介石夫人宋美龄的报道(and Madame Chiang)，30，92，94，100；《时代》周刊对中国的报道(and China)，39－42，51－52，116－17，134－37，160－61，177；《时代》周刊对中国内战的报道(and Chinese Civil War)，41，144－48，156－65 passim。

特蕾西，斯宾塞(Tracy, Spencer)，93。

杜鲁门，哈里·S.(Truman, Harry S.)，9，124－25，154－63 passim，176；杜鲁门和对中国的援助(and aid to China)，127－29，132，139，145，175－77。

杜鲁门主义(Truman Doctrine)，154－63 passim，176。

特朗勃，道尔顿(Trumbo, Dalton)，93。

土耳其(Turkey)，154，163。

U

纽约协和神学院(Union Theological Seminary)，99，141，147。

亚洲基督教高等教育联合董事会（United Board for Christian Higher Education in Asia），90。

联合援华会-联合援华服务会（United China Relief-United Service to China（UCR-USC））：联合援华会组建（beginnings of），46-49，57，60-79 passim；联合援华会-联合援华服务会宣传中国（and selling China），50-58，70-71，74-75，124，142-44，156；联合援华会1942年的活动（and 1942 program），60-66，83-84，90-91；联合援华会-联合援华服务会二战后募集资金的努力（and postwar fund-raising efforts），130-31，140-43，148，153-55，169，178-80。

美国和中国（United States, and China），xvi，3-10 passim，71，90-105 passim，113，124，128-29，139，145，175-77. 亦可参见罗斯福,富兰克林·D., 和杜鲁门,哈里·S（See also Roosevelt, Franklin D.; Truman, Harry S.）。

美国钢铁公司（U. S. Steel），15-16。

V

范·杜森,亨利·P.（Van Dusen, Henry P.），141，147，169-70。

范登堡,阿瑟（Vandenberg, Arthur），127。

越南（Vietnam），183-84. 亦可参见胡志明（See also Ho Chi Minh）。

范宣德（Vincent, John Carter），112，137。

《时尚》杂志（Vogue），100，215n77。

W

《华尔街日报》（Wall Street Journal），121，177。

华莱士,亨利·A.（Wallace, Henry A.），92，113。

华盛顿,乔治（Washington, George），40，65-71 passim，78，80，156，160，169，206n35。

《华盛顿邮报》（Washington Post），65，91-97 passim。

魏德边,阿尔伯特·C.（Wedemeyer, Albert C.），xvi，118，123-24，129，137。

惠兰,拉塞尔（Whelan, Russel），63-64。

韦利,肯尼思（Wherry, Kenneth），164。

魏劳尔,惠廷（Whillauer, Whiting），111-12。

白修德（White, Theodore），49，59，67，110，116-17，130-31，137-38，160-61。

《白皮书》（White Paper），175-81 passim，230n15，230n19。

《我们为何而战》系列电影（"Why We Fight" series），77-78，101。

韦安特,西伯恩(Wiant, Thbburn),121。
威廉斯,威廉·阿普曼(Williams, William Appleman), xvii。
威尔基,温德尔(Willkie, Wendell), xvi, 48, 53, 61, 99, 212n46。
威尔逊,伍德罗(Wilson, Woodrow), 127, 160。
二战(World War II), xviii, 58-81, 126-27;二战和蒋介石夫人宋美龄(and Madame Chiang), 82-107;二战和中美关系的张力(and tensions in Sino-American relations), 108-26。

X

仇外主义,美国对待中国的仇外主义(Xenophobia, in American attitudes toward China), 3。
西安,和在西安扣押蒋介石(Xi'an, and kidnapping of Chiang Kai-shek), 31-34, 86-89。

Y

耶鲁大学(Yale University), 133。
黄祸(Yellow Peril), 2, 172。
基督教青年会(Young Men's Christian Association), 3-7 passim。

Z

扎努克,达利(Zanuck, Daryl), 63。
张学良(Zhang Xueliang),张学良和西安事变(and Xi'an kidnapping), 30-34, 86-87。
陈诚(Zhen Zheng), 40。
周恩来(Zhou Enlai), 32, 86. 亦可参见中国共产党(*See also* Chinese Communist Party)。
朱德(Zhu De), 41, 135, 150. 亦可参见中国共产党(*See also* Chinese Communist Party)。

译 后 记

外国的中国形象近年来一直是我学术研究的重点。2002—2004年在南京大学中文系博士后流动站期间,受前辈学者的启发,在杨正润先生的指导下,我开始研究英国文学中的中国形象。后来,由英及美,我把视角转向美国,先是选取傅满洲和陈查理两个典型人物,研究美国大众文化中的中国形象,后来侧重从文学的角度研究美国视野中的中国形象,并撰写了一部书稿。书稿写作过程中,多次参阅了T. 克里斯托弗·杰斯普森的《美国的中国形象:1931—1949》。

书稿完成后,我对美国的中国形象这个研究课题依然意犹未尽。这个时候,素未谋面的刘东教授发来电子邮件,邀我翻译《美国的中国形象:1931—1949》一书。刘东教授是比较文学、汉学研究领域的知名专家,又有多年策划、主持大型"海外中国研究丛书"的经验。我自知刘教授对翻译要求甚高,但翻译这本书确实又对我的意趣,于是便怀着欣然而又忐忑的心情接受了这个任务。有幸的是,2009年4月,在济南举办第十九届全国图书博览会期间,刘东教授来济,并给我们的研究生做了精彩的学术报告。他宽广的学术视野、渊博精深的学识、风趣幽默的谈吐、平易近人的态度,给我留下了深刻的印象,我为能结识这样一位学术大家而由衷地高兴。

杰斯普森的这本书主要研究的是1931—1949年间美国的中国形象。那个时代正值中国历史上动荡的岁月，日本侵略者在中华大地上横行肆虐。中国人民英勇抗击日本侵略者的行为赢得了美国人极大的同情，珍珠港事件后，中美两国成为盟友。在这种战略联盟关系的背景下，美国的中国形象是美好的。但是，美国将自己的理想、抱负、品性、习惯投射到中国身上，以优越的眼光看待自身，把中国当做一面镜子，而"这面镜子照出了美国典型的自恋形象"。深受传教士精神影响的亨利·R.卢斯将自己的经商智慧和对新闻的理解结合起来，通过《时代》、《财富》和《生活》等媒介制造了一种美国关于中国的重要的、影响深远的幻象。

美国的中国形象受到各种因素的影响，处在不断的变动之中。新中国成立后，尤其是改革开放以来，中国在政治、经济、社会生活等各个领域都发生了巨大的变化，中国的综合国力有了显著提高。同时，美国也经历了冷战对抗，领导了信息技术革命和知识经济，遭遇了网络泡沫和金融危机。在世界多极化时代，美国对中国的看法也在不断变化，同时它对自身的看法也不是一成不变的。翻译过程中，我与原作者有过多次交流，在解决一些词句理解问题的同时，曾设想与他围绕美国的中国形象展开一次对话，就他写作此书的背景、对美国之中国形象流变的认识等问题进行深层次的交流。他告诉我他收集整理了一些上个世纪80年代尤其是北京奥运会举办期间美国的中国形象资料，希望能展开探讨。遗憾的是，对话没能进行。但毫无疑问，与1931—1949年期间美国的中国形象相比，新世纪美国的中国形象会有很大的不同。

2009年11月，美国总统奥巴马对中国进行首次国事访问，两国元首就中美关系和其他共同关心的问题进行了深入、坦诚的会谈，双方积极评价中美建交30年来两国关系取得的巨大发展，并就推进新时期中美关系的发展达成一致。作为奥巴马总统任命的驻华大使,洪博培不仅有一个中国名字,而且说一口流利的汉语,并收养了一个中国女儿。到任后,这位大使还带着养女到出生地江苏扬州寻根。但是,中国依然是美国看待自身的一面镜子。据美国"百人会"2009年初的一个调查,在美国的华人仍然是一个"他者",三分之一的美国人在工作、生活中不与华人交流。2009年6月,在一个名为"承前启后:白宫和美国的对华政策"研讨会上,现任总统奥巴马的特别助理、美国国家安全委员会东亚事务资深主任杰弗里·巴德(Jeffrey Bader)、前总统克林顿的中国顾问李侃如(Kenneth Lieberthal)、前总统里根和老布什的中国顾问包道格(Douglas Paal)以及小布什的亚洲事务高级顾问韦德宁(Dennis Wilder)在会上就中美关系侃侃而谈,主持会议的美国前驻华大使芮效俭(Stapleton Roy)突然发问:"你们这些研究中国问题的专家,懂中文吗?"暗示这些中国专家对中国的了解还不够深入、不够全面,他们心目中所构建的中国形象还不够真实。

　　翻译过程中,在忠实原文的基础上,我根据中文习惯,努力将英文表述中丢掉或隐含的意思再增添进来。尽管如此,译文中一定还有失当之处,敬请专家、读者批评指正。另外,需要说明的是,江苏人民出版社根据出版要求,对个别地方作了删改。

　　在本书的翻译、出版过程中,清华大学国学院的刘东教授、江苏人民出版社的府建明先生、王保顶先生、戴宁宁女士都给予了很多支持和鼓励,特别是责任编辑戴宁宁付出了辛勤的劳动。在此一并向他们表示衷心的感谢!

姜智芹
2010年于千佛山下

"海外中国研究丛书"书目

1. 中国的现代化 [美]吉尔伯特·罗兹曼 主编 国家社会科学基金"比较现代化"课题组 译 沈宗美 校
2. 寻求富强:严复与西方 [美]本杰明·史华兹 著 叶凤美 译
3. 中国现代思想中的唯科学主义(1900—1950) [美]郭颖颐 著 雷颐 译
4. 台湾:走向工业化社会 [美]吴元黎 著
5. 中国思想传统的现代诠释 余英时 著
6. 胡适与中国的文艺复兴:中国革命中的自由主义,1917—1937 [美]格里德 著 鲁奇 译
7. 德国思想家论中国 [德]夏瑞春 编 陈爱政 等译
8. 摆脱困境:新儒学与中国政治文化的演进 [美]墨子刻 著 颜世安 高华 黄东兰 译
9. 儒家思想新论:创造性转换的自我 [美]杜维明 著 曹幼华 单丁 译 周文彰 等校
10. 洪业:清朝开国史 [美]魏斐德 著 陈苏镇 薄小莹 包伟民 陈晓燕 牛朴 谭天星 译 阎步克 等校
11. 走向21世纪:中国经济的现状、问题和前景 [美]D.H.帕金斯 著 陈志标 编译
12. 中国:传统与变革 [美]费正清 赖肖尔 主编 陈仲丹 潘兴明 庞朝阳 译 吴世民 张子清 洪邮生 校
13. 中华帝国的法律 [美]D.布朗 C.莫里斯 著 朱勇 译 梁治平 校
14. 梁启超与中国思想的过渡(1890—1907) [美]张灏 著 崔志海 葛夫平 译
15. 儒教与道教 [德]马克斯·韦伯 著 洪天富 译
16. 中国政治 [美]詹姆斯·R.汤森 布兰特利·沃马克 著 顾速 董方 译
17. 文化、权力与国家:1900—1942年的华北农村 [美]杜赞奇 著 王福明 译
18. 义和团运动的起源 [美]周锡瑞 著 张俊义 王栋 译
19. 在传统与现代性之间:王韬与晚清革命 [美]柯文 著 雷颐 罗检秋 译
20. 最后的儒家:梁漱溟与中国现代化的两难 [美]艾恺 著 王宗昱 冀建中 译
21. 蒙元入侵前夜的中国日常生活 [法]谢和耐 著 刘东 译
22. 东亚之锋 [美]小R.霍夫亨兹 K.E.柯德尔 著 黎鸣 译
23. 中国社会史 [法]谢和耐 著 黄建华 黄迅余 译
24. 从理学到朴学:中华帝国晚期思想与社会变化面面观 [美]艾尔曼 著 赵刚 译
25. 孔子哲学思微 [美]郝大维 安乐哲 著 蒋弋为 李志林 译
26. 北美中国古典文学研究名家十年文选 乐黛云 陈珏 编选
27. 东亚文明:五个阶段的对话 [美]狄百瑞 著 何兆武 何冰 译
28. 五四运动:现代中国的思想革命 [美]周策纵 著 周子平 等译
29. 近代中国与新世界:康有为变法与大同思想研究 [美]萧公权 著 汪荣祖 译
30. 功利主义儒家:陈亮对朱熹的挑战 [美]田浩 著 姜长苏 译
31. 莱布尼兹和儒学 [美]孟德卫 著 张学智 译
32. 佛教征服中国:佛教在中国中古早期的传播与适应 [荷兰]许理和 著 李四龙 裴勇 等译
33. 新政革命与日本:中国,1898—1912 [美]任达 著 李仲贤 译
34. 经学、政治和宗族:中华帝国晚期常州今文学派研究 [美]艾尔曼 著 赵刚 译
35. 中国制度史研究 [美]杨联陞 著 彭刚 程钢 译

36. 汉代农业:早期中国农业经济的形成　[美]许倬云 著　程农 张鸣 译　邓正来 校
37. 转变的中国:历史变迁与欧洲经验的局限　[美]王国斌 著　李伯重 连玲玲 译
38. 欧洲中国古典文学研究名家十年文选　乐黛云 陈珏 龚刚 编选
39. 中国农民经济:河北和山东的农民发展,1890—1949　[美]马若孟 著　史建云 译
40. 汉哲学思维的文化探源　[美]郝大维 安乐哲 著　施忠连 译
41. 近代中国之种族观念　[英]冯客 著　杨立华 译
42. 血路:革命中国中的沈定一(玄庐)传奇　[美]萧邦奇 著　周武彪 译
43. 历史三调:作为事件、经历和神话的义和团　[美]柯文 著　杜继东 译
44. 斯文:唐宋思想的转型　[美]包弼德 著　刘宁 译
45. 宋代江南经济史研究　[日]斯波义信 著　方健 何忠礼 译
46. 一个中国村庄:山东台头　杨懋春 著　张雄 沈炜 秦美珠 译
47. 现实主义的限制:革命时代的中国小说　[美]安敏成 著　姜涛 译
48. 上海罢工:中国工人政治研究　[美]裴宜理 著　刘平 译
49. 中国转向内在:两宋之际的文化转向　[美]刘子健 著　赵冬梅 译
50. 孔子:即凡而圣　[美]赫伯特·芬格莱特 著　彭国翔 张华 译
51. 18 世纪中国的官僚制度与荒政　[法]魏丕信 著　徐建青 译
52. 他山的石头记:宇文所安自选集　[美]宇文所安 著　田晓菲 编译
53. 危险的愉悦:20 世纪上海的娼妓问题与现代性　[美]贺萧 著　韩敏中 盛宁 译
54. 中国食物　[美]尤金·N. 安德森 著　马孆 刘东 译　刘东 审校
55. 大分流:欧洲、中国及现代世界经济的发展　[美]彭慕兰 著　史建云 译
56. 古代中国的思想世界　[美]本杰明·史华兹 著　程钢 译　刘东 校
57. 内闱:宋代的婚姻和妇女生活　[美]伊沛霞 著　胡志宏 译
58. 中国北方村落的社会性别与权力　[加]朱爱岚 著　胡玉坤 译
59. 先贤的民主:杜威、孔子与中国民主之希望　[美]郝大维 安乐哲 著　何刚强 译
60. 向往心灵转化的庄子:内篇分析　[美]爱莲心 著　周炽成 译
61. 中国人的幸福观　[德]鲍吾刚 著　严蓓雯 韩雪临 吴德祖 译
62. 闺塾师:明末清初江南的才女文化　[美]高彦颐 著　李志生 译
63. 缀珍录:十八世纪及其前后的中国妇女　[美]曼素恩 著　定宜庄 颜宜葳 译
64. 革命与历史:中国马克思主义历史学的起源,1919—1937　[美]德里克 著　翁贺凯 译
65. 竞争的话语:明清小说中的正统性、本真性及所生成之意义　[美]艾梅兰 著　罗琳 译
66. 中国妇女与农村发展:云南禄村六十年的变迁　[加]宝森 著　胡玉坤 译
67. 中国近代思维的挫折　[日]岛田虔次 著　甘万萍 译
68. 中国的亚洲内陆边疆　[美]拉铁摩尔 著　唐晓峰 译
69. 为权力祈祷:佛教与晚明中国士绅社会的形成　[加]卜正民 著　张华 译
70. 天潢贵胄:宋代宗室史　[美]贾志扬 著　赵冬梅 译
71. 儒家之道:中国哲学之探讨　[美]倪德卫 著　[美]万白安 编　周炽成 译
72. 都市里的农家女:性别、流动与社会变迁　[澳]杰华 著　吴小英 译
73. 另类的现代性:改革开放时代中国性别化的渴望　[美]罗丽莎 著　黄新 译
74. 近代中国的知识分子与文明　[日]佐藤慎一 著　刘岳兵 译
75. 繁盛之阴:中国医学史中的性(960—1665)　[美]费侠莉 著　甄橙 主译　吴朝霞 主校
76. 中国大众宗教　[美]韦思谛 编 陈仲丹 译
77. 中国诗画语言研究　[法]程抱一 著　涂卫群 译
78. 中国的思维世界　[日]沟口雄三 小岛毅 著　孙歌 等译

79. 德国与中华民国 [美]柯伟林 著 陈谦平 陈红民 武菁 申晓云 译 钱乘旦 校
80. 中国近代经济史研究:清末海关财政与通商口岸市场圈 [日]滨下武志 著 高淑娟 孙彬 译
81. 回应革命与改革:皖北李村的社会变迁与延续 韩敏 著 陆益龙 徐新玉 译
82. 中国现代文学与电影中的城市:空间、时间与性别构形 [美]张英进 著 秦立彦 译
83. 现代的诱惑:书写半殖民地中国的现代主义(1917—1937) [美]史书美 著 何恬 译
84. 开放的帝国:1600年前的中国历史 [美]芮乐伟·韩森 著 梁侃 邹劲风 译
85. 改良与革命:辛亥革命在两湖 [美]周锡瑞 著 杨慎之 译
86. 章学诚的生平与思想 [美]倪德卫 著 杨立华 译
87. 卫生的现代性:中国通商口岸健康与疾病的意义 [美]罗芙芸 著 向磊 译
88. 道与庶道:宋代以来的道教、民间信仰和神灵模式 [美]韩明士 著 皮庆生 译
89. 间谍王:戴笠与中国特工 [美]魏斐德 著 梁禾 译
90. 中国的女性与性相:1949年以来的性别话语 [英]艾华 著 施施 译
91. 近代中国的犯罪、惩罚与监狱 [荷]冯客 著 徐有威 等译 潘兴明 校
92. 帝国的隐喻:中国民间宗教 [英]王斯福 著 赵旭东 译
93. 王弼《老子注》研究 [德]瓦格纳 著 杨立华 译
94. 寻求正义:1905—1906年的抵制美货运动 [美]王冠华 著 刘甜甜 译
95. 传统中国日常生活中的协商:中古契约研究 [美]韩森 著 鲁西奇 译
96. 从民族国家拯救历史:民族主义话语与中国现代史研究 [美]杜赞奇 著 王宪明 高继美 李海燕 李点 译
97. 欧几里得在中国:汉译《几何原本》的源流与影响 [荷]安国风 著 纪志刚 郑诚 郑方磊 译
98. 十八世纪中国社会 [美]韩书瑞 罗友枝 著 陈仲丹 译
99. 中国与达尔文 [美]浦嘉珉 著 钟永强 译
100. 私人领域的变形:唐宋诗词中的园林与玩好 [美]杨晓山 著 文韬 译
101. 理解农民中国:社会科学哲学的案例研究 [美]李丹 著 张天虹 张洪云 张胜波 译
102. 山东叛乱:1774年的王伦起义 [美]韩书瑞 著 刘平 唐雁超 译
103. 毁灭的种子:战争与革命中的国民党中国(1937—1949) [美]易劳逸 著 王建朗 王贤知 贾维 译
104. 缠足:"金莲崇拜"盛极而衰的演变 [美]高彦颐 著 苗延威 译
105. 饕餮之欲:当代中国的食与色 [美]冯珠娣 著 郭乙瑶 马磊 江素侠 译
106. 翻译的传说:中国新女性的形成(1898—1918) 胡缨 著 龙瑜宬 彭珊珊 译
107. 中国的经济革命:20世纪的乡村工业 [日]顾琳 著 王玉茹 张玮 李进霞 译
108. 礼物、关系学与国家:中国人际关系与主体性建构 杨美惠 著 赵旭东 孙珉 译 张跃宏 译校
109. 朱熹的思维世界 [美]田浩 著
110. 皇帝和祖宗:华南的国家与宗族 [英]科大卫 著 卜永坚 译
111. 明清时代东亚海域的文化交流 [日]松浦章 著 郑洁西 等译
112. 中国美学问题 [美]苏源熙 著 卞东波 译 张强强 朱霞欢 校
113. 清代内河水运史研究 [日]松浦章 著 董科 译
114. 大萧条时期的中国:市场、国家与世界经济 [日]城山智子 著 孟凡礼 尚国敏 译 唐磊 校
115. 美国的中国形象(1931—1949) [美]T.克里斯托弗·杰斯普森 著 姜智芹 译
116. 技术与性别:晚期帝制中国的权力经纬 [英]白馥兰 著 江湄 邓京力 译

117. 中国善书研究　[日]酒井忠夫 著　刘岳兵 何英莺 孙雪梅 译
118. 千年末世之乱:1813年八卦教起义　[美]韩书瑞 著　陈仲丹 译
119. 西学东渐与中国事情　[日]增田涉 著　由其民 周启乾 译
120. 六朝精神史研究　[日]吉川忠夫 著　王启发 译
121. 矢志不渝:明清时期的贞女现象　[美]卢苇菁 著　秦立彦 译
122. 明代乡村纠纷与秩序:以徽州文书为中心　[日]中岛乐章 著　郭万平 高飞 译
123. 中华帝国晚期的欲望与小说叙述　[美]黄卫总 著　张蕴爽 译
124. 虎、米、丝、泥:帝制晚期华南的环境与经济　[美]马立博 著　王玉茹 关永强 译
125. 一江黑水:中国未来的环境挑战　[美]易明 著　姜智芹 译
126. 《诗经》原意研究　[日]家井真 著　陆越 译
127. 施剑翘复仇案:民国时期公众同情的兴起与影响　[美]林郁沁 著　陈湘静 译
128. 华北的暴力和恐慌:义和团运动前夕基督教传播和社会冲突　[德]狄德满 著　崔华杰 译
129. 铁泪图:19世纪中国对于饥馑的文化反应　[美]艾志端 著　曹曦 译
130. 饶家驹安全区:战时上海的难民　[美]阮玛霞 著　白华山 译
131. 危险的边疆:游牧帝国与中国　[美]巴菲尔德 著　袁剑 译
132. 工程国家:民国时期(1927—1937)的淮河治理及国家建设　[美]戴维·艾伦·佩兹 著　姜智芹 译
133. 历史宝筏:过去、西方与中国妇女问题　[美]季家珍 著　杨可 译
134. 姐妹们与陌生人:上海棉纱厂女工,1919—1949　[美]韩起澜 著　韩慈 译
135. 银线:19世纪的世界与中国　林满红 著　詹庆华 林满红 译
136. 寻求中国民主　[澳]冯兆基 著　刘悦斌 徐硙 译
137. 墨梅　[美]毕嘉珍 著　陆敏珍 译
138. 清代上海沙船航运业史研究　[日]松浦章 著　杨蕾 王亦铮 董科 译
139. 男性特质论:中国的社会与性别　[澳]雷金庆 著　[澳]刘婷 译
140. 重读中国女性生命故事　游鉴明 胡缨 季家珍 主编
141. 跨太平洋位移:20世纪美国文学中的民族志、翻译和文本间旅行　黄运特 著　陈倩 译
142. 认知诸形式:反思人类精神的统一性与多样性　[英]G. E. R. 劳埃德 著　池志培 译
143. 中国乡村的基督教:1860—1900江西省的冲突与适应　[美]史维东 著　吴薇 译
144. 假想的"满大人":同情、现代性与中国疼痛　[美]韩瑞 著　袁剑 译
145. 中国的捐纳制度与社会　伍跃 著
146. 文书行政的汉帝国　[日]富谷至 著　刘恒武 孔李波 译
147. 城市里的陌生人:中国流动人口的空间、权力与社会网络的重构　[美]张骊 著　袁长庚 译
148. 性别、政治与民主:近代中国的妇女参政　[澳]李木兰 著　方小平 译
149. 近代日本的中国认识　[日]野村浩一 著　张学锋 译
150. 狮龙共舞:一个英国人笔下的威海卫与中国传统文化　[英]庄士敦 著　刘本森 译　威海市博物馆 郭大松 校
151. 人物、角色与心灵:《牡丹亭》与《桃花扇》中的身份认同　[美]吕立亭 著　白华山 译
152. 中国社会中的宗教与仪式　[美]武雅士 著　彭泽安 邵铁峰 译　郭潇威 校
153. 自贡商人:近代早期中国的企业家　[美]曾小萍 著　董建中 译
154. 大象的退却:一部中国环境史　[英]伊懋可 著　梅雪芹 毛利霞 王玉山 译
155. 明代江南土地制度研究　[日]森正夫 著　伍跃 张学锋 等译　范金民 夏维中 审校
156. 儒学与女性　[美]罗莎莉 著　丁佳伟 曹秀娟 译

157. 行善的艺术:晚明中国的慈善事业(新译本) [美]韩德玲 著 曹晔 译
158. 近代中国的渔业战争和环境变化 [美]穆盛博 著 胡文亮 译
159. 权力关系:宋代中国的家族、地位与国家 [美]柏文莉 著 刘云军 译
160. 权力源自地位:北京大学、知识分子与中国政治文化,1898—1929 [美]魏定熙 著 张蒙 译
161. 工开万物:17世纪中国的知识与技术 [德]薛凤 著 吴秀杰 白岚玲 译
162. 忠贞不贰:辽代的越境之举 [英]史怀梅 著 曹流 译
163. 内藤湖南:政治与汉学(1866—1934) [美]傅佛果 著 陶德民 何英莺 译
164. 他者中的华人:中国近现代移民史 [美]孔飞力 著 李明欢 译 黄鸣奋 校
165. 古代中国的动物与灵异 [英]胡司德 著 蓝旭 译
166. 两访中国茶乡 [英]罗伯特·福琼 著 敖雪岗 译
167. 缔造选本:《花间集》的文化语境与诗学实践 [美]田安 著 马强才 译
168. 扬州评话探讨 [丹麦]易德波 著 米锋 易德波 译 李今芸 校译
169. 《左传》的书写与解读 李惠仪 著 文韬 许明德 译
170. 以竹为生:一个四川手工造纸村的20世纪社会史 [德]艾约博 著 韩巍 译 吴秀杰 校
171. 东方之旅:1579—1724 耶稣会传教团在中国 [美]柏理安 著 毛瑞方 译
172. "地域社会"视野下的明清史研究:以江南和福建为中心 [日]森正夫 著 于志嘉 马一虹 黄东兰 阿风 等译
173. 技术、性别、历史:重新审视帝制中国的大转型 [英]白馥兰 著 吴秀杰 白岚玲 译
174. 中国小说戏曲史 [日]狩野直喜 张真 译
175. 历史上的黑暗一页:英国外交文件与英美海军档案中的南京大屠杀 [美]陆束屏 编著/翻译
176. 罗马与中国:比较视野下的古代世界帝国 [奥]沃尔特·施德尔 主编 李平 译
177. 矛与盾的共存:明清时期江西社会研究 [韩]吴金成 著 崔荣根 译 薛戈 校译
178. 唯一的希望:在中国独生子女政策下成年 [美]冯文 著 常姝 译
179. 国之枭雄:曹操传 [澳]张磊夫 著 方笑天 译
180. 汉帝国的日常生活 [英]鲁惟一 著 刘洁 余霄 译
181. 大分流之外:中国和欧洲经济变迁的政治 [美]王国斌 罗森塔尔 著 周琳 译 王国斌 张萌 审校
182. 中正之笔:颜真卿书法与宋代文人政治 [美]倪雅梅 著 杨简茹 译 祝帅 校译
183. 江南三角洲市镇研究 [日]森正夫 编 丁韵 胡婧 等译 范金民 审校
184. 忍辱负重的使命:美国外交官记载的南京大屠杀与劫后的社会状况 [美]陆束屏 编著/翻译
185. 修仙:古代中国的修行与社会记忆 [美]康儒博 著 顾漩 译
186. 烧钱:中国人生活世界中的物质精神 [美]柏桦 著 袁剑 刘玺鸿 译
187. 话语的长城:文化中国历险记 [美]苏源熙 著 盛珂 译
188. 诸葛武侯 [日]内藤湖南 著 张真 译
189. 盟友背信:一战中的中国 [英]吴芳思 克里斯托弗·阿南德尔 著 张宇扬 译
190. 亚里士多德在中国:语言、范畴和翻译 [英]罗伯特·沃迪 著 韩小强 译
191. 马背上的朝廷:巡幸与清朝统治的建构,1680—1785 [美]张勉治 著 董建中 译
192. 申不害:公元前四世纪中国的政治哲学家 [美]顾立雅 著 马腾 译
193. 晋武帝司马炎 [日]福原启郎 著 陆帅 译
194. 唐人如何吟诗:带你走进汉语音韵学 [日]大岛正二 著 柳悦 译

195. 古代中国的宇宙论　[日]浅野裕一 著　吴昊阳 译
196. 中国思想的道家之论:一种哲学解释　[美]陈汉生 著　周景松 谢尔逊 等译　张丰乾 校译
197. 诗歌之力:袁枚女弟子屈秉筠(1767—1810)　[加]孟留喜 著　吴夏平 译
198. 中国逻辑的发现　[德]顾有信 著　陈志伟 译
199. 高丽时代宋商往来研究　[韩]李镇汉 著　李廷青 戴琳剑 译　楼正豪 校
200. 中国近世财政史研究　[日]岩井茂树 著　付勇 译　范金民 审校
201. 魏晋政治社会史研究　[日]福原启郎 著　陆帅 刘萃峰 张紫毫 译
202. 宋帝国的危机与维系:信息、领土与人际网络　[比利时]魏希德 著　刘云军 译
203. 中国精英与政治变迁:20世纪初的浙江　[美]萧邦奇 著　徐立望 杨涛羽 译　李齐 校
204. 北京的人力车夫:1920年代的市民与政治　[美]史谦德 著　周书垚 袁剑 译　周育民 校
205. 1901—1909年的门户开放政策:西奥多·罗斯福与中国　[美]格雷戈里·摩尔 著　赵嘉玉 译
206. 清帝国之乱:义和团运动与八国联军之役　[美]明恩溥 著　郭大松 刘本森 译
207. 宋代文人的精神生活(960—1279)　[美]何复平 著　叶树勋 单虹泽 译
208. 梅兰芳与20世纪国际舞台:中国戏剧的定位与置换　[美]田民 著　何恬 译